세무·회계용어라이브러리

(Tax · Accounting Vocabulary Library)

편저 고성삼

대한민국 법률지식의 중심

 법문 북스

머 리 말

　　현사회생활에서 경제활동을 하는데 있어서 우리들은 여러 가지 경제적 사실에 직면하고 있다. 이러한 경제적 사실에 직면하여 보다 합리적이고도 효과적으로 경제활동을 하기 위해서는 계수에 대한 능력과 회계사실에 대한 이해능력을 가져야 함은 누구나 인정하고 있는 사실이기도 하다. 그러나 모든 사람들이 회계·세무에 대한 기본지식을 필요로 하면서도 그 의미를 제대로 이해한다는 것은 결코 쉬운 일이 아니지만, 현실적으로 경제활동의 기초라 할 수 있는 회계·세무용어의 의미를 정확하게 이해해야만 올바른 경제활동을 할 수 있으리라 본다. 세법은 범위가 넓고 다른 법률에 비해 독특한 용어가 많아 전문적으로 다루고 연구하는 사람이 아니면 이해하기가 매우 어려운 것이 사실이다. 그러므로 이런 세법을 다룰 때 가장 중요한 것 중의 하나가 그 용어를 이해하는 것이라 하겠다.

　　더욱이 대학의 경영 및 경상계열학과에서 회계·세무를 처음 배우는 학생들도 난해한 회계·세무용어에 놀라거나 새로운 회계·세무용어, 계정과목 등의 단어에 당황하는 일이 있음을 많이 보게 된다. 그러나 생소한 회계·세무용어들을 알기 쉽게 풀이한 사전 등 관련 서적이 많지 않은 실정에서 본서는 과거 20여년간 대학에서 회계·세무학을 강의한 경험들을 토대로 회계원리, 재무회계 및 원가관리회계·세무의 기본

용어들을 알기 쉽게 기술하여 회계·세무학을 처음 배우는 학생들은 물론 회계·세무에 관심있는 분들에게 혼자서도 공부하며 이해할 수 있도록 될 수 있는 대로 쉽게 접근하고자 하였다.

그러나 저자의 노력에도 불구하고 오류, 탈락 등 여러 가지 미비된 점이 많이 있을 것으로 생각되며, 이것들은 애독자 여러분의 지도와 편달을 바탕으로 또 저자의 끊임없는 노력에 의해서 보완될 것임을 약속한다.

여하튼 본서가 애독자 제위께 널리 애독되어 애독자 여러분의 회계실력의 향상은 물론 나아가 우리나라 기업회계제도 향상에 조금이라도 기여할 수 있다면 저자로서 더 이상의 기쁨이 없다 하겠다.

본서의 준비에 있어서 원고정리와 교정 등 노력을 아끼지 않은 본교 회계학과 학생 및 조교, 공인회계사 연구반원 그리고 본서의 출판 및 교정에 노력을 아끼지 않은 법문북스 임직원께 깊은 사의를 드린다.

2009년 3월
연구실에서 저자

용 어 색 인

(가나다순)

ㄷ

ㅂ

ㅇ

ㅈ

ㅊ

ㅋ

회계용어

가격변동준비금 (price fluctuation reserves)

우리나라에 있어서 개인 및 법인에 대하여, 종전의 세법에서 인정하던 준비금(충당금에 해당)이다. 재고자산과 유가증권(상장되어 있는 유가증권과 그렇지 않은 것으로 나눈다)의 장래가격의 하락에 의하여 입을 손실에 대비키 위하여, 평가액의 일정범위 내에서의 기입액을 손금에 산입하고, 동시에 동액의 가격변동 준비금이 마련된다.

가격정책(price policy)

제조기업에 있어서 특히 개별수주의 경우, 어떠한 가격으로 매가를 정하면 가장 유리한가를 결정하는 것을 말한다. 가격정책은 경영정책의 근간을 이루는 것이다. 기업활동을 비용·수익·이익·손실에 관련하여 파악하는 경우, 가격정책의 결정이 이들과 밀접한 관계에 있다. 이것은 이익계획의 문제이기도 하다.

가격차이(price variance)

원가차액의 일종으로, 재료에 대하여는 재료수량차이와 같이 재료비차이를 구성한다. 노무비에 있어서는 임률차이가 가격차이의 범주에 포함된다. 보통 가격차이는 표준가격(또는 예정가격)과 실제가격의 차이다. 그 공식은, 가격차이=(표준가격-실제가격)×실제소비량으로 표시된다. 재료가격차이 발생의 원인에는, ① 시장가격의 변화 ② 구입정책의 변경 ③ 구입수량·품질 또는 규격의 오차, ④ 운임의 변화 또는 운송 중의 파손·수량의 부족 등이 해당된다. 이들은 구매능률의 적부를 판정하는데 있어서 유효하다.

가격표준(price standard)

예산기간에 있어서, 구입되는 재료 또는 조달되는 임률 등에 있어 예정한 정상가격의 표준을 말한다. 예컨대 재료에 있어서는, 매입·운송·수입의 가장 능률적인 조건을 정하여, 이것에 기초하여 예정한 가격을 쓰는 일이 많으며, 실제의 매입가격과 차이가 생기지 않는 것이 바람직하다.

가(假)계정(suspense account)

거래가 발생하여 자산증감변화가 있었으나, 아직까지 계정과목이 불명확하다든가, 또는 계정과목을 알고 있으나, 금액이 불확정된 경우에 그것이 확정될 때까지 일시적으로 기록하여 두는 계정을 말한다. 가지급(수)계정·미수(지급)계정·미결산계정등이 해당된다. 그러나 재무제표의 작성에 있어서는 명료하게 내용을 나타내어 표시하는 과목, 예를 들면 건설중인 자산·여비가지급금과 같은 과목으로 표시하는 것이 바람직하다.

가공비(conversion cost)

물품에 가공을 하였을 때의 재료비·노무비·경비를 넓게 말하여 가공비라 한다. 원재료에 가공한 경우의 가공비는 보통 보조재료비·노무비·경비이다. 가공비가 특히 문제되는 것은, 가공비공정별 원가계산에 있어서이며, 원재료비는 직접 제품에 부과되고, 가공비만이 공정별로 계산하여, 제품의 원가를 계산하게 된다.

가공이익(fictitious profit)

문서상이익(paper profit)이라고도 한다. 진정한 이익이 아닌데, 회계상 통상의 경우에 이익의 요건을 가지고 있는(준비)허위의 이익이다. 가공이익은 자산의 과대계상·부채의 과소표시·수익의 과대계상·비용의 과소계상 등의 결과로 생기는 것이며, 특히 부정·허위의 계산이나 혹은 화폐가치변동시의 평가방법의 여하에 따라서 발생하기도 한다.

가공자산(fictitious asset)

자본으로서의 실체가 없는 것이, 장부상 또는 재무제표상 기록되어 있다던가 혹은, 재산이 과대하게 평가되어 있는 것과 같은 경우의 그 과대계상의 부분을 말한다. 외상매출금·고정자산 등이 주로 그 대상이 된다. 가공재산이라고도 한다.

가계회계(family bookkeeping)

　영리를 목적으로 하지 않는 소비경제주체인 가계(家計)에서 금액의 수지계산과 물품의 관리계산을 목적으로 이용되는 회계를 말한다.

가(假)수금(suspense received)

　현금의 수입은 있었으나 계정과목이나 금액이 미확정시 일시적으로 처리하는 계정으로 부채 항목에 해당된다.

가지급금(suspense payment)

　실제 현금의 지급은 있었으나 이를 처리할 계정과목이나 금액의 미확정시 일시적으로 처리하는 계정으로 자산 항목에 해당된다.

간접법(indirect approach - 현금흐름표)

　현금흐름표(statement of cash flow) 작성시 당기순이익(손실)에 현금의 유출이 없는 비용등은 가산하고 현금의 유입이 없는 수익등은 차감하여 영업활동으로 인한 현금흐름을 산출하는 방법을 말한다.

간접법(indirect approach - 감가상각)

감가상각 기장시 매기의 감가상각액을 유형자산의 원가에서 직접 차감하지 않고 감가상각누계액 계정을 별도로 설정, 동 계정의 대변에 기입하여 처리하는 방법을 말한다.

간접비(indirect costs)

전체의 제품 또는 다수의 제품에 공통적으로 또는 간접적으로 소비되는 원가요소를 말한다. 간접재료비, 간접노무비, 간접경비로 구분되며 대부분이 경비로 계산된다.

감가상각(depreciation)

유형·무형자산의 유지, 회수와 공정한 비용배분을 통하여 각 회계기간의 손익을 올바르게 계산하고 이에 따라 진실한 재무상태 및 경영성적을 나타내기 위하여 유형·무형자산의 취득원가를 각 기간에 배분(allocation)하는 절차를 말한다.

감가상각누계액(accumulated depreciation)

유형자산의 감가상각 기록을 간접법으로 처리시 감가상각누계액 계정의 대변에 기입하여 당해 유형자산의 원가에서 차감함으로써 그 현재가액을 파악하는 계정을 말한다. 감가상각충당금이라고도 한다.

감가상각비(depreciation costs)

유형·무형자산의 유지, 회수와 공정한 비용배분을 위하여 유형·무형자산의 감가액을 일정한 산정방식에 의하여 비용으로 계상하는 경우 이 비용을 감가상각비라 한다.

감가상각의 계산방법

감가상각의 계산방법에는정액법(equal installment method or straight line method), 정률법(fixed rate charge method), 생산량비례법(declining-balance method, unit of production method), 작업시간비례법(activity method), 연수합계법(sum of the years′-digits method), 종합상각법(composite or group depreciation) 등이 있다.⇒ 각 방법별 항목 참고.

감가상각의 계산요소

감가상각의 계산시 필요한 요소에는 다음의 세 가지가 있다.
① 취득원가(original cost) — 최초 구입가격, 또는 자가제작, 건설의 경우 각각 제조원가, 건설원가에다 목적에 맞게 사용 가능케 하기 위해 소요된 일체의 부대비용을 합계한 금액을 말한다.
② 잔존가치(scrap value) — 자산이 사용불능되어 폐기 처분시 받을 수 있으리라고 기대되는 금액을 말한다.
③ 내용연수(useful life) — 유형자산이 영업활동에 사용될 수 있는 예상기간, 즉 수명을 말한다. 추정에 의하여 산

출하며 실무상 세법의 규정에 따라 계산한다.

감가상각의 기장법

감가상각의 기장방법에는 다음의 두 가지가 있다.

① 직접법(direct method) — 매기의 감가상각액을 유형자산 계정의 대변에 기입하여 유형자산계정에서 직접 차감하고 동시에 감가상각비계정의 차변에 기입하는 방법을 말한다. 무형자산이나 이연자산의 상각은 직접법에 의하여 계상된다.

예) 영업권   100,000

　　영업권 상각   -20,000

　　　　　　　　　　　　　　　　　80,000

② 간접법(indirect method) — 감가상각누계액계정을 별도로 설정, 동 계정의 대변에 기입하여 처리하는 방법으로 일반적으로 유형자산의 상각시 처리하는 방법이다.

예) 기계장치   100,000

　　기계장치

　　감가상각 누계액   -20,000

　　　　　　　　　　　　　　　　　80,000

감가상각의 수정

자본적지출, 회계처리기준의 변경, 회계추정의 변경, 회계처리기준 적용의 오류와 회계추정의 오류, 국고보조금이나 공사부담금으로 자산을 취득하는 경우 실시한 감가상각의 방법을 수정하는 절차를 말한다.

감모상각(depletion)

유형자산 중, 그 매장량이 사용량에 따라 점점 고갈되는 소모성 또는 고갈성 자산(광물, 석유 및 가스, 삼림 등등)의 경우, 그 사용량 만큼을 자산의 원가에서 직접 차감하여 비용화시키는 회계절차를 말한다.

감자(reduction of capital stock)

주식회사가 설립된 후에 자본금을 감소시키는 것을 말하며, 이는 회사의 이해관계자에게 밀접한 관계를 갖는 것이기 때문에 법원의 승인 하에서만 가능하고 그 방법으로 주금 환급, 주식 매입소각, 주금 절사, 주식의 병합 등이 있다.

감자차익(gain on capital reduction)

자본감소시, 즉 ① 기발행주식을 무상으로 수입하여 소각하는 경우, ② 액면주의 액면 절하를 행하여 주식수를 증가시키지 않거나 또는 증가해도 그 절하율 이하로 하는 경우, ③ 액면주식을 액면 이하로 취득해서 감자하고 이것을 소각하는 경우, ④ 무액면주의 자본계상액을 절하하는 경우 등에 발생하는 차익이다. 자본 잉여금의 하나가 된다.

감채기금(sinking fund)

사채 발행 후, 그 상환에 많은 자금이 일시에 필요하게 되어 발생할 수 있는 영업 지장을 막기 위하여 사채를 상환할 때까지 매기 일정액을 예금이나 유가증권 등의 형태로 보유하고 일반자금과 구별해서 특정자산으로서 축적하는 적립금액을 말한다.

감채적립금(sinking fund reserve)

사채의 상환을 위해서 사채를 상환할 때까지 적립된 금액을 말한다. 매기 이익 중 이익처분시에 일정금액을 적립하여 사채상환시까지 이익의 유출을 유보하여 적립한 금액으로 이익잉여금의 하나가 된다.

개별비(specific cost)

원가관리를 위한 부문별(장소별) 원가 계산시, 그 해당 부문에서만 발생하는 부문별 집계원가에 직접 부과할 수 있는 원가를 말한다.

개별원가계산(job costing)

기계 제작, 건축, 조선 등과 같이 규격이나 종류가 다른 여러 가지 제품을 개별적으로 생산하는 개별 생산이나 주문생산 형태에 알맞은 원가계산 방법으로, 특정제품별로 원가를 계산하는 방법이다.

개시거래(opening transaction)

거래를 발생시기에 따라 분류시, 기업이 경영활동을 개시하는 경우에 발생하는 거래이다.

개시기입(opening entry)

결산본절차에서 자산·부채·자본계정의 마감후, 총계정원장 각 계정의 잔액을 차기 회계연도의 기초일로 전기하는 개시분개를 하여 원장의 관계계정에 전기하거나 개시 분개없이 (영미식의 경우) 차기 초에 원장의 관계 계정에 기입하는 절차이다.

개시잔액계정(opening balance account)

장부를 마감하고 개시하는 대륙식방법에 의한 경우 개시기입을 위하여 설정하는 계정이다. 장부를 마감하기 위해서는 결산잔액계정을 설정하게 된다.

개업비(pre-operating costs)

회사가 개업할 때까지 사용·지출한 광고선전비, 여비교통비 등 본질적으로는 창업비와 다름이 없는 비용이다. 기업회계기준에서는 개업연도부터 3년 이내의 매결산기에 매기균등액을 상각하여 직접 차감하도록 규정하고, 동 상각비는 영업외비용으로 처리하게 된다.

갭(GAAP)

'일반적으로 인정된 회계원칙(Generally Accepted Accounting Principles)'. 회계규정 자체, 구체적인 회계 실무 지침, 또는 실무로부터 발전되어 광범위하게 인정되는 회계기준을 의미한다. 원래 회계실무에서 관습적으로 발달한 회계관습으로부터 생성된 것으로 오늘날에는 회계실무로부터 회계관습을 일반화하는 방법인 귀납적 회계기준과 회계목적으로부터 규범적이고 논리정연한 회계기준을 유도하는 연역적 회계기준을 적절히 조화시켜 GAAP을 정립하게 된다.

우리나라의 경우에는 기업회계기준이 이에 해당된다.

거래(transaction)

기업의 자산·부채·자본의 증감변화를 일으키는 모든 현상과 수익·비용을 발생시키는 일체의 사상(事象)을 말한다. 거래는 다음과 같이 분류해 볼 수 있다.

1) 거래발생시 손익관계 유무에 의한 분류

① 교환거래(exchange transaction) ② 손익거래(profit and loss transaction) ③ 혼합거래(mixed transaction)

2) 거래 발생 장소에 의한 분류

① 내부거래(internal transaction) ② 외부거래(external transaction)

3) 거래 발생 시기에 의한 분류

① 개시거래(opening transaction) ② 영업거래(business transaction) ③ 결산거래(closing transaction)

4) 현금수지와의 관계에 의한 분류

① 현금거래 ② 대체거래

거래의 이중성(bilateral character of transaction, duality of a transaction)

항상 동일한 금액이 원인과 결과가 되어 회계등식 양쪽에 동일한 영향을 미치게 되는 거래의 성질을 의미한다.

거시회계 (macro accounting)

국민경제단위의 경제활동을 다루는 회계로서 국민소득계정, 국민대차대조표, 국민자금순환표, 투입산출표 등의 보고서를 복식부기의 원리를 이용하여 작성하며 재무제표의 작성방식을 기업차원이 아닌 국민 경제적 또는 국제 경제적 차원에서 작성하는 회계이다.

건물(building)

사무소·점포·공장 등의 영업용 건물이나 사택·기숙사 등을 구입하거나 취득한 때에 기입하는 계정이다.

건설이자 (pre-operating dividends)

건설기간이 장기간으로, 건설기간 중에 영업활동을 할 수 없기 때문에 배당을 하지 못하는 불리점이 있는 전력, 철도사업 등의 주식모집이 곤란한 경우를 막기 위하여 상법상 특칙을 두어 설립 후 2년 이내에 개업할 수 없는 회사에 한하여 법원의 인가를 얻어 미리 행하여지는 배당을 말한다. 배당건설이자라고도 한다.

건설중인 자산 (construction in progress)

영업 목적으로 사용하는 유형자산을 건설하기 위하여 투입한 재료비·노무비 및 경비와 완성전 지급한 착수금·청부금 등의 선급액 등을 처리하는 계정이다. 건설가계정이라고도 한다.

견적원가계산(estimated cost accounting)

제품의 제조활동이나 판매활동을 위하여 소비될 것으로 예상되는 견적원가를 설정, 이를 실제원가와 비교하여 원가 차이를 분석하는 원가계산방법이다.

결산(closing)

기업이 회계연도 말에 이르러 그 기간에 발생한 비용·수익을 대응, 계산한 경영 성과와 일정시점의 재무상태를 명백히 하기 위한 계산절차를 말한다.

결산거래(closing transaction)

거래 발생시기에 의한 분류 중 결산마감을 위한 거래를 말한다.

결산보고서(financial statement)

결산본절차가 끝나고 그 결과를 보고하기 위하여 작성된 대차대조표와 손익계산서 등의 재무제표를 말한다.

결산본절차

결산예비절차 후 총계정원장을 중심으로 하여 수익·비용에 속하는 계정을 손익계정에 집계하여 순손익을 산출하는 절차와 자산·부채·자본에 속하는 계정의 잔액을 차기회계연도에 이월함과 동시에 원장을 마감하는 일련의 절차를 말한다.

결산예비절차

시산표를 작성하고, 재고조사표의 작성과 원장 각 계정을 정리·기입하며, 정산표를 작성하는 일련의 절차를 말한다.

결산절차(closing procedures)

결산순서를 의미하며 여기에는 다음의 3단계가 있다.
1 결산예비절차 [① 시산표(수정전) 작성 ② 재고조사표의 작성 및 원장 각 계정의 정리, 기입 ③ 정산표 작성]
2 결산본절차 [① 수익·비용계정의 잔액을 손익계정(집합계정)에 대체 ② 손익계정에서 순손익을 산출 자본금계정을 대체 ③ 원장 각 계정의 마감 ④ 분개장과 기타 장부(보조부)의 마감 ⑤ 이월시산표의 작성]
3 결산보고서작성 [① 대차대조표 작성 ② 손익계산서 작

성 ③ 이익잉여금처분계산서 또는 결손금처리계산서 작성 ④ 현금흐름표 작성 ⑤ 기타 부속명세서 작성]

결손금의 처리

결손금은 전기이월이익잉여금 또는 전기이월결손금에 당기순손실을 가산하는 형식으로 나타나며, 결손금의 보전은 이월이익잉여금, 임의적립금 기타의 자본준비금의 순서로 이루어진다. 결손금은 결손금처리계산서에 기재함으로 처리한다.

결손금처리계산서 (statemnent of disposition of deficit)

처리전 결손금의 처리내용을 상세히 나타내는 재무제표의 하나이다.

경비(expenses)

재료비, 노무비 이외의 가치로서 계속적으로 제조에 소비되는 것으로 제조경비라 하며, 이는 필요에 따라 전력료, 보험료, 감가상각비, 세금과 공과 등으로 비용과목으로 구분된다.

경상손익(ordinary profit and loss)

영업손익에 영업외수익을 가산하고 영업외비용을 차감하여 계산되는 손익을 말한다.

경상연구개발비 (ordinary research and developmnet expense)

경상적으로 지급되는 연구개발비를 말한다. 즉 이연자산으로 처리되는 특별한 연구개발비를 제외하고 연구실 등에서 경상적으로 발생하는 경비 등의 비용을 말한다.

경영분석(business analysis)

재무제표분석 또는 재무분석이라고도 하며, 재무제표를 비롯하여 월차손익계산서, 매월의 생산 판매량, 재료 사용량, 원가자료 등의 여러 경영정보를 분석, 경영내용과 경영상태를 파악하여 그 경영의 적부(適否)를 명확히 하는 것으로 수익성·유동성·생산성을 중심으로 손익 상태(수익성), 수지 상황(유동성), 경영능률(생산성)의 측정, 평가를 통하여 경영 의사결정에 유용한 정보를 제공하는 방법을 말한다.

경제적 사건(economic essence of events)

기업의 경영활동에 있어서 금전 및 기타 재산의 증감변화를 일으키는 모든 사건을 말하며 이것을 회계학상 거래라고 한다.

계속기록법(perpetual inventory method)

출입계산법·항구재고조사법 또는 장부재고조사법이라고도 하며, 상품을 같은 종류로 분류, 출입이 있을 때마다 그 수불

수량을 기록·계산함으로써, 장부상으로 재고량을 파악할 수
있도록 하는 방법이다.

계속기업의 공준(going concern postulate)

　기업의 영속적 존재성과 경영활동의 영구성을 전제로 하는
회계공준의 하나이다.

계속성의 원칙(consistency)

　회계처리에 관한 기준 및 추정을 기간별 비교가 가능하도
록 매기 계속하여 적용하고 정당한 사유없이 이를 변경하여
서는 안된다는 원칙을 말한다.

계정(account)

　거래의 발생으로 기업의 자산, 부채 및 자본의 변동시 이들
의 증감변화 및 수익, 비용의 발생을 명확히 계산하기 위하여
설정된 기록계산의 단위를 말하며, 여기에 구체적인 명칭을
부여한 것이 계정과목이 된다.

계 정 계 좌

　장부상에 설정되는 계정기입의 장소를 말한다. 계좌라고도
한다.

계정과목(title of account)

자산, 부채, 자본 등의 변동을 기록·계산하기 위하여 계정에 부여된 현금, 예금등 구체적인 명칭을 말한다.

계정기입법

자산, 부채, 자본, 수익, 비용에 대하여 계정 계산시 이들 각 항목의 증가와 감소를 각 계정의 차변과 대변에 기입하는 방법을 말한다.

계정기입의 법칙

각 계정에 기입하기 위해서는 계정기입의 법칙을 따라야 한다. 즉,
　① 자산 계정 : 증가를 차변에, 감소를 대변에 기입.
　② 부채 계정 : 증가를 대변에, 감소를 차변에 기입.
　③ 자본 계정 : 증가를 대변에, 감소를 차변에 기입.
　④ 수익 계정 : 증가를 대변에, 감소를 차변에 기입.
　⑤ 비용 계정 : 증가를 차변에, 감소를 대변에 기입.

계정집계표(trial balance)

시산표 참조

계좌(accounting)

계정계좌의 준말.

고급회계(advanced accounting)

특수회계문제 중심의 과목으로, 연결재무제표의 작성이 많은 부분을 차지하고 그밖에 조합기업회계, 합병회계, 외화환산회계 등을 다루는 회계를 말한다.

고유분개장(proper journal)

보통분개장이나 일반분개장을 말한다.

고정부채(fixed liabilities)

대차대조표일에서 기산하여 1년 이후에 만기가 도래하는 장기성 부채로 사채, 장기차입금, 장기성매입채무, 부채성충당금(장기성) 등이 있다. 변제기한이 일년이내가 되면 유동부채로 재분류해야만 한다.

고정부채구성율

고정부채와 순자본의 비율을 말하며, 다음의 식으로 나타낸다. (고정부채 / 순자본)×100%.

이 비율이 높은 것은 사채, 장기차입금 등의 고정부채에 의존하는 경우가 높은 것을 나타낸다. 이 비율이 높다는 것은 위험하지만, 극히 장기의 부채이면 유동부채구성율이 높은 것 보다는 안전하다.

고정비율(fixed ratio)

장기적으로 기업 지급능력을 알기 위하여 자기 자본이 얼마나 고정 자산에 투입되어 있는가를 알 필요가 있다. 고정비율이 100% 이하가 되면 고정자산은 자기자본으로 충당한 것이 되며 잔여분은 운전자본으로 활용되어 지급능력을 강화하는데 기여함을 알 수 있다.

고정비율＝(고정자산 / 자기자본)×100%

고정성배열법(non-current arrangement method) (fixed arrangement method)

과목배열에 관한 하나의 방법이다. 과목을 무차별 배열하면 명료성의 원칙에 반하기 때문에, 과목 가운데 고정성이 강한 것(용이하게 현금화되지 않는 것, 지급기한이 장기간인 것)에서 순차유동성이 높은 것으로 배열하고자 하는 방법을 말한다. 자산은 토지. 건물. 구축물. 기계장치 등의 고정자산, 다음에 상품. 제품. 원재료와 같은 재고자산 그 다음에 외상매출금. 받을어음. 현금. 예금 등의 당좌자산을 열거하고, 부채에는 사채. 장기차입금 등의 고정부채. 단기차입금 등의 유동부채, 그 다음에 자본항목을 배열한다. 자본항목에 관하여서는 자본금. 자본잉여금. 이익잉여금으로 한다. 기업총자본 중에 고정자산 금액이 많은 장치산업 등에 적합하지만 우리나라 대차대조표 작성기준은 유동성 배열법을 채택하고 있다. ― 유동성배열법 참조.

고정비(fixed costs)

일정한 기업규모하에서 조업도의 변화가 있어도 그 발생액이 변화하지 않는 비용을 말한다. 조업도의 변동 혹은 생산량의 다소에 불구하고 경영을 존속하는 한 항상 일정하게 발생하는 비용이다. 이것을 제품단위 당에 관하여 보면, 조업도의 상승에 따라 반비례적으로 체감한다. 또한 조업도가 떨어지는데 따라 체증적으로 증대한다. 현대기업의 대량생산에 의한 이익은 이 고정비가 전제로 되어 있다. 조업도의 변동에 무관하게 일정한 금액이 발생하는 것을 절대고정비라고 하며, 일정한 조업도의 범위내에서는 고정이지만, 그 범위를 넘으면 급격히 증가하거나, 또는 일정 조업도내에서 변동하지 않는 비용을 순고정비라 한다.

고 정 원 가

고정비와 상동.

고정예산 (fixed budget)

예산기간(회계기간을 쓰는 경우가 많다) 중에서 쓰이는 단일예산을 말한다. 일정의 조업도를 예정하여, 이에 상승하는 예산을 정하여 이 기간 고정시킨다. 조업도의 변동이 있으면 실정에 적합하지 않으므로 원가관계의 입장에서 각종의 조업

도에 상응한 예산을 정하는 일이 많아졌으며, 이러한 예산을
변동예산이라 한다.

고정자산대장 (plant ledger)

　토지. 건물. 기계. 공구와 같은 유형자산의 내역을 기장하는
보조부를 말한다. 소유고정자산의 각 종류마다 계좌를 마련하
여 그 취득기일. 소재. 부수비용. 감가상각비계상액. 처분액
등을 상세하게 기록하여 현재액을 명시한다.

내용연수　　　　　소재지

잔존가액　　　　　관리자

==== 감가상각방법 ====

일　자	적　　　요	No.	취　득　액	매각 또는 상　　각	현　재　액

고정자산(fixed assets or non-current assets)

　판매를 목적으로 하지 않고, 1년 이상 기업 내부에 고정화
되어 다른 기업을 지배, 통제하거나 여유자금의 증식을 목적
으로 또는 경영수단으로써 반복 사용되고 장기적으로 그 사
용 형태에 변화를 가져오지 않는 자산을 말한다. 여기에는 투
자자산, 유형자산, 무형자산, 이연자산으로 구분된다. 투자자

산은 다른 기업을 지배. 통제하거나 또는 장기간의 이식을 목적으로 보유하는 투자유가증권, 장기성예금, 적금 등을 의미하며, 유형자산은 토지, 건물, 기계장치 등 기업의 영업목적과 관련하여 1년이상 계속 사용할 목적으로 보유하고 있는 자산이다. 무형자산은 영업권, 공업소유권과 같이 구체적인 형태가 없는 무형의 자산이며 이연자산은 일단 비용으로 지출되었으나 손익계산상 일시적으로 자산으로 계산한 것을 말한다. 여기에는 창업비, 개업비 같은 것이 있다.

고정장기적합률 (fixed assets to net worth and fixed liabilities)

자금조달과 자금운용의 안정성을 동시에 고려한 재무비율. [고정자산 / (자기자본＋고정부채)]×100%

공구와 기구(tools and equipments)

공구는 기계에 물리거나 손으로 제조를 위하여 사용되는 절단공구, 렌치금형 등을 말하며, 기구는 제품용기, 압력계, 속도계 등의 계기류로서 일반적으로 내용연수가 1년 이상이고 또한 그 가액이 상당액 이상인 것을 말한다.

공사보증충당금(allowance for guarantee prousion in construction contract)

건설업자가 건설업법 또는 예산회계법 등의 규정에 의하여 1년 내지 2년간 공사의 하자에 대하여 보수공사를 할 것 등의 조건으로 건축물을 인도한 경우, 이로부터 발생하는 장래의 손실에 관한 충당금을 말한다.

공사부담금(contribution in aid of construction)

전력회사 또는 가스회사 등이 전기나 가스 등을 공급하는데 있어 그 공급설비의 일부 중 수요자에게 부담시킨 금액을 말한다.

공사완성기준(completed construct basis)

공사가 완성된 때 도급가액을 일시에 공사수익으로 인식하는 방법을 말한다.

공사이자(pre-operating dividends)

건설이자, 배당건설이자 참조.

공사진행기준(percentage of completiom basis)

결산일에 공사진행정도에 따라 총도급가격에 공사진행률을 곱하여 공사수익을 결정하는 기준이다.

공 어 음

융통어음 참조.

공업소유권(intellectual proprietary rights)

법률에 의하여 일정기간 독점적, 배타적으로 이용할 수 있는 권리. 특허권, 상표권, 광업권, 어업권, 차지권, 의장권, 실용신안권 등이 있다.

공인회계사(Certified Public Accountants, C.P.A)

다른 사람의 위촉에 의하여 회계에 관한 각종의 업무, 즉 재무서류에 관한 감사, 감정, 증명, 재무 또는 경영에 관한 조사, 입안, 계산, 상담, 법인설립에 관한 회계와 세무대리 등을 주업무로 하는 회계에 대한 전문직업인을 말한다.

공통비(joint department expenses or indirect department expenses)

여러부분에 공통적으로 발생하여 이것을 각 부문에 배부해야 비로소 부문별 집계가 되는 비용을 말한다.

공헌이익법(marginal income method)

손익분기점을 산출하는 방법의 하나로 공헌이익은 매출액에서 변동비를 차감하여 계산한다.

관 계 비 율

Wall 지수법에서 실제비율을 표준비율에 대한 백분비로 표시한 비율을 말한다.

관계회사(affiliated company)

"관계회사"라 함은 다음의 1에 해당하는 관계가 있는 회사를 말한다.

① 회사간에 발행주식총수(의결권 없는 주식을 제외한다. 이하같다)의 100분의 20 이상의 주식을 소유하거나 출자 총액이 100분의 20 이상을 출자하고 있는 관계.

② 2이상의 회사가 동일인에 의하여 각 발행주식 총수의 100분의 30 이상 또는 출자 총액의 100분의 30 이상이 소유되고 있는 관계.

③ 위 "①" 또는 "②" 이외에 실질적으로 경영권을 지배하고 있는 관계.

관계회사사채(investments in affiliated companies' debentures)

관계회사가 발행한 사채를 말한다.

관계회사주식 (equity investments in affiliated companies)

타회사를 지배, 통제할 목적으로 소유한 관계회사가 발행한 주식을 말한다.

관계회사출자금(other equity investments in affiliates)

관계회사에 대한 출자금을 말한다.

관 련 회 사

"관련회사"라 함은 관계회사 이외의 회사로서 재무제표작성회사와 직접 또는 간접으로 상당한 이해관계가 있다고 인정되는 회사를 말한다.

관리가능원가(controllable costs)

주로 재료비, 직접노무비, 광고비 등으로 직접비 또는 변동비에 해당하는 것으로 대거는 소비량 또는 작업시간에 그 단가를 곱하여 계산되는 통제가능 원가를 말한다.

관 리 목 적

경영자가 경영활동을 합리화하여 능률을 향상시키는데 필요한 회계자료를 제공하는 목적의 회계로서 여기에는 원가회계, 관계회계, 재무분석 등이 있다.

관리불능원가(uncontrollable costs)

건물등의 감가상각비, 세금과 공과 등으로 고정비 및 간접비에 해당하는 현장관리 불가능의 원가를 말한다.

관리회계(managerial accounting)

경영자가 의사결정을 하는데 필요한 회계정보를 기업내부에 제공할 목적으로 작성하는 내부보고를 위한 회계를 말한다.

광고선전비(advertising expense)

상품, 제품의 판매촉진을 목적으로 불특정 다수인에게 광고하고 선전하는 활동에 소요되는 비용이다.

광업권(mining rights)

광물을 채굴하여 취득할 수 있는 권리로, 광업법에 의하여 등록하여 광물을 일정기간 독점적으로 채굴, 취득할 수 있는 권리이다.

교환거래(exchange transaction)

어느 종류의 자산, 부채와 그 밖의 자산, 부채가 계정기록상에서 교체하는 경우로 자본의 증감에 영향이 없는 거래, 즉 손익의 발생을 가져옴이 없이 재산과 자본의 증감을 발생케 하는 거래이다.

구분표시기준

대차대조표와 손익계산서를 작성할 때 지켜야 할 기준이다.

제 1 단계구분	제 2 단계구분	제 3 단계구분	제 4 단계구분
자 산	I.유동자산	(1) 당좌자산	계정과목
		(2) 재고자산	
	II.고정자산	(1) 투자자산	
		(2) 유형자산	
		(3) 무형자산	
		(4) 이연자산	
부 채	I. 유동부채	계 정 과 목	
	II. 고정부채		
	III. 이연부채		
자 본	I. 자본금	(1) 보통주자본금	계 정 과 목
		(2) 우선주자본금	
	II. 자본잉여금	(1) 자본준비금	
		(2) 재평가적립금	
	III. 이익잉여금	(1) 이익준비금	
		(2) 기업합리화적립금	
		(3) ××적립금	
		(4) 차기이월이익잉여금	
	IV. 자본조정	계 정 과 목	

구축물(structures)

토지에 부착하여 설치되는 건물 이외의 구조물. 토목설비
나 공작물을 말한다.

국고보조금 (governmental subsidy for capital expenditures)

국가 또는 지방 공공단체가 특정 산업의 유지, 육성, 진흥을 위하여 설비 건설시 지급한 보조금이나 조성금을 말한다.

국민대차대조표(National Balanced Sheet)

모든 국민의 자산, 부채를 합병하여 집계한 표를 말한다.

국민소득계정

국민소득회계에서 가장 중요시되는 회계보고서로서 일정기간에 있어서 그 나라의 경제적 총산출량을 집계한 것이다.

국민소득회계(National income accounting)

국민경제단위, 국제경제단위의 경제활동을 다루는 회계이다.

국제수지표(balance of payments statemnent)

일정기간 동안 내국인과 타국인 간의 모든 거래를 체계적으로 분류한 표를 말한다.

국제회계(international accounting)

국제적으로 영위되는 기업의 경제 활동에 관한 회계정보를 인식, 측정 및 전달하는 문제를 다루는 회계이다.

금고주(treasury stock)

자기주식 참조.

급여(salaries)

인건비로서 임원급여, 급료, 임금, 상여, 수당 등이 해당된다.

귀납적 연구방법(inductive reasoning)

구체적인 경험적 현상을 관찰, 측정하여 여기서 발견된 사실로부터 일반화된 결론이나 일반적 원리를 도출하는 연구방법이다.

기간계산(periodical accounting)

기간손익계산, 연도손익계산, 연도계산 등이라고 한다. 일사업년도의 순손익을 계산하고 또한 사업년도 말의 재무상태를 계산하는 것을 말한다. 오늘날 재무회계는 기간계산을 기초로 하고 있다. 순손익의 정확한 계산에는 그 사업년도에 발생한 손익을 빠짐없이 계상하는 것과 동시에 그 사업년도에 발생하지 않는 손익은 제외하는 것이 필요하다. 손익에 대한 장부기입은 기중에 있어서는 반드시 그 발생에 의하여 기장되여 있지 않고 오히려 손익의 대가로서의 현금에 의하여 기장되어 있으므로 결산시에는 이들 거래를 발생주의에 의하여 수정을 하여 올바른 기간손익을 계산하지 않으면 안된다.

기간계획 (period planning)

이익계획 참조.

기 간 비 교

상이한 기간에 있어서의 재무제표를 비교하는 것을 말한다. 기간비교에 의하여 기업의 재무상태 및 경영성적을 입체적으로 관찰할 수 있다. 기업의 대차대조표는 일정시점에 있어서의 재무상태를 명확히 하며, 손익계산서는 일정기간의 손익상태를 표시하는 것이기 때문에 이들을 일정기간 모아서 전자에 있어서는 비교대차대조표를 후자에 있어서는 비교손익계산서를 작성하여 증감한 숫자를 비교하여 경영성과를 판단할 수 있다.

기간손익계산, 기간계산 참조.

기계장치(machinary and equipment)

동력에 의하여 작업을 행하는 발전기, 전동기, 공작기계, 작업기계 등의 여러 기계와 재료 등을 내부에서 분산변질케 하는 화학, 냉동장치 등을 말한다.

기부금(donations)

기업의 영업활동과는 직접적으로 관련없이 사회복지, 교육,

문화, 종교, 정치단체, 사회적인 공익 등을 위하여 지급하는 기부금과 경상적으로 지급되는 축의금, 부의금 등의 금액을 말한다.

기업실체(business entity)

기업은 주주나 가계에서 분리된 경제단위로서 독립된 회계단위로 보아 회계의 기록계산의 범위를 한정하게 된다. 회계단위의 공준이라고도 한다.

기업실체공준(business entity postulate)

기업을 주주나 가계에서 분리된 경제단위로서 독립된 회계단위로 보아 회계의 기록계산의 범위를 한정한다는 회계공준을 말한다.

기업예산의 체계

전체적이고 최종적인 종합예산으로서 상위개념으로 예산손익계산서, 예산대차대조표, 예산자금계획서로 구성되고 하위개념으로 업무예산, 자금예산, 자본예산으로 구성되는 기업예산의 틀을 말한다.

기업합리화적립금(reserve for business rationalization)

조세감면규제법의 규정에 의하여, 증자소득공제, 투자세액공제 등의 소득세 또는 법인세의 감면을 받았을 경우 당해 사업연도의 이익의 처분에 있어서 공제받은 소득금액이나 감면, 공제받은 세액상당액을 기업내부에 적립한 금액이다. 결손보전이나 자본에의 전입 이외에는 사용할 수 없다.

기업회계기준

일반적으로 인정된 회계원칙으로 외부감사에 관한 법률에 의하여 제정되어 다른나라와 달리 법률의 성격을 띠고 있다.

기업회계일반원칙

기업회계가 채택한 기준 중 모법(母法)과 같은 기준으로 회계처리를 함에 있어서 반드시 준수하여야 할 일반적이며 통상적인 원칙이다.

기준재고조사법(base stock method)

기초재고 상품에 대해서 항상 동일한 가액으로 평가하는 방법을 말한다. 기준재고를 초과하거나 미달하는 경우에는 초과 또는 미달되는 재고에 일정한 평가를 하여 기준재고액에서 가감하여 표시하게 된다.

기중감사(interim audit)

기중에 실시하는 감사를 말한다. 즉, 회사가 공정한 회계원칙에 따라서 또는 기초조사에서 확인된 점에 의하여 실제로

운영되어 있는가의 여부를 검토하는 것을 말한다. 다시 말하면, 내부통제조직이 합리적으로 운영되고 있는지의 여부를 검증하는 것도 목적으로 되어 있다. 기말에 보통 행하여지는 기말감사와 이점에서 다르다.

기초개념(basic concepts)

회계에서 일반적으로 인정되는 전제조건 즉, 회계공준이라고도 한다.

기초원가(prime cost)

기본원가라고도 한다. 원가회계상으로 보아 비용으로서 인식되는 원가를 말한다. 재무회계에서 보면은 목적비용이라 불리운다. 원가개념과 비용개념의 사이에는 다음과 같은 관계가 있다.

(재무회계상)비용

중성비용, 목적비용 = 기초원가
부가원가 ┐ 원가(원가계상상)

기초잔액 (opening blance)

회계기간의 최초에 존재하는 자산, 부채, 자본의 재고액을 말한다. 기초잔액에 일정기간내의 자산, 부채, 자본의 증감을 가감한 것이 기말잔액이 되며, 이것이 차기에 이월되어 차기의 기초잔액이 된다.

기초재고량(beginning inventory, opening inventory)

회계기간 기초에 존재하는 재고자산의 재고량을 말한다.

기타법정적립금(other legal reserve)

상법이외의 조세감면규제법이나 상장법인 등의 재무관리규정 등에 의하여 의무적으로 적립하여야 할 기업합리화적립금, 재무구조개선적립금을 말한다.

기타유형자산

토지, 건물, 구축물, 기계장치, 선박, 차량운반구, 공구와 기구, 비품, 건설중인 자산에 속하지 아니하는 유형자산은 이를 구분하여 그 자산을 표시하는 과목으로 기재한다.

기타의 대손상각비(other bad debts expense)

매출채권 이외의 채권, 즉 대여금, 미수금 등에서 발생하는 대손액을 처리하는 계정이다.

기타 자본잉여금(other capital surplus)

주식발행초과금, 감자차익, 합병차익 이외의 자본잉여금으로 여기에는 자산수증이익, 채무면제이익, 자기주식처분이익, 전환권대가, 신주인수권대가 등이 있다.

기회원가(opportunity cost)

경제적 재화 내지 용역에 2개 이상의 용도가 있을 때, 1개를 취하고 다른 것을 포기하기 때문에 잃게 되는 이익 또는 수익을 말한다. 그러므로 실제의 회계지급으로 계산된 것이 아니고 견적액이다. 미래원가의 하나이며 특수원가에 속하고 특수원가 조사에서 사용된다. 여러 가지 방법 중에 어느 것을 선택하느냐의 의사결정에 이용된다.

ㄴ

납세충당금(reserve for taxes)

결산시에 납세액이 확정되지 않고 납기가 도래되지 않은 경우에 세액을 추정하여 기간비용에 계상하는 것과 동시에 대차대조표의 부채의 부에 설정되는 충당금을 말한다. 소득세, 재산세 등에 관하여 설정한다. 법인세는 법인세비용으로 설정하여 미지급법인세로 계상한다.

납 품 서

상품, 제품, 원재료의 매매시에 작성되는 서류로서 주문자, 납입자, 주문년월일, 주문번호, 품명, 수량, 단가, 금액 등의 기입란을 가지고 있다. 현품과 같이 주문자 측에 납입되는 것이 보통이다. 납품전표라고도 한다.

내부감사(internal audit)

기업내부의 감사기관이 행하는 감사를 말한다. 외부감사에 대비되는 용어이다. 외부감사가 기업외의 제3자, 즉 공인회계사에 의하여 행하여 지는데 대하여 내부감사는 넓게 해석하면 기업내의 감사기관 즉, 감사부서나 감사가 하는 감사이다. 외부감사는 기업이 이해관계자의 보호를 목적으로 하는 법정감사 내지 강제감사인데 대하여 협의의 내용감사 즉 감사부서에 의한 내부감사는 주로 경영자의 자유의사에 의한 임의감사이며, 그 목적과 내용도 다양하다.

본래 협의의 내부감사는 내부통제조직의 일환으로 당초는 회계자료 또는 재무제표의 허위, 오류의 발견과 방지를 목적으로 하는 회계감사가 주된 내용이었으나, 내부통제조직의 정비에 수반하는 기업의 조직과 운영 및 업무 전반의 운영 기타 예산통제, 표준원가계산 등 광범위한 경영관리제도의 평가를 하기 위하여 업무감사, 제도감사에도 미치고 있으며 경영관리를 위하여 중요한 용구로 사용된다.

내부감사기준(internal audit standard)

내부감사인 특히 감사부서 직원이 지켜야할 감사기준을 말한다. 법정된 것은 없으나 미국내부 감사인 협회의 "내부감사인의 책임"과 "회계감사 기준 및 준칙" 등이 있다

내부감사제도(internal audit system)

내부감사를 실시하기 위하여 설정된 감사기구와 그 운영상의 절차 및 방법 등을 말한다. 내부감사가 유효적절하게 실시되기 위하여는 내부감사인의 지위와 그 적격성, 내부감사 계획의 입안, 감사 실시 방법, 감사 보고와 검토, 시정 조치와 그 확인 등 여러사항에 관하여 신중하게 고려되어야 한다.

내부거래(internal transaction)

외부거래에 대비되는 용어이며, 타기업등 외부경제 주체와의 거래 이외의 거래, 즉 기업내부에만 관계되는 거래를 말한다. 일반적으로 공업회계 특유의 용어로서 재화, 용역이 경영내부에서 소비되어 새로운 급부가 산출되는 과정에서 발생하는 여러 가지 거래를 총괄하여 내부거래라고 말하고 있다. 독립된 회계단위인 본점, 지점 등 상호간의 거래도 내부거래의 하나가 된다.

내부견제조직(internal check system)

내부통제조직이라고도 한다. 원래는 사무조직의 한 형태이나 현재는 회계상의 허위 및 오류의 발생을 자동적으로 검증하며, 또한 방지하도록 설계된 회계조직을 말하는 것이 보통이다. 또한 오늘에 와서는 단순히 회계 절차만에 그 대상을 한정시키지 않고 업무전반의 절차와도 유기적으로 결합시켜서 회계상의 사고발견과 예방을 용이하게 하며, 기타 경영능률 증진에도 역할을 하고 있다. 그 의미로서는 사무조직의 원칙도 포함하고 있다고 할 수 있다. 이 조직의 특징은 하나의 거래에 대한 사무처리가 2개 이상의 부서 또는 2인 이상의 사람에 의하여 분담되는 것에 따라 상호간에 대조, 견제하는 것이 될 수 있도록 하는 점에 있다. 매출대금의 회수거래 예를 들면, 판매계원에 의한 회수와 외상매출금 또는 매출장의 기장에 의해서 출납계원에 의한 수납과 현금 출납장에의 기장이 각기 별개의 담당자에 의하여 행하여져 허위와 부정을 방지할 수가 있다.

내부대체이익(interdepartmental profit)

기업내부에 독립한 회계단위 상호간의 거래에서 생기는 이익을 말한다. 내부이익이라고도 한다. 예를 들면 지점이 독립회계인 경우 본·지점간에서 상품 등을 이전하는 때에는 원가에 일정의 이익을 가산한 금액으로 대체하는 경우가 있다. 이 대체가액과 원가와의 차액이 내부 대체이익이다.

본·지점의 합병 재무제표를 작성할 때에는 기말재고자산에 포함되어 있는 내부대체이익은 미실현이기 때문에 실현주의의 원칙에 의하여 제거해야 하는 것으로 되어 있다. 기업회계원칙은 이 방법으로서 본·지점등의 합병 손익계산서로 매출액에서 내부매출을 공제하고 매입액 또는 매출원가에서 내부대입을 공제하며 기말재고액에서 내부이익을 공제하는 것을 원칙으로 하고 있다.

내부분석(internal analysis)

외부분석에 대립하는 것으로서 기업내부의 경영자가 자기기업의 수익성, 안전성, 부가가치 생산성을 분석하는 것을 말한다. 광의로는 경영분석에 속하지만 자료를 자유롭게 쓸 수 있기 때문에 외부분석에 비하여 상세한 검토가 가능한 반면 외부자와 같은 객관성에 소홀하게 되는 단점이 있다.

내부증거(internal evidence)

감사인이 의견을 표명하기 위한 근거가 되는 회계상의 증거 가운데 피감사 기업의 회계조직 내부에서 찾게 되는 증거자료를 말한다. 회계장부, 전표, 증빙, 계약서, 의사록 등이 그 예이며 외부증거에 대비되는 증거자료이다. 내부증거에 의한 감사를 일반감사절차라 하고 이에는 증빙대조, 장부대조, 계산대조 등이 있다.

내부통제제도(internal control system)

어떤 조직체의 목적이 달성될 수 있다는 확신을 제공하기 위해 설정된 모든 방침과 절차 등을 포괄하여 지칭한다.

조직체의 다양한 목적과 이와 관련된 수 많은 방침 및 절차들을 포함하지만 이중에서도 특히 기업의 경제적인 행위와 사상들에 관한 경영자의 주장을 나타내기 위하여 재무적 자료들을 기록, 처리 및 요약하여 재무제표를 작성하여 보고하기 위하여 설정된 방침과 절차들만이 감사인에게 주요한 관심의 대상이 되는데 이를 회계적 통제라 부를 수 있다. 재무제표에 대한 감사목적과 관련시켜 볼 때 내부통제구조는 다음의 세 가지로 구성한다.

① 통제환경
② 회계제도
③ 통제절차

두 사람이상이 분담하여 상호 견제 부정을 방지할 수 있다. 또한 규모가 큰 기업의 경우에는 일반적으로 중대한 회계오류가 발생하지 않는다. 왜냐하면 규모가 큰 기업의 경우 적절한 내부통제제도가 정립되어 있어 회계담당자들이 회계시스템 내에서 발생할 수 있는 중요한 회계상의 오류를 쉽게 발견 할 수 있기 때문이다.

내부거래(internal transaction)

내부거래는 기업내부의 사업부간에 이루어지는 재화와 용역의 이전을 말한다. 연결손익계산서에서는 연결대상 기업전체를 하나의 경제적 실체로 보고 작성하기 때문에 개별손익계산서의 각 계정의 합계에 연결회사간 내부거래와 관련된 다음 사항을 반영하여 작성되어야 한다.

① 연결회사간 내부거래를 상계 제거한다.

② 연결회사간 내부거래로 인해 발생한 미실현이익을 상계 제거한다.

내부실현손익

연결회사간에 내부거래가 발생하였고 내부거래의 손익이 당기에 모두 실현되지 않았다면 미실현손익을 제거하는 분개를 추가로 수행하여야 한다. 연결회사간의 미실현손익은 연결회사간의 거래가 완결되지 않을 경우, 즉 구매자가 다른 연결회사로부터 매입한 자산을 보유하고 있는 경우에 발생한다.

내용연수(useful life)

유형자산이 영업활동에 사용될 수 있는 예상기간, 즉 수명을 말하며 유형자산이 사용불능이 되어 폐기할 때까지의 추정연수를 말한다. 내용연수는 반드시 기간적인 의미만 있는 것이 아니라 생산량 또는 활동능력으로 평가될 수도 있다. 또한 내용연수는 물리적 감가와 기능적 감가를 모두 고려하여 결정되어야 하지만 회계실무에서는 물리적인 요인만 고려하거나 세법의 내용연수표에 따라 내용연수를 정한다. 내용연수는 감가상각비를 계산하는데 있어 취득원가, 잔존가치와 함께 꼭 알아야만 될 3대 요소이다.

년령조사(aging)

기말 현재에 있어서 매출채권이 발생한 후 얼마만큼의 기간이 경과하고 있는가를 조사하는 것을 말한다. 즉 외상매출금을 비롯한 채권의 기말잔액을 발생순으로 나열하여 회수상황을 조사하며, 그 실제성과 회수 가능성을 검토한다. 이것은 매출채권과 대손충당금의 대차대조표 계상액의 적부를 검토하기 위하여 행하여 진다. 기점일로서는 채권의 발생일 또는 결재 약정일을 잡는다. 개별적으로 분석이 행하여지며 이때에 신용허용조건이 고려된다.

년매법(year purchase method)

영업권의 평가방법 중 하나로 초과수익액에 그것이 계속된다고 판단되는 추정년수를 곱한 금액을 평가액으로 하는 방법을 말하며 주로 영국, 미국에서 널리 쓰이고 있다.

노무비(labor cost)

제품제조를 위하여 소비된 노동의 가치이며 노동비라고도 한다. 이것은 필요에 따라 임금, 급료, 잡급 등으로 구분된다.

노무비계정 (labor cost a/c)

제품이나 용역을 생산하기 위하여 소비된 노동력의 대가인 노무비를 처리하는 계정이다. 당기지급액과 미지급액은 노무비계정의 차변에 기입하고 전기 미지급액과 당기 제품 제조에 소비한 금액은 대변에 기입한다. 이 때의 노무비 소비액이 특정 제품을 제조하기 위한 직접적인 소비일 때는 제조계정의 차변에 대체하고 간접적인 소비일 때는 제조간접비계정의 차변에 대체한다. 한편 미지급액이 발생하는 원인은 임금지급액을 계산하기 위하여 장부를 마감하는 날과 원가계산을 하는 날이 일치하지 않는데 있다.

ㄷ

다위식분개장

　거래에 있어 특히 빈번히 발생되는 계정, 예를 들면 상품거래의 분개나 현금, 당좌예금 등의 항목에 대하여 특별금액란을 설치한 분개장이다. 그 특별란의 수에 따라 4위식분개장, 6위식분개장, 8위식분개장 등이 있다. 그러나 특별금액란의 설정은 차변과 대변이 동수일 필요는 없다. 예를 들면, 영업비에 대하여 이것을 설정하려면 차변만으로 충분하다.

다위식현금출납장

　보통의 현금출납장을 특수분개장으로 사용하는 경우 각 거래마다 개별전기를 하여 단지 현금계정의 전기만이 총합전기를 가능케 함에 불과한 것이지만, 다위식현금출납장은 특별금액란이 있어 계좌란 기입의 거래를 개별전기하고 기타 총합전기를 하게 한다. 즉 현금출납장을 현금의 단순한 보조부로서만이 아니라 분개장으로서도 이용할 수 있다.

단기대여금(short-term loans)

　1년내에 회수기간이 도래하는 것, 또는 1년이내에 확실히 회수될 수 있다고 추정되는 것으로 차용증서를 받고 현금을 대여한 채권을 말한다.

단기차입금(short-term borrowings)

현금을 차입한 채무로서 대여금과 마찬가지로 1년이내에 갚아야 하는 채무이다.

단순개별원가계산(single job cost accounting)

비교적 경영규모가 작은 기업에서 채용되고 있는 개별원가계산을 말한다. 그 절차는 제조간접비를 부문별로 구분계산하지 않고 직접 제품에 배부하는 계산방법이다. 그 결과 재료비, 노무비, 경비의 요소별 계산과 제품별 계산의 2단계로 원가의 계산이 행하여 진다.

단순거래(single transaction)

복합거래에 대립하는 것으로 거래의 내용이 단순히 현금에 의한 외상매출금의 회수라든가, 당좌예금에 의한 교제비의 지급이라든가, 계정과목이 대차 하나의 과목인 거래를 말한다. 예를 들면 외상매출금의 회수가 현금과 어음 등에 의한 경우에는 복합거래가 된다.

단식부기 (single-entry bookkeeping)

부기의 일개 형태이며 복식부기에 대립하는 부기를 말한다. 단식부기의 본질은 복식부기와는 달라서 거래의 대차평균원리에 기인한 기입을 하지 않는 것이 보편적이다. 그러나 실무면에서 단식부기의 형태는 다양하며 복식부기와의 유일한 차이는 시산표를 만들 수 없다고 하는 주장도 있다. 일반적으로 단식부기는 재산의 증감만을 기록하며 손익의 기록을 하지 않는다. 손익은 재고조사에 의하여 자산, 부채의 차액으로 산출하든가 현금출납장의 기록을 이용한다. 따라서, 기간손익 발생의 경과가 명료하게 되지 않는 결함을 가지고 있다. 그러나 계산방법과 기록방법이 간단하기 때문에 경영내부의 파악이 용이한 소규모의 기업이나 비영리 기업에서 쓰이고 있다.

단위 원가(unit cost)

급부 일단위당의 원가를 말한다. 대량생산 경제에서는 일정기간의 총 비용을 동기간에 생산한 급부 수량으로 나누어 계산한다.

단일구분손익계산서(single-step income statement)

별도로 무구분 손익계산서라고도 불리우며, 단기의 모든 수익과 비용을 총괄적으로 대조하여 수익의 총액에서 비용의 총액을 공제한 것으로서 순손익을 산정, 표시하는 손익계산서를 말한다. 따라서 순이익 산출을 위하여 행하여 지는 수익에서의 비용 공제는 단지 1회에 한하며 매출총손익, 영업손익, 경상손익, 법인세비용차감전손익의 계산 구분이 되어 있지 않다.

단일분개장제

이태리식장부조직에서 사용하는 방법으로 모든 거래가 한 권의 분개장을 거처 원장에 전기하는 장부조직을 말한다. 거래가 복잡 또는 방대하게 되면 이에 보조부를 부속시킨다. 이 경우에는 주요부에 이중 전기하지 않으면 안되며, 기장노력의 분할이 되지 않기 때문에 분개장의 분할을 고려하기에 이르렀다. 이것이 복수분개장제이다.

담보(mortgage)

대여금이나 차입금의 저당물건을 말한다. 유가증권으로서는 주식, 사채, 동산으로서는 상품, 제품, 부동산으로서는 건물, 토지 등이 있다.

담보부대여금(mortgages receivable)

담보를 저당하고 대여한 채권을 말한다. 장기, 단기로 나누어진다.

담보부사채(mortgages bond)

담보를 부(附)한 사채를 말한다. 원리금의 지급을 확실히 하기 위하여 행하여 진다. 이것은 두 가지 종류로 나뉘어져 동일담보물건에 대하여 동일순위의 담보권을 가진 사채를 1회만 발행할 수 있는 것과 분할 발행할 수 있는 것이 있다. 전자는 폐쇄담보이고, 후자는 개방담보이다. 우리나라에서는 후자의 방법이 행하여 진다.

담보부차입금(mortgages payable)

담보를 제공한 차입금이며 장기, 단기로 나누어 진다. 담보에는 유가증권, 동산, 부동산이 있다.

당기말미처분이익잉여금

이월이익잉여금 기말잔액과 당기순이익을 가산한 금액을 말한다. 이것은 주주총회에서 처분의 대상이 된다. 처분전이익잉여금이라고도 한다.

당기순손익(net profit or loss)

손익계산에 있어서 당기의 총수익에서 총비용을 뺀 순액을 말한다. 순액이 플러스일 때에는 당기순이익, 마이너스일때에는 당기순손실로서 표시되어 자본의 증감을 표시하는 것이다. 개인기업의 경우에는 직접 자본금의 증감으로 취급할 수 있으나, 주식회사의 경우에는 처분전이익잉여금 또는 처리전미처리결손금으로서 주주총회에서 그 처분이 행하여 진다.

당기업적주의(current operating performance)

손익계산을 함에 있어 경상적이고 반복적인 항목만 당기의 손익계상에 포함시키고, 특별항목은 손익계산서에 포함시키지 않고 대차대조표의 이익잉여금계정에 직접 가감하는 방법이다(포괄주의 참조).

당좌대월(overdraft)

예금자로부터 근저당을 하게 하여서 미리 당좌대월 계약을 체결하고 당해 한도내에서 당좌예금잔액을 초과하여 발행된 수표에 대하여 지급한 경우의 채권을 말한다. 유동자산에 속한다(당좌차월 참조).

당좌비율(quick ratio)

유동자산중 현금화할 수 있는 당좌자산으로 단기 채무에 충당할 수 있는 정도를 측정하고, 기업의 직접적인 지급능력을 나타내는 당좌비율을 산출함으로서 기업의 유동성분석에 보조적으로 사용하고 있다.

당좌비율＝(현금＋유가증권＋수취채권)／유동부채

일반적으로 유동비율이 200%를 넘고 동시에 당좌비율이 100%를 상회하면 유동성이 양호하다고 볼 수 있다.

당좌예금출납장(bank book)

은행과 당좌거래를 하는 경우 거래은행마다 계좌를 마련하여 예금의 예입과 인출을 기록하고 당좌예금을 관리하기 위한 장부이다. 일반적으로 현금출납장과 병합되어 현금예금출납장 또는 단순히 현금출납장으로 불리어지고 있다.

당좌자산(quick assets)

현금 또는 현금화 할 수 있는 성질을 가진 것으로 판매과정을 거치지 않고 신속히 현금화 할 수 있는 자산으로 현금, 예금, 유가증권, 매출채권, 단기 대여금, 미수금, 미수수익 등이 이에 속한다.

당좌예금계정(current deposit account)

현금이나 타인으로부터 받은 수표로 예금은 할 수 있으나 예금의 인출은 반드시 수표의 발행에 의하여서만 할 수 있는 요구불예금인 당좌예금의 예입과 인출을 처리하는 계정이다.

당좌차월(bank overdraft)

거래은행에 미리 당좌차월계약을 체결하고 동 계약한도내에서 당좌예금잔액을 초과하여 수표를 발행하는 경우 동 초과금액을 말한다. 단기차입금에 해당한다.

대 금 추 심

소유하고 있는 어음의 대금추심을 거래은행에 의뢰하는 경우가 있다. 이때 어음의 뒷면에 배서하여 추심의뢰를 하는 것을 추심위임배서라 한다. 이 경우에는 대금추심을 의뢰하였을 뿐, 어음상의 채권은 소멸된 것이 아니므로 어음계정에 기입해서는 안된다. 그러나 만기일에 은행으로부터 추심완료의 통

지를 받았을 때에는 받을어음계정의 대변에 기입하여 감소시
켜야 한다.

대륙식 결산법(continental form of closing the ledger)

장부를 마감하는 결산방법의 하나로서 수익비용계정의 잔
액을 손익계정에 대체하는 것과 같이 총계정원장에 새로이
잔액계정을 설정하여 자산, 부채, 자본계정의 잔액을 이 잔액
계정에 대체한다. 이 경우 반드시 분개장을 통해 전기하게 된
다. 여기서 잔액계정은 집합계정으로 대차평균에 의하여 계산
의 정확성 여부를 확인하는 기능을 갖는다(영미식 참조).

대변(credit)

계정 또는 장표의 우측을 말한다. 부기발달의 초기에 있어
서 기업과 기업외부의 대차관계를 기록하기 위하여 상대방의
인명을 과목으로 한 인명계정에 차방, 대방의 용어를 쓴 것으
로부터 유래되었다고 말하고 있다. 즉 외부에서 부채를 차입
하였을 때 차입금 계정의 대변에 기입하는 것은 차입처를 당
방에 대하여 대여 즉, 채권자로 되어 있기 때문이다. 그러나
현대의 부기에서는 계정형식의 좌우를 구별하기 위한 부호에
불과하게 되어 있다.

대손상각(bad debts)

대손손실, 대손금이라고도 한다. 외상매출금, 받을어음 등의

매출채권 및 기타의 대여금 등 채권의 일부 또는 전부가 회수 불능이 되었을 때와 기말에 대손을 예상하였을 때에 이것을 영업비용으로 계상한다. 대손상각을 영업비용으로 하는 것은 대손의 발생은 경영목적 수행상 부득이한 비용으로 매출이익 즉 영업수익을 가지고 전보해야 할 것으로 생각하기 때문이다. 외상매출금 잔액 3,000,000에 대하여 2%의 대손을 예상하였다고 하면 다음과 같이 분개된다.

(차)대손상각비 60,000　　(대)대손충당금 60,000

매출채권이외의 대여금이나 미수금 등에 대하여 설정하는 대손상각비는 영업외 비용에 해당된다.

대손충당금(reserve for bad debts)

장래의 대손에 의하여 채권이 회수불능에 이르는 경우에 대비하여 결산일 현재의 외상매출금, 대여금 기타 이에 준하는 채권에 일정의 율을 곱하여 충당하는 금액을 말한다. 우리 세법상에는 모든 채권에 대하여 일정율의 대손충당금을 계상하는 것을 용인하며 그 충당금에 계상된 금액을 손금으로 하는 것을 허용하고 있다.

대손충당금환입

대손충당금의 잔액이 있는 경우 새로이 설정되는 대손충당금이 대손충당금 잔액보다 적을 경우 차액을 대손충당금환입으로 하여 당기의 수익으로 계상한다.

대여금(loans)

대여증서 기타의 방법에 의하여 대여를 하였을 경우에 생기는 채권을 말한다. 결산일의 익일에서 1년이내에 변제 기한이 도래하느냐에 따라 장기대여금, 단기대여금으로 구분하며, 대여처가 어디냐에 따라서 종업원대여금, 관계회사대여금, 기타의 대여금 등으로 구분하기도 한다.

대여금이자(interest on loans)

대여금에서 생기는 수취이자를 말한다. 대여금이자는 일반적으로 상공업에 있어서는 대여금이자라 하지 않고 이자수익으로서 손익계산상 영업외수익에 속하며 은행업에 있어서는 대여금이자는 주영업수익이기 때문에 영업수익에 해당된다.

대조계정(per contra a/c)

보증채무나 보증채무대충계정은 주채무자가 그 채무를 이행하게 되면 각각 반대로 기입하여 상쇄하게 된다. 따라서 이 계정들은 발생과 소멸을 함께 하므로 이들 계정을 대조계정이라 한다.

대차대조표(balance sheet)

한 쪽에는 자산의 사항을 표시하고 다른 한 쪽에는 부채와 자본에 관한 사항을 표시하게 된다. 일정시점의 기업의 재무상태를 집약한 표로 회계가 산출해 내는 중요한 보고서 중의 하나이다.

대차대조표 등식(balance sheet equation)

부채를 자본의 일종으로 보는 즉 회계주체를 기업 자체로 보는 기업실체의 이론에 따른 표현방식이다.

자산＝채권자청구권(부채)＋소유주청구권(자본)

대차대조표 작성상의 기준

대차대조표를 작성하는데 있어 지켜야할 기준을 말한다. 여기에는 다음의 7가지 기준이 있다.

① 대차대조표는 자산, 부채 및 자본으로 구분하고, 자산은 유동자산 및 고정자산으로, 부채는 유동부채, 고정부채 및 이연부채로, 자본은 자본금, 자본잉여금, 이익잉여금 및 자본조정으로 각각 구분한다.

② 자산, 부채 및 자본은 총액에 의하여 기재함을 원칙으로 하고 자산의 항목과 부채 또는 자본의 항목과를 상계함으로써 그 전부 또는 일부를 대차대조표에서 제외하여서는 안 된다.

③ 자산과 부채는 1년기준으로 하여 유동자산 또는 고정자산, 유동부채, 고정부채 또는 이연부채로 구분하는 것을 원칙으로 한다.

④ 대차대조표에 기재하는 자산과 부채의 항목배열은 유동성 배열법에 의함을 원칙으로 한다.

⑤ 자본거래에서 발생한 자본잉여금과 손익거래에서 발생

한 이익잉여금을 혼동하여 표시하여서는 안 된다.

⑥ 장래의 기간의 수익과 관련이 있는 특정한 비용은 차기 이후의 기간에 배분하여 처리하기 위하여 대차대조표의 자산으로 기재할 수 있다.

⑦ 가지급금 또는 가수금 등의 미결산 항목은 그 내용을 나타내는 적절한 과목으로 표시하고, 대조계정의 비망계정은 대차대조표의 자산 또는 부채항목으로 표시하여서는 안 된다.

대차대조표의 과목배열

대차대조표에 표시되는 계정과목의 배열방법에는 유동성배열법과 고정성배열법이 있다.

유동성배열법은 현금화가 **빠른** 자산순으로 배열하는 방법이고 고정성배열법은 이와 반대로 현금화가 느린 자산부터 배열하는 방법이다.

대차대조표의 작성방법

재고조사법과 유도법의 두 가지 방법이 있다. 재고조사법은 실사법, 재산목록법이라고도 하며 자산과 부채를 실제로 조사하여 그 현재액을 구하고 이 때 자산과 부채의 차액으로 자본을 계산하여 대차대조표를 작성하는 방법이다. 유도법은 기업의 일체의 거래를 증빙서류를 자료로 하여 원시기록으로 하여 계정계산이 이루어지며 이 계정을 기초로 대차대조표를 작성하는 방법이다.

대차대조표의 종류

회계연도 말에 재무상태를 정확히 행하는 수단으로서 작성되는 결산대차대조표 이외의 회계연도 중간에 작성하는 중간대차대조표 또는 반기대차대조표, 회사창업시점에서 작성하는 개시대차대조표, 회사를 해산하기 위하여 청산시점에서 작성하는 청산대차대조표 등이 있다.

대차대조표의 형식

형식에는 계정식과 보고식이 있으며 전년도와 비교하는 형식으로 작성하여야 한다.

대차평균의 원리(principle of equilibrium)

거래의 이중성과 계정기입법칙에 따라 거래를 계정에 기입하면 어떤 계정의 차변에 기입되는 일정금액은 반드시 다른 계정의 대변에도 동일한 금액이 기입되어야 한다. 이를 대차평균의 원리라 한다.

차변기입액＝대변기입액

대체거래(transfer transaction)

현금을 수반하지 않은 거래를 말한다.

대체이익(transfer profit)

기업내부간의 거래에 있어서 대체가격이 원가이상으로 정하여진 경우에 생긴 이익을 말한다. 기업회계원칙에서는 대체이익과 내부대체이익을 구별하여 전자는 독립회계단위로서 취급하지 않는 공정사이 등에 관한 것을 말하며 이것은 원가차액처리에 관한 것으로 하고, 후자는 독립회계단위 상호의 내부거래에 의한 것으로 하여 기말에 내부이익 제거의 대상이 된다고 하고 있다.

대체전표(transfer slip)

전부 대체거래를 기입하는 전표를 말하지만 때로는 일부 대체거래를 함께 기입할 수도 있다. 이에는 대차분개법에 의한 것 외에 현금식 분개법에 의한 것이 있다. 전자는 분개 그대로 기입되지만 후자는 현금 거래를 의제하여 기입되기 때문에 형식상 통상의 분개는 역의 형식으로 표시된다. 이것은 대체차변표를 입금전표, 대체대변표를 출금전표로 간주하기 때문이다. 실무상으로는 대차분개전표를 대체전표라고도 한다.

대체저금(post office saving transfer)

우체국에서 취급하는 저금의 일종으로 그 목적은 저금이 아니라 소액의 지급수단으로, 그리고 은행이 없는 격지간의 상거래에서 발생하는 채권 채무의 결제수단으로 이용된다.

대치법(replacement method)

고정자산에 관한 평시의 효과를 가지고 용역을 제공하는 한 감가는 생기지 않는 것으로 하고 갱신시에 고정자산의 대체에 요한 지출을 대체비로서 비용에 계상하는 방법을 말한다. 따라서 감가상각에 의한 기간배분을 하지 않고 갱신시에 그 대체비용을 계상하기 때문에 이 비용은 매입시가에 의하여 측정되어 재고자산의 후입선출법과 같은 효과를 가지고 있다. 이 방법을 쓰면 자산의 평가가 과대하게 되기 때문에 50%까지 상각하는 것이 보통 인정되고 있다. 이것을 50% 상각대체법이라고도 한다. 철도사업이나 공공사업 등의 특정 고정자산에 사용된다.

도급계약

도급업자가 도로, 댐, 교량, 터널, 선박 및 고층건물 등의 공사를 계약조건에 따라 수행하는 계약을 말한다.

도급공사

예약매출의 하나로서 공사계약의 특징에 따라 공사진행기준과 완성기준에 의해 수익이 인식된다.

도표법

조업도에 대한 변동비, 고정비와 매출액의 관계를 설명한 것으로 매출액과 총비용은 모두 원점에서 출발하고 있으며 그들의 수직선상의 차이는 공헌이익을 나타낸다. 조업수준이 손익분기점을 넘었건 그렇지 않건 간에 매출액과 변동비선간의 수직적인 차이는 항상 매출액이 고정비를 보상하는 총공헌이익을 나타낸다.

독립채산제(business accountability)

특정의 기업 또는 활동단위마다 업무집행상의 책임을 명확히 하기 위하여 경영활동의 성과를 계산하고 자주성을 보장하는 계수적 관리체제를 말한다.

독립분산계산법

지점상호간의 거래에 대한 처리방법중의 하나로 직접 상대지점과의 거래로서 회계처리하는 방법이다.

독자평균원장(self balancing ledger)

자기평균원장, 독립평균원장이라고도 하며 총계정원장과 분리되어 그 모든 계정계좌에 대해서 시산표를 작성하고 대차평균에 의하여 전기의 결과를 검증할 수 있는 특수원장을 말한다.

등 식 법

순익분기점을 계산하는 일반적 방법은 등식법이다.

매출액－변동비＝고정비＋순이익

매출액＝변동비＋고정비＋순이익

손익분기점(매출액)＝고정비 / (1－변동비 / 매출액)

라인부문(line department)

기업의 업무를 직접 담당하는 부분을 말한다. 직능적 특징에서 보면 기간적, 집행적인 업무를 담당하는 부문이며, 권한적 특징에서 말한다면 포괄적인 결정과 명령의 권한을 가진 부분이다. 이것은 스탭부문과 대비된다.

레버리지 비율(leverage ratio)

기업이 내적으로 단기적 지급능력을 갖추고 있음은 물론 장기적으로 경기 변동이나 시장 여건 변화 등 외적인 경제 여건 변화에 대응할 수 있는 능력을 가지고 있는가를 측정하기 위한 것이다. 레버리지비율은 주주들에 위해 조달된 자기자본과 채권자들로부터 조달된 타인 자본간의 구성비를 나타내는 것으로 기업의 부채 의존도를 나타내는 비율이다. 레버리지비율은 기업의 지급불능사태를 미리 발견할 수 있도록 신호해 주는 역할을 하기 때문에 장기지급능력비율이라고 한다.

루스리프식장부(loose leaf book)

자유로이 빼고 넣을 수 있는 종이를 바인더에 정연하게 편철한 장부를 말하며, 비장정장부의 일종이다. 카드식 장부와 편철 장부를 절충한 것이라고 할 수 있다. 이것은 계좌의 증감과 이동이 가능한 반면 분실의 위험성이 있다. 그러나, 각종의 원장에 이용 가치가 인정된다.

마감기입(closing entry)

장부마감을 하는데 행하여 지는 기입을 말한다. 각종의 장부는 적절한 시기에 마감하지만 대개는 결산기인 경우가 많다. 이 마감 기입의 요령은 이미 기입한 금액을 확인하고, 합계를 산출하여 붉은 글씨로 기입한다.

매가재고법(retail inventory method)

소매재고법이라고도 한다. 기말 재고 상품의 평가 방법의 하나로 주로 백화점이나 소매점과 같이 다종, 다량의 상품을 취급하는 기업에서 채용되며, 매가에 따른 재고가액에서 원가에 의한 재고가액을 결정하는 방법을 말한다. 이러한 기업에서는 불출 기록과 실지 재고조사를 원가로 하는 것은 곤란하므로, 원가 및 매가에 의한 수입 기록 등의 장부기록을 이용하여 매가에 따른 기말 재고량에 원가율(1−이익율)을 곱하여 원가에 의한 기말재고액을 구한다. 간편법으로는 차익 등을 집계하여 구한 실지 재고액을 1+차익율(판매이익 / 매가)로 나누어 구하는 경우가 많다. 당초 매가를 정하여도 중간에서 매가를 개정하면 이익률 또는 차익률의 계산이 귀찮은 것이 결점이다. 이 계산은 대개 동일의 원가율. 차익률인 상품의 그룹마다 행하여 진다. 우리나라 세법의 매가환원법은 총 평균법적인 이익률 만을 인정하고 있으나 매가재고법에서는 선입선출법과 결합한 소매재고후입선출법과 저가법에 의한 평가방법도 인정된다.

매가환원법(gross profit method)

재고자산 평가의 하나의 방법으로 매가에 의하여 기말재고가액을 구하고, 거기서 이익액을 공제한 가액을 원가에 의한 평가액으로 하는 방법을 말한다. 즉, 이익률이 매가에 대하여 계산되어 있으며 매가×(1−이익률)에 의하고 이익률이 원가에 대하여 계산되어 있을 경우에는 매가/(1+이익률)의 계산식에서 원가를 구할수 있다. (1−이익률)은 원가율이다. 우리나라 세법에서는 원가법의 일종으로 인정하고 있으며, 이익률은 종류등이 상이한 재고자산 별로 1−(기초재고액+기중매입액/매출액+기말매가재고액)으로 하여 구한다. 이익률이 대개 동일하면 다른 재고자산을 일괄하여 계산하는 것을 허용하고 있다. 더욱이 매가 환원법은 매가에서 원가를 추정하는 방법이라고 하며, 매가 재고법도 이에 속한다.

매각가치(salable value)

자산평가의 일개 가치를 표시한 것으로 매각하면 얼마가 되느냐 하는 가치액을 말한다. 보통으로 평가시에 이 싯가가 쓰여지며, 때로는 실제 매각시의 예측가치를 말하는 일도 있다. 재조달가액에 대립하는 개념이다.

매매 계정(trading a/c)

상품매매 계정이라고도 한다. 상품 계정의 분할 기입법이 행하여 지고 있는 경우 결산시에 상품 매매손익을 계산하는 것과 동시에 상품 거래에 관한 모든 사항을 알기 위하여 분할된 제계정에서 그 잔액을 대체하여 집계하는 집합계정을 말한다. 이 계정은 영국에서 일반적으로 쓰이고 있다.

매몰원가(sunk cost)

과거의 투하원가가 회수 불능이 되는 경우의 원가를 말한다. 예를 들면 광산에 설비를 하여 생산을 하고 있는 중간에서 광맥이 끊긴 때에는 그때까지의 미회수분은 일시에 회수 불능이 된다. 제조업에 있어서도 신제품의 생산을 계획하여 설비를 전면적으로 바꿀 때에는 종래의 설비는 모두 매몰원가가 된다.

매상(매출)(sales)

매출수익을 말하며 상품, 제품, 역무(용역)등의 매출액을 계상하는 기준이 되는 것이다. 통상 대가를 받아 실현한 수익이다. 상품, 제품 등은 이것을 발송하여 송장을 송부하여 대금을 청구하였을 때, 역무(용역)는 이것을 상대방에 인도하였을 때를 가지고 실현으로 간주하고 있다. 단지, 무역에 있어서는 통관 절차를 완료한 때 식료품, 정밀기계 등은 상대방의 검사, 검수를 기다려 할 수도 있다. 미실현의 것은 원칙으로 매출로 계상해선 안된다. 기업회계기준은 매출에 있어서 '매출액은 실현주의의 원칙에 따라 상품등의 판매 또는 역무의 급부에 의하여 실현한 것에 한 한다. 단 장기의 미완성 청부공사 등에 있어서는 합리적으로 수익을 견적하여 이것을 당기의 손익계산에 계상할 수 있다' 라고 하고 있다.

매수설(purchases method)

합병회사가 피합병회사의 순자산을 매수한다고 본다. 즉, 매수법에서는 기업합병을 독립된 회계실체간에 자산이나 지분의 교환을 통해서 이루어지는 교환거래로 간주한다. 따라서 새로운 원가의 결정을 위해 순자산에 대한 평가가 필요하다.

매입(purchase)

판매를 위한 상품 또는 제품 제조에 요하는 원재료, 저장품 등을 구입하는 것을 말한다. 매입은 기업의 영업활동으로서 판매·제조의 활동과 같이 가장 주요한 대외적 활동이다. 또 매입계정은 상품계정을 분할한 때 상품의 매입에 관한 일체의 거래사항을 기록하는 것으로서 순 매입액의 산출이 그 주된 목적이다.

매입장에는 매입 대금 외에 매입제부대비용도 함께 기입하고 매입품의 환출에 대해서는 별도로 환출품으로 환출품기입장을 설정하든가, 혹은 매입장에 이기해 두었다가 장부를 마감할 때 총매입액에서 차감하여 순매입액을 계산한다. 매입장의 합계는 매입계정 차변합계와 같고, 매입품환출액이나 매입에누리액의 합계는 그 대변합계와 일치한다.

매입리베이트(rebate)

매입리베이트라 함은 일정 기간에 걸친 다액, 다량의 거래를 한 거래처에 대한 매입 대금의 환급액을 말한다. 성격상 매입액의 차감항목에 해당된다. 따라서 이것은 매입에누리나 매입환출과는 다르나 매입에누리에 준해서 회계처리한다.

매입에누리(purchases allowance)

에누리는 상품 거래에 있어서 수량부족, 품질불량, 파손 등의 이유로 인하여 매매 대금에서 차감되는 액수이며, 할인은 대금지급기일 전의 지급(청산)에 대한 외상대금의 일부 면제액으로서 영업외손익에 속한다. 이에 대해 리베이트는 위의 에누리와 같이 총매출액의 차감항목이기는 하나 처음부터 계약에 따라 상품을 인도하고 대금을 지급한 경우에 일종의 매출사례금, 또는 매출감사금으로서 매출대금의 일부 차감액이라는 점에 그 특색이 있다.

매입장(purchases book)

매입장에 계정과목과 원면란을 더하여 특수분개장으로 사용되는 경우 일체의 상품 매입에 관한 거래는 이 장부에 기입된 후에 정기적으로 합계액을 직접 매입계정의 차변에 전기한다. 매입 거래에서 상대 과목(주로 외상매입금계정)은 총

계정원장의 당해 계정의 대변에 전기한다. 단, 현금매입과 같
이 매입장과 현금 출납장의 쌍방에 기입되는 거래에 대하여
는 중복기입을 피하기 위한 방법을 강구해야 한다.

매입제부대비용(buying charge)

매입제부대비용은 상품을 매입하는 데 소요되는 모든 경비
로서 이것은 2가지로 나눈다. 즉, 매입 상품별로 구분할 수
있는 매입제부대비용(매입수수료, 수입관세, 매입운임, 매입보
관비 등)과 매입 상품별로 구분할 수 없는 매입제부대비용(여
러 가지 상품에 일괄하여 소요된 매입운임, 매입품보관비등)
으로 구분하기도 한다. 한편, 매입제부대비용은 상품 매입시
에 매입대금과 함께 매입상품에 가산하여 당기의 매입원가에
부담시키는 것이 일반적인 방법이다.

매입채무((purchases liabilities)

외상매입금과 지급어음을 일컫는 용어이다. 외상매입금과
지급어음은 기업의 일반적 상거래에서 재화와 용역 등을 외
상으로 구입함으로써 발생한 유동부채이다. 외상매입 중 특히
증서가 없이 순수한 외상계정으로 재화와 용역 등을 구입한
경우를 외상매입금으로 구분하고, 어음을 지급하고 외상으로
매입하는 경우에 발생하는 어음상의 채무는 지급어음으로 분
류한다.

매입처원장(purchase ledger)

복식 부기에 있어서 장부 조직은 주요부와 보조부의 두계통의 장부로서 구성되며, 매입처원장은 보조부의 보조 원장에 해당된다. 매입 거래에 있어 매입처별로 장부를 마련하여 회계 처리를 정확하게 처리하기 위한 수단이라고 할 수 있다.

매입할인(purchases discount)

할인은 외상매입금이나 외상매출금을 그 기일 내에 지급함으로써 지급일로부터 기일까지의 일수에 따라 일정액을 할인받은 것이다. 다시 말하면 외상매입금의 일부를 면제받는 금액을 말한다. 따라서 이것은 매입액에서 공제되는 에누리와는 다르다. 또, 할인은 매매거래와는 관계없는 금융상의 손익이므로 영업외손익으로 처리한다. 매입시의 할인은 매입할인계정에서 처리한다.

매입환출(purchases returns)

매입환출은 매입한 상품이 요구에 맞지 않기 때문에 되돌려 보낸 것을 말한다. 매입품환출이 다액으로 발생한 때에는 매입환출품계정을 매입계정과 분리하여 독립계정에서 처리한다. 매입환출품계정은 매입계정의 대변을 대표하는 평가계정으로서, 이 계정은 기말에 주계정에 대체되어 순매입액이 산정된다.

매출가격 환원법(selling price method)

이는 취급 상품이 매우 많은 백화점이나 연쇄점 혹은 상품 소매업과 같이 기말 재고품의 원가를 항상 명백히 해두기가 곤란한 업종의 기업에서 채용되는 것으로서 소매재고조사법 또는 매가재고조사법이라고도 한다. 이 방법은 기말재고상품의 그룹마다 매가재고조사액에서 원가재고조사액을 계산하는 방법이다.

매출계정(sales a/c)

상품 또는 제품의 매출액은 총매출액에서 매출 에누리와 환입을 차감하는 형식으로 기재한다. 이 경우에 일정 기간의 거래 수량이나 거래 금액어 따라 매출액을 감액하는 것은 매출에누리에 포함된다. 반제품, 부산물, 작업폐물 매출액, 관계회사에 대한 매출액, 수출액, 장기할부매출액 등이 중요한 경우에는 구분 기재를 생략할 수 있다.

매출리베이트(sales rebate)

매출리베이트라 함은 '보금' 또는 '매출 장려금'이라고 하여 이것은 일정 기간에 걸친 다액, 다량의 거래를 한 거래처에 대한 매출 대금의 환급액을 말한다. 그 성격은 판매촉진을 도모하기 위해 행해지는 영업 이익의 분배액으로서 총 매출액의 차감항목에 해당한다. 따라서 이것은 매출에누리나 매출할인과는 성격이 다르다. 리베이트는 위의 에누리와 같이 총매출액의 차감항목이기는 하나 처음부터 계약에 따라 상품을 인도하고 대금을 지급한 경우에 일종의 매출 사례금, 또는 '매출감사금'으로서 매출 대금의 일부차감액이라는 점에 그 특색이 있다. 그 회계 처리는, 매출리베이트의 경우에는 매출에누리에 준해서 총매출액에서 차감하여 계산하고, 매입리베이트의 경우에는 역시 매입 에누리에 준해서 처리한다.

매출액 이익률(profit margin ratio)

매출액에 대한 순이익의 비율로서 당기에 이룩한 순이익이 매출액에 비하여 얼마만한 비중을 차지하고 있는가를 나타내는 비율이다. 일반적으로 매출액 이익률이 높으면 높을수록 좋다고 볼 수 있다. 그러나 이 비율은 기업의 이익 창출 과정에 사용되어진 자산의 활용에 대한 정보를 제공해 주지 못한다는 단점이 있다.

매출에누리(sales allowance)

불량품이나 수량의 부족, 견품과의 차이로 인하여 매출액에서 공제되는 금액을 말하며, 매출품의 에누리는 매출에누리계정에서 처리한다. 이 계정들을 설정하지 않았을 때에는 외상매출금을 소정거래로써 처리함은 매입환출의 경우와 같다.

매출원가(sales of goods sold)

판매된 상품의 생산원가 혹은 구입원가를 말한다. '기초재

고액＋당기순매입액－기말재고액＝매출원가'로   계산되어진
다. 당기순매입액이란 총매입액에서 매입환출 및 에누리를 차
감하여 구하며, 총매입액에는 매입 운임을 포함시켜야 한다.
우리 나라 기업회계기준에서는 매입 할인은 매입의 차감계정
으로 보지 아니하고 영업외수익으로 처리하도록 규정하고 있
다. 제조기업의 경우 순매입액 대신 당기제품제조원가로 하여
계산하면 된다.

매출장(sales book)

특별분개장으로 사용되는 매출장의 기장 방법은 매입장의
경우와 대체로 같다. 이 장부에서도 금액란을 현금매출과 외
상매출로 분할하면 이기의 오류와 수고를 생략할 수 있다. 환
입품에 대하여 환입품기입장을 원시부로 쓰지 않을 경우에는
매출장에 주기하는 것은 매입장에서와 같다.

매출제부대비용(sales charge)

상품 매출에 수반하여 발생한 운임, 판매 수수료 등 당사
부담분은 지급운임계정에서, 상대방 부담분으로써 대급한 것
은 미수금계정에서 처리하나, 일반적으로 상대방 부담분은 외
상매출금계정에서 처리하기도 한다. 매출품 환입의 반송 운임
은 일반적으로 당사가 부담하며 지급 운임에서 처리한다. 그
리고 상대방 부담분은 외상매출금계정의 증가로 처리한다.

매출채권(receivable)

외상매출금과 받을어음을 일컫는 말이다. 외상매출금은 회사가 제공한 재화 또는 용역에 대한 대가를 지급하겠다는 고객의 약속이며 통상적으로 30일부터 3개월 이내에 회수가 가능한 수취채권으로서, 회사가 고객에게 무이자로 제공한 단기간의 신용공여로 생각할 수 있다. 이에 비하여 받을어음은 약속어음의 작성자가 일정한 금액을 미래의 특정한 날에 지급하겠다는 서면약속이며, 판매 혹은 대여 등의 거래의 결과 발생하게 된다.

매출채권 회전율(receivable turnover ratio)

매출채권이 현금화되는 속도 또는 매출채권에 대한 투자효율성을 나타낸다. 이 비율의 분자는 순외상매출액이고 그 분모는 연평균 매출채권 잔액이 된다. 즉 365일을 매출채권으로 나누면 매출 채권이 한 번 회전하는데 소요된 기간을 나타낸다.

매 출 처 원 장

복식 부기에 있어서 장부 조직은 주요부와 보조부의 두 계통의 장부로 구성되며 매출처원장은 보조부의 보조 원장에 포함된다. 이는 회계 처리의 간편성과 정확성을 기하기 위한 것이다. 즉 내부 통제의 한 방법이다.

매출총이익률(progit margin ratio)

매출총이익률은 매출로부터 얼마만큼의 이익을 얻느냐를 나타내는 재무비율이다. 이 비율의 분모로는 매출액이 이용되고, 그 분자는 매출총이익이다.

매출총이익률＝매출총이익 / 매출액

매출할인(sales discount)

할인은 외상매출금을 그 기일내 지급받음으로서 지급일로터 기일까지의 일수에 따라 일정액을 할인해주는 것, 따라서 이것은 매출액에서 공제되는 에누리와는 다르다. 할인은 매매거래와는 관계없는 금융상의 손익임으로 영업외손익으로 처리하며 매출시의 환입은 매출환입계정에서 처리한다.

매출환입(sales returns)

매출환입이란 매출한 상품이 구매자의 요구에 맞지 않기 때문에 되돌아온 것을 말한다. 매출환입이 다액으로 발생한 때에는 매출환입품계정을 매출계정에서 분리하여 독립계정에서 처리한다. 매출환입품계정은 차변에 대표하고, 기말에 주계정에 대체되어 순매출액이 산정된다. 만일 계정으로 분리하지 않은 경우에는 외상매출금계정의 수정거래로서 처리한다.

명료성의 원칙(principle of clearity)

재무제표의 양식 및 과목과 회계 용어는 이해하기 싶도록 간단, 명료하게 표시되어야 한다는 것으로서 이 원칙은 재무제표 이용자가 재무제표에 의하여 의사를 결정하고 판단하는 데 도움이 되도록 명확히 제시 공개되어야 한다는 것이다.

무상주(無償株)

주주로부터 납입을 받지 않고 발행되는 주식을 말한다. 주식 배당이나 잉여금의 자본전입에 따라 발행되는 주식이다.

무액면주(no-par value stock)

액면주란 회사의 정관과 주식의 권면에 액면금액이 명시되어 있는 주식을 말하며, 무액면주식이란 액면가액(par value)이 기재되어 있지 않은 것을 말한다. 액면가액의 최저한도는 신규 발행 주식의 경우 5,000원이다.

무한책임사원(general partner)

우리 나라 상법상 회사에는 합명회사, 합자회사, 유한회사, 주식회사 네 가지가 있다. 이중 합명회사는 2인 이상의 무한책임사원만으로 구성되는 회사이며, 합자회사는 1인 이상의 무한책임사원과 1인 이상의 유한책임사원으로 구성되는 회사이다. 무한책임사원이란 회사 채무에 대하여 회사 채권자에게 연대 무한의 책임을 부담하는 사원을 말한다.

무형자산(intangible assets)

무형자산이란 물적 실체가 없는 고정자산으로서 이 자산을 소유함으로서 미래의 경제적 효익을 얻을 수 있는 것이다. 기업회계기준에 의한 무형자산의 항목은 영업권, 공업소유권(특허권, 실용신안권, 의장권, 상표권), 광업권, 어업권, 차지권, 기타의 무형자산등이 있다. 무형자산에서는 영업권(good-will)이 가장 중요시되고 있다.

무형자산의 상각(amortization)

무형자산의 상각에서 내용 연수는 법정내용연수 또는 경제적 내용연수로 하는데 보통 상법, 세법에 의한 법정내용연수를 따른다. 잔존가액은 0(zero)으로 하고 있는데 형체가 없는 자산이므로 내용연수를 경과하면 가치가 없는 자산으로 소멸하기 때문이다. 상각방법은 정액에 의하여 균등상각을 하고 있는데 무형자산의 존재여부가 모호하고 가치감소가 시간의 함수라고 볼 수 있기 때문이다. 예외로 광업권에 대해서는 생산량비례법을 적용할 수 있다.

미결산 계정(suspence a/c)

재산의 증감 사유가 발생하였으나 내용이 아직 확정되지 않고 또한 현금의 수지가 없는 거래를 일시적으로 처리하는 계정으로서 유동자산 중 기타 유동자산에 속한 항목으로 거래가 확정되면 당해계정으로 대체한다(예 : 보험금청구, 소송비용미정액 등).

미교부주식배당금(unissued stock dividends)

주식 배당이란 주식 발행 회사가 이익잉여금을 현금으로 배당하지 않고 주식을 교부한 것을 말한다. 주식배당일 경우 배당기준일과 지급일에는 다음과 같은 회계 처리를 한다.
배당 기준일 :
차)이월이익잉여금　　　　　대)이익준비금
　　　　　　　　　　　　　　미교부 주식배당금
차)미교부 주식배당금　　　대)자본금
여기서 배당 기준일에 발생하는 미교부주식배당금은 자본조정항목으로 분류되며 배당지급일에 자본금으로 대체된다.

미달거래(transit transaction)

본점 또는 지점 일방이 거래를 발생시켰으나 상대방에 그 거래 결과가 도달되지 않은 경우에는 전자는 이미 기장을 하고 후자는 아직 미기장하므로 인해 양계정은 일치하지 않는다. 이와 같이 어느 한 쪽이 거래를 일으키고 상대방에 도달하지 않은 거래를 결산일을 기준으로 해서 볼 때 미달거래라고 한다.

미달상품(merchandise in transit)

본점과 지점의 대체거래의 하나로서 본점이 지점으로 상품을 이체하거나 본점이 지점을 대신하여 비용을 지출하였을 때 본점은 그들의 지점계정의 차변에 기장하고 지점은 그들의 본점의 대변에 기장하여야 한다. 지점이 본점의 상품의 판매대금을 본점대신 회수하였을 때에도 지점은 본점계정의 대변에 기장하고 이를 본점에 통보하면 본점은 이를 지점의 차변에 기장한다.

미래가치(future value)

이자율의 존재로 인하여 의사결정자들은 현재와 미래라는 서로 상이한 시점에서 현재가치와 미래가치를 서로 교환할 수 있다. 즉 이자율은 현재가치와 미래가치의 교환가격이라 할 수 있다.

미래원가(future cost)

역사적 원가, 과거원가, 현재 원가에 대립되는 원가 개념으로 미래에 있어서 발생한 것이 예상되는 원가이다. 미래에 있어서 경영활동에 관한 의사결정에 중요한 것이며 기회 원가, 회피가능원가 등이 그 예이다.

미수금(account receivables)

미수금은 일반적 상거래 이외에서 발생한 미수액 즉 불필요한 비품이나 토지, 건물 또는 유가증권 등을 매출처 이외에 처분한 경우의 미수액으로서 유동자산에 속하는 항목이다.

미수수익(revenues receivable)

기중에 획득된 수익으로서 아직 현금수취 및 기록이 이루어지지 않은 수익을 미수수익이라고 한다. 기말에 이러한 항목은 수정분개를 통하여 차변에 미수수익을 그리고 대변에 수익을 기록함으로서 정확한 기간손익 및 기말재무상태의 측정이 가능하게 된다.

미시회계(micro accounting)

미시회계는 국민경제를 구성하는 개별경제단위인 가계, 기업, 비영리기관의 경제활동을 다루는 회계이다. 이들 경제단위는 국민경제를 구성하는 단위가 된다.

미실현이익(profit not yet realized)

지배, 종속회사간의 채권과 채무, 수익과 비용, 이득과 손실 등의 내부거래 발생시 발생주의회계 채택으로 아직 실현되지 않은 이익을 말한다. 연결재무제표 작성시에는 이를 제거하는 분개가 필요하다.

미실현이익의 제거방법

본지점간의 내부이익제거는 본지점합병손익계산서에 있어 매출총액에서 내부매출액을 제거하고 매입총액에서 내부매입을 제거함과 동시에 기말재고액에서 내부이익을 제거하는 방법에 의한다. 이들의 제거에 대하여는 합리적인 견적계산액에 의하는 것도 상관없다.

미지급금(accounts payable)

기지급금은 일반적 상거래이외에서 발생한 채무로서 미지급비용을 제외한 것을 말한다. 미지급금은 외부와의 거래에서 구입한 재화나 용역에 대하여 아직 지급하지 않고 있는 것 중 일반적 상거래이외에서 발생한 것을 말한다.

미지급배당금(unpaid dividend)

배당금이란 기업이 영업 활동을 통하여 획득한 이익을 주주들에게 분배하는 것을 말한다. 대부분의 경우 전체 이익중 일정률의 배당금만 지급하는데 아직 배당되지 않은 것을 미지급배당금이라고 한다.

미지급법인세(income tax payable)

미지급법인세는 법인세 등의 미지급액을 말한다. 그러나 이 미지급액에는 회사가 법인세법에 의하여 당해년도에 부담해야 할 세액이 전부 포함되므로 기업회계상 법인세비용차감전순이익에 대하여 계산된 차액과는 차이가 발생하게 된다. 이 차이는 이연법인세차 또는 대로 하여 이연처리하게 된다.

미지급비용(accrued expenses)

발생된 비용으로서 지급되지 아니한 것을 말한다. 즉 외부

와의 거래와는 관계없이 발생주의회계를 사용한 결과 발생하
는 비용으로서 기말 수정분개에서 조정이 필요하며 이에는
미지급임금, 미지급이자, 미지급임차료, 미지급보험료 등을 들
수 있다.

미착상품(goods to arrive)

소유권이 이미 자기에게 귀속하고 있으나 아직까지 수송
도중인 것으로서 미착인 매입상품을 말한다. 미착품은 미착상
품계정으로 처리된다. 대차대조표상은 상품에 포함하여도 좋
다. 소유권 이전의 확인은 당해 매입상품을 대표하는 화물인
환권 또는 선화증권의 입수를 가지고 행한다. 현물을 수취한
경우에는 상품계정 혹은 매입계정에 대체하지 않으면 안된다.
더욱이 수송중에 전매한 경우에는 그 손익은 미착품 매매손
익 계정을 설정하여 정리하는 것이 보통이다.

미착상품매출

회사에 도착 전에 화물대표증권으로 미착상품을 전매한
경우에는 미착상품매출계정에 기입하고 미착상품계정은 매
입계정에 기입한다. 그러나 점포내의 상품매출손익과 구별하
기 위하여 그 매가를 미착상품매출계정 대변에 기입하고 미
착상품의 취득원가는 미착상품매출원가계정 차변에 기입하
고 동시에 그 차액을 미착상품매출손익계정에서 처리하기도
한다.

미처리 결손금(unappropriated deficit)

주주총회에서 처리되기 전의 결손금을 말하며 처리전 결손금이라고도 한다. 당기에 순손실이 발생하여 그 금액이 전기이월 이익잉여금 기말잔액을 초과하는 경우와 이월결손금 기말잔액이 있으며, 한편 당기에 순손실로 된 경우에 발생한다.

미처분이익잉여금(unappropriated earned surplus)

기처분이익잉여금에 대한 개념으로 전기이월 이익잉여금 기말 잔액과 당기 순이익으로 구분되며 특정 목적이 부여되어 있지 않은 잉여금이지만 주주총회에서 처분 대상이 된다. 처분전 이익잉여금이라고도 한다.

ㅂ

반성공사(uncompleted constructed works)

건설업에서 행해지는 장기공사중 기말현재 완성되지 않은 공사를 표시하는 것으로 미성공사라고도 한다.

반입품(sales return)

매입상품이나 매입재료가운데 품목착오나 품질불량등의 이유로 매입처에서 반품한 것을 말한다. 반입품은 매입계정과 재료계정의 대변에 기입하여도 좋으나 반입품이 많이 나는 경우에는 별도로 반입품계정을 마련하여 그 대변에 기입하는 것이 바람직하다. 반입품계정은 매입계정등의 평가계정으로 기말에 매입계정에 대체된다.

반제품(semi-product)

일부의 작업을 완료하고 난 뒤에 다음 공정에 인계되지 않고 대기 상태에 있는 생산물이다. 이와 유사한 것으로서 재공품(work in process)이 있는데, 이는 원가계산기말에 완료되지 못하고 제조작업의 도중에 있는 생산물로서 판매할 수 있는 반제품과 구별된다.

받을어음(notes receivable-trade)

영업의 주된 목적과 관련된 재화나 용역을 제공한 대가로 약속어음을 받는 경우가 있는데, 이는 회계상 어음상의 채권이며 유동자산의 일부인 받을어음계정으로 처리하거나 외상매출금과 함께 매출채권 계정으로 처리하기도 한다.

받을어음기입장(notes receivable register)

어음상의 채권채무를 상세히 기입하기 위한 보조부를 어음기입장이라 하는데, 이중 받을어음을 기입한 것이 받을어음기입장이다.

발생주의(accural basis)

비용과 수익을 그 발생사실로 인식하는 것이며, 현금수지와 무관하게 어느 기간의 소비로서 인식하고 급부의 산출과 용역제공 사실로 수익을 인식한다.

발생주의 기장방법

발생주의에 입각하여 기장하는 방법이다.

배당가능이익(profitavailable for dividend)

기업은 공인회계사의 감사의견을 존중하여 공인회계사의 감사결과 수정한 기말 처분전이익잉여금을 중심으로 먼저 배당기준을 설정하고, 다음 상법상의 이익준비금과 상장법인 재무관리 규정상의 재무구조개선적립금 및 기타 법정적립금을 차감한 후 결정된 금액을 배당가능이익으로 하고 있다.

배당건설이자(pre-operating dividends)

이것은 공사이자 또는 건설이자라고도 하며, 전력, 철도사업 등 건설기간이 장기간을 요하는 기업은 그 건설기간중에 영업활동을 할 수 없기 때문에 배당을 하지 못하는 불리점이 있어 주식모집이 곤란한 경우가 있다. 이에 상법에서는 설립 후 2년이내에 영업을 못하는 경우 법원의 승인을 얻어 배당을 할 수 있도록 하였다.

배당금(dividends)

기업이 이익을 발생시켜 회사내에 누적하여 온 이익잉여금의 일부를 기업의 소유주에게 분배하는 것을 말한다. 배당금은 영업활동에서 발생하는 비용과 일맥상통하는 면이 있으나 배당금은 비용이 아니다. 배당금은 보통 현금으로 지급되지만 주식에 의한 경우와 어음에 의한 경우등 여러 가지 형태가 있다.

배당금 수익(dividend income)

유가증권 중 주식 또는 출자금으로부터 받은 배당액을 처리하는 계정이다. 배당금은 확정이자와는 달리 결산후 배당결의에 의하여 수입되는 것이기 때문에 일반적으로 배당금의 계상은 배당금확정시 인식하는 것이 보통이다.

배당성향(dividend payout ratio)

기업이 법인세비용 등의 세금공제후 당기순이익으로 어느 정도 배당을 실시하였는가를 나타내는 지표로 사외배분율이라고도 한다. 이는 배당액을 순이익으로 나누어서 측정한다.

배당수익성(dividend yield)

주당배당액을 주당주식시가로 나누어 측정하는데, 이는 주식투자자가 주식투자로부터 얻은 배당수익으로 얻은 수익률을 나타낸다.

배당평균적립금(reserves for dividend equalization)

매기의 배당률을 일정수준으로 유지하기 위하여 이익이 많은 연도에 그 이익의 일부를 배당평균적립금으로 적립하여 두었다가 이익이 적은 연도에 그 적립금을 이입하여 배당하는 것이다.

배부기준(distribution)

제조간접비를 제품에 일괄하여 배부계산하는 경우, 혹은 부문공통비, 보조부문비, 제조부문비를 배부계산하는 경우, 그 계산의 기준을 말한다. 배부기준은 배부되는 비목에 의하여 적절한 방법을 써야 한다. 예를 들면 건물감가상각비는 각 부문에 점하는 면적에 따라 동력부문비는 각 부문의 동력소비량에 의하여 각 부문에 배부되는 것이다. 다시 말하면, 제조부문비를 각 제품에 배부하는 경우에는 각종의 배부율이 정하여지는 것이다.

배서(endorsement)

어음소지인은 어음기일전에 어음상의 채권을 자유로이 타인에게 양도할 수 있다. 어음을 양도할 경우에는 어음 뒷면에 양도의 의사를 표시하고 기명날인하여 양수인에게 교부한다. 이를 어음의 배서라 하며 양도인을 배서인, 양수인을 피배서인이라 부른다.

배서양도(endorse over)

어음소지인이 어음만기일 전에 상품대금이나 외상매입금을 지급하기 위하여 타인에게 어음의 뒷면에 배서하여 양도하는 것을 말한다.

배열기준(standard of arrangement)

대차대조표를 작성할 때 계정과목을 배열하는 원칙으로, 유동성배열법과 고정성배열법이 있다.

백분비재무제표분석(common-size financial statement)

백분비재무제표분석에는 수평적 분석과 수직적 분석이 있다. 수평적 분석은 추세분석이라고도 하며, 각 항목을 기준기간금액의 백분율로 나타내는 방법과 다른 하나는 각 항목을 직전 기간 금액의 백분율로 나타내는 방법이 있다. 수직적 분석은 구성비 분석이라고도 하며 특정기간에 있어서의 각 항목간의 관계에 관한 분석이다.

백분율대차대조표(100% balance sheet)

대차대조표의 차변, 대변 각기의 합계액을 100%로 하여 자산 혹은 부채, 자본 각 항목의 백분율을 나타낸 것을 말하며 대차대조표분석의 한 방법이다. 고정자산구성율, 유동자산구성율, 고정부채구성율, 유동부채구성율, 자기자본구성율등이 구하여진다. 한 결산기의 대차대조표로서는 효과가 미흡하며 기간비교와 표준비의 비교 또는 타기업과의 상호비교를 하는 것이 효과적이다.

백분율손익계산서(100% income statement)

손익계산서분석의 한 방법으로서 매출액을 100%로 한 경우 타의 항목에 백분율을 나타낸 손익계산서를 말하며 손익항목의 구성상태가 명확히 된다. 매출총익율, 매출원가율, 영업비(費)율, 영업이익율, 한계이익율, 매출순익율 등이 구하여진다. 그러나 한기간의 손익계산서만으로는 타기업의 그것과 비교하든가, 또는 표준비율과 비교하지 않으면 그 효과는 미흡하고 기간비교를 하는 것이 효과적이다.

법인세비용(corporation tax)

법인세는 주식회사와 같은 법인기업의 소득에 대하여 부과하는 세금을 말한다. 기업은 각 사업연도의 순손익을 기준으로하여 과세소득금액을 계산하고, 이것에 소정의 세율을 곱하여 당기에 부담하여야 할 법인세액을 계산한다. 법인세비용에는 주민세를 포함한다.

법인세비용차감전 순손익 (income and loss before income taxes)

매출액에 매출원가를 대응시켜 매출총이익을 계산하고, 이로부터 다시 매출 및 영업수익을 창출하기 위하여 간접적으로 소비된 판매비와 관리비를 차감함으로써 영업이익을 산출한다. 여기에 다시 영업활동과 관련이 없으나 경상적으로 발생하는 영업외수익과 영업외비용을 각각 가감하여 경상이익을 산출하며, 여기에 다시 특별이익과 특별손실을 각각 가감하면 법인세비용차감전 순손익이 계산된다.

법정자본금(legal capital)

자본금(capital stock)이라고 불리는 것으로, 발행주식수에 액면가액을 곱한 것으로서 채권자보호를 위하여 회사가 유지하여야 할 최소한의 재산을 의미한다.

법정준비금(legal reserve)

법률에 의하여 적립이 강제되어 있는 준비금을 말하며, 회사가 자유의사로 설정하는 임의적립금에 대응하는 개념이다. 이에는 상법에서 규정하는 이익준비금과 자본준비금이 있으며 전자는 매기의 이익에서 적립되며, 후자는 주식발행초과금 감자차익, 합병차익 등으로 구분된다. 이것들은 원칙적으로 결손보전에만 사용함을 목적으로 하나 자본금에도 전입될 수 있다.

변동비(variable cost)

변동원가라고도 불리우며 조업도(생산설비를 일정으로 한 경우의 그 이용도)의 변화에 따라서 변동하는 원가요소를 말하며 고정비에 대립된다. 보통은 관리가능비일 경우가 많다. 이것은 발생의 모양이 규칙적인가 아닌가에 따라서 규칙적 변동비와 비규칙적 변동비로 대별된다. 전자에는 직접재료비, 성과급임금과 같이 조업도와 비례적으로 변동하는 비례비와 연료비처럼 조업도에 대하여 체감적인 체감비 및 잔업수당처럼 체증적인 체증비가 있다.

변동예산(variable budget)

기준이 되는 조업도를 중심으로 하여 예측되는 여러 가지 조업도에 관하여 산정된 예산을 말하며, 단일의 기준조업도에 관하여 설정된 고정예산에 대응되며 양자 합하여 복수예산이라고도 한다. 변동예산은 특히 제조간접비에 관하여 마련되어 부문간접비의 관리를 주목적으로 하고 이것의 차이분석은 실제조업도에 대응하는 예산과 실적에 의하여 행하여 진다. 따라서 그 관리는 고정예산 보다도 더욱 효과가 있게 된다.

변동원가계산(variable costing)

제조원가를 변동제조원가로만 계상하고, 손익계산에 있어 매출액에서 변동매출원가와 변동판매비 및 관리비를 차감하여 공헌이익을 계산한 뒤, 이에 고정제조원가와 고정판매비와 관리비를 다시 차감하여 영업이익을 계산하는 방법이다.

변동원가계산의 기능

변동원가계산의 기능에는 이익관리, 원가관리, 가격결정기능의 세 가지가 있다. 이익관리기능은 목표이익을 달성할 매출액을 손쉽게 예측하고 이를 토대로 해서 차기 예산편성을 할 수 있다. 원가관리기능은 원가를 변동비와 고정비로 분리하기 때문에 원가관리의 효율화를 기대할 수 있다. 또한 변동원가계산에 의하여 가격결정을 할 수 있는 제품원가를 산출할 수 있다.

별도적립금(general reserve)

특정목적이 지정되지 않고 어떠한 용도에도 이용되는 이익의 유보부문을 말한다.

병수법(竝數法)

동종의 다수기업에 대해서 비율을 구하고 각 기업의 비율 중에서 어느 비율이 가장 많으며 가장 보통의 비율이 무엇인가를 알아내어 이것을 표준비율로 하는 것이다.

보 고 목 적

회계의 목적 중 하나로, 보고목적 외에 관리목적이 있다. 보고목적은 외부이해관계자가 합리적인 의사결정을 할 수 있도록 기업의 경영활동을 일반적으로 인정된 회계원칙에 따라 인식, 기록, 분류, 정리라는 측정기능(measuring function)을 통하여 유용하고 적정한 회계정보를 재무제표 형태로 제공하는 것이다.

보고식(reporting form)

재무제표의 표시형식중 한 종류로서 계정식에 대립된다. 이것은 일반적으로 이해하기 용이하도록 표시하기 위하여 회계 고유의 계정형식에 따르지 않고 계제식으로 종서로 기록하는 것이며 기업회계기준은 대차대조표, 손익계산서등의 재무제표는 모두 이에 따르도록 하고 있다. 손익계산서에 관하여 보면 우선 순매출액에서 매출원가를 차감하여 매출총이익을 산출하고 이에 판매비와 관리비를 차감하여 영업이익을 구하며 이에 영업외손익을 가감하여 경상이익을 산출하고 특별손익을 가감하여 법인세비용차감전손익을 산정한다. 이에 법인세비용을 차감하여 당기순손익이 산정된다. 대차대조표에도 자산, 부채, 자본의 순으로 종서하향의 형식을 취하고 있다.

보관비용(storage charges)

상품, 제품, 재료의 보관에 요하는 비용을 말하며, 지급보관료 외에 자가창고의 보관비도 포함된다. 구입에 관한 보관비용은 구입원가의 일부로서 가산된다. 재료등 공장관계의 보관비는 경비로 되며 상품등의 판매관계의 것은 판매비가 된다. 더욱이 자가창고에 관한 것은 창고부문비로서 처리되는 경우도 있다.

보관유가증권(storage securities)

유가증권은 매매거래 이외에 자금차입의 목적으로 은행이나 다른 곳에 담보로 제공되고, 또한 공사나 용역 등의 계약시에 보증금으로도 차입할 수 있으며 타인에게 대여할 수도 있다. 이 중 유가증권을 증권회사 등에서 차입한 경우에 액면 또는 시가로 보관유가증권계정의 차변과 차입유가증권계정의 대변에 기입한다.

보수주의(conservatism)

손익계산에 관한 원칙의 하나로 안전성의 원칙이라고도 불린다. 과세와 배당등의 사외유출등에의 배려에서 기업재정의 충실, 건전을 꾀하기 위하여 비용, 수익의 계상을 신중히 하

고자 하는 원칙을 말한다. 이 사고방법은 비용은 빠짐없이 계
상하며 수익은 크게 벌리지 않고 소규모로 계상한다고 하는
것으로 요약된다. 예를 들면 비용은 발생주의, 수익은 실현주
의에 의하여 산정되어야 한다는 것은 기업회계기준에서도 기
업재정에 불리한 영향을 미칠 가능성이 있는 경우에는 이에
대비하여 적당하게 건전한 회계처리를 해야 할 것으로 하고
있으며 구체적으로는 저가주의평가의 적용, 충당금의 설정등
이 있다.

보스턴식 원장(Boston ledger)

극단의 다위식분개장으로서 보스턴시의 어느 은행원이 창
안한 것이라고 전하여진다. 이 장부는 1일마다 차변, 대변 및
잔액란을 설정하고, 그 난에 1일분의 거래를 기입하고 날짜가
다름에 따라 난을 달리하고 날짜에 따라 종단적 기입을 한다.
즉, 이 장부는 전날의 잔액시산표의 잔액을 바탕으로하여 계
정과목마다 각각 증감액을 일괄기입하여 당일의 잔액을 내어
가는 것으로서 매일매일의 계정증감의 추이를 분명히 나타낼
수 있는 것이 특징이다.

보조기입장(subsidiary note book)

매입, 매출 혹은 현금 출납등 경영에 대한 중요한 거래와
빈번히 발생하는 거래에 대해서 그 발생하는 순서에 따라 그
내용을 상세히 기록하는 장부이다.

보조부(auxiliary of subsidiary books)

보조부는 현금의 수익과 지출, 상품의 매입과 매출 등 어떤 특수한 거래 또는 계정에 대해서 총계정원장의 자료만으로는 모든 거래의 내용을 알 수 없기 때문에 해당 계정에 대한 내용을 보다 상세히 기록하여 주요부의 부족을 보충하는 장부이므로 주요부와 같이 필수불가결한 장부는 아니다. 기업규모의 대소, 거래의 성질, 거래의 빈도, 사무분장 등을 고려하여 필요한 계정기록, 필요한 거래에 대해서 적당히 설정되는 것이다. 보조부는 내용에 따라 보조기입장과 보조원장으로 구분된다.

보조부의 마감

결산보고서의 작성시 원장의 각 계정을 마감한 후 분개장의 마감을 행한다. 이밖에 현금출납장, 매입장, 매출장, 상품재고장 등의 보조장부는 각각 그 특수성에 따라 마감한다.

보조원장(subsidiary ledger)

총계정원장에 매출채권과 매입채무 등의 통제계정이 설정된 경우 그 내역으로 원장의 형식과 같이 인명마다 각 개별계정의 계좌를 개설하고 통제계정의 명세를 기록함과 동시에, 이것과 기록계산을 대조하여 그 정부(正否)의 검증수단이 되는 장부이다.

보증금(guarantee deposits)

투자자산의 한 항목으로 전세권, 전신전화가입권, 임차보증금 및 영업보증금등이 있다.

① 전세권

전세금을 지급하고 타인의 부동산을 그 용도에 따라 사용, 수익하는 권리로서 종전에는 무형고정자산에 속하였던 자산이다.

② 전신전화가입권

특정한 전신 또는 전화를 소유, 사용하는 권리를 말한다.

③ 임차보증금

타인의 부동산 또는 동산을 월세 등의 조건으로 사용하기 위하여 지급하는 보증금을 말한다.

④ 영업보증금

영업목적을 위하여 제공한 거래보증금, 입찰보증금 및 하자보증금 등을 말한다.

보증채무(liabilities of guarantees)

보증채무는 타인의 채무를 보증할 목적으로 보증인이 지는 채무를 말한다. 보증인이 되면 주채무자의 채무불이행으로 인하여 발생하는 의무를 지는 동시에 주채무자에 대한 구상권(소구권)이 발생한다. 이때의 의무는 보증채무계정의 대변에 기입하고, 구상권은 보증채무대충계정의 차변에 기입하였다가 주채무자가 그 채무를 이행하게 되면 각각 반대로 기입한다. 따라서 이 계정들은 발생과 소멸을 함께하는 대조계정이다.

보통분개장(proper journal)

단일분개장으로는 분개기록과 보조기록과의 사이에 중복기입의 불편이 있으므로 거래가 많은 과목에 대하여는 특수분개장의 사용이 편리하다. 특수 분개장으로 현금출납장, 어음기입장, 매출장, 매입장 등을 사용하는 경우, 이들 특수분개장에 기입한 거래 이외의 거래를 분개하는 본래의 분개장을 보통분개장이라 하며 고유분개장, 일반분개장이라고도 한다.

보통주자본금(capital stock-common)

자본금은 원시출자한 투자자본으로서 정관에서 발행주식의 액면총액으로 설정되어 있는 금액으로 보통주자본금, 우선주자본금 등이 이에 속한다.

보통주는 기본적인 소유권을 나타내는 주식이다. 보통주는 기업이 실패할 경우 최종위험을 부담하고, 성공할 경우 이득을 받는 잔여지분의 성격을 갖는 주식이다.

우선주는 특정사항에 관해서는 보통주에 대하여 우선적인 권리가 부여된 주식이다. 우선주에는 계약에 의하여 정하여진 범위내에서 보통주에 앞서 우선적으로 이익배당을 받을 수 있는 권리가 주어지고, 대신에 경영참가권인 의결권이 배제되고 추가적인 이익배당에 참여할 권리도 배제되는 것이 일반적이다.

보험차익(gain on insurance settlement)

보험차익은 보험사고가 발생하여 지급받은 보험금액이 피

해를 입은 유형자산의 장부가액보다 많은 경우 그 차액을 말한다. 보험차익은 특별이익으로 처리한다. 또한 세법의 규정에 따라 유형자산에서 발생한 보험차익은 전액 일시감가상각비로 처리할 수도 있다.

복리후생비(other employee benefits)

노동능률의 유지, 향상을 위하여 종업원에게 지급되는 복리후생적 비용을 말한다. 따라서 복리후생비는 종업원의 근무, 위생, 보건, 위안 등에 소요되는 기업부담의 비용에서부터 작업능률향상을 위하여 간접적으로 부담하는 각종후생시설의 경비 등도 이에 포함된다.

복식부기 (double-entry bookkeeping system)

차변과 대변을 이용한 회계시스템에서는 회계거래가 발생하여 계정에 기록할 때 반드시 한 개 이상의 차변기입과 이에 대응하는 한 개 이상의 대변기입, 즉 적어도 상호 대응되는 두 개의 기입이 동시에 이루어진다. 이와같은 회계시스템을 복식부기제도라 한다. 복식부기에는 자기검증기능을 모든 기록단계에 적용시킬수 있다는 점에 최대의 특징이 있다 하겠다.

본점계정(head office a/c)

본·지점간의 거래는 그것에 의해 발생하는 대차관계를 지점계정 또는 본점계정으로 처리한다.

본점집중계산법

지점상호간의 거래에 관한 처리방법에는 본점집중계산법과 독립분산계산법이 있다. 본점집중계산법은 지점상호간의 거래를 본점을 통해서 행한 거래로 간주해서 처리하고, 독립분산계산법은 직접상대지점과의 거래로서 회계처리하는 방법이다. 일반적으로 본점집중계산법에 의하는 것이 보통이다.

본점집중회계제도

지점회계의 독립성을 인정하지 않고, 지점회계는 본점의 회계조직에 전면적으로 종속하는 제도로서 지점에서 발생하는 모든 거래는 전표, 증빙서류와 함께 본점에 보고되어 일체의 기장을 본점에서 행하게 된다.

본지점독립회계제도

지점회계의 독립성을 인정하여 본점회계로부터 분리되어 지점독자적으로 결산을 행하여 재무제표를 작성하는 제도로서 본점에서는 지점계정을, 지점에서는 본점계정을 각각 설정하여 처리한다.

본지점합병재무제표 (combined financial statements)

본·지점 합병재무제표를 작성할 때는 미달거래를 정리하고, 본·지점간의 대차를 일치시킨 다음에 합병재무제표를 작성한다. 그리고 공표하는 합병재무제표에는 본·지점간의 손익 및 대체거래는 상계 제거하고 본·지점간의 거래에 포함된 내부이익이 있는 경우에는 그 이익을 제거한다. 즉, 공표하는 합병재무제표에는 본점계정과 지점계정, 지점매출계정과 본점매입계정의 내부거래는 나타나지 않는다.

부가원가(imputed costs)

부가원가는 이익산정에 있어서 지출원가에 부가되는 특수원가이며, 그 본질은 기회원가에 해당하는 것이다. 지출원가가 화폐지출에 의하여 측정되는 원가인데 대하여 부가원가는 어떠한 경우에도 현금지출을 수반하지 않으며 따라서 회계기록에도 나타나지 않는 것이 원칙이다.

부기(book keeping)

부기는 거래의 분개, 전표의 작성, 장부의 기록, 재무제표의 작성 등 회계에 있어서 주로 회계대상의 분류와 기록과 관련된 기술을 말한다. 부기는 문자 그대로 장부기입의 기계적, 반복적 기술이라고 말할 수 있다.

부도어음(dishonored note)

만기일에 어음을 추심하였으나 어음발행인의 지급거절 혹은 지급불능으로 인하여 부도가 발생할 수도 있다. 이 경우에는 받을어음을 부도어음으로 재분류하는 분개를 해야한다. 부도어음은 부도어음계정으로 하여 투자자산 중 기타자산으로 처리하는 것을 원칙으로 한다.

부문개별비와 부문공통비(direct departmental charge & indirect departmental charge)

원가관리를 위해 부문별(장소별) 원가계산을 하는 경우의 원가요소는 원가부분별로 집계된다. 이때 원가가 해당 부문에서만 발생하여 그 부문에 직접 부과할 수 있는 원가는 부문개별비라하고, 여러 부문에 공통적으로 발생하여 이것을 각 부문에 배부해야 비로서 부문별 집계가 되는 것을 부문공통비라한다.

① 부문개별비

부문 담당의 기사, 사무원급여 등 어느 특정부문에 개별적으로 발생한 것이 뚜렷한 원가요소를 말하며, 부문특별비라고도 한다. 이것은 직접 각 부문에 정확하게 부과할 수 있다.

② 부문공통비

이것은 공장장 및 수위 등의 급여, 재산세, 건물의 감가상각비, 임차료 등과 같이 2개 이상의 부문에 공통적으로 발생한 원가요소을 말하며, 부문일반비라고도한다. 따라서 이것은 적정한 배부기준에 의하여 공평정확하게 배부해야 한다.

부분원가계산(partial costing)

부분원가계산은 전부원가계산과 같이 모든 제조원가나 총

원가까지 계산하지 않고 어떤 특정의 목적에 따라 그 중 일부분의 원가요소만을 계산하는 방법이다. 부분원가계산의 한 예로서 직접원가계산을 들 수 있다.

부외부채(liability out of books)

회계기록 외에 있는 부채로 부외자산과 대비된다. 즉 부외자산은 신뢰성 및 충분성원칙의 예외로서 시인되는 것이나 부외부채는 기업의 재무상태를 고의로 왜곡하기 위한 것이며 부당한 회계처리로서 배척되고 있다.

부외자산(asset out of books)

정규부기의 원칙에 의하여 처리된 경우에 생기는 회계장부 외에 있는 실재자산을 말한다. 예를 들면 이미 비용으로서 기장처리된 소모품이 미사용으로 저장되어 있는 경우와 같은 것이다. 부외자산은 신뢰성 및 충분성원칙의 예외로서 대차대조표의 기재 외로 할 수 있다. 단, 금액이 큰 때에는 주석으로 표시해야 한다.

부적응(inadequacy)

물리적으로는 이용가능하면서도 경영방침이나 경영규모등의 변경에 의하여 종래의 유형자산이 경제적 유용성을 상실한 것을 말한다. 이것은 기능적 감가의 하나이며, 예를 들면, 제조품목의 변경에 수반되는 설비의 이용불가 등이다.

부채(liabilities)

자산과 반대의 성질을 가지고 있는 것으로서, 기업이 채권자에게 금전, 재화 또는 용역 등을 제공할 의무 또는 미래의 가능한 경제적 효익의 희생이 되는 매입채무, 차입금, 미지급금 등의 채무를 부채라 한다. 이를 채권자 입장에서 보면 기업에 대하여 가지는 금전, 재화 또는 용역에 대한 청구권(equities)을 의미한다. 상환기준의 장단에 따라 유동부채와 고정부채로 나뉘어 진다.

부채배당 (scrip dividend)

부채배당은 어음배당이라고도 불리우며 배당선언일(정기주주총회일)로부터 일정한 기일이 경과한 후에 배당금을 지불하기로 약속한 어음을 교부하고, 기업이 자금사정이 호전되었을 때 이 증서와 교환으로 현금을 지급하는 배당방법을 말한다. 부채배당의 수령자는 증서에 표기된 날자까지 그것을 소유하면 현금을 받게 되며, 또한 그것을 할인하여 즉시 현금으로 바꿀 수도 있다. 만약, 증서가 이자부라면 현금지급액 중에서 이자부분은 배당금이 아니라 이자비용으로 회계처리하여야 한다.

부채비율(dept-to-equity ratio : D/E ratio)

부채비율의 분자는 모든 부채를 포함하고, 그 분모는 자기자본으로 구성되어 있다. 부채비율로 지급능력을 측정하는 것은 부채비율이 클수록 채권자에 대한 위험이 증가한다는 기본개념에 근거하고 있다. 물론 이러한 접근 방법은 채권자의 위험을 충분히 평가하기에는 너무 단순하다. 예를 들어, 물가가 상승하여 장부상에 자산이 과소평가되어 있다면, 기업이 청산되었을 때 채권자에게 돌아가는 자금의 규모는 사실상 부채비율이 나타내고 있는 것보다 훨씬 클 수가 있다. 또한, 많은 장기부채에는 담보물이라든지 지급보증이 제공되어 있어, 다른 종류의 채무에 비하여 높은 우선권이 주어지고 있다. 이러한 한계점에도 불구하고 부채비율은 채권자의 위험을 평가하는데 가장 보편적으로 이용되고 있다.

부채성 충당금(liability reserve)

장래의 특정의 비용(또는 수익의 차감)인 지출의 발생이 확실히 예상되고 당해 지출의 원인이 되는 사실이 당기에 발생하여 있으며, 당해지출의 금액이 합리적으로 추산(견적)되는 경우에 설정되는 충당금으로 퇴직급여충당금, 수선충당금, 판매보증충당금, 공사보증충당금, 특별수선충당금 등이 이에 속한다. 이것은 1년 기준에 의하여 유동부채에 속하는 충당금과 고정부채에 속하는 충당금으로 구분표시한다.

분개(journalizing)

거래는 거래의 8요소에 의한 계정기입의 법칙에 의해서 각 계정에 기입된다. 그러나 매일 빈번하게 발생하는 거래를 직접 각 계정에 기입하면 오기 또는 누락될 가능성이 있다. 그

래서 계정계좌에 기입하기 전에 각 거래마다 어느 계정의 차변에 또는 대변에 얼마만한 금액을 기입할 것인가 하는 것을 결정하여야 한다. 이러한 절차를 분개라 한다. 즉, 분개는 구체적인 계정과목과 금액을 정하는 것을 말하며, 거래에 대한 최초의 회계기록이기도 하다. 분개기록의 형식은 차변에 기록할 계정에 대해서는 왼쪽에, 대변에 기록할 계정에 대해서는 오른쪽에 각각 계정과목과 금액을 표시한다. 이 경우의 분개에 있어서도 거래의 이중성의 원칙에 따라 차변금액과 대변금액은 반드시 일치해야 한다.

분개원장(journal ledger)

분개원장이란 분개장과 원장을 합친 장부이다. 분개원장에서는 분개기입이 동시에 원장기입이 되어 전기의 절차가 완전히 생략되므로 기장은 극히 간단하다. 그러나 계정과목의 수가 많은 때에는 종이의 넓이에 제한이 있고, 따라서 한 면 안에 기입할 수 있는 수에 한도가 있으므로 도리어 불편하며, 또 지면에 많은 불필요한 여백이 남게 되어 장부로서는 비경제적이다. 그러므로 이것은 과목의 수와 거래의 수가 적은 소규모 기업의 경우에만 사용할 수 있다.

분개의 법칙

분개는 거래를 분해하여 계정계좌에 기입하는 준비이다. 그러므로 거래를 분개하는 데에는 일정한 법칙이 있다. 이 법칙을 분개의 법칙이라 한다. 거래의 8요소에 대한 분개의 법칙을 표시하면 다음과 같다.
 ① 자산의 증가는 차변에, 그 감소는 대변에 기입한다.
 ② 부채의 증가는 대변에, 그 감소는 차변에 기입한다.
 ③ 자본의 증가는 대변에, 그 감소는 차변에 기입한다.
 ④ 비용의 발생은 차변에, 수입의 발생은 대변에 기입한다.

분개장(journal)

 거래를 발생순서에 따라 분개하여 기록하는 장부를 분개장이라 한다. 그러므로 분개장은 거래를 그 발생의 일자순으로 기록하므로 영업일지의 기능을 갖고, 총계정원장의 각 계정기입을 위한 준비와 이의 중개기능을 갖고 있다. 분개장의 형식에는 표준식(분할식, 쌍방식)과 병립식(일방식)의 두 가지가 있다.

분개장의 마감

 원장의 각 계정을 마감한 다음에는 분개장의 마감을 행하여야 한다. 분개장은 ① 영업거래의 기입을 마친 데서 일단 마감하여 대변, 차변의 합계금액이 평균하는가를 확인하고, ② 결산분개의 기입을 마친 데서 다시 마감한다. 그 방법은 차변, 대변 금액란에 각각 합계를 기입하고 대차가 일치하는가 확인한 다음 그 밑에 두 줄을 긋는다. 다음에 결산을 위한 손익계정의 대체분개와 장부마감을 위한 대체분개(대륙식의 경우)를 한 후에 합계를 하여 마감한다.

분개장의 분할

경영의 규모가 확대되어 영업거래가 대량 또는 빈번히 행하여 지게 되면 기장사무의 면에서도 단일분개장으로 정리하기가 곤란하게 된다. 따라서 업무의 분할, 즉 현금출납계, 매입계, 판매계 등의 여러 부서가 여기에 대응하여 분개장의 분할이 행하여짐이 편리하게 된다. 그 때문에 현금출납장, 매출장, 매입장 등의 보조기입장에서 직접 총계정원장에 계정전기를 가능하게 하여 그들 보조기입장이 분개장으로 변하게 된다. 그래서 분개장으로 승격된 장부에 기입한 거래는 종래의 일반분개장에서 생략될 수 있다. 따라서 종래의 분개장은 고유분개장이라 부르고, 특수분개장 또는 분할분개장에 기입 안 되는 거래만을 기록한다.

분개전표(journal slip)

분개장으로 대용할 수 있도록 거래를 발생내용 또는 순서대로 기입하는 전표이다.

분기법(分記法)

분기법은 상품을 매입한 때 상품매입가액에 단순운임이나 수수료 등의 매입 제부대비용을 포함한 매입원가를 상품계정 차변에 기입하고, 매출가액과 매입원가의 차이인 매출손익을 상품매출이익계정 또는 손실계정에 따로 기입한다. 이와 같이 상품을 매출 할 때마다 상품매입원가와 상품매출손익을 분리하여 계산, 기장하는 방법을 분기법 또는 손익분기법이라 한다. 상품계정은 순수한 자산계정으로 되어 이 계정의 잔액은 상품의 재고액을 나타내고, 손익관계는 손익계정에서 따로 처리하게 되는 것이다. 이런 이유로 분기법에 의한 상품계정을 순수계정이라 한다.

분식결산(window dressing)

기업경영이 실제로는 불건전한데 마치 건전한 경영인 것처럼 보이게 하기 위해 사실을 왜곡하여 결산처리를 하는 것을 말하며 그 결과 경영상태가 과대표시되게 된다. 이러한 분식결산을 하게 되는 이유로는 사실대로 결산을 함으로서 경영성적이 나쁘게 나타나서 무배당회사가 되면 증자는 물론 사채도 발행할 수 없게 되고, 은행으로부터의 자금차입도 못하게 되며, 심지어는 어음의 발행조차도 불가능하게 되기 때문이다. 이처럼 분식결산을 하게 되는 근본적 원인인 경영업적의 부진은 결국 경영기반의 약체성과 지나치게 무모한 설비투자, 부정확한 사업전망, 경영자의 이념이나 경영능력의 결여 등에 기인한 것이나 일반적으로 경영자의 사회적 책임의식의 결여가 가장 중요한 요인으로 지적되고 있다. 분식결산은 자산을 과대표시하거나 부채를 과소표시하거나 혹은 수익을 과대표시하거나 비용을 과소표시하는 방법으로 이루어진다.

분 할 기 장 법

기업경영활동의 중요한 자료인 순매입액, 순매출액, 매출원가, 매입에누리액과 환출액, 매출에누리액과 환입액 등을 명확히 하기 위해서 소규모경영인 경우를 제외하고는 몇 개의 계정으로 분할하여 기장할 필요가 있다. 이를 분할기장법 또는 상품계정의 분할이라 한다. 여기에는 2분법, 3분법, 4분법, 5분법 등이 있다.

비과세소득(non-taxable income)

세법에서 특별히 과세하지 않는 소득으로 규정한 소득을 말한다. 현행 법인세법의 규정으로는 공익신탁의 신탁재산에서 생기는 소득은 비과세한다.

비교대차대조표(comparative balance sheet)

동일기업의 2기 또는 그 이상의 대차대조표를 비교하는 형식으로 표에 합쳐서 나타낸 것으로 재무상태의 추이를 파악하는 것을 목적으로 작성되는 것을 말한다. 경영분석의 한 방법이다. 작성방법은 여러 가지가 있으며 각 항목의 증감액을 금액으로 표시하는 실수법과 이에 증감율을 나타내는 것 또는 대차의 각합계액을 100%로 한 경우에 각항목의 비율을 표시한 구성비율법에 의하는 것등이 있다. 더구나 상이한 기업의 동일시점에 대차대조표를 비교하기도 한다.

비교분석법(method of comparative analysis)

2개 이상의 재무제표를 비교분석하는 방법을 말한다. 여기에는 기간을 달리하는 재무제표를 비교하는 경우와 다른 기업의 재무제표와 비교하는 경우가 있으나 일반적으로 전자를 말한다. 비교법에는 실수법과 추세법이 있다.

비교성의 원칙(principle of comparability)

　재무제표상호간의 비교를 가능케 하기 위해 통일성을 요구하는 원칙이다. 경영비교에는 동일기업이 상이한 연도간의 비교를 하는 기간비교와 상이한 기업간의 비교를 하는 기업비교가 있다. 전자는 재무제표작성의 계속성에 의하여 확보된다. 즉 회계처리의 원칙이나 절차를 매기 계속하여 적용한다고 하는 의미에서의 계속성의 원칙과 표리의 관계에 있다. 후자는 통일적인 재무제표작성의 원칙과 같은 기준이 필요하다.

비교손익계산서(comparative income statement)

　경영분석의 수단으로 동일기업이 결합하는 2기 또는 그 이상의 손익계산서를 비교하는 형식을 기재한 것을 말한다. 각 항목의 수치비교에 의하여 경제활동의 추이를 파악하는 목적을 가지고 있다. 표시방법으로는 금액에 의한 증감액을 나타내는 실수법이나 이에 증감율을 표시하는 것, 기준년도의 각 항목을 100%로 하여 비교년도의 비율을 나타낸 추세법 등이 있다. 더욱이 상이한 다른 기업의 동년도손익계산서를 비교하는 것도 행해진다.

비교표준(standard of comparison)

산출된 비율 그 자체로서는 기업의 경영성과 및 재무상태를 파악할 수 없다. 그러므로 의미있는 분석을 하기 위해서는 산출된 비율을 표준비율과 비교하여야 한다. 재무제표를 이용하는 경영자, 이해관계자는 산출된 비율과 표준비율을 상호비교해 봄으로써 기업의 재무상태 및 경영성과에 대하여 좀더 정확한 평가를 할 수 있게 된다. 표준비율로서는 한국은행과 같은 금융기관에서 발표하고 있는 동종기업의 비율이나 과거의 경험에 따라 비교기준을 설정한 경험적 비율 등이 있다.

비례비(proportional cost)

이것은 생산량의 증감과 정비례해서 증감하는 원가이다. 비례비에는 주요재료비, 능률급 임금 등이 해당된다.

비망가액(memorandum value)

비망계정에 붙여진 가격을 말한다. 예를 들면 제각전의 상각필유형자산에 붙여져 재무관리의 필요에서 당해 계정을 남겨놓기 위하여 붙여지는 명목가격인 1,000원을 붙인다든가 혹은 증여된 자산을 평가하지 않고 1,000원으로 하여 두는 것과 같은 것이다.

비망계정(memdrandum a/c)

비망을 목적으로 하여 설정되는 계정을 말하며 두 가지 종류가 있다. 그 하나는 우발채권·채무와 매매계약등 부기상의 현실거래는 아니나 비망적 기록의 필요있는 사항을 처리하는 부외자산과 재산관리등의 필요에서 명목가액을 붙여 표시하는 계정이 있다. 예를 들면 상각이 끝난 자산 등이 있다.

비목별원가계산(費目別原價計算)

원가계산에 있어서 제1차의 계산단계를 말하며 후에 부문계산, 제품별계산에 사용된다. 이것은 일정기간에 있어서 원가요소를 비목별로 분류·측정하는 절차를 말하고 동시에 재무회계에 있어서 비용계산도 된다. 이것은 직접비와 간접비로 대별되며 또한 필요에 따라 기능적 분류가 이루어진다.

비밀원장(private ledger)

경영자만의 비밀사항에 관하는 계정, 예를 들면 영업소의 금융관계 또는 주요손익관계, 기타의 상세한 관계를 일반종업원에게 알리지 않기 위하여 이것 등을 총계정원장에서 분리하여 별도로 마련한 특수원장에 수용하는 경우의 특수원장을 말한다. 비밀원장이외의 원장을 일반원장이라 한다.

비밀적립금(secret reserve)

대차대조표에 계상된 적립금을 공시적립금이라 하고 이에 대하여 대차대조표에 나타나지 않은 은폐된 적립금을 비밀적립금이라 한다. 비밀적립금은 자산평가에 있어 저가기준을 취하는 경우, 시가 상승으로 당연히 발생할 수도 있지만 정규의 부기의 원칙에 따라 자연히 발생하는 부외자산은 회계상 특별히 문제삼을 필요는 없다. 그러나 고의로 부정한 계산에 의해 비밀적립금을 설정함은 옳지 못하다. 즉, 기업의 수익력과 재무상태의 판단을 그르치게 하는 것은 신뢰성의 원칙과 충분성의 원칙에 위반되는 회계처리가 되기 때문이다.

비영리기관회계(non-profit company accounting)

비영리기관회계는 가계, 교회, 정부, 학교, 병원 등 비영리사업이 요구하는 회계이며, 소비경제를 중심으로하여 소비액계산에 중점을 둔다. 따라서 예산의 집행 및 수익과 지출의 계산이 주가 된다.

비영리회계(non-profit making accounting)

비영리회계는 영리를 목적으로 하지 않는 소비경제주체인 가계나 비영리기관, 즉 교회, 학교, 병원, 관청 등에서 이용되는 회계이다. 이 회계는 금액의 수지계산과 물품의 관리계산을 하는데 필요할 뿐이다.

비용(expense)

수익을 획득하기 위하여 소비된 경제가치, 즉 수익창출활동과 관련하여 발생하는 자산의 유출액 또는 부채의 증가액을 비용이라 한다. 예컨대, 상품매매업의 상품매출원가, 종업원에게 지급되는 급여, 통신비, 여비교통비, 광고선전비 등이 비용이 된다.

비용의 분류

비용은 경영활동의 결과 자본을 감소시키는 원인이 되며 크게 매출원가, 판매비와 관리비, 영업외 비용, 특별손실 및 법인세 비용등으로 분류할 수 있다.

비율법(ratio method)

재무제표상의 숫자로서 여러 가지 비율을 산정하여 기업의 재무구조나 기업의 경영성과의 양부를 판단하는 기법이다. 재무제표분석에서 가장 많이 사용되는 방법이다.

비율분석(ratio analysis)

재무제표분석의 중요한 기법의 하나로, 비율은 한 계정 또는 각 항목의 금액을 다른 것으로 나눔으로써 계산되는 분수 또는 백분율이다.

비품(furniture and fixtures)

비품은 내용연수가 1년 이상으로 그 금액이 상당액 이상인 책상, 의자 등 고정시켜 사용하는 물품으로서 유형자산의 하나이며 이를 취득했을 때는 비품계정 차변에 기입한다.

사업확장적립금 (reserve for business extensions)

　　정관 또는 주주총회의 결의에 의하여 기업의 이익을 유보하는 임의적립금의 하나로 신축적립금과 유사한 형태로 장래의 사업확장을 목적으로 하는 적립금을 말한다. 이 적립금은 사업확장의 목적을 다한 후에도 이익잉여금총액으로서는 감소하지 않고 단순히 별도적립금으로 대체되기 때문에 영구적 자본유지로 본다.

사전원가계산

　　원가계산방법의 하나로 원가의 계산시기에 따른 분류에 의해 사전과 사후 원가계산으로 나눈다. 예정원가계산이라고도 하며, 제조착수전 또는 주문을 받기 전에 미리 원가를 견적하여 계산하는 방법이다. 사전원가계산은 다시 견적원가계산과 표준원가계산으로 구별된다. 견적원가계산은 제품의 제조활동이나 판매활동을 위하여 소비될 것이라 예상되는 견적원가를 설정하고 이것을 실제원가와 비교하여 원가차이를 분석하는 계산방법이다. 표준원가계산은 미리 표준이 될 원가를 과학적인 방법에 의하여 정해두고 이것을 실제원가와 비교하여 그 차이를 분석함으로써 원가관리에 도움을 주기 위한 방법이다.

사채(bonds)

주식회사만이 발행할 수 있는 장기차입금의 조달형태로서 확정이자부의 장기부채를 표시하는 증권을 발행하여 금전을 차입하는 경우에 발생하는 채무를 말한다. 사채의 발행은 주식회사 이사회의 결의와 상법의 절차에 의하여 행하지고 그 발행한도는 순자산액의 4배 이내이다. 사채의 발행방법에는 평가발행, 할인발행, 할증발행의 3가지가 있다.

사채발행비 (bond issue cost)

사채를 발행할 때 발행하기 위한 제경비, 즉 사채모집광고비, 사채신청서 및 사채권의 인쇄비, 수탁회사에 대한 발행수수료, 사채의 등기 및 등록세 등 많은 비용이 드는데 이를 사채발행비라 한다. 사채발행비는 이연자산이다. 다른 이연자산과 마찬가지로 가능한 단시일내에 상각하는 것이 좋다. 기업회계기준에서는 사채발행연도부터 최종상환일 이내에 매결산기에 정액법으로 상각하고 직접차감하도록 한다.

사채발행차금 (bond discount, bond premium)

사채발행차금은 사채를 액면가액 이상 또는 이하로 발행하였을 때 발생되는 사채액면가액과의 차액을 말하며 사채발행차금의 회계처리방법은 사채의 평가계정으로 보는 견해와 이자적 성질로 보는 두가지 견해가 있다. 즉, 할인발행의 경우 사채발행차금은 선급이자의 성질을 갖는 것으로 보는 선급이자설이다. 기업회계기준에서는 사채할인발행차금과 사채할증발행차금을 사채의 평가계정으로 보아 사채에서 차감 또는 부가하는 형식으로 기재하고 사채발행시부터 사채상환시까지의 기간에 유효이자율법이나 정액법 등을 적용하여 상각 또는 환입하고 동 상각 또는 환입액은 사채이자에 가감하여 처리하도록 규정하고 있다.

사채상환(redemption of bonds)

사채가액을 기간이 만료되기 전이나 만료 되었을 때 상환하는 것을 말한다. 사채상환방법에는 만기상환, 추첨상환과 매입상환 등의 경우가 있다.

사채상환손실(loss on bond retirement)

사채상환이익의 대응적 손실계정으로 발생할 수 있고 또 주로 전환사채의 상환시 상환할증금을 지급할 경우 나타나게 된다.

사채의 차환과 전환 (bond refunding & bond conversion)

이미 발행된 사채를 상환하기 위하여 새로운 사채를 발행하는 것을 사채의 차환이라고 한다. 차환의 목적은 구사채를 상환하기 위하여 신사채를 발행하는 경우와 사채의 이자율을 인하하여 장래의 자금코스트를 낮추기 위한 경우가 있다.
주식과 교환할 수 있는 전환사채를 발행한 경우에는 사채발행후 일정기간이 경과되어 사채권자의 의사에 따라 사채를 주식으로 전환하면 사채, 즉 회사의 부채가 자본으로 전환되는 결과를 가져온다. 이를 사채의 전환이라 한다.

사채이자(bond interest)

회사는 사채권자에 대하여 액면가액에 연이자율을 곱하여 산정한 이자를 지급해야 하는데, 이를 사채이자라 하며 이 이자는 보통의 지급이자와 합산하여 이자비용계정의 차변에 기입하여 영업외비용으로 처리한다. 사채이자지급일과 결산일이 다르면 결산기말에 경과월수에 따라 미지급사채이자를 계산하여만 한다. 이자지급일이 결산일과 같은 날이면 이에 따라 사채할인발행차금과 사채발행비도 상각을 해야 한다.

사채할인발행차금(discount on bonds)

사채를 액면가 이하로 발행할 경우 이를 사채의 할인발행이라 하는데 이 때 액면가와 발행가와의 차이를 사채할인발행차금이라 한다. 사채할인발행차금은 사채만료기일이내에 상각하여야 한다. 사채할인발행차금은 사채의 차감적 평가계정의 성질을 갖는다. 사채할인발행차금은 상환할 때까지 정액법과 유효이자율법 두 가지 방법을 이용하여 상각한다.

사채할증발행차금 (premium on bonds)

사채를 액면가 이상으로 발행한 경우 액면가액과 발행가액의 차이를 사채할증발행차금이라 한다. 이 경우는 사채이자율이 유효이자율보다도 더 큰 경우이다. 사채할증발행차금도 기업회계기준에서는 사채의 평가계정으로 보아 사채에서 부가하는 형식으로 기재하고 사채발행시부터 사채상환시까지의 기간에 유효이자율법이나 정액법을 적용하여 환입하고 환입액은 사채이자에 감하여 처리하도록 규정하고 있다.

사회회계(social accounting)

사회회계란 국민경제 전체를 하나의 회계단위로 하고 기본적으로 이 사회 전체의 일정시점에서 스톡인 자본과 그 플로우인 일정기간의 경제활동성과(국민총생산, 국민소득)를 측정하는 계산시스템이다. 최근에 이 사회회계에 대한 관심이 증가하고 있는데 이는 공해문제와 기업의 사회적 책임이 강조되고 있기 때문이다.

사후원가계산

계산의 대상이 되는 제품과 역무의 생산이 종료한 후 시작되는 원가계산이다. 즉, 과거의 생산에 관하여 실제 발생한 원가를 기초로 하기 때문에 실제 원가계산이라고도 한다.

산성시험비율 (acid test ratio)

당좌비율이라고 불리우며, 현금 및 당좌예금 등의 당좌자산(유동자산에서 재고자산을 공제한 것)과 유동부채와의 비율을 나타낸 것이다. 유동비율의 보조로 쓰여진다.

(당좌자산 / 유동부채)×100%

이 비율은 100% 이상이 되는 것이 바람직하다고 되어 있다. 그것은 당좌자산이 유동부채를 변제하고 역시 나머지가 있어야 되기 때문이다. 이 비율은 즉각적인 지급능력을 확인하는데 있어 유효하지만, 지나치게 중시하면 기업측은 재고자산을 수취계정으로 전환하여 이 비율을 양호하게 하는 폐해를 동반한다. 또 매출채권에 불량한 것이 있는가 없는가를 확인하지 않으면 안 된다.

산술평균법(arithmetic mean average method)

산술평균법은 동종의 다수기업의 수치를 평균하여 표준비율을 구하는 방법으로서 이에는 비율평균법과 기초숫자평균법의 두 가지 방법이 있다. 비율평균법은 각 기업에 대한 비율을 구하고 이들 각 기업의 비율을 평균으로 하여 표준비율을 구하는 방법이다. 기초숫자평균법은 각 기업의 회계자료 중에서 비율에 관계가 되는 항목의 숫자를 집계하여 그 비율을 구하여 표준비율로 하는 비율이다.

삼분법(三分法)

상품계정을 이월상품계정, 매입계정, 매출계정의 3계정으로 분할하여 처리하는 방법이다. 이월상품계정은 차변에 전기이월액을 기입하고, 매출원가를 계산하기 위하여 차변잔액을 매입계정에 대체한다. 그리고 기말상품재고액을 차변에 기입하여, 차기이월액을 표시한다. 매입계정은 차변에 매입액을 대변에는 매입환출 및 에누리액을 각각 기입하며 매출계정은 대변에 매출액을, 차변에는 매출환입 및 에누리액을 기입하여, 순매출액을 표시한다.

상각채권추심이익(bad debts recovered)

매출채권 등의 회수불능으로 이미 상각처리했던 부외채권을 회수하게 되는 경우의 추심이익을 처리하는 계정이다. 이것은 과년도에 계상한 대손상각의 수정적 의미를 갖기 때문에 전기손익의 수정항목으로 볼 수 있어 거액의 비경상적인 금액은 특별이익에 포함시켜야 한다. 그러나 과년도의 대손상각 자체가 고의나 오류가 아니었다면 전기오류의 수정사항으로 처리하지는 아니한다.

상업부기(commercial book keeping)

상업에 있어서 쓰여지는 부기를 말한다. 가장 특색인 점으로는 상품판매에 관한 회계절차이다. 다른 기업부기에 비하여 비교적 이해하기 쉬운점으로, 부기원리의 연구는 상업부기를 예로하여 배우는 경우가 많다.

상업어음(commercial bill)

상품의 매매, 용역의 제공 등 거래의 대금결제에는 현금 또는 수표외에 어음도 널리 사용된다. 어음에는 실제 상품의 매

매와 관련하여 발행하는 상업어음과 단순히 자금을 융통하는
과정에서 차용증서 대신 발행하는 금융어음으로 구분한다. 이
중 어음거래의 주 대상은 상업어음이 되며 이를 진성어음이라
고 한다. 상업어음에는 약속어음과 환어음의 두가지가 있으며
환어음은 일반환어음과 자기수취환어음, 자기앞환어음이 있다.

상표권(right of trademark)

상표권이란 상표를 상표법에 의해 등록하여 이를 일정기간
독점적, 배타적으로 이용할 수 있는 권리이다. 상표법에 의하
면 상표란 상품을 업으로서 생산,제조, 가공, 증명 또는 판매
하는 자가 자기의 상품을 타업자의 상품과 식별시키기 위해
사용하는 기호, 문자, 도형 또는 이들의 결합으로서 특별하고
현저한 것을 말한다. 상표권의 존속기간은 상표법에 의하면
10년으로 되어 있으며 또한 갱신이 가능하고, 세법상 내용연
수는 5년으로 되어 있다.

상품(merchandise)

상품이란 판매를 목적으로 구입한 상품, 미착상품, 적송품
등으로 하며, 부동산매매업에 있어서 판매를 목적으로 소유하
는 토지, 건물, 기타 이와 유사한 부동산은 이를 상품에 포함
하는 것으로 한다. 상품은 재고자산의 하나이다.

상품계정(merchandise a/c)

상품계정은 상품의 매입과 매출, 그리고 매입환출과 매출환

입 등에 의한 상품의 증감 변동을 기록하는 계정으로서 그 증가를 차변에, 그 감소를 대변에 기입한다. 상품에 관한 처리방법에는 상품계정을 단일계정으로 사용하여 처리하는 분기법과 총기법이 있고, 상품계정을 여러 가지로 분할하여 처리하는 분할기장법이 있다.

상품권(gift tickets or trading stamp)

상품권은 상품을 인도하기 전에 대금을 받고, 후일에 상품을 인도한다는 증서이므로 현금을 받고 상품권을 발행하였을 때에는 이 계정 대변에 기입한다. 후일에 상품권과 교환으로 상품을 인도할 때를 매출로 보고 이 계정 차변에 기입하고 상품계정의 대변에 기입한다.

상품매매에 관한 특수분개장

상품매매에 관한 특수분개장에는 매입장과 매출장이 있다. 매입장에 계정과목과 원면란을 더하여 특수분개장으로 사용하는 경우에는 일체의 상품매입에 관한 거래는 이 장부에 기입한 후에 정기적으로 합계액을 직접 매입계정의 차변에 전기한다. 특수분개장으로 사용되는 매출장의 기장방법은 매입장의 경우와 대체로 같다. 이 장부에서도 금액란을 현금매출과 외상매출로 분할하면 전기의 오류와 수고를 생략할 수 있다.

상품재고손실

상품 보관중 누손, 파손, 분실, 도난 등의 원인으로 실제 상품재고액이 장부상의 재고액보다 적은 경우, 즉 차액이 발생한 경우 그 차액을 상품재고손실 또는 재고감모손실이라고 한다. 이러한 경우 손실에 따라 장부잔액을 수정해야 하며 상품매출손익과도 구별해서 처리한다.

상품재고장(stock ledger)

상품재고장이란 상품을 상품종류별로 구분하여 계속적으로 기입함으로써 항상 특정상품의 시재액을 파악하기 위한 장부이다. 특히 주의해야 할 것은 수입이나 출고에는 언제나 매입원가로 기입한다는 것이다. 상품재고장에는 상품의 수불시마다 그 수량 단가 금액 등을 기입하며, 일반적으로는 매입시마다 매입단가가 반드시 일정하지 않고 상이한 경우가 대부분이기 때문에 상품재고장의 기입 방법은 매우 중요시 다루어진다.

상품평가손실

결산 때의 상품의 재고수량이 실제조사로써 확인되면, 다음에 이에 단가를 곱하여 상품가액을 결정해야 한다. 이것을 상품의 평가라 한다. 상품의 평가는 취득원가에 의하여 결정하는 것이 원칙이지만, 만일 시가가 취득원가보다 하락한 경우에는 시가로 평가할 수가 있다. 또한 품질저하, 진부화, 손상 등의 경우에는 적절한 가액을 평가하여 감액하여야 한다. 이때 상품평가에 있어서 시가로 평가할 때 시가와 취득원가와의 차액을 상품 평가손실이라고 한다. 경상적으로 발생한 평가손실은 매출원가에 산입하고, 비경상적인 것은 영업외비용으로 처리한다.

생산량비례법(production method)

　보유중인 자산의 감가가 단순히 시간이 경과함에 따라 나타난다고 하기보다는 생산량에 비례하여 나타난다고 하는 것을 전제로 하여 감가상각비를 계산하는 방법이다. 이 방법은 생산없이는 비용이 발생하지 않는다는 것을 전제하기 때문에 수익 비용의 대응관계를 가장 잘 반영시켜 주는 감가상각방법이다. 주로 광산, 유전, 산림 등과 같은 소모성 또는 고갈성 자산의 채취산업에서 많이 사용된다.

선급금(advance payments)

　선급금은 상품, 원재료 등의 매입을 위하여 선급한 금액, 즉 매입처에 대하여 상품 원재료의 매입을 위하여 또는 제품의 외주가공을 위하여 선급한 금액으로서 유동자산에 속하는 항목이다. 선급금을 지급하였을 시 선급금계정 차변에 기입한 후 나중 물건이나 제품을 인도받았을 시 선급금을 상계시켜 주면 된다.

선대금(先貸金)

　선대금은 거래처 또는 종업원, 임원에게 일시적으로 대여한 채권으로서 자산에 속하는 항목이다. 선대금은 급여 등을 지

급할 때 공제하며, 신원보증금을 반환한다든가 예수했던 퇴직
적금이나 세금 또는 연금이나 보험금을 관계기관에 납부한
때에는 각각 반대 기입한다.

선물매매(sales of future goods or delivery)

장래의 일정기간에 상품의 현품을 인도 또는 인수를 해야
할 선물매입 또는 선물매출의 계약을 하는 것을 선물매매라
고 한다. 이러한 선물거래는 대조계정을 사용하는데 대조계정
은 대차대조표 표시능력이 없으므로 선물매매계약은 대차대
조표의 주석사항으로 하여야 한다.

선박(ship and vessels)

유형자산의 일종으로 선박계정에는 사람이나 화물의 해상
운송을 목적으로 하는 선박과 수상운반구를 포함하여 계상하
며, 선박은 목선, 철선, 강선 등으로 구분된다. 선박을 취득했
을 때에는 건조비, 의장비, 시운전비, 선박등록 등 선박을 운
항하기까지 소요된 일체의 모든 지출액을 선박계정에 포함하
여 차변에 기입한다.

선수금(advances received)

선수금은 수주품, 수주공사 및 기타 일반적 상거래에서 발
생한 금액, 즉 거래처로 부터 주문된 상품, 제품 혹은 수주품
이나 수주공사에 대한 착수금, 그 밖의 선수금액으로서 유동

부채에 속하는 항목이다.

선입선출법(first-in, first-out method)

후입선출법과 총평균법, 이동평균법 등과 같이 기말상품재고액을 산정하는 방법의 일종이다. 선입선출법은 매입순법이라고도 하며, 먼저 매입한 것부터 먼저 출고한다는 가정하에 기장하는 기장법으로 기말재고액은 최근에 구입한 상품의 단가로 계산되는 결과가 된다. 따라서 인플레인션하에서 기말재고액은 시가에 가까운 결과를 나타내며 매출원가가 적게 계상되므로 매출이익이 크게 산정된다.

선하증권(bill of loading : B/L)

선하증권은 화물대표증권의 일종으로 해운업자가 발행하는 물재증권(物財證券)으로서 운송도중의 재물을 대표하며 그 성질은 철도의 화물상환증과 같다.

성장성비율(growth ratio)

투자자들은 기업의 안전성, 수익성 및 활동성비율 등에 관심을 가질 뿐만 아니라 기업의 성장성에도 또한 많은 관심을 갖는다. 기업의 성장성을 판단하고 또한 예측하기 위해서는 매출액증가율, 총자산증가율, 경상이익증가율, 당기순이익증가율의 비율을 많이 사용한다. 과거 수년간의 이러한 비율들을 비교 분석함으로써 보다 효율적인 판단자료로서 기업경영에 활용되게 된다.

세 금 과 공 과

국세와 지방세 등의 조세와 공공적 지급비용인 공과금을 처리하는 계정이다. 그러나 조세라도 당기손익을 근거로 납부하는 법인세비용 등은 별도 구분해서 표시한다. 유형자산의 취득원가를 구성하는 등록세, 취득세 또는 제조원가에 포함하는 특별소비세, 관세 등은 제외된다. 따라서 기별로 납부하는 재산세, 사업소세, 매입세액불공제 부가가치세 등이 이에 해당한다. 한편 공과금이란 동업조합, 협회 등의 각종 회비 부담금으로서 상공회의소 회비, 대한적십자회비, 각종벌금, 과료, 과태료 등의 과징금이 이에 포함된다.

세무사(tax accountants)

서무사는 납세자의 위임에 의하여 조세에 관한 다음의 행위 또는 업무(이하 "세무대리"라 한다)를 수행하는 것을 직무로 하는 세무전문가를 말한다. 세무사는 공공성을 지닌 세무전문가로서 납세자의 권익을 보호하고 납세의무의 성실한 이행에 이바지해야 한다.
① 조세에 관한 신고, 신청, 청구(이의신청, 심사청구 및 심판청구를 포함한다) 등의 대리(개발이익환수에 관한 법률에 의한 개발부담금 및 택지소유상한에 관한 법률에 의한 초과소유부담금에 대한 행정심판청구의 대리를 포함한다).

② 세무조정계산서 기타 세무관련서류의 작성

③ 조세에 관한 신고를 위한 기장의 대행

④ 조세에 관한 상담 또는 자문

⑤ 세무관서의 조사 또는 처분등과 관련된 납세자의 의견 진술의 대리

⑥ 기타 제1호 내지 제2호의 업무에 부대되는 업무

세무회계(tax accounting)

세무회계는 세법의 규정에 따라 정부, 지방자치단체에 대해 납부하는 조세에 관련된 회계로서 세액의 신고 및 자진납부, 세무신고서의 작성, 세무계획, 세무관리 등을 다룬다. 세무회계는 보통 기업을 대상으로 하므로 법인세의 계산이 중심이 되나, 그 외에도 개인소득세, 양도소득세, 상속세, 부가가치세, 지방세 등도 중요시된다. 기업경영에서 세무문제는 매우 중요하며, 각종 경영 의사결정에 중요한 요소로 작용한다.

소극적 적립금(negative reserve)

소극적 적립금은 사업확장을 목적으로 하지 않고 거액의 임시손실이나 비용 등이 발생하는 경우, 이것을 보충하거나, 또는 배당의 평균을 위하여 이익이 근소한 경우에 대비하는 것을 목적으로 하는 것을 말한다. 즉 기업의 유지를 목적으로 하는 적립금을 말한다. 따라서 설정목적이 달성되면 소멸되어 버린다. 소극적 적립금으로는 퇴직급여적립금, 배당평균적립금, 결손보전적립금, 자가보험적립금 등이 있다.

소매재고조사법(retail inventory method)

매가재고조사법 또는 매출가격환원법이라고도 하며 이는 취급상품이 매우 많은 백화점이나 연쇄점 혹은 상품소매업과 같이 기말재고품의 원가를 항상 명백히 해두기가 곤란한 업종의 기업에서 채용되는 것이다. 이 방법은 기말재고상품을 몇 개의 종류별로 구분하여 매가재고조사액을 파악하고 이를 기초로 하여 원가재고조사액을 계산하는 방법이다. 이 방법은 원칙적으로 원가법에 속한다고 할 수 있다.

소액현금(petty cash)

지급을 위하여 현금을 다액으로 소유하는 것은 도난, 분실 등의 위험이 있기 때문에 일반적으로 회사는 당좌거래를 통하여 현금을 관리한다. 그러나 일상의 소액경비(우편료, 엽서대, 교통비, 잡비 등)는 현금으로 지급하여야 한다. 이런 우편료, 엽서대, 교통비, 잡비 등을 소액현금이라 한다. 소액현금 지급을 위하여 총무계 또는 서무계 등 필요부서에 약간의 현금을 전도하고, 지급을 취급케 한다. 이러한 경우 전도한 금액이 소액현금이고 전도한 금액을 처리하는 계정이 소액현금 계정이다. 필요에 따라 수시로 보충, 지급하는 방법과 함께 일정액을 전도하는 정액자금전도법도 있다.

소액현금출납장(petty cash book)

소액현금을 전도받은 총무계 또는 서무계에서는 소액현금

의 출납내용을 명백히 하기 위하여 보조부인 소액현금출납장을 사용하여 기장하고 동 소액현금을 다 사용한 다음에는 지급에 관계되는 영수증을 첨부하여 회계과 또는 출납계에 소액현금 지급액을 보고해야 한다. 소액현금출납장은 소액현금제도를 시행하는 과정의 보조부이다.

소유주청구권

자산이란 청구권이라고 할 수 있는데 청구권은 다시 채권자청구권과 소유주청구권으로 나눌 수 있다. 소유주청구권이란 자본을 말한다. 부채를 자본의 일종으로 보는 즉 회계주체를 기업자체로 보는 기업실체이론에 따른 표현방식에 의하면 자산은 채권자청구권과 소유주청구권의 합으로 구성된다. 회계주체를 자본주로 보는 자본주이론에 의하면 자산에서 소극적 자산인 부채를 차감한 순자산을 소유주청구권이라고 본다.

손익거래(profit and loss transaction)

손익거래는 자본의 순환과정, 즉 자산의 운용과정으로써 표시되며, 각종 경제가치의 소비 또는 제공, 생산물의 매출에 의한 대가의 수취로서 나타난다. 따라서 일반 영업활동과정에서 발생하는 거래는 모두 손익거래에 해당한다고 볼 수 있다. 손익거래는 크게 수익거래와 비용거래로 분류된다. 수익거래는 기업이 상품 또는 용역을 외부에 제공하고 그 대가로서 경제가치를 받아들이는 거래이며, 비용거래는 수익을 얻고 또는 기업의 존속을 유지하기 위하여 경제가치를 소비하는 거래이다.

손익계산서(income statement, profit and loss statement)

손익계산서는 일정회계기간 동안 발생한 총수익과 총비용을 각 항목별로 분류하여 대조 표시함으로써 순손익을 산정해 놓은 표이다. 손익계산서는 일정기간의 기업의 경영성과를 집약한 표로서 대차대조표와 함께 회계가 산출해내는 가장 중요한 보고서 중의 하나이다. 손익계산서는 비용과 수익으로 대별되며 비용은 매출원가, 판매비와 관리비, 영업외비용, 특별손실, 법인세비용 등으로 구분되며 수익은 매출액, 영업외수익, 특별이익 등이 있다.

손익계산서의 작성기준(손익계산서 작성원칙)

손익계산서를 작성할 때는 외부의 이해관계자에게 판단을 그르치지 않도록 또한 올바른 손익계산의 결과를 나타내도록 하기 위하여 몇가지 기준을 준수해야 한다.

모든 수익과 비용은 그것이 발생한 기간에 정당하게 배분되도록 처리하여야 한다.

① 발생주의 기준

수익과 비용은 그 발생 원천에 따라 명확하게 분류한다.

② 수익·비용대응표시의 기준

각 수익항목과 이에 관련되는 비용항목을 대응표시하여야 한다.

③ 총액표시의 기준

수익과 비용은 총액에 의하여 기재함을 원칙으로 하고 수익항목과 비용항목을 직접 상계함으로써 그 전부 또는 일부를 손익계산서에서 제외하여서는 아니된다.

④ 구분계산의 기준

손익계산서는 매출총손익, 영업손익, 경상손익, 법인세비용차감전 순손익과 당기순손익으로 구분하여 표시하여야 한다.

손익계산서의 형식(form of income statement)

손익계산서의 형식에는 계정식과 보고식이 있다. 기업회계기준에서는 손익계산서를 보고식으로 작성하는 것을 원칙으로 하고 반드시 전년도와 비교하는 형식을 하도록 규정하고 있다. 계정식의 형식은 비용을 차변에 수익을 대변에 기록하고 당기순이익은 차변에 당기순손실은 대변에 표시되는 것이다. 보고식은 대차구분없이 매출액, 매출원가, 매출총이익 등과 같이 순서대로 기입하여 당기순이익을 계산해 내는 구조이다.

손익계정(profit and loss a/c)

기말에 순손익을 산출하기 위하여 수익 비용에 속하는 계정을 집합시킨 것을 손익계정 또는 집합손익계정이라고 한다. 즉 수익에 속하는 계정의 잔액을 당해계정의 차변에 기입하여 마감함과 동시에 손익계정의 대변에 대체하고, 비용에 속하는 계정의 잔액을 당해계정의 대변에 기입하여 마감함과 동시에 손익계정의 차변에 대체한다.

손익법(profit and loss method)

손익법은 일정기간, 즉 회계연도 중에 발생한 수익의 합계인 총수익과 비용의 합계인 총비용을 비교하여 그 차액으로 순손익을 산정하는 방법이다. 총수익이 총비용보다 크면 순이익, 총비용이 총수익보다 크면 순손실이다.

손익분기점(break-even point)

기업은 성장 유지발전하기 위하여 또한 많은 이해관계자의 욕구충족을 위하여 이익을 획득하지 않으면 안된다. 기업은 매출액에 따라서 원가는 어떻게 변동하고 그 결과 이익은 어떻게 변화하는가의 회계정보를 필요로 하게 되는데 이를 원가—조업도—이익분석이라고 한다. 원가—조업도—이익분석을 구체적으로 이해하기 위한 방법으로 손익분기점분석이 이루어진다. 손익분기점이란 비용과 수익이 같아지는 시점이다.

손익분기점의 계산방법은 다음과 같다.

매출액－변동비－고정비＝순이익

손익분기점(매출액)＝고정비／(1－변동비／매출액)

이러한 등식은 손익분기점이나 이익예측을 해야만 하는 상황에서 가장 일반적으로 사용하는 방법이다.

손익분기점분석(break-even analysis)

손익분기점은 총매출액선과 총비용선이 교차하는 점이다.

손익분기점분석은 도표법이나 공헌이익법을 이용하여 산출하는데 손익분기점을 분석할 때 원가—조업도—이익 사이의 관계를 비교적 정확하게 나타낼 수 있어야 손익분기점분석을 신뢰할 수 있다. 기업에 유리하기 위해서는 고정비를 줄이고 변동비율을 낮추어야 한다. 이러한 과정을 합리화라 한다.

송품장(invoice)

기업은 여러 가지 구매활동을 펼친다. 이런 구매활동은 주로 구매부서를 통해 이루어지며 구매시 거래처로부터 구매부서는 송품장을 받아서 매입장에 기입하게 된다. 이 때 송품장이란 거래처가 물건을 송품한 목록이나 일시, 가격 등을 기입한 장부를 뜻한다. 구매부서는 송품장에 의해 매입장에 기입하고 송품장을 증빙서류로 보관해야 한다.

수권자본제도(authorized stock system)

주식회사가 주식을 발행하는 경우 총 발행예정 주식수를 수권자본이라 하며, 이때 회사설립시 최초 발행하는 주식의 수는 총 발행예정 주식수의 1/4 이상이 되어야 한다. 발행 주식은 액면가액 전액을 주주로부터 납입받고 주식을 발행하게 된다.

수선충당금 (allowance for repairs)

건물, 기계, 설비, 선박 등 유형자산은 이를 사용함으로써 발생하는 물리적 사용능력의 저하를 방지하기 위해서 매년 경상적으로 수선을 할 필요가 있다. 수선충당금은 이러한 수선에 소요될 금액을 추산하여 각 사업연도에 그 부담액을 충당하는 것이다. 따라서 차기 이후 실제로 수선비를 지급하게 된 때에는 이 계정에서 대체하여 정리하게 된다.

수익(revenue)

기업경영에 있어서는 어느 종류의 경제가치를 소비하고 증가된 경제가치를 획득하게 된다. 이를 상업경영에서 본다면 경영활동을 통해서 설비, 노동력, 용역 등의 가치를 소비하고 상품을 판매하여 그 대가로써 현금 또는 현금등가물을 확보한다. 전자의 경제가치의 소비분은 비용이며, 후자의 대가의 획득은 수익이다. 즉 기업경영활동을 통해서 기업내로 유입되는 가치를 수익이라고 한다.

수익성비율(profitability ratio)

일정한 기간에 있어서의 기업활동의 최종적인 성과, 즉 손익의 상태를 측정하고 그 성과의 원인을 분석, 검토하는 수익성분석을 행함으로써 재무제표의 내부 및 외부이용자들은 보다 합리적인 의사결정을 할 수 있다. 수익성비율을 산정하는 데 사용하는 자본은 기초와 기말잔액의 평균치가 된다. 수익성비율로는 매출액순이익율, 총자본경상이익율, 자기자본경상이익율, 자기자본순이익율, 주당순이익 등이 있다.

수익의 분류

수익은 경영활동의 결과 자본을 증가시키는 원인이 되며 크게 영업수익, 영업외 수익, 특별이익으로 분류할 수 있다. 영업수익이란 기업의 경영활동의 본원적 수익을 말하며 영업외수익이란 영업 본래의 활동이 아닌 다른 원인에 의하여 발생하는 수익으로 이자수익, 배당금수익, 임대료 등이 있다. 특별이익이란 영업활동과 관계없이 비경상적으로 발생하는 수익으로 영업외수익에 포함되지 않은 보험차익, 임시거액의 유형자산처분이익 등이 있다.

수익적 지출 (revenue expenditure)

영업용 유형자산은 그 능률을 계속 유지하기 위하여 꾸준히 정비하고 수정하여야 하는데 일반적으로 경상적으로 행하여지는 정비나 수선에 대한 비용, 즉 원상을 회복하거나 능률 유지를 위한 수선비는 수익적 지출이라 하여 지출연도의 비용으로 처리하여 제조경비나 판매비와 관리비 중의 수선유지비로 계상한다.

수직적 분석(vertical analysis)

수직적 분석은 구성비분석이라고도 하며, 특정기간에 있어서의 각 항목간의 관계에 관한 분석이다. 손익계산서에 있는 각 항목은 일반적으로 순매출액의 백분율로 나타내고, 대차대조표에 있는 각 항목은 흔히 총자산의 백분율로 나타낸다. 수직적 분석의 주목적은 재무제표의 구성요소관계를 강조하는 것이고 또, 시간에 따른 이들 관계의 변화는 유용한 정보가 될 수 있다.

수탁매입(indent, consignment purchase)

타인에게 상품의 매입을 위탁받은 경우 이를 처리하기 위하여 설정한다. 이 경우에 위탁한 사실만으로는 아직 거래가 되지 않으므로 분개를 필요로 하지 않지만, 매입금 또는 보증금 등의 명목으로 수탁자에게 송금을 한 때에는 위탁판매 계정 차변에 기입하고, 후일 상품을 받는 대로 매입계산서의 합계액을 매입계정 차변에 대체하여야 한다.

수탁매입계정(indent a/c)

타인으로부터 상품의 매입을 위탁받은 경우 위탁자와의 거래관계를 처리하기 위하여 설정하는 계정이다. 이것은 위탁판매계정과 같이 매입금과 보증금을 함께 포함하는 계정이다.

수탁판매(consignement)

수탁판매란 타인의 물건을 대신 판매해 달라고 위탁받은 경우의 판매방식을 말한다. 타인으로부터 상품의 판매를 위탁받은 경우 위탁자와의 거래관계를 처리하기 위해 수탁판매계정을 설정한다.

수탁판매계정(consignment a/c)

타인으로부터 상품의 판매를 위탁받은 경우 위탁자와의 거래관계를 처리하기 위해 수탁판매계정을 설정한다. 이것은 위탁자에 대한 매입금과 보증금을 합해서 처리하는 계정이다. 위탁거래처는 다수인 것이 보통이므로 실무상으로는 총괄계정에 의하며, 위탁거래처의 상호를 따서 처리하는 경우가 많다.

수평적 분석(horizontal analysis)

수평적 분석은 추세분석이라고도 하며, 두 개 이상의 회계기간에 대해 재무제표의 계정 금액을 비교하는 것으로 이 방법은 기업의 영업활동의 변동을 파악하는데 유용하다. 수평적 분석에는 두가지 유형이 있는데 각 항목을 기준기간금액의 백분율로 나타내는 방법과 다른 하나는 각 항목을 직전기간 금액의 백분율로 나타내는 방법이다.

순손익의 계산

손익계정의 차변합계는 급여, 이자비용, 잡비 등의 총비용의 합계를 나타내며, 대변합계는 매출총이익, 이자수익, 배당수익 등의 총수익의 합계를 의미한다. 그러므로 대변합계가 차변합계보다 클 때에는 그 차액은 순이익이 되고 반대로 차변합계가 대변합계보다 클 때에는 그 차액은 순손실이 된다.

순수계정(pure a/c)

상품계정은 상품의 매입과 매출 그리고 매출환입 등에 의한 상품의 증감 변동을 기록하는 계정으로서 그 증가를 차변에, 그 감소를 대변에 기입한다. 상품에 관한 처리방법에는 분기법과 총기법으로 나뉘는데 순수계정법이란 분기법으로써 상품계정을 단일계정으로 사용하여 처리하는 방법이다.

상품을 매입할 때 상품매입가액에 인수운임이나 수수료 등의 매입 제부대비용을 포함한 매입원가를 상품계정 차변에 기입하고 매출할 때에는 매입원가로 이 계정 대변에 기입하고 매출가액과 매입원가의 차이인 매출손익을 상품매출이익계정 또는 손실계정에 따로 기입한다.

순액법(net method)

매출계정에서 매출손익을 산출하는 방법이다. 절차는 총액법과 비슷하나(총액법의 절차—기초상품재고액을 이월상품계정에서 매입계정에, 기말상품재고액을 매입계정에서 이월상품계정에 대체함으로써 매입계정에서 매출원가를 계상한다. 다음으로 매입계정으로부터 매출원가를 손익계정 차변에, 매출계정으로부터 순매출액을 손익계정 대변에 대체하여 매출원가와 매출액을 대응시킨다.) 다만 총액법이 매출손익을 손익계정에서 산출하는데 반해서 순액법은 매출계정에서 산출함이 다르다.

순재산액(net worth)

회계에 있어서 자본이란 자산총액으로부터 부채총액을 차감한 순재산액을 말하며, 그 원천은 기업의 소유주나 주주의 출자와 기업활동의 결과로 나타나는 순이익으로 이루어지는 것이 일반적이다. 이것을 금액으로 나타냈을 때 순재산액, 자기자본 또는 자본이라 한다.

시가법(market price basis)

재고조사시점의 매입시가에 의하여 재고상품을 계산하는 방법이다. 매입시가는 재조달원가를 말하는 것이다. 그 차액은 재고상품평가손실계정에서 처리한다. 그리고 이 방법은 인플레이션시에 있어서 자본유지를 목적으로 적용된다.
주식배당의 경우 시가법은 주식배당을 선언한 시점에서 배당되는 주식의 공정시가만큼의 이익잉여금을 자본금과 자본잉여금에 대체시키는 방법이다.

시산표(trial balance)

시산표는 총계정원장의 기록계산의 결과를 집합한 일람표로서 대차평균의 원리에 의하여 차변합계와 대변합계가 일치하게 된다. 시산표를 작성하는 목적은 분개장에서 원장으로 전기할 때의 오류유무를 검토하고 영업개황을 계수적으로 파악하려는 경영자료의 제공이다. 시산표의 의의는 본래 검산표를 의미한다.

시송품(sales on approval)

판매촉진의 한 가지 방법으로 상대방의 주문은 없으나 시험적으로 일정기간 상품을 보내어 시용하게 하여 판매하는 형태를 시용매출이라 하고, 이때 보내는 상품을 시송품이라 한다.

시용매출(sales on approval)

상대방의 주문은 없으나 시험적으로 일정기간 상품을 보내어 시용하게 하는 판매의 형태를 시용매출이라 하는데 시용매출의 기장방법은 보조부에 기입하여 두고 매출이 결정될 때에 처리하는 방법과 대조계정으로 처리하는 방법이 있다. 기업회계기준에서는 매입자로부터 매입의 의사표시를 받는 날에 매출로 계상하도록 규정되어 있다.

시장이자율(market rate)

시장이자율이란 유효이자율이라고도 하며 사채의 발행시 할인발행과 할증발행을 구별해주는 중요한 요소이다.

신뢰성의 원칙(principle of reliability)

회계처리 및 보고는 신뢰할 수 있도록 객관적인 자료와 증거에 의하여 공정하게 처리하여야 한다고 규정하고 있는데 이를 신뢰성의 원칙이라고 한다. 이는 재무제표가 증빙자료와 객관적 타당성에 입각하여 작성됨으로써 재무제표의 신뢰성

을 높여야 한다는 원칙이다. 신뢰성은 사실 재무제표의 작성
의 기본적 원칙이 되는바, 모든 회계처리가 객관적 증빙자료
에 의할 때 이는 곧 공평을 의미하게 되고 공평은 신뢰성과
유기적 관계를 갖게 된다.

신설합병(consolidation of corporation)

회사의 합병이란 2개 이상의 회사가 경영의 안정이나 다각
화 등의 여러 가지 목적을 위하여 1개의 회사로 합동하는 것
을 말한다. 회사의 합병에는 신설합병과 흡수합병이 있다. 신
설합병이란 합병에 참가하는 회사가 다같이 소멸하고 새로운
회사를 신설하여 그 권리와 의무를 모두 새로운 회사에 양도
하는 합병형태를 말한다.

신용거래(margin transaction)

거래에서 매매계약이 성립되어 상품이 인도되었지만, 그에
대한 대금은 일정기간이 지난 후에 결제되는 거래를 외상거
래, 외상매매 또는 신용거래라 한다. 이러한 신용거래는 신용
을 믿음으로써 장래 채무를 지급하는 대차관계가 발생한다.
이러한 대차관계가 어음이나 기타 증서의 수수가 없이 순전
히 장부상의 기록상태로 존재할 때, 이를 가르켜 장부상의 대
차라고 한다.

신주발행비(stock issue cost)

신주발행비는 회사설립이후에 자본금을 증자하는 경우에

신주발행을 위해 지출된 비용이다. 여기에는 주권, 주식청약서 등의 인쇄비, 취급수수료, 등록세 등이 해당된다. 신주발행비는 신주발행연도부터 3년이내의 매결산기에 매기균등액을 상각하여 직접 차감하고 동상각비는 영업외비용으로 처리한다.

신주인수권대가(新株引受權代價) (consideration for stock warrants)

전환사채나 신주인수권부 사채가 전환권이나 신주인수권이 행사되지 않고 상환이 이루어질 때 보장수익률 등에 의한 상환할증금을 추가로 지급하는 조건으로 발행된 경우에는 발행가액중 현재가치를 초과하는 금액을 자본잉여금으로 계상하지 않고 전환권대가, 또는 신주인수권대가의 과목으로 하여 자본조정으로 자본총액에 가산하는 형식으로 기재하여야 한다.

신주인수권조정계정

전환사채 또는 신주인수권부 사채의 발생시에 전환권대가 또는 신주인수권대가로 납입된 금액은 전환권조정계정 또는 신주인수권조정계정으로 하여 당해 전환사채 또는 신주인수권부 사채의 액면가액에서 차감하는 형식으로 기재한다.

신축적립금(reserve for construction)

기업의 잉여금을 처리하는데 있어 여러가지 적립금을 설정할 수 있는데 이중 임의적립금에 속하고 사업확장적립금과 함께 사업의 영구적 확장을 목적으로 설정하는 것이 신축적 립금이다. 사업의 확장을 목적으로 건물 신축자금을 적립하는 것이다. 이 적립금을 신축적립금이라 한다. 그 목적을 다한 후에도 이익잉여금총액에서는 감소하지 않고 단순히 별도 적 립금으로 대체되기 때문에 영구적 자본유지로 보아야 한다.

실사(inspection)

외부증거를 찾는 개별감사절차의 하나이며, 감사인이 자산 의 현물에 관하여 재고조사를 하는 것을 말한다. 회사가 현재 보유하는 현금, 수표(어음) 또는 유가증권, 재고자산 등의 항 목에 관하여 적용된다. 실사를 할 때에는 그 적용상 가능성과 합리성, 중요성의 원칙등에 신중한 고려를 하여야 한다.

실용신안권(utility model patents)

실용신안권이란 공업소유권의 하나로 공업소유권이란 법규 에 의하여 일정기간 독점적 배타적으로 이용할 수 있는 권리 이다. 실용신안권이란 실용적 고안을 하고 이 고안을 실용신 안법에 의해 등록하여 일정기간 독점적, 배타적으로 이용할 수 있는 권리이다. 이를 취득하였을 때 공업소유권계정의 차 변에 기입한다. 세법상 내용연수는 5년으로 되어 있다.

실수법(real figure method)

비율법과 더불어 재무분석을 하는 방법의 하나이다. 실수법이란 기업계수를 실수 그대로 분석하고 판단하는 방법이다. 이 분석수단으로 사용되는 것이 비교대차대조표, 비교손익계산서 등이다.

실제원가(actual cost)

원가를 계산하는 시점과 방법의 차이에 따라 실제원가, 예정원가, 표준원가 등으로 분류하는데 실제원가는 제조작업이 종료하고 제품이 완성된 후에 그 제품제조를 위하여 생겨난 가치의 소비액을 산출한 원가이다. 즉 사후계산에 의하여 산출된 원가로서 보통 원가라 하면 실제원가를 뜻한다. 또 경제적인 재화의 소비 즉 소비한 경제가치를 실제로 소비한 수량과 그것을 취득한 가액에 따라서 산출한 역사적 원가를 실제원가라고도 한다.

실제재고조사법(periodic inventory system)

계속기록법과 함께 기말재고상품의 수량계산의 하나이다. 실제재고조사법이란 기말 또는 일정한 기간마다 실제재고상품을 종류별로 재고조사를 하여 보관 중의 손실, 즉 수량부족이나 품질저하 등을 파악하여 정상적인 재고량을 파악하는 방법이다. 기말에 실질적으로 남아있는 수량이 재고량이 되며 수량부족 등은 손실로 파악되는 것이다.

실지재고(physical inventory, stock-taking)

보통 재고자산(재고품)에 관하여 장부상의 기록을 실제의 수량에 일치시키기 위하여 또는 실제의 재고수량을 확인키 위하여 취하는 절차를 말한다. 실지 재고조사에는 정기적 실지재고법, 임시적 실지재고법, 계속적실지재고법의 구별이 있으나 어느 경우에도 그 결과는 재고조사표에 기재된다. 실지 재고수량과 장부재고수량과의 차는 재고증감으로 된다.

실질자본유지

기업의 자본을 명목적인 화폐액을 가지고 하지 않고, 구매력자본으로 보는 입장과 물재자본으로 보는 입장을 말한다. 명목자본유지를 목적으로 하면 화폐가치하락시에는 가공이익의 발생을 통하여 자본의 낭비가 되므로 이것을 방지하기 위하여 실질자본유지의 입장이 생겨난 것이다. 구매력 자본유지는 물가지수에 의하여 비용 및 자산을 수정하는 것이며, 물재자본유지는 비용평가와 자산의 평가에 재조달가치를 쓰는 것이다.

실질적 감자(real capital decrease)

자본을 감소시키는 감자는 회사의 이해관계자에게 밀접한 관계를 갖는 것이기 때문에 법원의 승인하에서만 가능하며, 이의 방법에는 주금의 환급, 주식의 매입소각, 주금의 절사, 주식의 병합 등 여러 가지가 있다. 이런 감자는 실질적 감자와 형식적 감자로 나뉘는데 실질적 감자란 자본금이 감소함에 따라 자산이 감소되는 감자를 말한다. 형식적 감자는 자본금은 감소하지만 이에 상당하는 자산이 감소하지 않는 경우의 형식적 감자와 구별된다.

실질적 증자(real capital increase)

증자시에는 새로운 주식을 발행하게 되는데 이를 신주발행이라 한다. 회계상 증자는 실질적 증자와 형식적 증자로 구분되며, 실질적 증자란 자본금의 증자만큼 자산이 증가하는 것을 말한다. 자본금은 증가하지만 이에 해당하는 자산은 증가하지 않는 것으로 자본잉여금이나 이익잉여금의 자본전입에 의하거나 전환사채를 주식으로 전환하는 경우에 자본은 증가하나 자산이 증가하지 않는 형식적 증자와는 구별된다.

실현이익(realized income, realized profit)

대금의 회수가 되었거나, 혹은 대금의 회수가 합리적으로 보증되는 경우에 계상되는 이익을 말한다. 미실현이익에 대비되는 경우에 계상되는 이익을 말한다. 미실현이익에 대비되는 용어이다. 예를 들면, 할부판매, 위탁판매, 시용판매, 예약판매 등의 경우이다. 이러한 경우에는 따로 대금회수시, 소유권이전시, 대금청구기한도래시 등을 실현시점으로 보게 된다. 손익계산상 수익은 실현된 것을 계상하고 미실현수익을 계상하지 않는 것을 원칙으로 한다.

실현주의(realization principle)

손익 특히 수익의 인식시기를 대금의 회수가 합리적으로

보증되어 재화의 판매가 이루어지는 때로 하는 것을 말한다. 판매기준은 실현주의의 적용이며, 판매를 기다려 매출수익을 계상하는 것으로서, 생산기준 및 현금주의에 대립하는 개념이다. 이 원칙은 수익계상에 관한 보수주의의 적용을 의미하며 발생주의에 대하여 제어의 역할을 하고 있다. 즉, 발생주의에 의하면 수익의 발생은 제조기업에서는 생산할 때, 또는 상품매매업에 있어서는 보유상품의 가격상승에 따라서 수익의 발생을 인정할 수 있다고 하는 사고가 있으나, 이것을 인정하지 않는 방법이다. 손익의 계상은 원칙으로 발생주의에 따르면서도, 발생주의에 의하는 손익계산의 과오나, 위험한 미실현이익의 계상을 제외하려고 하는 것이다. 이 원칙은 수익은 그것이 확실해지기 전까지는 계상하지 않는다는 안전성원칙을 토대로 한 것이다.

안전성의 원칙(principle of conservation)

회계처리과정에서 가능한 여러 가지 대체적인 방법이 있는 경우에는 재무적 기초를 견고히 하는 관점에 따라 처리하여야 한다는 원칙이다. 즉, 몇개의 회계처리방법이 일반적으로 인정된 처리가능한 방법이라도 당해 기업의 여건, 성격, 그리고 현황에 따라 방법을 선택하여야 하며, 아무리 선택한 방법이 객관적이라 하더라도 당해 기업의 재무제표를 공평하고 진실하게 하지 않는 방법이라면 안전성을 해친 결과가 될 수 있을 것이다.

결국 안전성은 기업의 입장에서 보수적 회계처리를 권고하고 있는 것이다.

안전한계(margin of safety : m/s비율)

매출액과 손익분기점에서의 매출액과의 차이를 말한다. 안전한계는 그 차이를 매출액으로 나누어서 구한다. 안전한계는 과거의 영업활동을 평가하는 데 유용하며 영업목표와 영업활동을 계획하는 지침의 역할을 한다. 예를 들어, 만일 안전한계가 낮다면 매출액이 조금만 감소해도 영업손실이 발생하기 때문에 경영자는 미래 매출액의 예측을 신중하게 결정해야 한다.

액면발행(평가발행 : at par issue)

사채의 발행이 액면으로 행하여지느냐 아니냐에 따라 액면발행(＝평가발행), 할인발행, 그리고 할증발행이 있는데, 이 중 액면발행은 사채를 액면가로 발행하는 것을 말한다.

이러한 경우는 사채이자율과 유효이자율이 같게 된다. 할인발행과 할증발행은 각각 액면가 이하와 액면가 이상으로 사채를 발행하는 것을 말한다.

액면법(par value method)

주식배당의 한 회계처리방법으로 주식배당시 주식의 시장가치 대신 액면가액만큼의 이익잉여금을 자본금계정에 대체시키는 방법이다. 이 방법을 주장하는 근거는 기업이 이익을 창출하여 총주주지분이 상승했다 하더라도 그것은 기업의 이익이지 직접적으로 주주들의 이익이 될 수 없다는 것이다. 따라서 배당도 회사자산의 일부가 회사 자체에서 분리되어 주주들에게 실질적으로 이전되는 행위를 수반해야 비로소 배당수혜자들에게 이익이 된다고 보는 것이다. 그러므로 주식배당은 주주들의 지분을 보다 많은 수의 주식수로 분할하는 것에 불과하다고 해석한다.

약속어음(promissory note)

발행인 자신이 일정기간에 일정금액을 수취인 또는 그 지시인에게 지급하겠다는 것을 약속하는 증서로서, 모든 어음거래 중에서 가장 간단하고도 보편적인 형태이다.

어업권(fishing rights)

수산업에 의하여 등록된 일정한 수면에서 어업을 경영할 권리이다. 어업권의 면허 또는 허가의 유효기간은 대개 10년이며, 세법상의 상각연수도 10년으로 되어 있다.

어음거래에 관한 특수분개장

어음거래가 빈번히 발생한 경우에는 보조부인 받을어음기입장과 지급어음기입장을 특수분개장으로 승격시켜 사용하는 것이 편리하다. 이 경우에는 받을어음기입장과 지급어음기입장에 각각 상대계정 과목란과 원면란을 설정하고 금액란은 필요에 따라 받을어음기입장에는 외상매출금과 매출 또는 제좌란 등으로 구분할 수 있고, 지급어음기입장에는 금액란을 외상매입금과 매입 또는 제좌란 등으로 구분하여 설정할 수 있다.

어음의 개서(改書)

받을어음의 경우, 어음채무자에게서 재정상의 형편으로 지급기일의 연기를 요청받고, 어음을 다시 작성 교부받은 경우에는 장부에 구어음채권이 소멸하고 신어음채권이 성립한 것을 표시한다.

지급어음의 경우, 어음채권자에게 지급어음의 만기일을 연기받아서 만기일에 어음을 다시 작성 교부해 준 경우에는 장부상 구어음채무가 소멸하고 신어음채무가 성립한 것으로 회계처리한다.

어음의 배서(endorsement)

어음소지인은 어음기일 이전 어음상의 채권을 자유로이 타인에게 양도할 수 있다. 어음을 양도할 경우에는 어음의 뒷면에 양도의 의도를 표시하고 기명날인하여 양수인에게 교부한다. 이것을 어음의 배서라 하며 양도인을 배서인, 양수인을 피배서인이라고 부른다. 어음의 배서에는 그 목적에 따라 추심위임배서, 배서양도, 어음할인이 있으며, 어음의 배서양도/할인의 경우에는 그 금액을 받을어음계정에서 직접 차감하고 그 내용을 주석으로 기재하여야 한다.

어음할인(note receivable discount)

어음소지인이 어음만기일 전에 자금을 얻을 목적으로 은행, 기타 금융업자에게 어음을 배서양도하여 만기일까지의 이자를 차감하여 실수금을 수취하는 것을 말한다. 이때 어음상의 채권이 은행 기타 금융업자에게 이월되므로 받을어음계정 대변에 기입하여 감소시켜야 한다.

업 무 예 산

매출액/매출원가/판매비예산으로 이루어진 판매예산, 제조원가/구매/재고예산의 제조예산, 그리고 관리비/연구비예산의 관리비예산과 영업외 손익예산을 통틀어 업무예산이라 한다.

역사적 원가(historical cost)

경제적인 재화의 소비(현금지출 등), 즉 소비한 경제가치를 실제로 소비한 수량과 그것을 취득한 가액에 따라서 산출한 원가를 뜻하며, 이것을 실제원가 또는 취득원가라고도 한다.

연결재무제표(consolidated financial statements)

둘 이상의 기업이 모회사의 자회사나 종속회사와 같이 지배. 종속의 관계에 있는 경우 이들 복수의 기업집단을 단일의 조직체와 같이 보고 재무제표를 결합하여 작성한 것을 말하며, 이에는 연결손익계산서와 연결대차대조표, 연결이익잉여금계산서 및 연결현금흐름표의 4가지가 포함된다. 이는 각회사의 제계정을 연결하는 것이므로 동종계정과목의 집계와 회사간의 사채채무의 상쇄, 내부이익의 제거 및 자산계정의 조정을 하여야만 한다. 연결처리절차상 특히 중요한 문제는 지배회사와 회사간의 투자관계의 처리인데, 이는 곧 모회사의 투자계정과 자회사의 자본계정을 연결시키기 위한 절차와 관련되는 문제이다. 또한 이를 작성할 때에는 주식의 과반수이상을 직접. 간접으로 보유하고 있는 회사를 모두 포함시켜야만 하며, 소수주식지분과 연결지분을 구분표시할 필요가 있다. 왜냐하면 이는 지배회사가 종속회사의 경리를 이용하여 분석하는 것을 방지하는 수단으로서 중요한 의의를 가지기 때문이다.

연구개발비(research and development cost)

새로운 제품, 또는 새로운 기술의 연구개발 등을 위하여 특별히 지출된 비용으로서 경상적이 아닌 것에 한한다. 이는 새로운 제품 또는 새로운 기술에서 얻어지는 이익으로 보상되어야 할 성질의 것이기 때문에 거액의 지출은 이연처리한다. 그러나 현재 제조 중인 제품이나, 생산방법, 제조기술의 개선을 위하여 경상적으로 지출한 비용은 당기의 비용으로 판매비와 관리비에 속하는 경상연구개발비로 처리한다.

연기가능원가(postponable costs)

설비의 수선비, 완전수리를 대비한 정밀검사비용 등으로 당분간은 경영활동의 능률에는 아무런 영향을 주지 않거나, 거의 지장없이 미래로 연기할 수 있는 원가이다. 이러한 원가는 능률을 오래 지속하기 위해 필요로 하는 것이므로 만약 이것을 조금씩 연기했다고 해서 당장 활동에 지장이 있는 것은 아니다.

연금법(annuity method)

연금법은 초과수익기간내에 있어서의 복리연금의 현가를 영업권의 가액으로 하는 방법이다. 논리적이기는 하나 계산이 복잡한 단점이 있다.

연금의 현가(present value of annuity)

　연금이란 특정기간동안 일정금액을 계속적으로 지급하는 것을 말하며, 이 미래금액들의 전체적인 현재가치를 연금의 현가라고 한다. 연속되는 동 기간의 말에 지불 혹은 수령되는 연금의 현가는 연금현가표를 이용하면 쉽게 계산될 수 있다.

연매법(years purchase of average excess earnings)

　연매법은 초과수익에 그것이 계속하리라 예측되는 년수를 곱하여 계상하는 방법으로서 계산이 간단한 특징이 있다.

연수합계법(sum-of-the-years'-digits method)

　정률법과 유사하기는 하지만, 정률법이 상각비의 체감이 급격하기 때문에 체감의 속도를 보다 완화하기 위한 대용법이라고 할 수 있다. 이의 계산방법은 취득원가의 잔존가치를 차감한 금액에 상각률을 곱하여 감가상각비를 계산한다. 그러나 연도별 상각률은 내용연수의 합계를 분모로 하고 잔존내용연수에 1을 가산하여 분자로 하여 결정하는 것으로서 구한다.

연역적 연구방법(연역적 추론 : deductive reasoning)

　일정한 명제를 논리적으로 추론하여 다른 명제를 도출함으로써 논리적 체계를 형성하는 방법을 말한다. 즉, 이는 회계가 이루어지는 회계목적을 확정하고 이를 출발점으로 하여

회계실무에 구체적으로 적용할 수 있는 회계기준이나 회계원
칙을 논리적으로 추론해 내는 연구방법이다.

영리회계(profit making accounting)

생산경제주체인 기업의 회계를 의미하며 응용되는 기업의
종류에 따라 개인기업회계, 조합기업회계, 회사기업회계, 비영
리 기관의 수익사업회계 등으로 나누어 진다. 영리회계는 기
업의 특성에 따라 다소 내용이 상이하나 계산기구는 복식부
기의 원리에 따라 형성되어 있다.

영미식결산법(English closing account method)

수익／비용의 계정을 마감하고 손익계정에서 산정된 순이
익(또는 순손실)을 자본금계정에 대체기입한 다음에 자산／부
채／자본의 계정을 마감하여야 한다. 이 마감방법에는 영미식
결산법과 대륙식결산법의 두 가지 방법이 있으며, 영미식이
우리나라 회계실무에서 가장 많이 사용된다.

영미식결산의 경우 대차대조표 구성항목인 자산, 부채, 자
본계정은 "차기이월"이라 하여 붉은 글씨로 마감 표시하고
다음 기초에 전기이월이라 하여 금액을 기입하여 개시기입을
표시한다.

영업거래(business transaction)

거래가 어느 때에 발생했느냐에 의한 분류로써 개시거래,

결산거래, 영업거래의 세 가지가 있는데 영업거래는 통상의 경영활동의 거래를 말한다.

영업권(goodwill)

영업권이란 공업소유권과는 달리 법률상 설정된 권리가 아니고 같은 종류의 기업이 올리는 평균수익률보다 더 많은 수익이 있는 경우 그 초과수익력이 장래에도 계속된다는 가능성을 환원평가하여 생긴 자산의 가치를 말하며, 가성 또는 성가라고도 한다. 영업권은, 예를 들면, 권리금과 같은 성질의 것으로 기업이 같은 종류의 다른 기업보다 높은 수익력을 갖는 경우에 발생한 무형의 가치이므로 자기창설의 가능성이 있다고 생각할 수 있으나, 자기창설에 의하여 나타난 영업권은 자산으로 인정하지 않고 유상으로 취득한 경우에 한하여 영업권으로 계상한 후 5년이내 매결산기에 균등액이상을 상각해야 한다.

영업권의 평가

영업권은 기업전체를 평가하여 양수 또는 양도하는 과정에서 결정되나, 일반적으로 기업의 수익력 / 초과수익의 계속기간 등을 참작하여 평가 / 계산하는데, 그 평가방법에는 자본환원법, 연매법, 연금법 및 주식거래가액 등의 방법이 있다.

영업보증금(operation key money)

영업과 관련하여 거래처(주로 매입처)에 거래보증금으로 지급한 것을 말한다.

영업비(office expenses)

판매비와 관리비는 상품 또는 제품 등의 판매활동과 기업의 유지／관리를 위하여 발생하는 비용으로서 매출원가에 속하지 아니하는 모든 영업비용을 말한다. 이러한 판매비와 관리비를 합하여 영업비라고도 한다.

영업수익(operating revenue)

기업의 경영활동의 본원적 수익을 말하며, 상기업 또는 제조기업에서는 상품 또는 제품의 매출액이 영업수익이 된다. 또한 운송업, 전력사업, 보관업 등과 같은 용역업의 경우에는 운송료수익, 전기료수익, 보관료수익 등이 영업수익이 된다. 왜냐하면 위의 각 업종은 용역제공을 주된 업무로 하고 있기 때문이다. 그러므로 기업의 주된 업무에 따라 영업수익은 다르다.

영업외비용(non-operating expenses)

기업의 영업 본래의 활동이 아닌 다른 원인에 의하여 발생하는 비용으로 이자비용(지급이자와 할인료 및 사채이자 포함), 이연자산상각비, 유가증권처분손실, 유가증권평가손실, 매출할인, 외화환산손실, 기부금, 투자자산처분손실, 유형자산처분손실, 사채상환손실, 잡손실 등이 이에 속한다.

영업외수익(non-operating revenue)

기업의 경영활동의 본원적 수익을 말하며, 상기업 또는 제조기업에서는 상품 또는 제품의 판매활동을 본래의 영업활동으로 하고 있기 때문에, 상품 또는 제품의 매출액이 영업수익이 된다. 또한 용역업의 경우에는 용역제공을 주된 업무로 하고 있기 때문에 그로 인한 수익이 영업수익이 된다. 그러므로 영업수익은 기업의 주된 업무에 따라 다르다.

영업활동(operating activities)

투자활동이나 재무활동에 속하지 않는 모든 거래가 포함된다. 영업활동은 순이익의 결정에 영향을 미치는 모든 거래를 포함하는데, 여기에는 일반적으로 제품의 생산과 상품 및 용역의 구입／판매활동을 말한다.

예산관리(budgeting)

기업예산이라는 것은 장기계획에 입각하여 장래의 일정기간에 있어서 기업전체의 경영활동을 전체적인 관점에서 조정한 계수적 실시계획을 의미하며, 구체적으로는 각 부문예산을 종합한 예정손익계산서와 예정대차대조표로 나타내기도 한다. 따라서 그것은 예산간에 있어서 기업 전체 및 여러 부문이 달성해야 할 목표로서 최고경영자가 표명한 공식적인 의사표시인 것이다. 이와 같은 기업예산에 의한 종합관리를 예산관리라고 하는데, 여기에는 일반적으로 이익목표의 설정, 예산

편성지침의 설정, 종합예산의 편성, 실행예산의 시달, 실적의 측정, 예산차이 분석의 6단계로 나눌 수 있다.

예산편성지침(豫算編成指針)

기업의 각 부문에 부문예산 편성지침을 작성하는 것으로써, 이는 물량과 화폐액으로 표시된다.

예수금(deposit received)

거래처 또는 종업원/임원들로부터 일시적으로 받은 신원보증금, 퇴직금 및 매월 지급되는 급료에서 공제된 예수금(원천세/보험료/국민연금 등의 보관액)으로서 부채에 속하는 품목이다. 예수금은 그 내용에 따라 금액이 클 때에는 종업원예수금, 임원예수금, 신원보증예수금,보험료예수금 등으로 세분하여 기입한다.

예수유가증권(securities received)

유가증권은 매매거래 이외에 자금차입의 목적으로 은행이나 다른 곳에 담도로 제공되고, 또한 공사나 용역 등의 계약시에 보증금으로도 차입할 수 있으며 타인에게 대여할 수도 있다. 담보물이나 보증금으로 맡은 때에는 액면 또는 시가로 보관유가증권계정의 차변과 예수유가증권계정의 대변에 기입한다.

예약매출(deposit sale)

먼저 예약금을 받음으로써 상품매출의 예약을 하고 상품을 예약자에게 인도할 때마다 예약금을 매출대금으로 충당하는 매매형태를 말한다. 한편 예약자의 매입의사는 이미 확정되어 있으므로 예약된 상품의 인도한 날 또는 용역을 제공한 날을 매출로 계상한다. 다만, 공사기간 또는 제조기간이 장기인 경우에는 공사진행기준에 따라 수익이 실현되는 것으로 한다.

예정원가(estimated cost)

제조작업 개시전에 과거의 경험을 기초로 하고, 여기에 장래의 예상을 가감하여 산출한 원가이다. 즉 이것은 소위 사전계산에 의하여 산출된 원가로서 견적원가, 또는 추정원가라고도 한다. 입찰 또는 도급의 경우에 주문자에게 제출하는 가격은 예정원가에 의한 것이다. 대개 예정원가는 원가계산의 신속을 기하기 위하여 이루어 지는 것으로, 나중에 실제원가와 비교되어 원가관리에 도움이 되기도 한다.

예정원가계산(predetermined cost accounting)

사전원가계산이라고도 하며, 제조착수전 또는 주문을 받기 전에 미리 원가를 견적하여 계산하는 방법이다. 이것은 견적원가계산과 표준원가계산으로 구별된다.

견적원가계산은 제품의 제조활동이나 판매활동을 위하여 소비될 것으로 예상되는 견적원가를 설정하고 이것을 실제원가

와 비교하여 원가차이를 분석하는 계산방법이다. 표준원가계
산은 미리 표준이 될 원가를 과학적인 방법에 의하여 정해
두고 이것을 실제원가와 비교해서 그 차이를 분석함으로써
원가관리에 도움을 주기 위한 계산방법이다.

오분법(五分法)

상품계정의 분할방법 중 3분법(이월상품계정, 매입계정, 매
출계정)에다 매입에누리 및 환출품계정, 매출에누리 및 환입
품계정을 별도로 세워 상품계정을 분할 처리하는 방법이다.

외부거래(external transaction)

거래의 발생장소에 의한 분류중 내부거래에 대하여, 거래가
기업의 외부와의 거래에 의해 발생된 경우를 외부거래라 하
며 통상의 매매활동은 외부거래이다.

외 상 거 래

거래에서 매매계약이 성립되어 상품이 인도되었지만, 그에
대한 대금은 일정기간이 지난 후에 결제되는 거래를 말하며,
외상매매 또는 신용거래(credit transaction)라 한다. 이러한
신용거래는 신용을 믿음으로써 장래 채무를 지급하는 대차관
계가 발생한다.

외상매입금(accounts payable, trade creditors)

영업의 주목적인 상거래에서 발생한 매입채무를 말하며, 외상매입금은 매입처에 대한 상품, 원재료 등의 매입대금의 미지급액이며 용역과 가공료의 미지급액도 포함되며 유동부채의 대표적인 항목이다.

외상매출금(accounts recevable, trade debtors)

영업의 주목적인 일반적인 상거래에서 발생한 매출채권을 말한다. 외상매출금은 일반상공업에 있어서 일반적 상거래에서 발생하는 각종 채권 중 가장 중요한 것이며, 또한 회사의 재무상에 있어서도 유동자산의 대표적 항목의 하나로써 거래처와의 보통의 거래에 의하여 발생한 영업상의 미수채권을 말한다. 즉, 그것은 상품, 제품, 원재료, 그 밖의 영업의 주목적인 물품 또는 이에 준하는 것을 계속 신용판매함으로써 발생하는 매출대금의 미수액과 가공료, 용역제공에 의한 영업수익의 미수액이다.

외화부채(liabilities denominated in foreign currency)

거래금액이 외화로 표시된 채무를 말한다. 외화부채는 화폐성과 비화폐성으로 구분되는 데 화폐성 외화부채는 매입채무와 같이 화폐가치의 변동과 상관없이 부채의 금액이 계약 기타에 의해서 일정액의 화폐액으로 고정되어 있는 경우의 당해 부채를 말한다.

외화자산(assets denominated in foreign currency)

거래금액이 외화로 표시된 채권을 말한다. 외화자산은 화폐성과 비화폐성으로 구분되는데 화폐성 외화자산은 현금, 매출채권과 같이 화폐가치의 변동과 상관없이 자산의 금액이 계약 기타에 의해서 일정액의 화폐액으로 고정되어 있는 경우의 당해 자산을 말한다.

외 화 표 시

거래당시의 환율에 의하여 해당 원화금액을 외화로 환산하여 표시하는 것을 말한다.

외화환산이익과 외화환산손실 (foreign currency transration gain and loss)

기말에 화폐성 외화자산과 부채를 적절한 환율로 평가하였을 때의 원화금액과 장부상에 기입되어 있는 원화금액과의 사이에 발생하는 차액을 말한다. 이의 처리는 손익계산서상 영업외수익 또는 비용으로 인식한다. 그러나 급격한 환율변동으로 장기화폐성외화자산 및 장기화폐성외화부채에 대하여 발생하는 환산손익은 환율조정 차 또는 대계정으로 하여 이연처리하고 일정기간내에 상각 또는 환입해야 한다.

외환차손(foreign exchange loss)

외화자산을 회수할 때, 원화회수금액이 그 외환자산의 장부가액보다 낮은 경우와 외화부채를 상환할 때 원화상환금액이 그 장부가액보다 큰 경우에 발생하는 것이다. 이 경우, 그 차액은 영업외비용으로 처리한다.

외환차익(foreign exchange gain)

외환자산을 회수할 때, 원화회수금액이 그 외화자산의 장부가액보다 큰 경우와 외화부채를 상환할 때 원화상환금액이 그 장부가액보다 낮은 경우 발생하고, 그 차액은 영업외수익으로 처리한다.

우발손실적립금(contingency reserve)

화재, 지진 기타 우발적 사고에 의해 생기는 손실은 예상할 수 없는 것이므로 여기에 대비하여 이익잉여금처분시 일정금액을 적립한 것을 말한다.

우발채무(contingent liabilities)

받을어음을 배서양도하면 어음상의 채권은 소멸되지만, 만기일이 되어도 어음지급인이 어음금액을 지급하지 않을 때에는 배서인이 지급인 대신 그 어음금액을 피배서인에게 상환할 의무를 지게 된다. 이것은 현재에는 채무가 아니나 장차 어떤 특정한 사태로 말미암아 발생하게 될지 모르는 불확실한 채무를 말한다.

우선주자본금(preferred capital stock)

자본금은 원시출자한 투자자본으로서 정관에서 발행주식의 액면총액으로 설정되어 있는 금액으로 보통주자본금, 우선주자본금 등이 이에 속한다. 우선주는 배당을 우선한다거나 잔여재산 분배시 우선권을 주는 등 보통주보다 우선권을 주는 경우를 말하며 우선주에 대하여 납입된 자본금을 우선주자본금이라 한다.

원 가 (cost)

원가는 계산목적과 조건 등에 따라 여러 가지로 나눌 수 있다. 원가는 또한 경제가치의 종류에 따라 재료비, 노무비, 경비로 분류되는데 이것을 원가의 3요소라 한다.

원가계산(cost accounting)

기업이 제품 또는 용역을 생산하고 공급하는 과정에서 소비한 경제가치의 소비액을 평가하여, 이것을 각 기능별 / 발생형태별 / 발생장소별로 분류, 측정하고 필요에 따라 제품별 / 용역별 또는 관리책임별로 분류집계하는 절차이다.

원가계산계정(cost accounting a/c)

원가요소를 집계하기 위하여 설정하는 계정이다. 원재료비, 노무비, 경비의 소비액 중에서 직접비는 제조계정의 차변에 대체하여 집계하나, 간접비는 일단 제조간접비라는 원가계산계정에 집계하였다가 다시 제조계정에 대체하여 집계하게 된다. 이와 같이 원가계산계정을 설정하여 원가요소의 각 원가를 집계한 후 맨 나중에 제품계정에 집계하여 제품의 제조원가를 산정한다.

원가계산의 일반원칙

원가계산준칙에 의하면 제조원가의 계산은 다음의 원칙을 준수하여 계산하도록 하고 있다.
① 제조원가는 일정한 제품의 생산량과 관련시켜 집계하고 계산한다.
② 제조원가는 신뢰할 수 있는 객관적인 자료와 증거에 의하여 계산한다.
③ 제조원가는 제품의 생산과 관련하여 발생한 원가에 의하여 계산한다.
④ 제조원가는 그 발생의 경제적 확인 또는 인과관계에 비례하여 관련제품 또는 원가부문에 직접 부과하고, 직접 부과하기 곤란한 경우에는 합리적인 배부기준을 설정하여 배부한다.

원가관리(cost control)

원가관리의 목적은 원가관리에 필요한 원가자료의 제공이다.

원가요소를 관리가능한 것과 관리불가능한 것으로 분류하는 목적은 원가를 철저히 관리하여 원가절감을 꾀하기 위한 것이다. 이것은 관리계층별, 부문별로 그 책임의 범위를 뚜렷이 하고, 통제를 통하여 원가능률을 높이는 수단으로 이용된다.

원가구성(construction of cost)

원가구성은 각 원가요소가 어떠한 범위까지 원가계산에 집계되는가의 관점에서 분류한 것이다. 대개는 다음의 4단계로 구분된다.
① 직접원가 또는 기초원가
② 제조원가 또는 공장원가
③ 총원가 또는 판매원가
④ 판매가격 또는 매가

원가법(cost basis)

매입대가와 매입제부대비용으로 구성되는 취득원가로써 계산하는 방법이다. 취득원가를 역사적 원가라고도 하는데, 이 방법에는 개별법(개별원가법, 선입선출법, 후입선출법)과 평균법(이동평균법, 총평균법)이 있다.

원가요소(cost element)

제조활동에서 제품(제조)을 형성하는 비용을 원가라 하며, 이것은 재료비, 노무비 및 경비의 세 가지로 나누어진다. 공업회계에서 원가요소의 처리내용은 매입가액의 결정과 생산을 위하여 소비되어진 정확한 소비가액의 결정 등이다.

원가요소의 매입은 매매업에서도 제조업과 같이 행하여지는 영업활동이다. 일반적으로 매매업에서는 거래가 단순하나 제조업은 상당히 복잡하다.

원가요소계정(cost element a/c)

제조업의 회계에서는 제조에 관한 내부활동을 정밀하게 기록, 계산하기 위하여 매매업의 회계에서 설정하는 제계정 이외에 여러 계정을 설정한다. 원(재)료, 노무비, 경비와 같은 원가요소를 회계처리하기 위한 계정으로는 원재료비계정, 노무비계정, 경비계정의 세 가지가 있다.

원가-조업도-이익분석(cost-volume-profit analysis)

이는 손익분기점분석, 원가-조업도-이윤관계 등에 사용한다. 용어자체에 포함되어 있는 원가, 조업도, 이익의 세 가지 변수가 기업의 목적을 달성하는 데 어떠한 관계가 있는지를 검토하는 것이다. 즉, 기업은 성장, 유지발전하기 위하여 또한 많은 이해관계자의 욕구충족을 위하여 이익을 획득하지 않으면 안된다. 그렇게 하기 위하여 기업은 우선적으로 목표이익을 설정하여야 한다. 목표이익은 목표매출액에서 허용원가를 차감하여 구하는데, 목표이익을 설정한다는 것은 매출액에 따라서 원가는 어떻게 변동하고 그 결과, 이익은 어떻게 변화하는가의 회계정보를 필요로 한다. 바로 이러한 것이 원가-조업도-이익분석이다.

이 분석의 주요 목적은 단기 이익계획과 관련하여 예상편성의 기초자료를 제공하는 데 있으며 때때로 경영자의 업적평가, 단기적 경영의사결정에도 이용된다. 원가-조업도-이익의 최적조합은 기업이 이익을 추구하는 데 있어서 최선의 조합이 될 것이다.

원가회계(cost accounting)

일반적으로 원가회계란 회계의 한 분야로서 제품의 원가를 계산하는 기술이며, 원가계산을 재무회계에 결부시킨 것으로 원가의 개념, 원가계산, 원가보고서의 작성 등 원가계산에 필요한 초급적 내용을 다루며, 재무회계 범위내의 제품원가계산이 중심이 되고 있다. 나아가 원가의 관리적 이용도 다루고 수학적, 계량적 기법을 이용한 원가배분, 원가추정의 문제도 다룬다.

원가회계의 목적

원가회계의 목적으로는 다음의 5가지를 들 수 있다.
① 재무제표 작성목적 : 재무제표의 작성에 필요한 원가자료의 제공
② 가격산정목표 : 가격계산에 필요한 원가자료의 제공
③ 원가관리목적 : 원가관리에 필요한 원가자료의 제공
④ 예산관리목적 : 예산편성 및 통제에 필요한 원가자료의 제공
⑤ 기본계획 설정목적 : 경영의 기본계획 설정에 필요한 원

가정보의 제공

원 료 (materials)

재료와 원료의 구분은 제조할 때 가구제조업의 목재와 같이 단순히 물리적인 변화만으로 제품이 되는 것을 재료라 하고, 간장회사의 콩과 같이 화학적인 변화로 제품이 되는 것은 원료라 한다.

원 장 (ledger)

보통 총계정원장을 말하는데, 이것은 기업경영상 필요한 자산 / 부채 / 자본 및 손익에 관계되는 모든 계정이 포함된다. 즉, 기업경영상 재산의 증감되는 변화가 총계정원장의 모든 계정에 총괄적으로 기입되어서, 각 계정에 기입처리된 것을 관찰함으로써, 경영성과와 재무상태를 파악할 수 있다. 따라서 총계정원장은 복식부기의 중심이 되는 가장 중요한 장부이다.

원재료(raw material)

제품의 제조에 소비할 목적으로 매입한 물품을 재료 또는 원료라 하고, 이러한 원재료는 재고자산에 속한다.

원재료비(raw material charge)

재료 또는 원료를 매입한 목적에 따라 소비한 때에 생기는 경제가치의 소비를 원재료비라 한다. 원재료비는 원가요소로 제조원가에 속한다.

원재료비계정(raw material charge a/c)

　원재료비는 원가요소로 제조원가에 속하므로 원재료계정과 원재료비계정을 설정해야 한다. 즉, 기초재고액(전기이월액)과 당기매입액은 원재료계정의 차변에 기입하고 소비되어서 인도된 원재료액은 대변에 기입한다. 여기에서 당기매입액은 매입가격에 매입 제부대비용을 가산한 것으로 원재료의 취득원가가 된다. 또 대변에 기입하는 원재료소비액은 그대로 원재료비계정의 차변에 대체된다. 한편, 원재료비계정의 대변에 기입하는 동액의 원재료소비액은 특정제품을 제조하기 위한 직접적인 소비일 때에는 제조계정의 차변에 대체하고, 많은 제품에 공통되어 간접적인 소비일 때는 간접재료비로 하여 제조간접비계정의 차변에 대체한다.

월의 지수법(A. Wall's index method)

　경영내용에 대한 종합적인 판단을 내리기 위한 지수법에 의한 분석은 다음과 같은 순서로 이루어진다.

① 분석목적에 따라 중요한 비율을 선정하고 각각의 상대적인 중요도를 부여한다(예 : 유동비율, 부채비율, 고정비율, 매출채권회전율 등). 이 중요도의 합계는 항상 100으로 한다.

② 각 비율에 대해서 표준비율을 구하고 실제비율을 표준

비율에 대한 백분비로 표시하는 관계비율을 산출한다.

③ 이 관계비율에 그의 중요도를 곱하여 각 비율의 평점을 구하고 이 평점을 합계하여 기업의 종합평점을 산출하게 된다. 그리하여 이 종합평점이 꼭 100점이 되었다고 하면 그 기업의 표준에 일치하고 100이상이 되었다고 하면 그 기업은 표준이상이 된다.

그러나 이 지수법에서 문제가 되는 것은 각 비율의 중요도를 어떻게 부여하느냐 하는 것이다. 각 비율이 가지는 중요성은 간단히 측정할 수 없는 문제이므로 제비율 상호간의 관계를 고려하여 결정하여야 한다.

위탁매입(indent)

이 계정은 타인에게 상품의 매입을 위탁한 경우 이를 처리하기 위하여 설정한다. 이 경우에 위탁한 사실만으로는 아직 거래가 되지 않으므로 분개를 필요로 하지 않지만, 매입금 또는 보증금의 명목으로 수탁자에게 송금을 한 때에는 위탁매입(또는 선급금)계정 차변에 기입하고, 후일 상품을 받는 대로 매입계산서의 합계액을 매입계정 차변에 대체하여야 한다.

위탁판매(consignment sales)

위탁판매란 상품의 판매를 자기 스스로 행하지 않고 수수료를 지불할 조건으로 상품의 판매를 제3자에게 위임하는 판매형태이다. 이 때 제3자에게 위임하는 자를 위탁자, 위임받은 제3자를 수탁자, 그리고 위탁판매를 목적으로 위탁자로부터 수탁자에게 발송된 상품을 적송품이라 한다. 이 때 위탁받은 수탁자는 단순히 자기 명의를 이용하여 타인의 계산으로 판매를 행하게 되는 것이다.

유가증권(securities)

기업은 기업내의 유휴자금을 유용하게 활용하거나, 또는 장기적인 투자의 목적으로 유가증권을 소유한다. 이들 유가증권은 기업의 소유목적에 따라 증권자체는 동일하더라도 유동자산과 투자자산으로 구분된다. 즉, 일시적으로 유휴자금을 이용하여 이자나 가격차이 등에 의한 이익목적으로 소유하는 유가증권은 유동자산에 속하고, 그렇지 않은 것은 투자자산에 속한다. 유가증권에는 주식, 국채권, 지방채권, 사채권, 수표, 어음 등의 여러 가지가 있다.

유가증권계정(securities a/c)

이 계정에서 처리되는 것은 일시적으로 소유하는 국채권, 지방채권, 사채권, 주식 등이며, 장기적인 투자의 목적으로 소유하는 유가증권은 투자자산의 투자유가증권계정에서 처리한다. 또한 자기가 발행한 사채를 취득하였을 경우에는 사채에서 직접 차감하여야 한다. 유가증권을 매입하였을 때에는 취득가격으로 이 계정 차변에 기입하고, 처분하였을 때에는 취득가격 또는 장부가액으로 대변에 기입한다. 또한 취득가격과 처분가액의 차액은 유가증권처분손익계정에서 처리한다.

유가증권의 대차

유가증권의 대차는 그 거래의 종류에 따라 여러 가지로 나눌 수 있는데, 대차거래의 종류와 흔히 사용되는 계정과목을 요약하면 다음과 같다.

① (대여시) 차변 : 대여유가증권, 대변 : 유가증권
② (차입시) 차변 : 보관유가증권, 대변 : 차입유가증권
③ (담보제공시) 차변 : 예치유가증권, 대변 : 유가증권
④ (담보로 제공받는 경우) 차변 : 보관유가증권, 대변 : 예수유가증권

유가증권의 평가

우가증권의 시가는 수시로 변동하므로 장부가격이 실제가격과 일치하지 않는 경우가 많다. 유가증권의 평가방법에는 원가기준, 시가기준 및 저가기준의 세 가지 방법이 있다. 원가기준은 취득원가기준이라고도 하며, 유가증권을 시가변동에 관계없이 당초 취득한 원가에 의하여 평가하는 것을 말하며, 시가기준 또는 시가란 유가증권을 대차대조표일 현재의 시가에 의하여 평가하는 것을 말한다. 또한 저가기준이란 유가증권을 취득원가와 시가를 비교하여 낮은 가격으로 평가하는 것을 말한다.

유가증권처분손실 (loss on disposition of marketable securities)

유동자산으로 분류한 일시소유의 시장성 주식 및 국／공채

를 처분한 경우의 처분손실을 처리하는 계정이다. 유가증권의
취득은 자금의 일시적 이용을 목적으로 한 투자활동이므로
영업외활동이며, 따라서 그의 처분손익도 당연히 영업외손익
으로 표시한다.

유가증권처분이익
(gain on disposition of marketable securities)

일시소유의 유가증권은 자금의 단기적 이용을 위하여 취득
한 투자활동으로 그 취득원가와 매각가액과의 차액은 영업외
수익으로 표시한다. 또한 신주인수권증서(증권)의 처분이익도
이에 포함처리된다.

유가증권평가손실
(loss on valuation of marketable securities)

유동자산중 유가증권으로 분류한 일시소유의 시장성 주식
및 국／공채의 시가가 장부가액보다 하락한 경우 평가손실을
처리하는 계정이다. 즉, 유가증권을 시가에 의하여 평가하는
경우 시가가 장부가액보다 낮은 경우에 발생하는 평가손실
이다.

유가증권평가이익
(gain on valuation of marketable securities)

보유하고 있는 시장성 유가증권을 시가로 평가함으로써 장
부가액보다 높게 평가되는 경우 계상되는 차이, 즉 평가이익
을 말한다.

유도법(derivative method)

대차대조표의 작성방법 중의 하나로 유도법은 기업의 일체의 거래를 증빙서류를 자료로 하여 원시기록으로 삼아 여기에 근거해서 계정계산이 행하여진다. 계정에는 자산, 부채, 자본, 비용 및 수익에 관한 모든 계정이 포함되며, 여기에 그 증감변화가 기록된다. 그리고 결산에 있어서는 기업회계기준에 따라 수정정리하여야 할 사항을 결정하고 그에 따라 계정잔액을 수정하고 그후 비용과 수익의 계정잔액을 모두 손익계정에 대체해서 집합하고, 남은 자산, 부채 및 자본의 계정잔액을 결산잔액계정에 대체집합하거나 차기이월로 하여 마감하게 된다. 그리하여 손익계산서가 손익계정을 근거로 해서 작성됨과 같이 대차대조표는 잔액계정 또는 이월시산표를 기초로 해서 작성되는 것이다. 이것이 유도법에 의한 대차대조표 작성방법이다.

유동부채(current liabilities)

유동부채는 대차대조표일에서 기산하여 1년 이내에 변제할 단기성부채로 매입채무(외상매입금, 지급어음), 단기차입금(당좌차월 포함), 미지급금, 선수금, 예수금, 미지급비용, 미지급법인세, 유동성장기부채, 선수수익, 부채성충당금(단기성) 등이 이에 속한다.

유동비율(current ratio)

유동비율은 유동자산을 유동부채로 나눔으로써 계산한다.

유동부채는 보통 1년 이내인 영업주기내에 현금으로 전환될 수 있기 때문에 유동비율은 단기채무를 지불할 수 있는 기업 능력의 직접적인 척도를 제공한다. 유동자산을 유동부채로 나누어 유동비율을 구한다.

유동성배열법(currunt arrangement method)

고정성배열법에 반대되는 용어로서 계정과목을 배열하는 원칙의 하나이다. 대차대조표를 작성할 때에 고정성자산을 먼저 배열할 것인가 아니면 유동성 자산을 먼저 배열할 것인가에 대한 것으로 자금을 현금, 예금, 매출채권 등 환금성이 빠른 계정부터 순차로 배열하고 부채는 지급기일의 도래가 빠른 것부터 순차로 배열하는 방법을 말한다. 우리나라의 기업회계기준은 유동성배열법에 의하여 배열함을 원칙으로 하고 있다.

유동성비율(liquidity ratio)

기업의 단기채무 지불능력을 평가하는 데 사용된다. 만일 기업이 현행 채무를 지불할 단기재력을 갖고 있지 않는다면 장기채무를 지불하는 데 어려움을 가질 것이다. 따라서 기업의 단기재력을 평가하는 것은 재무분석에 좋은 출발점이다. 유동성비율로는 유동비율, 당좌비율, 매출채권회전율, 재고자산회전율 등이 있다.

유동자산(current assets)

현금 및 비교적 단기에 회수 또는 판매에 의하여 현금화할 수 있는 재화로서 변동하는 속도가 빠르며, 적어도 1년에 한 번 이상 변동을 가지는 자산으로 현금 또는 현금으로 바꿀 수 있는 성질을 가진 것으로, 판매과정을 거치지 않고 신속히 현금화할 수 있는 당좌자산과 판매과정을 통하여 현금화할 수 있는 재고자산으로 구분할 수 있다.

유보이익(retained earning)

최근에 와서는 이익잉여금을 칭하는 용어로서 기업의 경상적인 영업활동, 고정자산의 처분, 그 밖의 자산의 처분 및 기타 임시적인 손익거래에서 생긴 결과로서 주주에게 배당금으로 지급하거나 자본으로 대체되지 않고 남아있는 부분을 말한다.

유한책임사원(limited partner)

유한책임사원은 회사채무에 대하여 채권자에게 자기의 출자액한도 이내에서만 책임을 지며 그 이상의 책임을 지지 않는 사원을 말한다.

유한회사(private limited company)

우리나라 상법상 4가지 형태(합명회사, 합자회사, 유한회사,

주식회사)중의 하나로 2인 이상 50인 이하의 유한책임사원으로 구성되는 회사이다.

유형자산(tangible assets)

경영수단으로 반복사용되며 구체적인 형태를 갖춘 고정자산으로 유형자산은 기업의 영업목적을 달성하기 위하여 장기간에 걸쳐 계속 사용할 목적으로 보유하고 있는 자산이다.

유형자산의 종류로는 ① 토지 ② 건물 ③ 기계장치 ④ 구축물 ⑤ 선박 ⑥ 차량운반구 ⑦ 공구와 기구 ⑧ 비품 ⑨ 건설중인 자산 등이 있으며, 위에 속하지 않는 기타의 유형자산은 이를 구분하여 그 자산을 표시하는 과목으로 기재한다.

유형자산의 처분

유형자산의 처분에는 폐기처분, 매각처분 및 교환의 3가지가 있다. 유형자산의 내용연수가 경과하여 더 이상 사용가치가 없고, 또한 이의 처분가치가 없는 것을 처분하는 것을 폐기처분이라 하고, 매각처분은 정당한 대가를 받고 판매, 처분하는 것을 말한다. 교환은 매각처분과 같은 것으로, 사용하고 있는 유형자산을 새로운 유형자산과 교환하여 처분하는 것을 말한다. 어떠한 처분이든 처분시에 우선 해당자산과 관련된 감가상각누계액을 소멸시켜야 하고, 또한 기중에 처분할 경우에는 기중에 부담해야 할 감가상각액을 계산하여 정확한 장부가액을 구한다.

유형자산처분손실
(loss on disposition of tangible assets)

유형자산처분손실은 유형자산처분이익의 대응적 손실계정이다.

유형자산처분이익
(gain on disposition of tangible assets)

사용목적의 유형자산을 매각하는 경우 발생하는 처분익을 처리하는 계정이다. 본질적으로 사용목적자산의 매각손익은 정상적 기간손익을 반영하는 손익은 아니며 임시적 손익이다. 이러한 처분손익이 발생하는 이유는 물가의 상승 또는 과거의 감가상각 과대계상이 있었던 것으로 볼 수 있어 전기손익의 수정부분도 포함하기 때문에 거액의 유형자산처분이익이 비경상적이고 비반복적인 경우는 특별이익에 포함시켜야 한다. 그러나 발생형태로는 다수의 유형자산을 보유하는 오늘날의 기업에는 매기 어느 정도의 유형자산은 경상적으로 처분되기 때문에 이러한 경우에는 영업외수익으로 분류한다.

유형자산취득원가

유형자산의 취득은 원칙적으로 그 취득원가를 장부가액으로 한다. 즉, 유형자산을 제작 또는 구입하고 이것을 사용하기까지의 모든 부대비용의 지출을 가지고 계상한다. 이들 부대비용에는 소개료, 관세, 인수운임, 운송보험료, 설치비 및 취득세 등의 공과금이 포함된다. 또한 취득하여 사용하면서

지출되는 수선유지비는 기간비용으로 처리하는 것이 일반적
이지만 유형자산의 내용연수의 연장 등과 관련되는 개량, 개
선의 비용은 취득원가에 산입한다.

유효이자율(effective interest rate)

유효이자율이란 시장이자율을 말하며 일반적으로 1년만기
정기예금의 이자율이 된다.

유효이자율법(effective interest method)

사채의 장부가액에 유효이자율을 곱하여 매기의 수입이자
를 계산하는 방법이다. 매기의 장부가액이 증가하므로 이에
유효이자율을 곱하면 수입이자도 매기 증가한다. 장부가액에
사채할인액을 매기 가산하면 사채할인액 자체는 감소하지만
장부가액은 증가하게 된다. 이 방법에 의할 경우에는 투자자
산에 대한 이익율은 일정률이 되는데, 이는 수입이자의 증가
에 따라 투자자산도 증가하기 때문이다. 이때의 일정률은 유
효이자율이 되며 일반적으로 1년만기의 정기예금이자율이
된다.

융통어음(accommodation bills)

상업거래상 발행되는 어음을 상업어음이라고 하는데 대하
여 금융목적에서 발행되는 어음을 금융어음 또는 융통어음이
라고 한다. 이것은 상업어음과는 성격이 다르므로 따로 어음

대여금계정 또는 어음차입금계정으로 처리한다. 융통어음의 신용도를 높이기 위하여 제3자가 어음보증참가담당배서를 하는 경우도 있다.

은행계정조정표(bank reconciliation schedule)

당좌예금거래에 있어 회사의 당좌예금장부잔액은 은행장부 잔액과는 일정시점에서 일치하는 것이 원칙이나 예입한 수표 (타인발행)가 아직 추심되지 않았다든가 발행한 수표가 아직 은행에서 지급되지 않은 원인 등으로 인하여 일치하지 않을 때가 있다. 따라서, 기업은 월말 또는 결산일에 은행으로부터 당좌예금잔액증명서를 받아, 기업측의 장부잔액과 일치하는 지를 확인하고, 양자가 일치하지 않을 경우에는 은행계정조정 표를 작성하여 그 원인을 밝히고 기업측의 원인에 의하여 발 생한 차이는 수정분개를 하여 회사의 정확한 장부잔액을 나 타내도록 회계처리하여야 한다.

의장권(design rights)

디자인을 고안 설계하고 의장법에 의해 등록하여 이 디자 인을 일정기간 독점적, 배타적으로 이용할 수 있는 권리이다. 의장이란 '물품의 형상, 모양, 색채 또는 이들을 결합한 것으 로서 시각을 통하여 미감을 일으키는 것'을 말하며, 이를 취 득하였을 때는 공업소유권계정의 차변에 기입한다. 존속기간 은 의장법에는 8년으로 되어 있으나, 세법상 5년으로 규정되 어 있다.

이동평균법(moving average method)

매입시마다 그 구입수량과 금액을 앞의 잔액에 가산하여 새로운 평균단가를 산정하고, 이것에 의해서 출고단가를 계산하여 기장하는 방법이다. 이 방법에 의하면 재고자산가액이 평균화되기 때문에, 매출원가가 매입가액이 달라짐에 따라 받는 영향이 적으나, 많은 경우 평균단가를 산출함에 있어서 단수가 생기며 그 처리가 번잡하다는 불편이 있다.

이분법(二分法)

상품계정을 매입계정과 매출계정의 2개로 분할하는 방법이다. 매입계정 차변잔액은 전기이월액과 순매입액과의 합계를 표시하며, 매출계정 대변잔액은 순매출액을 표시한다. 그러므로 매입계정의 대변에 기말재고액을 기입하면, 전기이월액 및 순매입액에서 기말재고액을 차감하는 셈이 되어 그 잔액은 매출원가를 표시한다. 2분법에 있어서의 매입계정은 자산과 비용을 겸한 혼합계정이며, 매출계정은 수익계정이라고 할 수 있다.

이연법인세차(대)

이것은 기업회계와 세무회계의 차이에 의해서 발생된다. 즉 납부할 법인세가 발생한 법인세비용을 초과하는 금액은 차기 이후에 납부할 법인세를 당기에 미리 납부한 것으로 보아 이연법인세차계정으로 처리하고, 반대로 납부할 법인세가 발생한 법인세비용에 미달하는 경우에는 당기에 납부할 법인세를 차기 이후로 이연한 것으로 보아 이연법인세대계정으로 처리한다.

이연자산(deferred assets)

구체적인 형태가 없는 점에서는 무형자산과 유사하지만 장래의 기간에 비용화되는 지출로서 경과적으로 대차대조표에 자산으로 계상되는 항목으로 창업비, 개업비, 신주개발비, 사채발행비, 연구개발비 등이 이에 속한다.

이연자산상각비(amortization of deferred charge)

창업비 등의 이연자산을 상각하는 경우 그 상각액을 처리하는 계정이다. 창업비 내지 연구개발비는 계상연도부터 3~5년내 균등액을 상각하도록 규정하고 있다.

이월상품계정(merchandise inventory account)

상품계정의 분할에서 2분법을 제외한 분할방법(3분법, 4분법, 5분법 등)에서 사용되는 계정을 말한다.

이월시산표(postclosing trial balance)

자산, 부채, 자본의 계정은 각각 대차평균이 되어 마감된다. 영미식결산의 경우 이월기입이 정확하게 되었는가를 검산하기 위하여 대차평균의 원리에 따라 자산, 부채, 자본계정의 이월액을 모아서 작성하는 시산표를 말하며, 원칙적으로 총계 정원장의 이월기입이 끝난 후에 작성한다.

이월이익잉여금(net earned surplus forward)

이익잉여금처분계산서는 처분전 이익잉여금의 처분내용을 명확히 보고하기 위하여 처분전 이익잉여금의 총변동사항을 표시한 재무제표를 말하는데, 여기에 기재되는 이월이익잉여금은 기업의 전기이월이익잉여금과 처분후의 처분전이익잉여금의 잔액을 기재하는 차기이월이익잉여금이 있다.

이익잉여금(earned surplus)

이익잉여금은 기업의 경상적인 영업활동, 고정자산의 처분, 그 밖의 자산의 처분 및 기타 임시적인 손익거래에서 생긴 결과로서 주주에게 배당금으로 지급하거나 자본으로 대체되지 않고 남아있는 부분을 말한다. 이익잉여금은 다음과 같이 분류할 수 있다.

① 이익준비금

② 상법 이외의 법령에 의하여 적립되는 기타 법정적립금

③ 사업확장적립금, 감채적립금, 배당평균적립금, 결손보존적립금 등 회사의 정관의 규정이나 주주총회의 결의에 의하여 적립되는 임의적립금

④ 차기이월이익잉여금 또는 차기이월결손금

이익잉여금처분계산서 (statement of appropriation of retained earning)

처분전이익잉여금의 처분내용, 즉 기업의 전기이월이익잉여금과 당기순이익의 처분사항을 명확히 보고하기 위하여 처분전이익잉여금의 총변동사항을 표시한 재무제표이다. 결산종료 후 이사회는 전기이월이익잉여금과 당기순이익의 합계액으로 성립되는 처분전이익잉여금의 처분안을 작성하고, 결산후에 개최되는 주주총회에 제출하여 이익잉여금의 처분안을 통과시킨다.

이익준비금(legal reserve)

상법 제458조에 의하여 매결산기마다 현금에 의한 배당액의 1/10 이상을 발행주식자본금의 1/2에 달할 때까지 적립해야 하는 법정적립금이다. 이때 현금에 의한 배당액 1/10 이상의 금액은 현금에 의한 이익배당이 있을 때에만 이익준비금을 적립할 수 있다는 것이 아니라 이익준비금을 적립할 최저한도를 정한 것이므로 이익이 있는 한 현금에 의한 배당이 없더라도 이익준비금의 적립은 가능하다고 할 수 있다. 이는 또한 상법의 규정에 의하여 적립되기 때문에 강제적립금이라고도 하며, 결손에 보전하거나 자본금에 전입하는 것 이외에는 처분하지 못한다.

이자비용(interest expense)

차입금과 사채에 대한 이자지급 및 받을어음을 은행 등에 할인하는 경우의 할인료를 처리하는 계정이다. 할인료는 할인일로부터 어음만기일까지의 일수에 따라 계산하는 이자에 해당한다. 따라서 이 양자를 같은 계정에서 처리한다.

이자수익(interest income)

은행예금이나 대여금, 유가증권 등의 수입이자 및 어음할인 형식의 대여금의 할인료 등을 처리하는 계정이다. 장기 할부매출 중 이자부분이 구분되는 것은 수입이자로 계상한다.

인격승계설(인격합일설, 지분풀링설)(pooling of interests concept)

합병회사가 피합병회사의 권리, 의무를 포괄적으로 그대로 승계하여, 합병회사와 피합병회사 간에 인격의 계속성을 인정하는 견해이다. 따라서 합병회사가 피합병회사로부터 승계하는 자산, 부채 및 자본(지분)은 장부가액으로 기록되며, 이때 발생하는 합병차익은 납입잉여금처럼 포괄적으로 파악되는 것이 아니라, 각종의 잉여금의 형태로 구성되어 그 구성요소에 따라 분리 계상된다. 합병차손은 자본잉여금의 감소로 처리한다.

인 도 기 준

할부매출에 있어 할부수익의 실현에 관해서는 할부기간의 장 / 단에 따라서 회수기일도래기준과 인도기준(판매기준)의 두 가지 방법이 있다. 기업회계기준에서는 중소기업을 제외하

고는 당해연도에 할부금회수기한이 완료되는 경우와 상품을
인도한 날의 다음날부터 3개월 내에 최종할부금의 회수일이
도래하는 경우의 단기할부매출은 물론 장기할부매출도 인도
기준에 따라 매출수익이 실현된다고 규정하고, 다만 장기할부
매출의 경우 이자상당액은 기간의 경과에 따라 수익으로 계
상하도록 하고 있다. 인도기준에 의할 경우의 기장처리방법은
일반매출의 경우와 같다.

인명계정(personal a/c)

외상으로 거래를 하였을 때에 각 거래처와의 대차관계를
명확히 하기 위하여 상대편의 상호나 성명을 계정과목으로
하여 채권, 채무의 발생과 소멸을 기장/처리하는 계정을 인명
계정이라 한다.

인수(acceptance)

일반환어음거래는 반드시 세 사람 사이에서 이루어지는 것
이기 때문에, 어음의 수취인은 지급인으로부터 인수승락을 받
는 것이 필요하게 되는데, 이때의 인수란 지급인이 환어음상
의 기재내용대로 어음대금을 지급하겠다는 의사를 밝히는 절
차로서 '지급의 승낙'이다. 이에 따르는 절차는 어음권면에 지
급인이 서명, 날인만 하면 된다. 그러나 실제로는 발행인이
지명인에게 어음을 제시하여 인수절차를 받은 뒤 어음을 수
취인에게 인도하는 것이 보통이다.

임원퇴직적립금

임의적립금의 그 이용목적에 따라 구분한 것들 중 장래의 손실에 대비하는 것이다. 임원퇴직적립금은 임원의 퇴직금은 임시적이고 거액에 달하는 것이므로 그 지급에 대비해서 잉여금처분시에 설정하는 것이다.

임의적립금(voluntary reserve)

임의적립금은 회사가 법률의 규정에 의하지 않고 정관 또는 주주총회의 결의에 의하여 이익을 유보한 것으로 그 이용목적과 방법은 회사의 자유이다. 임의적립금은 그 이용목적에 따라 사업의 영구적 확장을 목적으로 하는 것(감채적립금, 신축적립금, 사업확장적립금), 장래의 손실에 대비하는 것(임원퇴직적립금, 우발손실적립금, 진부화적립금), 그리고 배당의 평균을 목적으로 하는 것(배당평균적립금)과 목적을 한정하지 않는 것으로서의 별도적립금이 있다. 또한 임의적립금은 그 설정목적을 달성하였을 때 장부상의 대체에 의하여 소멸하느나 안하느냐에 따라 적극적 적립금과 소극적 적립금으로 구분된다.

임의적 부속명세서

기업회계기준에 따르면 임의적 부속명세서는 ① 현금과 예금명세서, ② 매출채권명세서, ③ 대여금명세서, ④ 기타의 당좌자산명세서, ⑤ 투자자산명세서, ⑥ 투자자산처분명세서, ⑦

유형자산처분명세서, ⑧ 이연자산명세서, ⑨ 매입채무명세서, ⑩ 수선비명세서가 있다.

임대료(rental income)

부동산 등을 임대사용하게 하고 수입하는 임대사용료를 처리하는 계정이다. 부동산임대업을 제외하고는 임대료는 영업외수익으로 기재하게 되나, 이러한 투자활동이 커져 부동산이 증대하면 이에 대한 유지, 관리비용도 증대하게 된다. 이러한 비용은 주된 영업수익과는 대응되는 것이 아니기 때문에 영업외비용에서 적절한 과목으로 표시되어야 한다.

임차료(rent)

동산, 부동산 등을 임차하여 이용하고 지급하는 사용료를 처리하는 계정이다. 즉 사업장, 공장 또는 사무실 등을 임차하고 매월 지급하는 임차료는 원칙적으로 발생주의로 인식한다.

임차보증금(guarantee deposits on leases)

타인의 부동산 또는 동산을 월세 등의 조건으로 사용하기 위하여 지급하는 보증금을 말한다.

잉여금(surplus)

잉여금이란 회사의 총자산에서 총부채를 차감한 순자산액

이 법정자본금을 초과하는 부분을 말한다. 잉여금은 자본잉여금과 이익잉여금으로 구성된다. 자본잉여금은 자본금과 비슷한 것으로 주주 및 기타 기업의 이해관계자로부터의 자금의 수입이며, 이익잉여금은 기업의 경영활동의 결과로서 얻어지는 이익이다.

ㅈ

자가보험적립금(self-insurance reserve)

보험준비적립금이라고도 하며 유형자산에 대한 보험료의 적립액으로서 이익의 유보액을 말한다. 이는 재해에 대비하기 위하여 보험회사에 손해보험을 계약하거나 또는 이에 추가하여 순이익의 일부를 유보하는 것으로 주로 많은 선박을 소유하는 해운회사, 많은 공장을 소유하는 제조회사등에서 설정하고 이렇게 함으로써 충분하고 유리하게 보험의 목적을 달성하게 된다.

자금계획(funds planning)

일정기간의 현금지출의 적부외에 현금이 어디에 지출되며 어디에서 수입되는 지를 계획하는 것을 말한다. 즉, 이익계획에 기초하여 자금의 수입을 원천별로 예측하며 지출을 사용용도별로 분석한다. 이 자금계획을 실시하기 위하여 자금계획표가 작성된다. 자금계획표는 계획기간내에 있어서 예정되는 자금의 원천과 사용용도를 주요항목별로 표시하여 운전자본의 증감을 분석하는 표이다. 이 자금계획표에 의해 계획기간의 운전자본이 증가하느냐 감소하느냐를 관찰하여 자금이 부족한 경우 그 계획을 재검토하여 부족액을 없게 하도록 연구

할 필요가 있다. 또한 자금에 여유가 생기면 그 유효한 사용
방법을 계획하지 않으면 않된다. 자금계획에는 장기자금계획
과 단기자금계획을 생각할 수 있으나 단기자금계획은 장기자
금계획의 일부로서 계획되는 것이 보통이다.

자금예산(financial budget)

자금계획을 기본으로 한 예산을 말하며 구매, 생산, 판매
등에 수반한 자금의 수입, 지출예산을 말한다.

자금운용표(statement of application of funds)

기초와 기말의 대차대조표를 비교하여 그 기간에 있어서
자금의 원천과 운용과의 관계를 명확히 하는 계산서를 말한
다. 이 경우 자금이라 함은 운전자금 즉 유동자산과 유동부채
의 차액을 말한다. 자금운용표를 작성하는 경우에 거래를 유
동거래, 고정거래, 자금거래 등 세가지로 구분하여 그 각각의
자금거래를 구성요소로 하며, 자금의 원천으로서는 순이익의
발생, 증자, 사채의 발행, 고정자산의 매각, 감가상각 등이며
자금의 감소로서는 순손실의 발생, 감자, 사채의 상환, 고정자
산의 구입, 배당금의 지급 등이 있으며 이것을 대조표시하여
운전자본의 증감을 명확히 한다.

자기금융(self-finance)

기업이 독자적으로 자금의 유보나 축적을 하는 것을 말한

다. 설비조달과 같은 초기간적 지출때문일 경우가 많다. 전형
적인 방법으로서 감가상각, 주식배당, 충당금 등이 있다. 예를
들면 감가상각을 하면 감가상각비로 대응하는 자금이 기업내
에 유보되어 기업이 자유로이 사용할 수 있다. 또 주식배당은
이익을 현금으로 배당하지 않고 주식으로 하기 때문에 자기
금융에 쓸모가 있는 것이다.

자기사채(treasury bonds)

자기사채란 자기회사가 발행한 사채를 사채의 조기상환이
나, 유휴자금의 운용을 목적으로 취득하여 보유하고 있는 것
을 말한다. 기업회계기준에서는 취득목적을 구분하지 않고 액
면가액과 사채발행차금등을 당해 계정과목에서 직접 차감하
고, 장부가액과 취득가액의 차이는 사채상환이익 또는 사채상
환손실의 과목으로 하여 당기손익처리하며, 취득경위등은 주
석으로 기재하도록 규정하고 있다.

자기자본(owned capital)

타인자본에 대한 용어이며 기업의 자산총액으로부터 부채
총액을 차감한 순재산액을 말한다. 일반적으로 그 원천은 기
업의 소유주나 주주의 출자와 기업활동의 결과로 나타나는
순이익으로 순재산액, 자기자본, 또는 자본이라 한다.

자기자본경상이익률

자기자본에 대한 경상이익의 비율을 말하며, 기업이 경상이

익을 창출하기 위하여 자기자본(자산－부채)을 얼마나 효율적으로 사용하였는가 그리고 기업의 배당능력은 어느 정도인가를 판단하기 위한 기초자료로써 활용된다.

자기자본경상이익률＝경상이익 / 자기자본

자기자본 구성율

자기자본과 총자본의 비교비율을 말한다. (자기자본 / 총자본)×100%로 표시되며 이것이 높은 것은 그만큼 안전한 기업이라 할 수 있다. 자기자본은 이 경우 자본금과 잉여금의 합계액으로 계산된다.

자기자본 이익률(profit ratio of net worth)

자기자본에 대한 이익의 비율이며 다음식으로 표시된다.

(년간순이익 / 자기자본)×100%

이 비율에 의하여 자기자본이 얼마만큼의 이익을 올리고 있나를 볼 수 있다. 이 비율이 크면 클수록 좋으나 총자본이익률에 관하여도 음미해야 할 것이다. 이것은 높으면 양호하지만 동 업종의 타기업 비율과 비교를 한다든가 혹은 단순히 한기간만을 보지 않고 여러기간을 비교하여 경향을 보는것도 필요하다. 자기자본 이익률은 넓은 의미로 자본의 이익률을 나타낸 것이므로 자본을 총자본으로 한다든가 또는 경영자본(자기자본금액에서 투자자산, 건설중인 자산, 이연자산의 금액을 제함)이익률, 법정자본이익률과 1주당 순이익 등을 포함하는 일이 있다.

자기자본 이자

계산이자라고도 한다. 부채인 타인자본에 대한 이자는 결국 지출되어 확정되지만 자기자본에 대하여는 지출이 없기에 확정할 수 없다. 그래서 일정율로 견적하여 계산을 하는 것이 되며 이렇게 하여 견적된 이자를 말한다. 자기자본 이자가 원가성을 갖는가에 관하여서는 찬반 양론이 있다. 찬성론은 소수설에 그치고 있다. 반대로는 이자는 이윤의 선급이기 때문에 원가성이 없다고 주장한다.

자기주식(treasury stock)

자기주식이란 주식회사가 이미 발행한 주식을 매입 또는 증여에 의해 재 취득한 주식을 의미한다. 자기주식에 대해서는 자기주식을 자산으로 볼 것인가. 미발행주식으로 볼 것인가 하는 견해가 대립되어 있으나, 회계이론적 관점에서 볼때 보유의도와 관계없이 미발행주식으로 보고 회계처리 하는 것이 가장 타당하다고 본다.

기업회계기준에서도 이에 따라 자기주식을 대차대조표상 자본조정계정으로 하여 자본에서 차감하는 형식으로 기재하도록 하고 있으며, 자기주식의 취득경위, 향후처리계획 등은 주석사항으로 별도 공시하여야 한다.

자기주식처분이익(gain on sales of treasury stock)

이것은 회사가 보유하고 있는 자사회사의 주식을 처분하여

얻는 이익이다. 상법에서는 회사가 자기주식을 취득하거나 보
유하는 것을 원칙적으로 금지하고 있다. 그러나 예외로서, 주
식을 소각하기 위한때, 회사의 합병과 양도시, 회사의 권리를
실행함에 있어서 그 목적을 달성하기 위하여 필요한때, 주주
가 주식매수 청구권을 행사한때, 단주의 처리를 위하여 필요
한때에 한하여 그 소유를 인정하고 있다. 이렇게 취득한 자기
주식은 지체없이 또는 상당한 기간내에 처분해야 하며, 이때
처분시 발생한 이익은 자본 잉여금으로 본다.

자본 (capital)

기업의 자산가치에 대한 잔여 청구권으로 정의되어지며, 이
것은 기업이 가지고 있는 자산에 대한 기업의 소유주 또는
주주의 청구권을 의미한다. 따라서 자본을 소유주 지분 또는
주주지분이라고도 한다.

자본거래(capital transaction)

자본거래는 자본의 수입과 환급의 거래로 자본금(법정자본)
에 포함되지 않는 잉여금은 자본잉여금의 증감으로 취급된다.
즉 주식발행초과금 등이 이에 속한다.

자본금(capital stock)

자본금은 원시 출자한 투자자본으로서 정관에서 발행주식
의 액면총액으로 설정되어 있는 금액으로 보통주자본금, 우선

주자본금 등이 이에 속한다.

자본등식(capital equation)

회계주체를 자본주로 보는 자본주이론에 의하면, 부채도 일종의 자산으로 보되 소극적 자산이라 하여 총자산에서 이 소극적 자산을 차감한 순자산을 소유주 청구권, 즉 자본으로 본다. 이러한 내용을 등식으로 표현하면

[자산−채권자 청구권(부채)＝소유주 청구권(자본)]

으로 나타내며, 이 식을 자본등식이라고 한다.

자본배당(capital dividend)

제꼬리배당이라고도 한다. 이익이 없는데 이익이 있는것처럼 하여 배당을 하는 것을 말한다. 결산조작에 따라 생기는 배당이다. 이러한 배당은 법률상 또는 회계이론상 금지되어 있다. 이익이 없으면 배당도 없다라고 말하고 있는 것이 배당에 대한 일반의 통설이나 자본배당은 기만적인 회계처리에 의하여 표면상 도색되어 실질적으로는 자본을 낭비하는 것이다.

자본의 분류

기업회계기준에 의하면 주식회사의 자본은 자본금, 자본잉여금, 이익잉여금 및 자본조정으로 분류하고 있다.

자본금은 보통주자본금, 우선주자본금으로 구분되며, 자본

잉여금은 주식발행초과금, 감자차익, 합병차익, 기타자본잉여금의 자본준비금과 재평가 적립금으로, 이익잉여금은 이익준비금, 기타법정적립금, 임의적립금, 차기이월이익잉여금으로 세분된다.

자본잉여금(capital surplus)

자본잉여금은 당기의 영업활동이외의 원천, 즉 자본거래에서 생기는 잉여금으로서, 그 성격은 자본불입, 자본수정 등에 의한 갹출자본의 일부이며 기업의 이익은 아니다. 여기에는 주식발행초과금, 감자차익, 합병차익, 기타 자본잉여금의 자본준비금과 재평가적립금이 있으며, 기타 자본잉여금으로는 자본보전을 목적으로 제공된 자산수증이익, 채무면제이익, 자기주식처분이익 등이 있다.

자본적 지출(capital expenditure)

자본적 지출이란 회사가 사용하고 있는 영업용 자산의 능률을 높이기 위하여 이를 정비하고 수정하는 과정에서 생긴 원가로서, 지출의 결과가 유형자산의 가치를 높이거나, 내용연수를 연장시키는 지출을 말한다.

자본전입(formal capitalization of reserve)

준비금, 잉여금을 자본금에 전입하는 것을 말하며 이에 의하여 자본의 총액에는 변화가 없으나 자본금의 증가와 준비금, 잉여금의 감소가 생긴다.

자본조정(capital adjustments)

자본조정은 자본항목의 전체 합계액에 가산 시키거나, 차감 시키는 방법으로 표시하는 자본항목으로 대부분 자본거래에서 발생되는 것이나 위의 자본금, 자본잉여금 및 이익잉여금 중의 어느 한 가지와 특별히 결부시키기 곤란하여 총괄적으로 표시하는 항목이다. 여기에는 주식할인발행차금, 배당건설이자, 자기주식 등이 있다.

자본주 이론(proprietary theory)

자본주 이론은 회계주체를 자본주로 보는 이론이며 여기서는 부채도 일종의 자산으로 보되, 소극적 자산으로 나타내며, 총자산에서 이 소극적 자산을 차감한 순자산을 소유주청구권, 즉 자본으로 본다. 자본주이론에서는 「자산 − 채권자청구권(부채)＝소유주청구권(자본)」의 등식이 성립된다.

자본준비금(capital reserves)

자본준비금은 상법에 의해 적립하는 법정준비금이다. 이 준비금은 결손을 보전하거나, 자본금에 전입하는 것외에는 처분할 수 없는 특징이 있다. 자본준비금은 주식발행초과금, 합병차익, 감자차익, 기타자본잉여금으로 나누어지며, 기타자본잉여금에는 자산수증이익, 채무면제이익, 자기주식처분이익, 기타의 자본잉여금이 포함된다.

자본환원법(capitalization method)

자본환원법은 수익률을 자본으로 환원해서 영업권의 가액을 계산하는 방법으로 여기에는 초과순수익을 자본으로 환원하는 초과수익환원법과 평균순이익을 자본으로 환원하는 순수익환원법의 두 가지가 있다.

자 산 (assets)

자산이란 자원 또는 경제적자원이라고도 하는 것으로 특정의 기업 또는 경제적 실체가 과거의 거래, 사상등의 결과로 획득하거나, 통제하고 있는 미래의 획득가능한 경제적인 효익이라고 정의 될 수 있다. 쉽게 말하면 기업에 도움이 되는 재화나 채권 등을 말한다.

자산구성 비율(percentage of each classification of asset to total assets)

자산의 구성을 대차대조표에 표시되어 있는 그 과목간의 비율로 표시한 것을 말한다. 예를 들면 유동비율(유동자산에 대한 유동부채의 비율), 고정비율(자기자본에 대한 고정자산의 비율), 자본부채비율, 상품수취계정비율 등이 있다.

자산부채표(statement affairs)

파산의 경우에 작성되는 자산, 부채의 명세를 표시한 표를 말한다. 자산에 관하여는 우량한 것부터 불량한 것으로 순서를 정하여 기재하며 부채에 관하여는 유동부채로부터 우발채무에 이르기까지 모든 부채를 표시하여 그 결과 자산의 결손금액을 산출한다.

자산수증이익(capital contributions for recovery of capital deficiencies)

주주 또는 경영자 등으로부터 무상으로 재산을 증여 받은 경우 그 재산가액을 말하며, 그 목적이 자본보전 목적인 경우는 기타자본잉여금으로 처리하고, 그 외의 목적인 경우는 손익계산서의 특별이익으로 처리한다.

자산의 분류

기업회계기준에서는 자산을 크게 유동자산과 고정자산으로 나누고 있으며, 유동자산은 현금 및 비교적 단기에 회수 또는 판매에 의하여 현금화 할 수 있는 재화로서 변동하는 속도가 빠르며, 적어도 1년에 한 번 이상 변동을 가지는 자산을 말한다. 이는 다시 당좌자산과 재고자산으로 나뉜다.

고정자산은 판매를 목적으로 하지 않고, 1년 이상 기업 내부에 고정화 되어 다른 기업을 지배, 통제하거나 여유자금의 증식을 목적으로 또는 경영수단으로써, 반복 사용되고 장기적으로 그 사용 형태에 변화를 가져오지 않는 자산으로 투자자산, 유형자산과 무형자산, 이연자산으로 구분된다.

작업시간비례법(activity method)

감가상각방법의 하나로 보유중인 자산의 감가가 단순히 시간이 경과함에 따라 나타나기보다는 작업시간에 비례하여 나타난다고 하는 것을 전제로 하여 감가상각비를 계산하는 방법이다. 그 산식은 다음과 같다.

감가상각비＝실제작업시간×(취득원가－잔존가치)
/총추정작업시간

일반적으로 일정 기간 동안 사용한 후에는 폐기 또는 대체시킬 필요가 있는 고정자산의 상각에 주로 사용된다.

잔액계정(balance a/c)

잔액계정은 집합계정으로 대차평균의 원리에 의해 계산의 정확성 여부를 확인하는 기능을 가지는 계정을 말한다. 대륙식 결산법에서는 수익·비용계정의 잔액을 손익계정에 대체하는 것과 같이 총계정원장에 새로이 잔액 계정을 설정하여 자산·부채·자본계정의 순액을 이 잔액에 대체하여 마감한다.

잔액시산표(trial balance of balances)

총계정원장의 기록계산의 결과를 집합한 일람표를 시산표라 하며 시산표는 대차평균의 원리에 의하여 차변합계와 대변합계가 일치한다.

시산표의 종류에는 합계시산표, 합계잔액시산표, 잔액시산표의 세 가지가 있다. 잔액시산표는 총계정원장의 각 계정잔액만을 집계하여 작성한 표가 된다.

잔존가액(scrap value)

잔존가액이란, 자산이 사용불능이 되어 폐기처분될 때 받을 수 있으리라고 기대되는 금액으로서, 폐기처분시 그에 소요되는 비용이 있을 때는 그를 차감한 순수입액을 잔존가치로 한다. 우리 나라 법인세에서는 유형자산 및 무형자산은 잔존가치를 0으로 일률적으로 정해 놓고, 정률법을 채택하는 경우에만 잔존가치를 취득원가의 5%로 하도록 하고 있다.

잡비(miscellaneous expenses)

특별히 설정된 손실, 비용계정의 어느 계정에도 속하지 않는 손실, 비용을 말한다. 그 발생이 희소하거나 발생하지만 그 금액이 근소하기 때문에 독립계정을 설정할 필요가 없는 것을 말한다. 소액의 기부금, 소액의 금전부족, 소액의 별과금 지불 등이 있다.

잡이익(miscellaneous revenue)

특별히 설정된 수익, 이익계정의 어느 항목에도 속하지 않는 수익을 말한다. 그 발생이 희소하거나 잘 발생하여도 그 금액이 근소하기 때문에 독립과목을 설정할 필요가 없는 것이다. 예를 들면 작업 쓰레기의 매각대금, 불용품의 매각대금 등이 있다.

장기대여금(long-term loans)

　유동자산에 속하지 아니하는 장기의 대여금으로 회수기일이 대차대조표 작성일로부터 1년 이후에 도래하는 대여금을 말한다. 여기에는 관계회사의 장기대여금, 주주·임원·종업원 등에 대한 장기대여금도 포함한다.

장기성 매입채무(long-term trade payables)

　장기성 매입채무는 대차대조표 작성일로부터 1년 이상이 경과한 후에 지급기일이 도래하는 장기외상매입금과 장기성 지급어음을 말한다. 장기외상매입금은 일반적으로 액면가액이 지급기일에 지급해야 하는 이자비용까지 포함된 금액이기 때문에 시장이자율로 할인하여 현재가치를 순수한 장부가액으로 평가하고, 장기성지급어음 역시 시장이자율을 적용하여 계산한 현재가치를 순수한 고정부채의 장부가액으로 평가하여 나타낸다.

장기성매출채권(long-term trade receivables)

　유동자산에 속하지 아니하는 일반적 상거래에서 발생한 장기의 외상매출금 및 받을어음으로 한다.

장기성예금(long-term bank deposits)

　유동자산에 속하지 아니하는 장기의 예금과 적금으로서 그 기한이 대차대조표 작성일로부터 1년 이후에 도래하는 것을 말한다.

장 부 (books)

재산의 증감거래를 조직적·계속적으로 기록·계산하여 기업경영활동의 내용 및 결과를 명백히 하기 위한 기록수단으로 지편을 합철한 것을 장부라 한다. 여기에는 지편을 합철한 것 이외에 카드 등도 포함되며, 금액이 아닌 수량을 기록하는 것도 포함된다. 최근에는 컴퓨터 디스켓도 장부로 인정된다.

장부가액(book value)

부가라고도 한다. 총계정원장 계좌에 계상되어 있는 자산, 부채 혹은 자본 중 특별히 자산과목의 가액을 말한다. 취득가액, 즉 원가로 우선 기장되며 이후 감손액, 증가액 등이 추가로 기장되어 부가된다.

장부 감사(book audit)

장부기록이 거래에 기초해서 올바르게 기장되었나 혹은 장부간의 기록에는 착오가 없나를 감사하는 절차를 말한다. 그 절차로는 증빙서류와 원시기입부와의 대조, 관계장부 간의 대조, 장부에 있어서의 계산, 검증이 있다. 영국에 있어서의 정밀감사가 그 대표적인 예일 것이다.

장부 기입(book entry)

각종의 장부에 필요기재사항을 기입하는 것을 말한다. 일반적으로 단순한 기장과 전기로 나눌수 있다.

장부의 종류

장부의 종류는 관점에 따라 여러 가지로 구분할 수 있다. 기능면에서는 주요부와 보조부, 형식면에서는 편철장부와 분리식장부, 기록시점의 관점에서 원시기입부와 전기기입부, 기입형식면에서 기입식장부와 계정식장부 등으로 나눌 수 있다.

장부조직(book system)

복식부기에 있어서 장부조직은 주요부와 보조부로 구성되며, 주요부는 분개장과 총계정원장으로, 보조부는 보조기입장과 보조원장으로 구성된다.

보조기입장에는 현금출납장, 당좌예금출납장, 소액현금출납장, 매입장, 매출장, 받을어음기입장, 지급어음기입장 등이 있고, 보조원장에는 상품재고장, 매출처원장, 매입처원장, 적송품원장 등이 있다.

재고자산(inventories)

유동자산 중에서 판매과정을 통하여 현금화할 수 있는 자산으로, 기말에 재고조사를 필요로 한다. 용도별로 보면, 일상적인 영업활동과정에서 판매를 목적으로 보유하는 상품, 제품과 판매되는 제품의 생산을 위해 생산과정에 있는 재공품, 반제품, 그리고 생산을 위하여 직접, 간접으로 소비되는 원재료, 저장품 등으로 구분된다.

재고자산 감모손실(inventory obsolescence)

재고자산의 실지 재고량이 장부상의 재고량보다 작은 경우의 차액을 재고자산 감모손실이라 한다. 기업회계기준에서는 재고자산 평가손실은 원가성 유무에 관계없이 영업외 비용으로 처리하는 반면, 재고자산 감모손실은 원가성이 있는 경우에는 매출원가로, 원가성이 없는 경우에는 영업외 비용으로 처리하도록 규정하고 있다. 또한, 원가성이 없는 재고자산 감모손실은 재고자산 평가손실의 과목으로 통합표시 하도록 규정하고 있다.

재고자산의 평가방법(inventory valuation method)

시가주의, 원가주의, 저가주의의 세가지가 있다. 시가주의는 재조달가액으로 재고자산을 평가하는 것을 말한다. 원가주의는 정확한 기간적 손익계산을 중시하며 재고자산을 가지고 장래의 매출수익과 대비시켜야 할 이연비용의 일종으로 본다. 이 입장의 평가법으로는 개별법, 선입선출법, 총평균법, 이동평균법, 매가환원법, 후입선출법 등이 있다. 저가주의에 의한 방법은 원가에 비하여 시가가 낮을 때에는 시가에 의하고 반대인 경우에는 원가에 의하여 평가하는 것이다.

재고자산 이익(inventory profit)

기초와 기말에 동종의 재고자산 수량이 같은데도 불구하고 평가방법 때문에 기말재고액이 기초의 재고액보다 커졌을 때의 초가분을 말하며 이것은 가격변동에 의한 가공이익이라고 말한다.

재고자산 평가손실 (loss from valuation of inventories)

재고자산을 저가기준으로 평가한 경우, 시가가 취득원가보다 하락한 경우의 평가손실을 처리하는 계정이다. 상품, 제품 및 원재료 등 재고자산의 취득원가가 결산일 현재의 순실현가능액보다 높을 때에는 그 차액은 회수될 수 없는 금액이므로 예상되는 손실을 조기에 비용으로 처리하게 되는 것이다.

재고자산 회전율(inventory turnover ratio)

연간 매출원가를 평균재고자산으로 나눈 것으로서 기업의 재고자산의 회전속도 즉, 재고자산이 당좌자산으로 변화하는 속도를 나타낸다. 재고자산의 과부족을 판단하는데 가장 적합한 지표로서 일정한 표준비율은 없으나 일반적으로 이 비율이 높을수록 ① 자본수익률이 높아지고, ② 매입채무가 감소되며, ③ 상품의 재고손실을 막을 수 있고, ④ 보관료, 보험료를 절약할 수 있어 기업 측에 유리하다.

재고조사(inventory investigation)

일정시점에 있어서 남아 있는 상품을 조사하여 그 현재액을 명백히 하는 일을 재고조사라 한다. 이 재고조사에는 기말상품의 수량계산과 가격계산을 병행하여야 명실공히 정확한 기말재고액을 계산할 수 있다.

재 고 조 사 법

자산과 부채를 실제로 조사하여 그 현재액을 구하고 이때 자산과 부채의 차액으로 자본을 산정하여 대차대조표를 작성하는 방법이다.

재고조사표(inventory sheet)

장부가액과 실제가액이 다르면 장부가액을 실제가액과 일치시켜서 결산을 하여야 정확한 결산의 결과를 얻을 수 있는 것이다. 원장의 각 계정계좌의 금액을 수정하기 위하여 실제로 상품, 건물, 기계장치, 비품 등의 가치, 수량 등을 조사하는 것을 재고조사 또는 실사라고 하며, 조사한 결과를 한 표에 집합시킨 것을 재고조사표 또는 실사표라고 한다.

재공품(work in process)

제품 또는 반제품의 제조를 위하여 재공과정에 있는 것을 말한다.

재료(raw material)

제조할 때 단순히 물리적인 변화만으로 제품이 되는 것을 말한다.

재료비(cost of material)

제품의 제조를 위하여 소비되는 물품의 원가를 재료비 또는 원료비라 한다. 또한 이것은 필요에 따라 주요재료, 부분품, 보조재료, 소모공구, 기구비품으로 구분한다.

재무구조개선적립금 (reserve for financial structure improvement)

상장법인 재무관리규정에 의거하여 상장법인에 강제되는 항목으로서 자기자본비율이 30%에 달할 때까지 매사업연도마다 ① 유형자산처분이익이 유형자산처분손실과 해당 법인세 및 주민세를 초과하는 경우에는 그 초과액의 50% ② 당기순이익에서 이월결손금을 차감한 금액의 10%를 적립하도록 하고 있다. 재무구조개선적립금도 이월결손금의 보전 및 자본전입 이외의 목적에는 사용할 수 없다.

재무보고서(financial reporting)

재무정보를 수록한 보고서로서, 주로 회계보고서인 재무제표를 뜻한다.

재무분석(analysis of financial statements)

　재무제표분석 또는 경영분석이라고도 하며, 재무제표를 기초로 하여 기업의 재무상태 및 경영성과를 분석적 방법에 의하여 판단, 인식하는 방법을 말한다. 즉, 대차대조표나 손익계산서 및 이익잉여금처분계산서 등의 재무제표나 기타 회계자료에 표시된 숫자를 분석, 검토 및 비교하거나 두 숫자간의 관계를 비율로 나타내어 기업의 재무상태 및 경영성과를 과학적으로 측정하는 기법이라 할 수 있다.

재무분석의 방법

　재무분석의 방법을 크게 분류하면 먼저 비율법과 실수법으로 대별된다. 비율법이란 재무제표상의 두 가지 항목의 계수를 백분율로 산출하여 분석 판단하는 방법이며, 실수법은 기업계수를 실수 그대로 분석하고 판단하는 방법이다. 또한 이외에도 원가분석, 생산성분석, 기타 관련정보 등을 분석하여 재무분석을 더욱 충분한 자료분석으로 보충해 나간다. 오늘날의 재무분석은 비율분석법(비율법)이 많이 이용되고 있다.

재무분석의 전제조건

재무분석의 전제조건으로는 다음의 4가지를 들 수 있다.
1. 분석자료(재무제표)에 대한 판단의 한계성
2. 분석자료(재무제표)에 대한 통일성과 계속성
3. 기업 및 경제사정에 대한 지식과 필요성

4. 기타의 조건-경영규모, 입지조건, 생산방법, 조업률

재무분석의 한계

재무분석은 재무제표나 기타 자료를 분석하여 기업의 재무상태와 경영활동성과의 양부를 판단하는 방법이므로, 이들 분석자료는 어디까지나 재무제표나 기타 부속자료가 중심이 되고 있어 이들 자료에만 한정되어 있다. 그러므로 분석결과에도 필수적인 한계가 존재하게 된다.

① 인위적인 한계—재무분석의 기본요소인 재무제표의 계수가 선의이든 악의이든 분식 가감되는 경우가 있어 재무제표가 경영상태를 100% 정확하게 표시하고 있다고는 할 수 없다는 재무분석의 한계를 말한다.

② 본질적인 한계—회계숫자를 자료로 하는 재무분석이란 결국 종합적 판단이 되지 못하고 부분적 관찰에 불과하므로 이러한 점에서 재무분석은 본질적인 한계성을 가진다.

재무제표(financial statement)

모든 기업의 경영활동은 회계에 의하여 계수적으로 파악되고, 이것이 기록, 정리, 종합되어 일정한 계산양식으로 표시된다. 이와 같이 일정한 계산양식으로 표시한 것을 재무제표라 한다. 따라서 재무제표는 기업의 경영성과와 재무상태를 기업 주변의 이해관계자들에게 전달하는 수단이 된다.

재무제표에는 대차대조표, 손익계산서, 이익잉여금처분계산

서와 현금흐름표가 있다.

재무제표 공개

　기업규모의 확대와 소유와 경영의 분리에 따라 기업은 경영자 자신만의 것이 아니라는 데서 기업회계정보의 공개가 요구된다. 기업의 내용을 공개하는데 비교적 편리한 수단으로 알려져 있는 재무제표는 그 내용이 일반 이해관계자에게 알려짐에 따라 비로소 그 가치를 지니게 된다. 기업은 많은 이해관계자 집단의 이해가 복잡하게 관련을 맺고 있기 때문에 이들에게 기업내용을 공개함으로써 각 이해관계자들은 자신의 투자결정과 같은 의사결정을 할 수 있게 되는 것이다.

재무제표 부속명세서(supplementary schedules to the financial statements)

　재무제표의 부속명세서는 대차대조표나 손익계산서가 기업의 경영성과와 재무상태를 총괄적으로 표시하기 때문에 그것을 보충하여 상세히 표시하기 위하여 작성된다.

재무제표의 유용성

재무제표의 유용성에는 다음과 같은 것을 들 수 있다.
① 재무제표는 기업 등 경제적 실체의 재무상황을 기록하여 재무회계의 기초가 된다.
② 재무제표는 이해관계자의 경제적 의사결정에 유용한 정보가 된다.

③ 재무제표는 경영자가 회계정보를 관리적으로 이용하는 데에 도움이 되는 관리회계의 기초가 된다.

④ 재무제표는 이해관계자간의 이해관계의 조정을 위한 정보를 제공한다.

⑤ 재무제표는 이익배당의 기초자료가 된다.

⑥ 재무제표는 기업부채의 차입, 합병, 영업양도 또는 영업양수, 파산 또는 회사정리 등에 중요한 자료가 된다.

⑦ 재무제표는 재무분석, 기업평가의 중요자료가 된다.

재무제표의 한계

재무제표에는 여러 가지 유용성이 있지만 다음과 같은 한계가 있음을 유의하여 의사결정에 활용해야 한다.

① 일반적으로 인정된 회계원칙에 의하여 재무제표가 작성되므로, 현행의 회계기준에 대한 비판이 바로 재무제표의 한계가 되고 있다.

② 자산을 평가하는데 시가(현행가치)로 표시하지 않고 있어 화폐가치의 변동을 무시하고 있다.

③ 많은 질적 정보 또는 계량적 정보가 생략되고 있다.

④ 많은 추정이 적용된다.

⑤ 대체적 회계방법이 다수 인정되고 있다.

재무활동(financing activities)

부채와 자본에 관련된 항목으로서 여기에는 ① 현금의 차입과 상환활동 ② 신주발행 ③ 배당금의 지급활동 등과 같이 부채 및 자본계정에 영향을 미치는 거래를 모두 포함한다.

재무회계(financial accounting)

재무회계는 기업의 경영활동을 인식, 기록, 분류, 정리하여 재무제표라는 회계보고서를 기업 외부에 공표할 목적으로 작성하는 외부보고를 위한 회계이다. 즉, 이것은 재무제표 작성 중심의 회계로서 기업의 외부 이해관계자들이 합리적인 의사결정을 할 수 있도록 필요한 회계정보를 제공할 목적으로 행하여지는 회계이다. 따라서 외부 이해관계자들의 의사결정에 필요한 재무제표를 작성하는 것이 재무회계의 기본과제이며, 또한 재무회계에 의하여 작성된 재무제표는 모든 회계의 기본이 된다.

재산배당(property dividends)

대부분의 배당은 현금으로 이루어지며, 이익배당총액의 1/2을 초과하지 않는 범위 내에서 주식배당도 가능하다. 또한, 상품, 투자유가증권, 기타 현금 이외의 자산으로 배당하는 경우가 있는데, 이를 재산배당 혹은 현물배당이라고도 부른다. 재산배당은 가분성 문제와 분배의 용이성 때문에 배당을 실시하는 회사가 소유하고 있는 투자유가증권으로 이루어지는 경우가 가장 많다.

재수정 기입(readjusting entry)

재수정 분개를 원장계정에 전기하는 것을 말한다.

재수정 분개(readjusting entry)

결산일에 미수, 선수, 선불 등의 수정분개가 하여졌을 때 결산일의 익일을 일자로 하는 대체기입을 말한다. 예를 들면 전기말에 보험료에 관하여 미경과 보험료가 계상되어 이것이 당기에 이월되고 있다고 하면 이것을 당기초에 결산일 분개의 역분개를 하여 보험료에 대체된다. 재수정분개를 원장의 계정에 기입하는 것을 재수정기입이라고 한다.

재조달 가치

재화를 재조달하는 경우의 가치로 매각시가, 매각가치 또는 재조달시가, 대체원가라고도 한다. 재조달 가치가 시가기준으로 채택되는 것은 이론적으로나 실제적으로 타당하게 인정된다. 이것은 저가주의에 따른 재고자산 평가의 경우, 시가의 판정 및 화폐가치 변동이 심할 경우 재고자산의 출고가액은 이에 따른다. 또한 고정자산을 재평가하는 경우 등에도 적용된다.

재평가(revaluation)

자산을 다시 평가하는 것을 말한다. 통상 기업은 원가주의에 따른 평가법을 채용하고 있으나 인플레의 경우에는 장부가액이 부당하게 낮은가액이 되어, 특히 고정자산은 감가상각비가 낮은 취득원가에 기조하여 계상되기 때문에 자산의 실체를 유지할 수 없으므로 재평가를 필요로 한다.

또는 회사 정리법의 경우에도 자산을 재평가하는 것이 적용되어 진다.

재평가 적립금(revaluation reserve)

자산재평가법에 의하여 기업이 고정자산의 재평가를 하였을 경우의 재평가 차액은 기업의 재무건전화를 위한 배당, 이익 등에의 대체를 금지하여 자본적립금으로서 유보하는 것으로 하였다. 이것은 재평가세의 납부, 재평가자산의 매각손, 평가손의 전보, 결손전보, 자본금에의 전입 이외에는 사용하는 것이 인정되지 않는다.

재 산 법

재산법은 자본비교법 또는 재산비교법이라고 하며, 회계연도 끝인 기말에 이르러 기말자본과 기초자본을 비교하여 그 차액으로 순손익을 산정하는 방법이다.

재평가차액(revaluation gains)

자산재평가란 사업용 자산의 장부가액을 시가로 증액하는 것을 말한다.

재평가차액은 재평가액에서 재평가 당시의 장부가액을 차감하여 구한다.

재해손실(casualty losses)

풍수해, 화재 등에 의하여 고정자산이나 재고자산, 현금 등에 발생한 손실을 처리하는 계정이다. 이러한 손실은 영업활동과는 무관한 임시적 가치손실이기 때문에 당연히 특별손실로 분류한다.

저가법(valuation at cost or market)

원가법에 의한 계산액과 시가법에 의한 계산액을 대비하여 그 중 낮은 가액을 재고상품가액으로 계산하는 방법으로서 평가손실은 계상하나 평가이익은 계상치 않는다는 회계보수주의에 의한 평가방법이다. 기업회계기준과 상법에서는 저가기준에 의할 것을 규정하고 있다.

적극적 적립금(active reserves)

적극적 적립금은 자본의 영구적 증가, 즉 적극적으로 사업확장 등을 목적으로 설정하는 것으로서 그 설정목적을 달성하였어도 소멸되지 않는 것으로 여기에는 신축적립금, 사업확장적립금, 감채적립금 등이 있다.

적립금(reserve)

적립금은 이익잉여금 중에서 특정목적으로 적립되어 처분이 제한된 것으로서 법정적립금과 임의적립금이 있다.

적송품 계정(sales on consignment a/c)

적송품 계정이란 제조업자 또는 도매업자 등이 위탁판매를
위해 판매업자에게 적송한 상품을 처리하기 위한 계정이다.

적송품 매출이익

매출계산서를 수탁자로부터 받았을 때 실수금이 원가보다
클 때 그 차액을 말한다.

전 기 (posting)

분개를 계정에 옮겨 적는 것을 전기(轉記)라 한다.

전기오류수정손실
(loss on prior period error corrections)

전기오류수정이익에 대응되는 개념으로, 전년도에 발생한
사유로서 전기이전 재무제표에 대한 회계상의 오류를 수정하
는 경우 수정손실항목을 계상하는 계정이다.

전기오류수정이익
(gain on prior period error corrections)

회계기준을 잘못 적용함으로써 발생한 오류, 추정의 오류,
계정분류나 계산상의 오류, 사실의 누락 및 사실의 오용 등으
로 인하여 전기이전의 재무제표를 수정한 경우에 전기이전의
손익에 가감될 금액을 말한다.

전기이월이익잉여금

전기의 이익잉여금처분계산서의 마지막 항목인 차기이월이익잉여금으로부터 이월된 금액이다.

전문회계인(professional accountant)

회계에 대한 전문적인 직업인 즉 공인회계사를 의미한다.

전부원가계산(full costing)

제품의 생산에 소요된 모든 제조원가 또는 이것에다 판매비 및 관리비를 포함한 제품의 총원가를 계산하는 것이다. 보통 원가계산이라 하면 전부원가계산을 뜻하고 주로 재무제표의 작성에 기여하고 재고자산의 평가나 기간손익을 산정하는 데 필요한 전통적인 원가계산방법이다.

전세권(leasehold rights)

전세금을 지급하고 타인의 부동산을 그 용도에 따라 사용, 수익하는 권리로서 종전에는 무형고정자산에 속하였던 자산이다.

전신전화가입권(telephone and telex rights)

특정한 전신 또는 전화를 소유, 사용하는 권리를 말한다.

전통적 회계기능

전통적 회계기능이란 기업의 경영활동에 있어서 금전 및 기타 재산의 증감변화를 일으키는 경제적 사건을 특수한 기장방법에 의하여 장부에 기록하고 계산하는 것이다.

전 표 (slip)

거래가 발생할 때마다 그 내용을 기록하기 위한 일정형식의 지표이다. 이것에 의해서 거래의 발생사실을 타인(타부서)에게 전달하고 후일에 기장상의 증거자료가 된다.

전환권 대가(consideration for conversion rights)

전환사채를 발행할 때, 사채의 발행가액은 실제로 납입된 가액이 된다. 그러나 이 금액이 사채의 액면가액과 총이자액을 적정이자율로 할인한 현재가치를 초과할 때는, 그 초과액(납입된 가액-현재가치)을 전환사채에 부수되어 있는 전환권의 독립된 가액으로 평가한다. 이러한 전환권의 독립된 가액은 자본거래에서 발생한 납입자본금의 초과액으로 간주할 수 있기 때문에, 전환권대가과목으로 하여 자본잉여금으로 계상한다.

전환사채(convertible bonds)

주식과 교환할 수 있는 전환사채를 발행한 경우에는 사채발행 후 일정기간이 경과되어 사채권자의 의사에 따라 사채를 주식으로 전환하면 사채, 즉 회사의 부채가 자본으로 전환되는 결과를 가져온다. 상법상 주주 이외의 다른 사람에게 전환사채를 발행하는 경우에는 주주총회의 특별결의가 있어야 하며, 이 때 전환사채의 발행은 자본충실의 원칙에 의하여 액면발행에 한하여 인정된다.

접 대 비

사업상의 교제·접대에 사용한 비용을 처리하는 계정이다. 주로 거래처에 대한 접대비, 선물대, 축의금 및 기밀비 등이 이에 속한다. 세법상으로는 기업의 자본금 및 매출액의 금액에 따라 일정한도액만을 비용으로 인정하고 있다.

정기성예금(time deposit)

고정자산의 투자자산으로 분류되는 1년 이후에 만기가 도래되는 예금으로 정해진 기간내에서는 인출이 자유롭지 않다. 적금 또는 정기예금 등을 담보로 하여 대출을 받는 경우는 이들의 적금이나 정기예금과 구별하기 위해서 특정현금과 예금으로 처리한다.

정보지향적 접근법

회계를 정보이용자의 경제적 의사결정에 유용한 정보를 제공하는 것으로 보고, 회계에서 정보의 측정과 전달, 그리고 정보이용자의 의사결정에 유용한 정보의 제공을 강조하고 있다.

정리계정(adjustment a/c)

조정계정이라고도 하며, 기존의 보조원장 또는 총계정원장 중의 계정을 여러계정으로 분리하여 설정해야 할 특수원장과 총계정원장(여러 계정이 분리된 후에는 일반원장이라고 함)과의 사이에 대차관계를 조정하고 대조하기 위하여 설정되는 계정이다. 이 계정을 설정함으로써 특수원장이 된다. 예를 들면 매출처원장에 있어 일반원장계정과, 일반원장에 있어서의 매출처원장계정, 또는 비밀원장에 있어서의 일반원장계정과, 일반원장에 있어서의 비밀원장계정, 또는 본점계정과 지점계정, 본사계정과 사업부계정 등이다.

정산표(working sheet or work sheet)

결산시에 작성해야 할 시산표, 결산정리기입, 손익계산서 및 대차대조표를 한곳에 모은 것이다. 정산표에는 시산표를 결산정리기입에 의하여 수정하고, 총계정원장의 계정계산과는 별도로 대차대조표와 손익계산서를 작성할 수가 있다. 정산표에는 6위식, 8위식, 10위식 등의 정산표가 있는데, 6위식 정산표는 대차 2란을 갖는 수정후 시산표, 손익계산서 및 대차대조표의 6란으로 되고, 8위식 정산표는 6위식 정산표에 결산정리 기입의 2란을 추가한 것이고, 10위식 정산표는 보다 정밀한 정산표로 8위식 정산표의 「수정기입」란의 다음에 「수정후 시산표」를 추가한 것이다.

정산표 분석법(work sheet approach)

일정기간의 현금흐름의 변동내용을 분석하는 과정이다. 현금흐름작성에 필요한 정보를 얻기 위하여 현금의 유입과 유출을 체계적으로 규명할 수 있도록 비현금계정의 변동을 분석하는 수단이지만 이는 공식적인 장부로 인정하는 것은 아니고 또한 사용도 임의적인 것이 된다. 그러나 작성방법이 용이하므로 실무상 많이 사용하는 방법이다.

정상재고법(normal stock method)

기업이 경영활동을 원활히 수행하자면 상품 등의 재고자산을 어느 정도의 수량만큼 언제든지 보유하고 있어야 한다. 이 보유량을 기초재고량이라고 한다. 따라서 이 부분에 투하된 자금은 고정되어 있으며 기초재고상품은 고정자산과 같은 성질을 갖고 있는 것으로 생각할 수 있다. 이 기초재고상품에 대해서 항상 동일한 가액으로 평가하는 방법을 말한다. 즉, 이방법은 재고상품을 미리 기준량을 정하고, 그 부분은 기준량을 설정한 당시의 원가로 계속 평가하되 기말재고량이 기준재고량을 초과한 경우에는 그 초과분만을 선입선출법, 후입선출법 등에 의하여 평가하고, 시가가 낮은 때에는 시가로 평가하여 이것을 기준가액과 합계하여 평가액으로 한다. 반대로 기준수량에 미달한 경우에는 그 부족량을 시가에 의하여 평가하여 기준가액에서 차감하여 평가액으로 한다.

정액법(straight-line method)

유형자산의 감가상각계산시 매기 균등액을 감가상각비로 계산하는 방법과 사채할인액을 매기 균등액으로 상각하는 방법의 두 가지가 있다. 사채할인액을 이 방법에 의하여 상각하는 경우 매기의 수입이자(이 때의 수입이자는 순수한 액면가액에 대한 이자와 할인상각액이 합쳐진 것이다)는 일정액으로서 균등액이다. 그러나 장부가액(투자유가증권에서 미상각의 사채할인액을 가산한 금액)은 매기 일정액의 사채할인액이 추가됨으로써 점차 증가한다. 이로 인하여 투자자산에 대한 이익률은 변동이익률이 된다. 즉, 이익률이 일정한 것이 아니라 변동하는 것이다.

유형자산을 정액법으로 감가상각하는 경우 다음의 산식에 의한다.

(취득원가－잔존가치)÷내용연수

정액자금 전도제(imprest system)

서무계에서 소액현금을 전도함에 있어서 필요에 따라 수시로 보충·지급하는 방법도 있으나, 가장 좋은 방법은 1개월 또는 일정기간의 지급에 충분하다고 인정되는 일정금액을 수표로 서무계에 전도하고, 서무계로 하여금 소액의 지급에 충당하도록 하고, 월말 또는 기말에 소액현금지급액을 보고하게 하여 그와 동액의 금액을 수표로 지급하는 방법이다.

정률법(fixed rate charge method, declining-balance method)

유형자산의 미상각잔액(장부가액=취득원가-감가상각누계액)에 일정한 상각률을 곱하여 감가상각비를 계산하는 방법이다.

$$r = 1 - \sqrt{\dfrac{\text{잔존가치}}{\text{취득원가}}},$$

감가상각비 = 미상각잔액×상각률(r)

제(諸)예금계정(sundry deposits a/c)

당좌예금 외에 정기예금, 정기적금, 통지예금, 보통예금 등 각종 예금의 예입과 인출은 각 예금의 종류별로 각각 계정을 설정하여 처리하는 것이 원칙이나 예금액이 많지 않을 때에는 제예금계정을 설정하여 함께 처리하고 보조부에서 상세히 기록함이 편리하다. 제 예금 중 대차대조표 작성일로부터 1년 이내에 만기가 도래하는 것은 유동자산 중 제예금계정에서 처리하고, 1년 이후에 만기가 도래하는 것은 투자자산으로 분류·처리한다.

제조간접비계정(manufacturing indirect charge a/c)

제조과정에서 소비된 간접비를 집계하기 위하여 설정하는 계정이다. 간접원재료비, 간접노무비, 간접경비를 원재료계정·노무비계정·경비계정에서 제조간접비계정의 차변에 대체 기입하고, 원가계산 기말에 이 제조간접비를 제품의 제조원가에 배부할 때에 제조간접비계정의 대변에서 제조계정의 차변으로 대체한다.

제조계정(work in process a/c)

　제품의 제조원가를 집계·계산하기 위한 계정으로 제조계정이라고도 한다. 제조간접비를 제품의 제조원가에 배부할 때에 제조간접비계정의 대변에서 제조계정의 차변으로 대체한다. 재공품의 기초재고액과 직접원재료비, 직접노무비, 직접경비, 제조간접비를 제조계정의 차변에 기입하고 제품이 완성된 때 당기 중 완성한 제품의 제조원가를 재공품계정의 대변에 기입하여서 제품계정의 차변에 대체한다.

제조원가(cost of goods manufactured)

　직접원가에 제조간접비를 더한 것이다. 여기서 직접원가는 직접재료비와 직접노무비, 직접경비를 더한 것을 말한다.

제 품 (product)

　제조업에서는 매매업에서 상품을 매입하여 그대로 전매하는 것이 아니라 원재료를 제조과정에 사용하기 위하여 매입하여 제조과정을 거쳐 완성된 상품을 판매하는데, 이를 제품이라 한다.

제품계정(finished goods a/c)

　매매업에서 쓰이는 상품계정과 비슷한 것으로 제품의 증

감·변동을 기록하는 계정으로서 그 증가를 차변에, 그 감소를 대변에 기입한다.

조별상각(group depreciation)

유형자산에 대해 감가상각비를 계산하는 경우 동종의 유사한 자산을 일괄하여 상각하는 것을 말하다.

조합기업회계

영리회계가 응용되는 기업의 종류에 따라 나누어진 것으로 생산주체의 하나인 조합기업의 회계를 말한다. 계산기구는 복식부기의 원리에 따라 형성된다.

조합매매(joint venture)

두 사람 이상의 상인이 일시적으로 일정한 약정하에 조합을 맺고 상품을 매매하여 이것에서 생기는 이익을 공동으로 분배 또는 손실을 공동으로 분담할 것을 약정하고 상품매매를 하는 것을 조합매매라 한다. 조합매매를 처리하는 데에는 조합원 각자가 조합매매계정 또는 상대조합원의 이름을 붙인 조합매매계정을 설정하여 조합에 관한 대차관계를 각각 기입한다. 이 계정의 차변에는 조합에 대한 현금 또는 상품의 제공액 및 대신 지급액을 기입하여 조합에 대한 당점의 채권을 표시하고, 그 대변에는 매입자금의 수입액과 조합상품의 매출액 등의 예수금을 기입하여 조합에 대한 당점의 채무를 표시

한다. 그리하여 조합매매종료로 자기가 분담한 손익액이 판명
되면 이것을 조합매매계정과 조합매출손익계정에 기입한 다
음, 조합매매계정의 잔액은 각각 상대편 인명계정에 대체해
둔다.

조합주임(manager)

조합매매상 매매를 담당하는 자를 조합주임이라고 하고, 조
합에 관한 사항을 모아서 조합매매계산서를 작성하고 매출손
익과 그 분배를 분명히 하여 각 조합원의 대차관계를 알려야
한다.

종합상각법(composite or group depreciation)

유형자산의 수량이 많은 경우, 각 자산마다 개별적으로 일
일이 감가상각비를 계산하게 되면 업무량이 방대하여 시간
적·경제적으로 그리 바람직하지 못하다. 따라서 여러 유형자
산을 일괄적으로 묶어서 상각하는 방법을 종합상각이라고 한
다. 이 방법의 적용시에는 먼저 종합내용연수를 구하고, 이
연수를 기초로 하여 상각률을 산정한 후 전체 감가상각대상
액에 대한 연도별 감가상각비를 계산한다.

종합예산(master budget)

보통 예산위원회에 의하여 작성되고 부문예산을 통합하여
사업의 전체를 포괄하는 하나의 예산을 작성하는 것을 말한다.

각 부문이 작성한 부문예산만을 조정·통합하여 종합예산으로 편성하는데, 이 단계에서 부문예산 상호간의 조정 및 전시적인 목표와 부문목표의 조정이 중시된다.

종합원가계산(process cost system)

제품을 계속적으로 대량생산을 행하는 기업에서 사용되는 방법으로 원가계산기간에 발생한 총원가를 그 기간의 총생산량으로 나누어 제품단위당 원가를 산정하는 방법이다. 종합원가계산이 행해지는 경우에도 제품이 단일제품일 경우에는 단순종합원가계산이 되고 제품이 두 개 이상인 경우에는 조별종합원가계산이 된다. 등급별 종합원가계산은 원가의 제1차 파악은 단순종합원가계산과 같이 하고 그후에는 종합원가를 각 등급제품에 안분하는 것이다. 또한 종합원가계산에는 공정별로 계산하는 경우가 있어 전부원가의 공정별 계산의 가공비만의 공정별계산을 행하는 경우도 있다.

주당경상이익(ordinary income per share)

주당경상이익은 경상이익을 발행주식보통주로 나누어 계산한다. 손익계산서의 당기순이익에 주당경상이익과 주당순이익을 주기하고 그 산출근거를 주석으로 기재해야 한다. 주당경상이익과 주당순이익간에는 단지 어떤 이익수치를 이용하느나 하는 차이 밖에 없다.

주당순이익(net income per share)

주당이익은 주식을 평가할 때 가장 기본이 되는 자료로서, 발행주식 1주당 순이익이 얼마인가를 나타내는 수치이다. 일반적으로 주당순이익이 클수록 그 기업의 주식가격은 높다.

주당순이익＝(순이익－우선주배당금)／가중평균보통주

주식발행초과금
(paid-in capital in excess of par value)

주식을 액면가 이상으로 발행했을 때 발행가액과 액면가액의 차액, 즉 발행가액이 액면가액을 초과하는 부분으로 주주가 회사에 납입한 것이기 때문에 실질적으로 자본금과 다를 바가 없는 전형적인 자본잉여금이다.

주식배당(stock dividends)

신주를 발행하여 이익을 배당하는 것으로서, 상법상 이익배당 총액의 1/2에 상당하는 금액을 초과하지 못하도록 하고 있다. 주식배당이 선언되면 주주들은 자신이 보유하고 있는 주식수에 비례해서 새로운 주식을 추가적으로 분배받지만, 기업측에서는 외부로 유출되는 자산은 없고 발행주식수만 증가된다. 따라서 주주들이 기업에 대하여 갖고 있는 지분비율이나 기업의 자산 및 부채에는 전혀 변화가 없으며 주주지분의 세부항목으로 재분류한 것에 불과하다. 주식배당의 회계처리 방법에는 시가법과 액면법이 있다.

주식청약(stock subscription)증거금

모집설립이 발기설립과 다른 점은 발기인의 주식인수 이외에 주식모집을 금융기관에 의뢰하여 주식청약을 받게 된다. 또한 회사 설립이후 자본금을 증자하는 경우에도 주식청약을 받고 주식청약증거금을 받게 된다. 응모주식이 공모예정주식보다 많을 때는 이를 할당하여 배정하게 되며 주식을 인수하게 한다. 이 때 배정된 금액을 초과하는 청약증거금을 반환하게 된다. 주식인수자는 납입가액을 납입해야 한다. 이 때 주식 청약증거금은 후일 발행주식의 납입에 충당하게 된다. 이 때 청약기일이 경과된 신주청약증거금 중 신주납입증거금으로 충당될 금액은 자본금 다음에 그 내용을 나타내는 과목으로 표시하고 만약 소정기간내에 납입하지 않을 때에는 청약증거금을 반환하거나 몰수하게 된다. 이때 반환해야 될 주식청약증거금은 유동부채이며, 몰수증거금은 자본잉여금의 일종이 된다.

주식할인발행차금(discounts on stocks issuance)

회사가 설립 2년 이후에 신주식을 액면가액 이하로 할인발행하였을 경우 액면가액과 발행가액과의 차액을 말한다. 주식을 할인발행하는 경우에는 3년내의 매결산기에 평균액 이상을 상각하도록 규정하고 있으나, 기업회계기준에서는 이것을 이연자산에서 제외하여 자본조정항목으로 기재하도록 하고 있으며, 주식발행연도부터 3년 이내의 매결산기에 매기균등액을 상각하도록 규정하고, 동 상각액은 이익잉여금 처분으로 한다. 다만 처분할 이익잉여금이 부족하거나 결손이 있는 경우에는 차기 이후 연도에 이월하여 상각할 수 있도록 하고 있다.

주식회사(corporation)의 설립

주식회사의 설립에는 상법의 규정에 의하여 발기인만으로 설립하는 발기설립과 발기인이 일부 인수하고 잔액을 공모하여 설립하는 모집설립의 두가지가 있다. 주식회사는 설립시 3인 이상의 발기인이 있어야 하며, 설립시에 회사가 발행할 주식의 1/4 이상을 발행하여 전액 납입하여야 한다. 나머지는 회사 설립 후 필요에 따라 이사회의 결의에 의하여 발행할 수 있다. 이러한 주식회사의 자본조달제도를 수권자본제도라 한다. 발기 설립시에는 검사인의 조사와 회사의 이사와 감사의 설립경과 조사절차를 밟아 그 조사완료일로부터 2주 이내에, 모집설립시에는 창립총회 종료일로부터 2주 이내에 관할 법원에 설립등기를 함으로써 회사가 성립된다.

주요부(principal or main books)

이는 복식부기에 있어서 없어서는 안될 기본적인 장부로, 여기에는 모든 거래를 발생순서대로 분개해서 기록하는 분개장 또는 전표와 이들의 분개를 전기할 계정과목이 집합되어 그 계정의 증감을 기록하는 총계정원장이 있다.

중급회계(intermediate accounting)

회계원리보다 높은 수준의 과목으로, 복잡하고 상세한 회계처리의 문제를 다룬다. 회계원리보다 이론적 설명도 강화된다. 계정과목별 회계처리와 재무제표의 작성이 중심이 되고, 특수한 회계문제로 인플레이션 회계·리스회계·법인세배분 등이 다루어진다.

중요성의 원칙(principle of materiality)

회계처리와 재무제표의 작성에 있어서 과목과 금액은 중요성에 따라 실용적인 방법에 의하여 결정하여야 한다. 계산의 정확, 그것은 계산하는 과정에서는 대단히 중요한 것이지만 일단 정확한 계산으로 입증만 되면 그 후에는 중요성의 입장에서 표시하는 것이 가능하다.

중요성과 실용성은 서로 상반되는 개념으로 과목과 금액이 중요한 경우에는 반드시 재무제표에 반영 표시하여야 한다. 그와 반대로 과목과 금액의 분류, 표시에 있어 경제성이나 실용적인 면에 비추어 중요하지 아니하면 이를 통합하여 표시해도 좋다.

중위수법(method of the median)

다수기업으로부터 동종비율을 구하여 각 기업의 비율을 대소의 순위에 따라 나열하고 그 숫자 중에서 중앙의 수치를 표준비율로 하는 방법이다.

증빙기입장(voucher register)

상품·재료의 매입, 소모품의 구입 또는 용역의 수입 등의 거래를 각 거래마다 기록하고 그 채무를 확인하여 채무지급 시마다 기록을 하는 회계제도이다. 거래마다 증빙이 작성되고 증빙에 의해서 채무의 발생과 지급이 기록된다. 따라서 거래가 불특정다수이고, 지급이 거래마다 정하여지는 때에 적당한 장부이다.

증 빙 지 급 장

상품, 재료, 소모품의 구입 및 용역의 수입 등의 거래와 이에 따르는 채무를 기록하는 것이고, 증빙에 기입된다. 그것은 통상 특수분개장으로서 이용되는 것인데 동시에 매입처원장에 타 미지급원장도 겸할 수 있는 것이다. 증빙지급장에 기입된 기록 하나하나는 보조원장이 각 인명계정에 상당하는 것으로 지급기입도 행해지는 것이므로 지급란이 미지급, 미기입인 것은 미지급채무라는 뜻이 된다.

증 자 (capital increase)

회계상 증자는 실질적 증자와 형식적 증자로 구분되며, 실질적 증자는 자본금의 증가만큼 자산이 증가하는 것을 말한다. 형식적 증자는 자본금은 증가하지만 이에 해당하는 자산은 증가하지 않는 것으로 자본잉여금이나 이익잉여금의 자본전입에 의하거나, 전환사채를 주식으로 전환하는 경우에는 자본금은 증가하나 이에 상당하는 자산은 증가하지 않는다. 잉여금의 자본전입에 의한 증자시 발행되는 주식은 기존주주들의 주식수에 비례하여 배분하게 되며, 주식금액의 납입 등 특별한 대가없이 발행·교부하므로 이를 무상증자라고도 한다.

지급어음계정(bill or notes payable a/c)

어음상의 채무는 약속어음의 발행과 환어음의 인수에 의해서 발생하는데 이를 지급어음계정으로 처리한 후 기말결산시 매입채무계정으로 대체한다. 지급어음은 각각 매입처와의 사이에 통상의 영업거래에 의하여 발행한 어음을 처리하는 것이 보통이다. 고정자산 또는 유가증권, 기타자산의 구입과 관련하여 발행하는 어음도 지급어음에 포함해서 처리하는 것도 인정되지만, 일반적으로 미지급금계정에 포함하여 처리한다.

지급어음기입장(notes receivabie book)

어음상의 채무를 상세히 기입하기 위한 보조부를 지급어음기입장이라고 한다. 어음기입장을 보조부로 이용할 때 어음상의 채무의 명세에 의한 어음대금의 지급일을 파악하는데 편리하다. 또한 자금관리의 목적에서 만기일자별로 구분하여 정리하는 보조부를 사용하기도 한다.

지 급 증 빙

증빙(지급표)은 상품의 매입, 기타의 거래를 기록하고 그

채무의 발생을 확인하여 그 지급을 기록하는 하나의 원시전
표이다. 이것은 거래마다 작성되며, 거래담당자, 거래증빙과의
대조자, 기타의 책임자의 날인에 의하여 기록을 명백히 하고
지급란은 그 일자와 수표번호를 기입한다.

지급증빙계정

지급증빙(지급표)계정은 증빙이 기입된 거래의 채무를 기
록·계산하는 총계정원장의 총괄계정이다. 지급증빙계정의 차
변전기는 현금출납장의 지급증빙계정 특별란에서 일정기간
말에 통합전기되어야 한다. 이 계정의 대변잔액은 미지급금의
잔액을 표시한다.

지배회사(parent company)

다른회사 발행주식총수의 과반수이상의 주식을 소유하는
방법 등으로 지배권을 가지고 있는 회사를 말한다.

지분풀링설(pooling of interest method)

인격합일설 또는 인격승계설이라고도 한다. 지분풀링설은
합병회사가 피합병회사의 권리·의무를 포괄적으로 그대로
승계하여 합병회사와 피합병회사 간에 인격의 계속성을 인정
하는 견해이다. 따라서, 합병회사가 피합병회사로부터 승계하
는 자산·부채 및 자본(지분)은 장부가액으로 기록되며, 이때
발생하는 합병차익은 납입잉여금처럼 포괄적으로 파악되는

것이 아니라, 각종의 잉여금의 형태로 구성되어 그 구성요소에 따라 분리 계상된다. 합병차손은 자본잉여금의 감소로 처리한다.

지수법(index method)

분석목적에 따라 주요 재무비율을 선정하고, 선정된 재무비율에 가중치를 부여하여, 각 주요비율을 이에 대응되는 표준비율로 나누어 관계비율을 계산하고, 관계비율을 가중치로 곱하여 가중평균지수를 계산한다.

이를 합산하여 기업의 종합평점을 산출하여 이 종합평점이 100점 이상이 되면 그 기업의 평가는 양호한 것으로 평가한다. 이 지수법에는 월(A·Wall)의 지수법이 많이 사용된다.

지점계정(branch office a/c)

본·지점간의 거래는 그것에 의해 발생하는 대차관계를 지점계정 또는 본점계정으로 처리한다.

직접법(direct approach)

감가상각 기장방법의 하나이다.

매기의 감가상각액을 고정자산계정의 대변에 기입하여 고정자산 원가에서 직접 차감하고 동시에 감가상각비계정의 차변에 기입하는 것이다. 이 방법에 의하면 각 고정자산계정의 잔액은 당해 시점의 고정자산의 장부가액을 그대로 표시한다

는 장점이 있으며, 반면에 고정자산의 취득원가와 그 시점까
지의 상각누계액을 알 수 없는 단점이 있다.

이연자산과 무형자산의 경우에만 직접법에 의하여 상각처
리한다.

진부화 적립금(reserve for obsolescence)

감가상각의 계산에 포함하지 않는 급격한 진부화 예를 들
면, 기계의 급속한 발명이나 개량에 따라 종래의 설비가 예기
치 못할 정도로 빨리 진부화하는 등의 경우에 대비하여 설정
하는 사내유보이다. 임의적립금의 하나가 된다.

집합손익계정(profit and loss summary a/c)

기말에 순손익을 산출하기 위하여 수익·비용에 속하는 계
정을 집합시킨 것을 손익계정 또는 집합손익계정이라 한다.
즉, 수익에 속하는 계정의 잔액을 당해계정의 차변에 기입하
여 마감함과 동시에 손익계정의 대변에 대체하고, 비용에 속
하는 계정의 잔액을 당해계정의 대변에 기입하여 마감함과
동시에 손익계정의 차변에 대체한다.

ㅊ

차량운반구(delivery equipment or vehicles)

차량운반구란 육상 운송에 사용되는 자동차, 오토바이, 자전거 등으로 이를 취득했을 때에는 구입대금과 제부대비용을 차량운반구계정 차변에 기입한다.

차 변 (Debtor)

계정의 왼쪽을 차변, 오른쪽을 대변이라 한다. 이 용어는 회계가 발달한 당초에 있어서, 기업이 타인과의 사이에 대차관계가 생기면 이들 채권·채무를 기장하기 위하여 상대방의 인명을 과목으로 한 계정에 이 두 용어를 사용한데서 유래한다.

오늘날 이 차변·대변이라는 용어는 당초에 지녔던 고유의 의미를 상실하고, 다만 왼쪽과 오른쪽을 가리키는 단순한 계정의 부호로써 사용하게 되었다.

차입금(loan payable)

차입금은 현금을 차입한 채무로서 대여금과 마찬가지로 14년 기준에 의하여 단기차입금과 장기차입금으로 구분된다. 그리고, 차입금에 따르는 이자는 따로 이자비용계정으로 처리한다.

차입(借入) 유가증권(securities borrowed)

유가증권을 증권회사 등에서 차입한 경우에는 액면 또는 시가로 보관유가증권계정의 차변과 차입유가증권계정의 대변에 기입한다. 한편, 담보물이나 보증금으로 맡은 때에는 역시 액면 또는 시가로 보관유가증권계정의 차변과 예수유가증권계정의 대변에 기입한다. 따라서, 보관유가증권계정과 차입유가증권계정, 그리고 보관유가증권계정과 예수유가증권계정은 각각 대조계정이 된다.

차입(差入) 유가증권(pledged securities)

유가증권을 대여한 경우에는 장부가액으로 대여유가증권계정의 차변에, 담보물이나 보증금으로 제공한 경우에도 역시 장부가액으로 예치 또는 차입유가증권계정의 차변에 대체하여 소유하고 있는 유가증권과 구별한다.

차지권(land use rights)

차지권이란 임차료 또는 지대를 지급하고 타인이 소유하는 토지를 사용·수익할 수 있는 권리이다. 여기에는 지상권이 포함되는데, 지상권이란 타인의 토지에서 공작물 또는 수목을 소유하고자 그 토지를 사용하는 권리를 말한다. 차지권 또는 지상권에 대한 상각년수는 법으로 규정되어 있지 않으므로

계약에 의한 사용기간에 걸쳐 정액법으로 균등상각하여야
한다.

차 환 (refunding)

이미 발행된 사채를 상환하기 위하여 새로운 사채를 발행
하는 것을 사채의 차환이라고 한다. 차환의 목적은 구사채를
상환하기 위하여 신사채를 발행하는 경우와 사채의 이자율을
인하하여 장래의 자금코스트를 낮추기 위한 경우가 있다. 차
환의 시기에 대해서는 만기 전의 차환과 만기 후의 차환이
있다.

창업비(organization costs)

창업비는 주식회사의 설립에 소요된 제경비, 즉 정관작성
비, 주식모집비, 설립사무소비, 설립등기비용과 발기인의 보수
등을 말한다. 창업비는 창립비 또는 설립비라고도 하여 회사
설립의 준비와 회사조직의 존립에 필수불가결한 기초적 지출
을 의미하고 우리나라에서는 상법의 규정에 따라, 그 계산액
을 정관에 기재하여 창립총회의 승인을 얻어 회사의 부담으
로 하고 있다.

채무면제이익(gain on condoned liabilities)

이것은 주주 또는 주주 이외의 사람으로부터 채무를 면제
받는 경우에 발생하는 것으로서 일반적으로 결손의 보전을

위해서 행하여진다. 이러한 결손을 보전하기 위한 채무면제이익은 자본거래의 하나로서 자본잉여금에 속한다.

청산배당(liquidation dividends)

회사가 이익잉여금의 잔액을 초과하여 배당을 하는 경우가 있다. 이와 같이 이익잉여금잔액을 초과하여 배당하는 것을 청산배당이라고 하는데, 이것은 이익의 배당이라기보다는 주주가 불입한 자본을 환급하는 것이라고 볼 수 있다. 따라서 청산배당액은 이익잉여금계정이 아니라 자본잉여금계정에 차기한다. 청산중인 회사가 그 자산을 주주에게 배분하는 것이 전형적인 청산배당이다.

총계기준(total inventory basis, aggregate basis)

유가증권의 시가는 수시로 변동하므로 장부가격이 실제가격과 일치하지 않는 경우가 많다. 따라서, 결산시에 유가증권을 시가에 맞추어 평가하지 않으면 안된다. 총계기준이란 유가증권을 평가함에 있어 보유하고 있는 유가증권의 전부, 즉 총금액을 기준으로 평가하는 것을 말한다.

총계정원장(general ledger)

총계정원장은 기업경영상 필요한 자산.부채.자본 및 손익에 관계되는 모든 계정을 개설한다. 즉, 기업경영상 증감되는 변화가 모든 계정에 총괄적으로 기입되어서, 이 각 계정에 기입처리된 것을 관찰함으로써 총계정원장은 경영성과와 재무상태를 알 수 있는데 필요한 자료를 제공하는 것으로 복식부기의 중심이 되는 가장 중요한 장부이다. 모든 계정을 포함하기 때문에 총계정원장이라 하며, 단순히 원장이라고도 한다.

총 기 법

　분기법의 단점을 피하기 위하여 상품계정의 차변에는 매입원가를 기입하고, 대변에는 매출액을 기입하여 처리한다. 여기서 매출액이라 함은 상품의 매입원가에다 매출이익을 가산한 금액이다. 따라서, 상품계정에는 자산과 손익이 혼합되어 있으므로 혼합계정이라 하고, 이런 처리방법을 총기법이라고 한다.

총액법(gross method)

　총액법은 손익계정의 매출손익을 산정하는 방법으로, 그 절차는 다음과 같다.
　① 기초상품재고액을 이월상품계정으로부터 매입계정에
　② 기말상품재고액을 매입계정에서 이월상품계정에 대체함으로써 매입계정에서 매출원가를 계산한다.
　③ 매입계정으로부터 매출원가를 손익계정 차변에
　④ 매출계정으로부터 순매출액을 손익계정 대변에 대체하여, 매출원가와 매출액을 대응시킨다. 이월상품계정은 자산계정으로 차기이월액이 기입된다.

총액기준원칙

이것은 총계주의원칙이라고도 하며 수익과 비용, 자산과 부채는 총액에 의하여 기재함을 원칙으로 하고 수익항목과 비용항목 자산과 부채 등을 직접 상계함으로써 그 전부 또는 일부를 손익계산서 또는 대차대조표에서 제외하여서는 아니된다는 원칙을 말한다.

총액표시의 기준

총액표시는 손익계산서와 대차대조표에 공통으로 적용되는 원칙이다. 즉 자산과 부채 및 자본은 서로 상계함으로써 그 전부 또는 일부를 제외하고 표시하여서는 안된다는 것이며 부득이 상계시켜야 할 것이 있을 경우에는 차감형식으로 표시하여야 한다는 것이다.

총액표시는 대립항목에 대한 상계금지 그리고 조정항목에 대한 상계금지로 그 내용을 구분할 수 있다.

총자본이익률 (profit ratio of total liabilities and net worth)

기업수익이라고도 불리우며 사용 총자본 이익률이라고도 한다. 이 비율은 년간 순이익에 지급이자와 할인료 등의 금리를 더한 것을 기초, 기말의 평균 총자본액으로 나누어 구하게 된다. 총자본 이익률은 기업에 의하여 달성된 경영업적의 정도를 나타낸 것이며 기업에 속한 산업부문, 업종 또는 자기자본과 타인자본의 구성비율 등에 의하여 상당한 차이가 있다.

총자본 회전률
(turnover ratio of tatal liabilities and net worth)

연간의 순매출액을 그 기간의 총자본 평균액으로 나누어 계산하는 율을 말한다. 이것은 총자본의 이용도를 나타내며 회전률이 클수록 좋으나 순매출액 대신에 매출원가를 채용하면 더욱 명료하다.

총 재 산

부기상의 재산을 의미하며 자산 및 부채를 포함한다. 즉 부채를 마이너스 또는 소극적 재산으로 하고 자산을 플러스 또는 적극적 재산으로 한 이들 전체를 총재산이라 한다.

총평균법(total average method)

총평균법은 일정기간의 매입합계액을 동일기간의 매입수량의 합계로 나누어서 단가를 계산하는 방법으로 평소의 매출시에는 단지 수량만을 기록하여 두었다가 기말에 평균단가를 인도란에 추기(追記)한다. 이 방법에 의하면, 극단적인 매입가액의 차이를 적게 하며, 그 계산이 간편하다는 장점이 있으나, 일정 기간이 경과하지 않으면 평균단가의 계산이 불가능하므로, 단지 재고품의 기말재고가액을 결정하는 데 기여한다는 것뿐이다.

종합상각(composite depreciation)

여러 고정자산을 일괄적으로 묶어서 상각하는 방법을 종합상각이라고 하는데 이 경우 다른 종류의 자산을 한테 묶어서 상각할 때는 이를 총합상각이라고 한다.

최종매입원가법(last purchased cost method)

이는 재고상품에 대하여 사업년도가 끝나는 날로부터 가장 가까운 일자에 취득한 구입단가로써 보유재고상품을 평가하는 방법이다. 이 방법은 그 목적이 기말재고자산을 평가하는 데 있고, 매출 또는 출고품의 단가를 산정하는데 있는 것이 아니다. 그러므로, 하나 하나의 매출상품의 원가를 계산할 때에는 적용할 수 없고, 상품의 수불을 계속적으로 일일이 기록하는 상품재고장을 생략하는 경우에 이용되며, 이 때에는 다만 기말에 이르러 상품재고를 실제조사해서 최종매입원가로 평가하면 된다.

추심위임배서

소유하고 있는 어음의 대금추심을 거래은행에 의뢰하는 경우가 있다. 이때 어음 뒷면에 배서하여 추심의뢰를 하는 것을 추심위임배서라 한다. 이 경우에는 대금추심을 의뢰하였을 뿐, 어음상의 채권은 소멸된 것이 아니므로 어음계정에 기입하여서는 안된다. 그러나, 만기일에 은행으로부터 추심완료의 통지를 받았을 때에는 받을어음계정 대변에 기입하여 감소시켜야 한다.

출 금 전 표

지급전표라고도 하며 많이 사용되는 전표의 하나로 취급과 기장상의 오류를 방지하기 위하여 푸른색으로 인쇄된 것을 사용하는 것이 일반적이다.

출자금(other equity investments)

조합, 합명, 합자, 유한회사 등 주식회사 이외의 기업에 자본출자를 한 것을 말한다. 형식적으로 투하자본이 증권화되어 있지 않을 뿐 주식투자와 같다.

충당금(allowances)

충당금이란 본래의 당기수익 또는 기업의 계속적 유지에 관련하여 발생하는 것으로 그것이 장래에 명백히 되는 것이나 당기의 수익에 부담시키는 것이 기간손익계산상 필요한 비용에 대하여 설정되는 것이다. 즉, 충당금의 설정목적은 ① 기간적으로 수익과 비용의 대응을 합리적으로 하기 위하여(예 : 대손충당금), ② 비용의 기간적 부담을 합리적으로 하기 위해서이다(예 : 수선충당금, 퇴직급여충당금 등).

충당금의 분류

충당금은 대개 다음과 같이 분류하고 있다.
① 평가성충당금 : 대손충당금, 감가상각충당금 등
② 부채성충당금 — 유동부채에 속하는 것 : 수선충당금, 납

세충당금 등
　― 고정부채에 속하는 것 : 퇴직급여충당금,
　특별수선충당금 등

충분성의 원칙

충분성의 원칙은 중요한 회계처리기준.과목 및 금액에 관하여는 그 내용을 재무제표상에 충분히 표시하여야 한다는 것이다. 기준은 중요한 부분에 대하여 보충적으로 설명할 주기와 주석을 많이 요구하고 있다. 이와 같은 주기와 주석은 재무제표를 작성한 중요한 기준, 과목과 내용에 대한 것을 기재하는 것으로 이것이 바로 기업회계기준의 충분성의 원칙에 입각한 보조적 설명사항이 되는 것이다.

취득가액(original cost)

이것은 기초원가라고도 하며 자산의 최초의 구입가격 또는 자가제작이나 건설의 경우 제조원가 또는 건설원가에다 목적에 맞게 사용가능하도록 하는데 소요된 일체의 부대비용을 합계한 금액이다. 또한 고정자산 취득 후에 발생되는 수선비 등의 자본적 지출도 취득원가에 가산한다.

취득원가(acquisition cost)

회계 및 부기상 기록의 기초가 되는 가액을 말한다. 취득원가는 매입가액 또는 제조원가와 이에 관련된 부대비용의 합계액이다.

측 정 (measurment)

수익, 비용의 금액을 계산하는 것을 말한다. 즉 수익, 비용의 인식이 있으면 그 금액적 크기가 측정되어 이에 회계의 직능이 달성된다.

측정경비(測定經費)

소비량을 측정할 수 있는 경비를 말한다. 전력료, 가스요금, 수도요금과 같은 경비는 소비량을 계량기 등에 의하여 측정할 수 있다.

칙허회계사(chartered accountant)

영국칙허회계사협회의 회원인 공인회계사를 말한다. 입회자격규정이 매우 엄하다. 최종시험에 합격하여 입회조건을 충족한 자는 준회원으로서 입회하여 다시 5년간 스스로 회계사의 업무에 종사하면 정식회원이 될 수 있다.

친회사(parent company)

다른 회사 발행주식의 50%를 넘게 소유하고 있는 회사를 말한다. 자회사를 지배하고 있는 회사이다. 친회사와 자회사의 용어는 상법상의 용어이기는 하지만 재무제표를 작성할 때에는 연결재무제표가 된다.

ㅋ · ㅌ

카드식 장부(card system)

일정 양식의 카드에 거래를 기록하여 이 카드를 일정의 카드함에 넣어서 장부의 기능을 가지게 하는 것이며, 비장정장부의 일종이다.

타인자본(borrowed capital)

차입자본 또는 부채라고도 불리운다. 기업에 투입되어 있는 자본가운데 기업주가 스스로 투입하지 않고 타인으로부터 차입한 자본부분을 말한다. 자기자본은 주식에 의하여 조달되지만 타인자본의 내용은 매입금, 지급어음 등의 단기타인자본과 사채, 차입금 등의 장기타인자본으로 나누어진다. 타인자본의 용어를 부채와 구별하여 쓰는 것은 이것들이 자기자본과 같이 자금적입장에서는 기업자본의 일부라고 하는 사고방식에 기초한 것이다.

타인자본 회전율(turnover ratio of total liabilities)

타인자본의 이용도를 나타낸 비율이다. 다음의 식으로 계산된다. (연간순매출액 / 타인자본 평균재고액)×100, 타인자본은 이 경우 부채로서 대차대조표에 계상된 것을 사용한다. 그러

나 타인자본회전율 만으로는 자본의 이용도를 파악하는데에
는 불충분하며 자기자본회전율 또는 총자본회전율과 병합관
찰하는 것이 좋다.

토 지 (land)

　영업용으로 취득한 사무소, 점포, 공장, 창고 등의 부지 및
임야, 전답, 잡종지 등을 구입한 때에는 토지계정의 차변에
기입한다. 토지의 취득원가는 토지대금 이외에 중개인의 소개
료, 취득세, 등록세, 개량비 등 토지를 구입하여 이용할 수 있
을 때까지 소요된 모든 지출금액을 포함한다. 토지는 다른 유
형자산과는 달리 사용 또는 시간의 경과로 가치가 감소하지
않고, 물가상승에 의하여 그 가치가 증가하는 것이 보통이므
로 감가상각을 행하지 않는다.

통제계정(controlling a/c)

　매출채권계정이나 매입채무계정처럼 한 계정이 보조부를
가지며, 이 보조부에 설정된 많은 인명계정을 통제하는 구실
을 하는 계정을 통제계정 또는 통괄계정이라 한다. 이러한 통
제계정은 단순히 여러계정을 통합한 대(大)과목이라는 것이
아니라, 보조원장의 각 계정에 기입되는 금액이 모두 기록되
어 그 합계가 보조원장의 각 계정과 조합되는 관계가 있는
것을 특색으로 하고 있다.

통지예금(deposit at notice)

예입한 후 7일간 거치하여, 인출할 때까지 일정기간(통상 7일)의 여유를 두고 예고하여야 하는 규정을 두는 예금을 말한다. 1계좌의 최저예입액이 정하여져, 예입한 때 은행에서는 증서 또는 통장을 발행한다.

통화대용증권(currency equivalents)

회계에서 현금계정으로 처리되는 것에는 은행권과 같은 법정통화뿐만 아니라, 타인발행의 수표, 자기앞수표, 송금수표, 우편환증서, 대체저금출급증서, 공사채의 만기이자표 등 언제나 현금과 교환할 수 있는 것을 포함한다. 이와 같은 증권을 통화대용증권 또는 현금대용증권이라 한다.

퇴직급여(retirement allowance)

기업이 퇴직금지급에 대비하여 매기 퇴직급여충당금을 설정하고 비용에 배분하는 동 충당금의 전입액을 말한다. 기업회계는 퇴직시 지급하는 퇴직금의 지급 의무를 그 지급의 원인발생, 즉 근로의 제공기간에 귀속시켜 비용으로 인식하는 발생주의 절차를 취하게 된다. 따라서 퇴직급여충당금을 부채로 설정하면서 비용의 당기배분으로 동 충당금설정액을 계상하고 실제 퇴직시 퇴직급여충당금이 설정되어 있으면 퇴직급여충당금과 상계하게 된다.

퇴직급여적립금(reserve for pension fund)

임·직원의 퇴직때에 지급되는 퇴직금의 지급에 충당키 위하여 적립한 이익잉여금을 말한다. 그 소각은 퇴직금이 지급되었을 때이다. 세법상 퇴직급여충당금에는 한도가 있기 때문에 이것을 보충하기 위하여 마련되는 경우가 많다.

퇴직급여충당금(allowance for severance liability)

종업원이 퇴직할 때 근무연수에 따라 누적계산된 퇴직급여를 받게되는 경우에 그 퇴직금은 종업원의 과거근무에 대한 보상의 성격을 갖게 된다. 따라서 기업은 당해 종업원의 근무기간 동안에 이를 급여의 일부로서 당기 수익에 대응시켜 매기 퇴직급여라는 비용계정에 기록하여야 하며, 동시에 퇴직급여충당금이라는 부채계정을 설정하게 된다. 퇴직급여충당금은 고정부채에 해당된다.

우리나라의 경우, 기업의 고정부채에서 차지하는 퇴직급여충당금의 비중이 매우 높다. 노사간의 직접적인 이해관계 등으로 인하여 특히 기업의 퇴직급여규정과 근로기준법 및 세법에서 퇴직급여충당금 설정에 관한 상세한 규정을 두고 있다.

투자부동산(investments in real estate)

투자의 목적으로 또는 비영업용으로 소유하는 토지, 건물 및 기타의 부동산을 말하며 그 내용은 대차대조표에 주석으로 기재하도록 되어 있다.

투자분석(investment analysis)

증권의 투자가치판정 및 증권가격판정을 위한 분석을 말한다. 은행, 증권회사, 투자가, 경영자등 각기의 입장에서 행해진다. 일반적으로 투자분석은 과거의 업적만으로 분석하는 것만이 아니고 장래의 변동을 고려하지 않으면 안된다. 이 경우 수익성과 안정성에 관하여 판단이 중요하며 전자에 대하여는 각종의 자본이익율, 매출액이익율 등이 계산되며 후자에 대하여는 사업수익, 배당, 재정의 안정성을 보는 입장에서 유동비율, 당좌비율, 고정비율, 자산부채비율 등이 함께 사용된다.

투자유가증권(investment securities)

관계회사를 포함한 타회사의 주식, 사채, 국채, 지방채 등에 대한 투자로서 타회사를 지배, 통제할 목적이나 또는 이식(利殖)이나 배당을 목적으로 소유하는 유동자산에 속하지 않는 자산이다. 또한 관계회사란 ① 회사간에 발행주식 총수의 20/100이상의 주식을 소유하거나 출자총액의 20/100이상을 출자하고 있는 관계이거나, ② 둘 이상의 회사가 동일한 사람에 의하여 각 발행주식총수의 30/100 이상 또는 출자총액의 30/100 이상이 소유되고 있는 관계, ③ 그 외에 실질적으로 경영권을 지배하고 있는 관계를 말한다. 투자유가증권에는 출자금, 관계회사주식, 관계회사사채, 관계회사출자금등이 있다.

투자자산(investments)

기업 본래의 사업목적이 아닌 타기업을 지배, 통제하거나 유휴자금의 증식을 목적으로 장기간 소유하는 자산으로 장기성예금, 투자유가증권, 투자부동산 등이 이에 속한다.

투자자산의 평가(valuation of investments)

투자자산은 일시 소유의 유가증권과는 달리 원칙적으로 취득가액 또는 투자가액으로서 평가, 계산해야 한다. 즉 매입가액에 부대비용을 가산하고 이에 총평균법, 이동평균법을 적용하여 계산한 취득원가를 대차대조표가액으로 한다.

다만 관계회사가 발행한 주식을 제외한 투자주식중 시장성 있는 투자주식은 시가에 의하여 평가하고 그 평가손익은 투자주식평가이익 또는 손실로 계상하여 자본조정항목에 부가 또는 차감항목으로 기재한다.

투자자산처분손실
(loss on disposition of investment)

투자자산의 처분손실은 투자자산의 처분이익계정에 대응하는 손실계정이다.

투자자산처분이익
(gain on disposition of investment)

투자에 속하는 유가증권의 처분이익을 처리하는 계정이다.

투자유가증권은 타기업의 지배 또는 거래관계의 유지 등을 목적으로 하는 장기소유의 유가증권이다. 따라서 이런 투자유가증권이나 투자부동산 등의 처분이 거액이고 비경상적, 비반복적인 경우는 정상수익력을 반영하는 기간손익항목이 아닌 임시적 손익항목이기 때문에 특별이익에 포함시키고 그 이외의 경우에는 영업외수익에 포함한다.

투자주식평가이익(손실)[valuation gains(losses) on investment in equity securities]

투자주식평가이익과 손실은 회사가 보유하고 있는 투자유가증권 중 투자주식을 시가에 의하여 평가하는 경우, 발생되는 시가와 장부가액과의 차액을 말한다. 시가가 장부가액보다 클 경우에는 투자주식평가이익으로, 반대로 시가가 장부가액보다 작을 경우에는 투자주식평가손실로 하여 자본조정항목으로 자본총액에 가산 또는 차감하는 형식으로 기재한다. 다음 당해 주식을 처분하는 경우에 투자주식처분이익 또는 투자주식처분손실에 차감하거나 부가하여 계산하게 된다.

투자활동(investing activities)

자금의 대여나 회수활동, 유가증권(현금등가물 제외) 및 투자자산의 취득과 처분활동 등과 같이 일반적으로 비유동자산에 영향을 미치는 거래를 말한다.

투자활동으로 인한 현금흐름 (cash flow from investing activities)

투자활동으로 인한 현금흐름은 다음과 같이 주로 자산에 영향을 미치는 거래로부터 발생한다.

① 자금의 대여나 회수활동

② 유가증권(현금 등가물은 제외), 투자자산 및 유형·무형 자산의 취득과 처분활동

③ 이연자산의 증가

특별상각(extraordinary depreciation)

전연 예상되지 않은 또는 예상되었다고 하여도 그 규모가 측정할 수 없는 감가, 예를 들면 발명, 발견과 사회정세의 격변에 의한 임시적 감가, 혹은 당해기업 또는 기업집단의 초과조업등에서 생기는 감가를 상각하는 것을 말한다. 우리나라 세법은 산업의 근대화 및 기업합리화의 촉진등에 이바지하기 위하여 특정의 기계설비와 선박등에 관하여 소득세법 및 법인세법에 의한 특별상각을 인정하고 있다.

특별손실(extraordinary loss)

특별손실은 영업활동과 관계없이 비경상적이고 우발적으로 발생하는 비용으로 영업외비용에 속하지 않는 임시거액의 투자자산처분손실과 유형자산처분손실, 재해손실, 전기오류수정손실 등이 이에 속한다.

특별수선충당금(特別修繕充當金)

특별수선충당금은 장래 건물, 기계설비, 선박 등의 대수선을 해야 할 회사가 그 부담의 균형을 도모하기 위하여 각 사업연도에 수선비를 분담시켜 장래의 거액의 지급에 대비하기 위하여 준비한 경우의 충당금이다. 그 종류에 따라 건물특별수선충당금, 선박특별수선충당금, 기계특별수선충당금 등으로 나누어진다. 이러한 충당금은 비교적 오랜 기간 뒤에 사용되는 것이므로 고정부채에 계상하도록 규정하고 있다.

특별이익(extraordinary gain)

특별이익은 영업활동과 관계없이 비경상적으로 발생하는 수익으로 영업외 수익에 포함되지 않은 임시거액의 유형자산처분이익, 투자자산처분이익과 자산수증이익, 채무면제이익, 보험차익 등이 이에 속한다.

특수분개장(special journal)

보통분개장에 대립하는 장부로 보조장부로서의 현금출납장, 당좌예금출납장, 매입장, 매출장 등에 주요부의 기능을 준 경우의 장부를 말한다. 분개장의 분할에서 생기는 것으로 특수분개장에서 직접원장의 각 계정계좌에 전기를 하게 된다.

특수원가(special cost)

특수원가는 경영의 방침과 계획을 결정하는데 있어서 어떤 제품에 중점생산을 할 것인가, 어떤 공장에 주력하여 완전조업을 할 것인가, 채산은 좋지 않아도 주문은 받을 것인가, 외주품은 어느 정도 사내에서 가공할 것인가 등의 경영자의 의사결정을 위한 것이다. 즉, 이것은 특수원가 조사를 통하여 계산하고 이용되는 원가개념이다. 따라서 계속적으로 실시되는 원가계산, 즉 원가계산제도에서는 원칙적으로 적용되지 않는 원가이다.

특수원가조사(special cost studies)

보통의 원가계산제도와는 달리 경영자가 경영방침의 결정에 있어서 각종의 대체적 방안에서 가장 유리한 것을 선택하기 위하여 필요한 특별의 원가자료를 제공하기 위한 임시적인 조사를 말한다. 흔히 예정원가가 쓰이나 그외 기회원가, 부가원가, 매몰원가 등의 특수한 원가개념이 이용된다.

특수원장(special ledger)

기업규모의 확대에 수반하여 거래량이 많아지면 계정수도 많아져서 한권의 원장으로 처리하는 것이 여러 가지 면으로 봐서 곤란하다. 그래서 원장을 분할하여 계정군마다 원장을 마련할 필요가 생긴다. 이렇게 분리된 원장을 말한다. 이것에 속하는 것으로서 거래처원장, 매입처원장 등이 있다.

특 정 자 산

일반의 영업자금에서 구별하여 특정의 용도 이외에는 쓰지 않고 별도 관리하는 자산을 말한다. 예를 들면 납세 및 예금 충당금, 감채기금, 퇴직급여충당예금 등이다.

특정비용의 이연기준

이 기준은 대차대조표 작성기준의 하나로 어떤 특정비용이 당기의 수익과 관계없이 장래의 기간수익과 연관된다면 그 해당수익과 대응시키기 위하여 이연시켜야 하며, 그러기 위해서는 대차대조표에 잠정적으로 자산으로 계상을 허용하여야 한다는 것이다. 기업회계기준에서 규정하고 있는 특정비용에는 창업비, 개업비, 신주발행비, 사채발행비와 연구개발비 등의 이연자산이 있다.

특허권(patent)

특허권이란 발명, 발견에 의한 신제품 또는 신제법을 일정기간 독점적으로 제작하거나, 사용, 판매할 수 있는 권리를 말하며, 이를 취득하였을 때 공업소유권계정 차변에 계상한다. 타인소유의 특허권을 구입하였을 때에는 매입 가격 및 등록에 소요된 비용 등 모든 비용을 취득원가로 본다. 특허법상 존속기간은 12년이나, 세법상 내용연수는 10년이다.

T 계 정

회계학 교과서와 수업시간에는 일반적으로 계정의 약식형태인 T계정을 이용한다. 이 계정은 그 형태가 T자와 비슷하기 때문에 통상적으로 T계정이라 한다. T계정의 좌측(왼편)은 차변을, 우측(오른편)은 대변을 나타낸다.

ㅍ

판매기준(sales basis)

수익의 인식을 판매, 즉 상품 또는 역무의 인도시점에서 구하는 사고 방법을 말한다. 즉, 상품, 제품의 경우에는 송장을 작성하여 현품을 상대편에 발송하였을 때, 역무에 있어서는 이것을 완성하여 상대편에 인도한 때가 기준이 된다. 기업회계기준에 있어서의 매출액은 실현주의 원칙에 따라 상품 등의 판매 또는 역무의 제공에 의하여 실현되는 것으로 한다. 판매기준의 장점은 판매수익이 판매라고 하는 객관적 사실에 의하여 계상되는 것과 미실현이익이 배제되는 경우가 있다. 그러나 할부판매, 예약판매, 사용판매 및 위탁판매 등 특수한 판매방법에 대해서는 판매기준을 그대로 적용할 수는 없다.

판매보증충당금

일정기간의 무료수선, 현품인환 등의 조건에 의하여 상품을 판매할 경우 이로부터 발생하는 장래의 손실에 관한 충당금이다. 회계처리방법은 설정시 차변에 판매보증금, 대변에 판매보증충당금, 수선시 차변에 판매보증충당금, 대변에는 현금예금 계정이 된다.

판매비와 관리비(selling and administrative expenses)

판매비와 관리비를 총괄한 명칭을 말한다. 양자는 구분하기 곤란한 경우도 있기 때문에 손익계산서에서는 총괄한 명칭하에 각기의 비용을 열거하여 표시하는 일이 많다. 매출총이익에서 공제되어 영업이익이 계상된다. 판매비는 상품의 판매에 필요한 비용을 말한다. 판매 직접비와 판매 간접비로 구분된다. 전자는 매출 상품에 대하여 특히 개별적으로 형성된 판매비용으로 판매수수료, 하역비, 발송운임, 보험료 등이 있다. 후자는 각 매출상품에 공통으로 발생한 판매비용으로 판매부문의 사무원 급료, 사무용 소모품비, 통신비, 교통비 등이 있다.

평가계정(valuation a/c)

주된 계정에 부속된 계정을 말하며 주계정의 현재가치를 평가하기 위하여 존재한다. 이에는 주계정에 대하여 상쇄적 역할을 가진 상쇄공제계정과 부가적 역할을 가진 부가계정이 있다. 전자는 자본계정에 대한 결손금계정, 고정자산계정에 대한 감가상각누계액계정, 외상매출금·받을어음 계정에 대한 대손충당금계정 등이 있으며, 후자는 사채계정에 대한 액면초과액 등을 나타낸 사채할증발행차금 계정이 있다.

평 가 발 행

액면발행이라고도 한다. 사채는 그 발행이 액면으로 행하여

지느냐 아니냐에 따라 액면발행, 할인발행, 할증발행으로 나
누어지며, 평가발행은 액면 발행과 같은 것을 말한다. 즉, 사
채이자율과 유효이자율이 같은 경우에 발행하는 것을 말한다.

평가성충당금(valuation reserve)

특정의 자산에 대하여 평가계정의 성질을 가진 충당금을
말한다. 예를 들어, 감가상각누계액은 취득원가에서 공제되어
야 할 감가상각누계액을 표시키 위한 계정이며 고정자산의
현재가액은 취득원가에서 감가상각누계액을 차감한 것으로
얻어진다. 또 대손충당금은 회수불능예상액을 표시키 위한 충
당금이기 때문에 수취 계정에서 대손충당금액을 차감하는 것
으로써 현재가액, 즉 회수 가능액을 구할 수 있다. 이들 평가
성충당금은 그 계상액이 적정한 한 부채성 충당금은 아니기
때문에 대차대조표상 부채의 부에 표시할 것이 아니라 당해
자산의 과목에서 차감하는 형식으로 표시해야 하는 것이다.

포괄주의(all-inclusive concept)

손익계산에 관한 하나의 사고방법으로 매기의 순손익은 당
해년도에 발생된 모든 손익에 의하여 결정된다고 하는 견해
로서 비용, 수익의 성격과 기간 귀속을 하등 고려치 않는 점
에서 당기 업적주의와 대립한다. 이 사고방법의 근거는 당기
업적에 관계 있는 항목과 그렇지 않은 항목을 엄밀하게 구분
하는 것이 곤란하며 또 출자자가 알고 싶은 것은 단순히 당
기 업적만이 아니라 처분가능이익이라고 하는 점에 있다.

표준비율(standard ratio)

한국은행과 같은 금융기관에서 발표하고 있는 동종기업의 제비율이나 또는 과거의 경험에 따라 비교 기준을 설정한 경험적 비율 등이 있는데 이 표준비율과 산출된 비율을 비교함으로서 기업의 경영성과 및 재무상태를 평가할 수 있다. 표준비율을 구하는 방법에는 산술평균법, 병수법, 중위수법, 지수법이 있다.

표준원가(standard cost)

실제원가의 대응 개념으로써 일정의 조업도를 전제로 하여 과학적 연구에 의한 물량표준과 가격표준에 의하여 산정된 원가를 말한다. 원가계산기준에 의하면 표준원가는 재화의 소비량을 과학적, 통계적 조사에 의하여 능률의 척도가 되도록 예상가격 또는 정상가격으로 계산한 원가이다.

표준원가계산(standard cost accounting)

표준원가계산제도라고도 하며 원가관리의 주된 목적으로서 표준원가와 실제원가의 차이를 분석하여 보고하는 제도를 말한다. 표준원가의 설정목적에는 원가관리를 비롯하여 예산작성, 매출원가와 재고자산가액의 산정 등이 있으며 이것들의 목적을 달성시키기 위해서는 표준원가를 회계제도에 편입시키는 것이 바람직하다.

할부매입(installment buying)

할부매매 계약하에 상품을 인도 받고 대금을 분할하여 지불하는 형식의 매입으로 할부매입 대상은 대체로 유형자산이며 유형자산은 할부매입가격을 취득원가로 기장하고 이것에 의해 사용기한에 대응하는 감가상각비를 계상할 수 있다.

할부매출(installment sales)

상품의 매출 대금을 분할납부의 방법으로 판매하는 것을 말하며 상품의 인도가 되었어도 그 소유권은 매주(사는 사람)에 이전되지 않기 때문에 장기할부매출의 경우 판매의 실현으로 보지 않는 것이 통례이며, 할부금의 입금 시를 매출수익 실현으로 하는 할부금 회수기준의 적용이 인정되고 있다.

할인발행(issued at a discount)

사채를 액면가 이하로 발행하는 것으로 사채 이자율이 유효이자율보다 작을 때 행하여지며 회계처리는 차변에 현금과 사채할인발행차금, 대변에 사채로 계상한다.

할증발행(issued at a premium)

　사채를 액면가 이상으로 발행하는 것으로 사채이자율이 유효이자율보다 클 때 행하여지며 회계처리 방법은 차변에 현금, 대변에 사채와 사채할증발행차금으로 한다.

합계시산표(trial balance of totals)

　총계정원장의 각 계정 계좌의 대차의 각 합계액을 가지고 작성되는 시산표를 말한다. 합계시산표의 작성으로 원장 전기의 정확성이 검증되는 것과 동시에 그 기간의 총거래를 개관할 수 있다.

합계잔액시산표(compound trial balance)

　합계시산표와 잔액시산표를 합계한 형태를 말한다. 즉 총계정원장의 각 계정의 대차합계금액과 잔액을 한표에 모아 작성한다.

합명회사(general partnership)

　합명회사는 무한책임 사원만으로 구성되는 회사이다. 즉 사원전원이 회사 채무에 직접 연대 무한 책임을 지고 이에 대응하여 각 사원이 업무집행의 권리 및 대표권을 가진다. 따라서 합명회사는 사원 상호간의 계약적 결합의 면을 무시할 수 없는 조합적 성질을 가지고 있다고 하겠다.

합병 (merger)

합병이라 함은 두 개 이상의 회사가 상법상의 특별규정에 의하여 하나의 회사로 되어 청산절차를 거치지 않고 한 개 회사 이상의 소멸과 권리 의무의 포괄적 이전이 생기게 하는 일단의 행위로써 이루어지는 법률요건을 말한다. 여기서 중요부분이 합병 계약이므로 합병을 계약으로 봄이 보통이나 엄격한 의미로써 합병과 합병계약은 구별되어야 할 부분이다. 합병은 상법의 특별규정에 의하여 하기 때문에 해산, 영업양도, 사원수용에 의하여 사실상 합병한 것과 같은 효과를 거두는 사실상의 합병과도 구별된다.

합병에는 한 개 회사가 존속하고 다른 회사가 소멸하는 흡수합병과 당사회사 전부가 소멸되어 새로운 회사를 설립하는 신설합병이 있다.

합병비율(rate of merger)

합병을 할 때에 피합병회사의 가치를 따져 그 가치를 평가하여 합병회사의 합병조건을 결정할 때의 비율이다.

합병차익(gain from merger)

회사가 다른회사를 흡수 합병하는 경우 또는 두 개 회사 이상이 합동하여 신설회사가 되는 경우에 합병회사 또는 신설회사의 수입 순자산이 피합병회사에 대한 발행주식의 액면 금액 또는 자본금 계상액 보다 크면 그 차액은 합병차익 또적으면 합병차손이 된다.

합자회사(limited partnership)

1인 이상의 무한책임사원과 1인 이상의 유한책임사원으로
구성, 성립되는 상법상의 회사로 합자회사의 구성원을 사원이
라 한다. 무한책임사원은 회사 채무에 대하여 연대무한의 책
임을 부담하며 유한책임사원은 회사채무에 대하여 자기의 출
자액 한도 이내에서만 책임을 지며 그 이상의 책임을 지지
않는 사원을 말한다.

해외사업환산차(대)
[overseas operations translation debit(credit)]

해외지점 또는 해외사업소의 외화자산과 부채를 화폐성, 비
화폐성법을 적용하여 환산하는 경우 발생하는 것으로서 환산
손익의 처리는 본사 소유 외화자산·부채의 환산손익의 처리
와 동일하다. 그러나 외화자산·부채 및 손익항목을 일괄하여
현행 환율법을 적용하여 환산하는 경우에는 환산손실과 환산
이익을 상계하여 그 잔액을 해외사업환산차 또는 대의 과목
으로 하여 자본에서 차감 또는 부가하는 형식으로 표시하고
그 내용은 주석으로 기재한다.

현금거래(cash transaction)

현금의 수입과 지출을 수반하는 거래로 출금거래와 입금거
래로 나누어 진다. 전액을 현금 수지로 처리하지 않고 그 일

부가 현금일 경우에는 일부 현금거래가 되며 나머지는 대체 거래로써 처리한다.

현금계정(cash a/c)

현금의 수입과 지출을 처리하는 계정으로서 현금의 수입액은 이 계정의 차변에, 지출액은 이 계정의 대변에 기입한다. 따라서 잔액은 항상 차변에 생기며 현금시재액을 표시한다.

현금과부족계정(cash over or short a/c)

현금의 과부족을 처리하는 계정을 말한다. 현금 출납사무 및 이에 관한 기장, 계산사무가 적정하고 완전하게 행하여 지고 있다면 현금출납장의 잔액과 실제 시재액은 당연히 일치한다. 그러나 실제로는 여러 가지 이유에서 간혹 불일치가 생긴다. 그 불일치의 원인을 철저하게 조사해야 할 것이지만 당일에 장부 마감시까지 그 이유가 판명되지 않을 경우에 기장 정리상 일시적인 부족액을 이 계정의 차변과 과잉액을 대변에 처리하여 두고 불일치의 원인이 판명되면 그에 따라서 이 것을 적당한 계정에 대체한다.

현금·당좌예금출납장

당좌예금의 예입과 인출의 내용을 상세히 기입하기 위한 보조부를 당좌예금출납장이라 하는데 이 당좌예금출납장과 현금출납장을 합쳐 현금·당좌예금출납장이라고 한다.

현금대용증권

통화대용증권이라고도 하며 현금과 같이 현금 계정으로 처리되는 것으로 은행권과 같은 법적 통화뿐만 아니라 타인발행의 수표, 자기앞수표, 송금수표, 우편환증서, 대체저금출급증서, 공사채의 만기이자표 등 언제나 현금과 교환할 수 있는 것을 말한다.

현금등가액(cash equivalent)

현금수지액에 상등한 금액을 말한다. 예를 들면, 매출이 외상으로 이루어졌을 경우에 외상매출금은 현금수입액에 상당한 금액이다. 그러나 이것이 현금과 동일하게 간주하는 데에는 현금등가액 그 자체를 가지고 하느냐 아니냐는 별 문제이며 대손 손실의 예상액을 공제해야 한다.

현금배당(cash dividends)

현금으로 배당이 이루어지는 것을 말한다. 현금배당은 운전자본의 직접적인 지출을 수반하므로, 배당액과 지급기일 등을 결정함에 있어서 보유현금잔액과 미래의 현금흐름 등을 신중히 고려하여야 한다.

현금식 분개법

현금 수지에 관계가 없는 거래를 현금의 수지가 있는 것으로 봐서 분개를 하는 것을 말한다. 은행 부기에서 널리 쓰여

지고 있다. 예를 들면, 건물을 취득하여 대금이 미지급금인 거래는 ① 차변 현금, 대변 미지급금, ② 차변 건물, 대변 현금으로 분개하여 당초 현금을 차입하여 이것으로 건물의 대금을 지급하는 것으로 하여 ①을 입금전표에 ②를 출납전표에 기록한다. 이들 분개는 거래의 실정을 표시하지 않는 일종의 의제거래의 분개이다.

현금지급(지출)원가(out of pocket cost)

현금지급을 유도하는 원가라 하며 특수원가의 하나로써 특수원가 조사에 있어서 필요에 응하여 산정되는 미래원가의 한 개념이다. 이것은 경영자가 일정한 방법에 의하여 결정을 하는 것으로 생기는 현금의 지출을 가져오는 원가이다. 예를 들어, 특정 시책의 타당성을 판정하는 데에 있어서는 이러한 종류의 원가에 대한 계산상의 이자를 고려해야 한다.

현금출납장(cash book)

금전출납장이라고도 불리어 진다. 현금 수지를 계속적으로 기록하는 보조장부를 말한다. 항상 지출과 수입의 차액을 명백하게 하며 현금 재고액을 명시하고 있다. 현금 수지에 관한 입금전표, 출금전표, 증빙서류 등에 의하여 현금출납장에 일자, 거래처 이름, 적요, 금액 등을 각기의 난에 기입하여 수입이 있을 때마다 잔액을 산출하든가 또는 1일의 거래가 끝난 후에 잔액을 산출하여 실제의 현금 재고액을 대조한다.

현금출납장의 분할

현금수지의 사무가 빈번한 경우에는 수납계와 출납계로 분할하여 분리 담당하는 것이 사무능률상 편리하고 또 오기, 탈루도 예방된다. 이 때 수납계에서 필요한 장부를 현금수납장이라 하고 출납계에서 필요한 장부를 현금 지급장이라 한다.

현금흐름표의 구조

기본구조는 4구분으로 되어 있는데 제1구분은 영업활동으로 인한 현금의 흐름을 표시하며, 제2구분은 투자활동에 따른 현금 흐름액을, 제3구분은 재무활동에 의한 현금 흐름액을, 제4구분은 위의 영업활동, 투자활동 및 재무활동에 의한 현금의 순증가액을 표시하고 여기에 기초의 현금을 가산하여 기말 현재의 현금을 표시한다.

현금흐름표의 유용성

발생주의 회계에서 산출되는 정보는 회계실체에 내재되는 현금 흐름과 불일치 하는데 현금흐름표를 작성함으로써 발생주의 회계의 문제점을 보완하고 기업성과 평가시에 보다 나은 표준이 필요한데 그 중 하나가 현금흐름이다. 또한 현금흐름이 순운전자본보다 기업의 유동성과 재무탄력성을 평가하는데 더 유용한 정보를 제공하며 기업의 이익이 현금흐름과의 상관관계가 얼마나 높은가 하는 이익이 질에 관한 정보를 제공해 준다. 또한 기업의 고정설비를 대체하기 위한 자금조달 능력이나 기업활동의 확장능력을 평가하는데도 현금흐름 분석이 유용하다.

현금흐름표의 의의

현금흐름표는 일정기간 동안의 기업의 현금흐름을 나타내는 표이다. 즉, 현금의 변동내용을 명확하게 보고하기 위하여 당해 회계기간에 속하는 현금의 유입과 유출내용을 적정하게 표시한 결산보고서이다. 현금이 어떻게 창출되어 어디에 얼마만큼 쓰였는지 보여 주는 표라고 할 수 있다. 현금흐름표는 대차대조표, 손익계산서, 이익잉여금처분계산서와 마찬가지로 재무제표의 하나이다.

현금흐름표의 작성목적

현금흐름표의 작성목적으로는 기업의 일정기간의 영업활동과 재무활동 및 투자활동의 명확화와 현금흐름상태변동의 설명으로 크게 나누어 볼 수 있다.

첫번째 목적은 기업의 이해관계자들을 위하여 기업의 영업활동과 재무활동 및 투자활동 상태를 명확하게 보고하는 것으로 기업의 영업활동, 재무활동 및 투자활동을 분석·비판하는데 필요한 회계정보를 제공하여 이해관계자의 합리적 판단기준을 제공하는데 있다. 또한 기업의 두 시점간의 재무상태의 변동 즉 현금흐름상태의 변동을 설명하는 것으로 경영자가 합리적 의사결정은 물론 상대적인 불비(不備)성과 검증가능성을 통하여 경영활동을 조직적으로 파악할 수 있게 하는

데 있다.

현물배당(commodity dividend)

재산배당이라고도 하며 대부분의 배당은 현금배당이지만 상품 등 비화폐성 자산으로 선언하는 경우가 있다. 재산배당이 선언되었을 때 주주에게 분배할 비화폐성 자산의 공정한 시장가치가 배당금으로 기록할 금액이 되며 주주는 배당받은 재산의 공정한 시장가치를 배당수익으로 인식한다.

현물출자설(theory of investment in kind)

합병에 대한 회계처리의 내용은 합병의 본질을 어떻게 이해하느냐에 따라 달라지는데 합병의 본질에 관한 대표적 학설중에 하나인 현물출자설, 일명 매수설은 합병을 합병회사가 피합병회사의 순재산을 매입하는 것으로 간주하는 견해이다. 즉 현물출자설은 합병자체를 합병회사가 피합병회사의 자산을 시장가치로 평가하여 이로부터 피합병회사의 부채가액을 차감한 순자산액을 합병회사가 매입하는 것이라고 파악하는 입장이다. 합병회사가 피합병회사에 현금을 지급하거나 주식을 발행하여 주고 그 대가로 피합병회사의 자산과 부채를 시가에 따라 매입하는 것으로 보는 견해이다.

현재가치(current value)

현재가치는 미래가치 개념의 반대 개념으로서 특정 이자율로 특정 미래일에 특정액을 이루기 위해 투자하여야 하는 금액이다. 현재가치는 다음의 산식에 의해서 계산된다.

현재가치 = 미래가치 / $(1+r)^n$

형식적 감자

자본금은 감소하지만 이에 상당한 자산의 감소가 따르지 않는 감자이다. 예컨대 결손을 보존하기 위하여 동 결손상당액 만큼 감자를 한다면 차변에는 자본금의 감소가 표시되며, 대변에는 결손금이 감소 표시되어 실질적인 자산의 감소를 수반하지 않는다.

형식적 증자

자본금은 증가하지만 이에 해당하는 자산은 증가하지 않는 것으로 자본잉여금이나 이익잉여금의 자본 전입에 의하거나, 전환사채를 주식으로 전환하는 경우에는 자본금은 증가하나 이에 상당하는 자산은 증가하지 않는다.

혼합거래(mixed transaction)

교환거래와 손익거래가 결합한 거래로서 이를 테면 원가 ₩50,000의 상품을 ₩60,000에 매출하는 경우로서 이 때 ₩50,000은 교환거래에 해당되며 상품매출이익 ₩10,000은 손익거래에 해당된다.

혼합계정(mixed account)

상품에 대한 거래를 총기법에 의하여 기입하는 경우의 상품계정과 같이 자산계정이면서 손익계정의 성질을 가진 계정을 말한다. 즉 상품계정의 차변에는 전기이월액, 매입액이 원가로 기입되며, 대변에는 매출액이 매가로 기입되기 때문에 이 계정잔액은 상품의 현재액을 표시하지 않으며, 손익의 발생액도 또한 표시되지 않는다.

화폐가치안정

회계의 전제조건이 되는 공준의 하나이다.

회계의 모든 재화나 용역의 권리, 의무는 화폐단위로 표시하여 기록하게 되어 있는데, 회계에 있어서도 때때로 물량단위로 표시할 필요가 있지만 최종의 계산은 화폐단위에 의한 계산이다. 평가의 공통 척도인 화폐단위가 불안정하면 경제계산은 자의적이 되어 객관성이나 일반적인 가치를 상실하게 된다. 따라서 기업회계에서 화폐를 측정하는 경우 부단히 변동하는 화폐가치를 일정한 것으로 가정하여 처리하게 되는데 이것을 화폐가치안정의 공준이라 한다.

화폐단위계산

일반적으로 경제가치의 측정 단위에는 물량단위와 화폐단위의 두 가지를 들 수 있는데, 물량단위는 가치비교의 동질성이 없고 한정된 범위내에서만 사용이 가능하기 때문에 원칙적으로 회계의 계산은 금액으로 표시되는 화폐단위계산이다.

화폐성 외화자산·부채

화폐성 외화자산과 화폐성 외화부채는 현금과 예금, 매출채권, 매입채무 등과 같이 화폐가치의 변동과 상관없이 자산과 부채의 금액이 계약 기타에 의하여 일정액의 화폐액으로 고정되어 있는 경우의 당해 자산과 부채를 말한다.

화폐의 시간가치(time value of money)

어떤 한 단위의 화폐단위가 시간적 요인에 따라 다른 가치를 가지게 되는 것을 화폐의 시간적 가치라고 하며, 이러한 화폐의 시간적 가치는 고정부채, 할부매매, 사채, 영업권, 감가상각방법, 유효이자율, 기업가치평가 및 의사결정 등에 매우 유용하게 활용이 된다.

화환어음(documentary bill)

하송인이 타 지방에 상품을 발송하는 경우 자기 또는 은행을 수취인으로 하여 하수인 앞으로 발행하는 환어음을 말한다. 화물대표증권, 보험증권, 송장 등을 첨부하여야 한다. 은행에서 이것을 할인하는 것을 화환의 짝지음이라 한다. 은행은 이 어음을 할인하였을 때 화환어음 계정을 마련하여 그 채권을 기록한다. 또한 할인 금액의 일부를 어음으로 특별취급하여 변제될 때까지 별단예금으로 기입되는 경우가 있

다. 어음의 할인금액은 담보가액의 7,8할이나 전액일 경우도
있다.

환어음(bill of exchange)

환어음이란 어음의 작성자 즉 발행인이 제3자 즉 지급인에
대하여 어음에 기재된 일정한 기한 내에 어음상의 권리자 즉
수취인 또는 지시인에게 지급할 것을 위탁하는 유가증권을
말한다.

환 치 원 가

역사적 원가를 현재의 시장가격으로 나타내는 원가이다. 다
시 말하면, 기업이 과거에 취득하여 현재 소유하고 있는 재화
의 현재의 재구입 시장가격이다. 환치원가는 화폐가치 변동시
에 판매가격을 결정하는 경우에 있어서 산정된 원가자료를
더욱 정확하게 하는데 필요한 원가개념이다.

회계(accounting)

전통적 회계기능의 관점에서 회계란 거래 사상(事象)을 기
록·분류·요약하고 그 결과를 해석하는 기술(art)로서 주로
회계보고서의 작성에 관련된 것으로 보고 있으나 최근에는
회계를 정보지향적접근법에 의하여 경제적 정보를 측정하여
전달하는 과정으로서 정보이용자의 경제적 의사결정에 유용
한 정보를 제공하는 것으로 이해하고 있다.

회계감사(accounting andit)

회계담당자가 작성한 회계기록을 제3자가 검사하는 것을 말한다. 주로 회계기록이나 서류가 적정하게 작성되어 있는가, 허위 부정의 유무를 조사하는 것이다.

미국 회계학회는 회계감사란 기업의 경제적행위와 사건에 대한 피감사인의 주장이 이미 제정되어 있는 회계기준과의 합치정도를 판단하여 그 결과를 이해관계자에게 전달하기 위하여 객관적이고 합리적으로 증거를 수집하고 평가하는 조직적·논리적·체계적 과정이라고 정의하고 있다.

회계공준(accounting postulates)

회계의 모든 관습 및 회계의 모든 원칙의 근거에 있는 기업회계의 가장 기초적인 개념을 말한다. 기업실체의 공준, 회계기간의 공준, 계속기업의 공준 및 화폐가치안정의 공준으로 나누는 것이 보통이다. 단, 미국의 공인회계사협회는 화폐공준, 계속성의 공준, 실행공준의 3가지를 들고 있다. 기업실체의 공준은 기업은 기업의 소유자로부터 독립한 존재이며, 회계기간의 공준은 기업의 존속기간을 구분하여 각 기간마다 손익을 계산하는 것이다. 계속기업의 공준은 기업은 설립이 되면 해산이나 청산을 예외적으로 하는 계속적인 경영체라는 가정하에 모든 회계처리를 하는 것을 말하며, 화폐가치안정의 공준은 화폐가치는 안정적이라고 전제하여 자산, 부채, 자본 손익의 계산을 하는 것을 의미한다.

회계관습(accounting convention)

회계 콘벤션이라고도 한다. 일반적, 사회적인 동의를 얻은 회계상의 룰로써 엄밀하게 말하면 다소의 자의성을 가지고 있는 것은 부득이 하지만 실제적인 사고방법을 기본으로 가지고 있는 것이 장점이다. 일반적으로 회계원칙, 회계공준 등을 포함하지 않는 넓은 개념을 말한다.

회계기간(accounting period)

기업실체의 경제적 사상을 측정하여 보고하는 것은 인위적으로 정한 시간적 단위로 행하여야 한다는 기본 명제가 이른바 회계기간의 공준이다. 이 때에 정해진 시간단위를 회계기간 또는 회계연도라고 부르며, 기업실체의 재무제표는 회계기간 단위로 작성되어야 함을 알 수 있다. 우리가 경험적으로 일년을 보편적으로 사용해 왔으나 회계환경의 급변과 더불어 오늘날은 그 기간이 점점 짧아지는 경향이 있다.

회계단위(accounting unit)

회계가 행하여지는 범위를 말한다. 구체적으로는 기업의 본점, 지점, 공장, 사업장이 각기 독립하여 손익계산과 재무상태의 확정을 할 수 있는 경우에 회계단위가 존재한다. 그러므로 부기적으로는 사업장이나 공장은 본사와는 동일한 원장을 가지고 모든 재산, 자본의 계산을 본사와 동일하게 할 수 있는 것이어야 한다. 경영이 분산되어 있는 경우 회계적으로는 각 경영이 독립의 회계단위를 구성할 수는 있으나, 우리나라에서는 상법의 제약이 있어 개개의 매회계 단위 결산이 법률상 승인되어 있지 않기 때문에 결국 이것이 통합이 되어 법률상에는 기업전체로서의 회계단위가 된다.

회계담당자(accounting profession)

회계관련업무에 종사하는 모든 사람들을 의미하며 일반적으로 회계인이라고도 한다. 즉, 회계를 전공하였거나 회계에 대한 지식을 충분히 습득하여 회계 업무를 주된 업무 활동으로 하고 있는 사람들을 의미한다.

회계담당자의 책임과 의무(accountant's responsibility)

미국에서는 회계담당자를 controller라고 하며 기획업무, 성과측정 및 통제 업무에 책임을 지고 있다. 또한 회계담당자는 기업을 둘러싸고 있는 많은 이해관계자들에게 기업회계에 대한 올바른 정보를 제공해 줄 의무가 있다.

회계등식(accounting equation)

자산, 부채, 자본의 상호관계를 식으로 표시한 것을 회계등식이라 한다. 이는 회계의 기본적 원리를 도출하는 중요한 등식이다. 기업이 가지고 있는 자산 총계는 그 자산에 대한 청구권의 총계와 항상 일치하여야 한다는 등식이다.

예를 들면 대차대조표 등식은 자산＝부채＋자본으로 표

시되고, 자본등식은 자본＝자산－부채로 표시된다.

회계연구방법

　회계연구방법에는 연역적 방법과 귀납적 방법이 있다. 연역적 연구방법은 회계가 이루어지는 회계목적을 확정하고, 이를 출발점으로 하여 회계실무에 구체적으로 적용할 수 있는 회계기준이나 회계원칙을 논리적으로 추론해내는 방법이다. 귀납적 연구방법은 기업이 회계자료를 관찰하고, 관찰된 결과를 분석, 분류하여 유사성 있게 반복되는 것을 도출하여, 도출된 내용을 일반화 할 수 있는 회계원칙을 도출하며, 일반화된 회계원칙을 그 후 실험이나 관찰을 통하여 그 타당성을 검증하는 방법이다.

회계와 부기

　회계와 부기는 다같이 회계라고 하는 학문분야에 속하는 것으로 명확한 구분기준을 찾기는 힘들다. 부기가 단순히 기업에 관한 재산상태와 그 변화를 기록, 계산하는 기술적인 면에 치중하는데 반하여, 회계는 부기를 포함하면서 보다 광범위하고 이론적인 면을 강조하는 것이라 할 수 있다. 예를 들면 회계를 배의 선장, 부기는 조타수로 비유할 수 있다.

회계용어공보(terminology bullentin)

　미국공인회계사협회(AICPA)가 발표한 회계부문 용어의 정의를 표시한 연구 공보를 말한다.

회 계 원 리

재무회계라고도 부르는 것으로 부기원리(분개, 원장, 시산표, 결산), 회계장부, 계정과목별 회계처리, 재무제표의 작성 등을 다룬다. 회계학의 입문적 과목으로 회계학의 기초적 개념과 이론이 함께 설명된다.

회계원리 연구의 필요성

회계원리는 기업의 재무상태와 경영성과 등 기업의 회계정보를 올바로 제공하고 또 이해하기 위해서는 반드시 알아야만 하는 분야이다. 즉 회계원리를 올바로 이해해야만 인접학문인 중급회계, 고급회계, 회계이론, 원가회계, 관리회계, 세무회계, 회계감사 등 회계관련 학과목뿐만 아니라 재무관리, 투자론, 경영진단 및 분석론, 증권시장론 등 인접과목을 연구하는데 어려움이 없게 된다.

회계원칙(accounting principles)

회계상의 원리 원칙을 말하며 모든 회계가 따르지 않으면 안 되는 원칙을 말한다. 우리나라에서는 주식회사의 외부감사의 법률에 의하여 기업회계기준이 제정되어 있다. 또 이것과 관련을 갖은 것으로는 원가계산준칙, 회계감사기준 및 회계감사준칙이 있다. 회계원칙은 보통 회계처리의 원칙과 회계보고의 원칙으로 나누어져 있으며, 신뢰성의 원칙, 계속성의 원칙, 중요성의 원칙, 안전성의 원칙 등은 전자이며 명료성의 원칙, 충분성의 원칙 등은 후자이다.

회계의 목적(accounting objectives)

회계가 수행하여야 할 목적은 경영자가 경영활동을 합리화하여 능률을 향상시키는데 필요한 회계자료를 제공하는 관리목적과 외부이해 관계자가 합리적인 의사결정을 할 수 있도록 기업의 경영활동을 일반적으로 인정된 회계원칙에 따라 측정하여 적정한 회계정보를 재무제표의 형태로 제공하는 보고목적이 있다.

회계의 의의

기업의 경영활동에 있어서 금전 및 기타 재산의 증감 변화를 일으키는 경제적 사건을 특수한 기장방법에 의하여 장부에 기록하고 계산하여 그 결과인 경영성과와 재무상태를 다양한 정보이용자들에게 제공하는 것을 말한다.

회계의 전제조건

회계공준, 가정, 관습, 기초개념 등이라고도 한다. 전제조건은 기업은 주주나 가계에서 분리된 경제단위로서 독립된 회계단위로 보는 기업실체와 기업이 설립되면 해산이나 청산을 예외적으로 하는 계속적인 경영체라는 계속기업과 회계는 기업의 존속기간 중의 일정기간을 단위로 하여 그 기간의 경영성과와 재무상태를 계산하는 회계기간 그리고 변동하는 화폐가치를 일정한 것으로 가정하는 화폐가치안정이 있다.

회계의 종류

회계자료의 사용 목적에 따라 외부보고를 위한 재무회계와 내부보고를 위한 관리회계로 나누고, 영리성 유무에 따라 영리회계와 비영리회계, 경제단위의 크기에 따라 미시회계와 거시회계 그리고 교과과정에 따라 재무회계, 관리회계, 세무회계, 회계감사, 특수회계 분야 등으로 나뉜다.

회계이론(accounting theory)

회계현상을 관찰하여 얻을 수 있는 여러 원리의 논리적 지식체계라고 할 수 있는 것으로 이론의 정립과 이론정립을 위한 회계연구의 수행을 포괄한다.

회계정보시스템(accounting information system)

최근의 정보화 사회에서 점차 그 중요성이 증대되고 있는 회계정보시스템은 회계주체의 경영활동 결과를 사전, 사후적으로 인식, 측정하여 이해관계자, 특히 경영자가 의사결정을 하는데 필요한 회계정보를 전달하는 시스템이다.

회계처리기준의 변경(change of accounting estimate)

지금까지 적용해 오던 회계처리방법을 변경하는 것으로 예를 들면, 감가상각방법을 다른 방법으로 변경하는 경우에 이를 회계처리기준의 변경이라고 하며, 이 때 감가상각액의 수정이 불가피하다. 회계처리기준이 변경될 경우에는 미래 수정법에 의하여 고정자산의 미상각잔액을 향후 새로운 감가상각방법에 의해 상각처리 한다.

회계추정의 변경

감가상각의 구성요소에는 취득원가, 내용연수, 잔존가치의 세 가지로 구성되는데 그 중 내용연수와 잔존가치는 추정에 의해 계산된다. 그런데 처음에는 합리적인 추정으로 인정되어 그 추정에 따라 감가상각을 행하다가 그 후 예측할 수 없었던 물리적 손상이나 기술의 전문에 따른 구식화 등 정당한 원인으로 당초의 추정을 변경할 경우가 있는데 이를 회계추정의 변경이라고 한다.

회피가능원가(avoidable cost)

회피불능비와 대비되는 용어로 경영관리의 목적을 달성하기 위하여 꼭 필요치 않는 원가이다. 예를 들어, 수선하여도 하지 않아도 될 때의 수선비를 말한다.

후입선출법(last-in, first-out ; LIFO)

원가주의에 따른 재고자산의 원가배분 방법의 일종으로서 전에는 매입역법으로 불리었다. 이 방법은 실제에 있어서 어떠한 매입원가의 재고자산이 어떠한 순서로 출고되느냐를 무시하여 출고하는 재고자산은 재고품 중 항상 가장 새롭게 매입된 것으로 이루어졌다고 하는 가정에 기인하고 있다. 그러므로 기말재고액에 대하여 말하면 후입선출법은 선입재고법이라 말할 수 있는 가장 낡은 취득가액의 것으로 구성되어 있는 것으로 생각한다.

흡수합병(merger of corporation)

2개 이상의 회사가 1개의 회사로 합병시 1개 회사는 존속하면서 다른 회사의 모든 권리와 의무를 인수하는 합병형태를 말한다.

세무용어

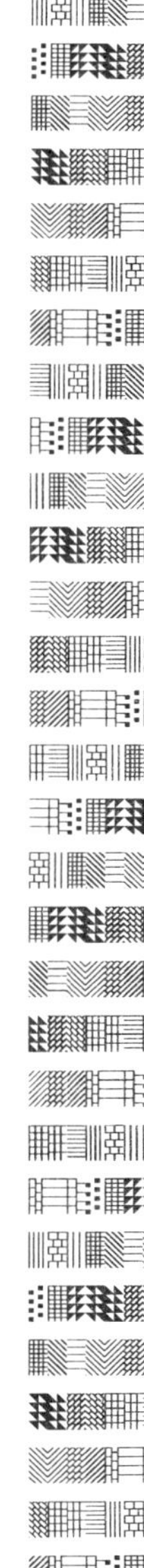

가격변동준비금(價格變動準備金)

재고자산과 유가증권 등의 가격하락에 따른 손실에 대비하여 설정된 준비금이다.

가격변동준비금은 앞으로 생길 우려가 있는 자산 손실에 대비하여 설정되는 것이기 때문에 비용의 전체 셈에 들어가지 않고, 상법의 규정에 의한 소위 특정준비금에 해당한다.

가결산(假決算)

기말회계가 아니고, 기(期)의 중도에 가(假)마감으로 행하는 결산을 말한다.

가결산은 법정의 본결산과 같이 장부의 완전한 마감은 행하지 않고 중요한 항목에 대하여 본결산에 준한 결산을 해서 당해 기간의 개괄적인 재정상태 및 경영성적을 파악하는 것을 목적으로 한다. 이것은 경영관리상의 지침을 얻기 위한 자료가 된다.

가계정(假計定)

거래는 실제로 발생했으나 아직 그것을 처리할 계정과목을 확정할 수 없다든가, 계정과목은 확정되었으나 금액이 확정되지 않았을 때 계정과목이나 금액이 확정될 때까지 임시로 회계처리를 해 두는 계정을 가계정이라고 한다. 계정과목과 금액이 확정되면 이를 확정계정으로 대체·처리한다.

가공손금(架空損金)

사실상 자산을 지출한 사실이 없음에도 불구하고 지출한 것처럼 허위 기재하여 손금으로 처리한 금액을 말하며, 이것은 세무조정시 익금에 넣어야 한다.

가공액비율(加工額比率)

생산액 가운데 자기회사에서 가공하여 부가한 가치의 비율을 보이는 것으로, 가공액을 생산액으로 나눈 수치의 백분율로 나타낼 수 있다.

$$가공비율 = \frac{가공액}{생산액} \times 100$$

가공액 비율은 가공이 생산액에서 차지하는 비율을 가리키는 것이다. 통상가공액＝생산액－(직접재료비＋매입부품비＋외주공임＋간접재료비)로 나타내고 가공액 비율은 위의 식과 같이 정의하게 된다. 따라서 이 비율이 높을수록 가공비율(부가가치율)도 높아진다.

가공이익(架空利益)

실제 이익이 아닌데도 회계상 이익으로서 계산되는 것을 말하며 명목이익이라고도 한다.

가공이익은 수익의 과대계산, 비용의 과소계산에 의해 생기

는데, 여기에는 내용이 다른 두 가지가 있다. 하나는 의식적·기능적으로 계산되는 것으로, 예컨대

(1) 매출액을 실제 이상으로 계산에 넣는 것

(2) 기말재고자산을 늘리고 매출원가를 적게 계산하는 것

(3) 감가상각비를 충분히 계산하지 않는 것 등이다.

또 하나는 무의식적·수동적으로 발생하는 것으로, 회계지식이 없기 때문에 잘못 처리하여 생긴 것 외에, 인플레 상황에서 취득원가주의를 고집한 결과로 발생하는 것 등이 있다.

가등기(假登記)

본등기를 할 수 있는 요건을 갖추지 못한 경우에 장차 행해질 본등기를 위해 미리 그 순위를 보존해 두는 효력을 가지는 등기를 말한다.

가등기를 할 수 있는 것은, ① 부동산물권의 설정·이전·변경 또는 소멸의 청구권을 보전하려고 할 때, ② 그러한 청구권이 시기부(始期附) 또는 정지조건부인 때, 기타 장래에 확정될 것인 때(장래의 청구권)이다. 가등기는 절차가 용이하고 등록세가 매우 저렴해서 많이 행해진다. 가등기인 채로서는 등기로서의 완전한 효력은 없지만 후에 본등기로 고칠 조건을 구비한 때에 이것을 본등기로 고치면, 그 본등기의 순위는 가등기의 순위로 되므로 결국 가등기를 한 때를 기준으로 해서 그 등기의 순위가 정해진다.

가불금(假拂金)

현금지불이 실제로 있었지만 그 계정과목을 정하지 못했을 때 또는 계정과목은 확정되었지만 금액이 확정되지 않아 어림계산에 의해서 지급되었을 때, 이것이 확정될 때까지 이를 일시적으로 처리해 두는 가계정의 일종이다.

계정과목과 금액이 결정되는 즉시 이를 결정된 계정에 대체하여 해당 금액을 소멸 정리한다.

가사관련비(家事關聯費)

거주자가 가사와 관련하여 지출한 비용, 즉 개인적인 생계비 및 가족비용을 말한다. 이는 사업과 관련이 없는 것으로서 소득처분적 성질을 가지므로 소득금액을 계산할 때 필요경비로 보지 않는다.

가산금(중가산금)<加算金(重加算金)>

국세·지방세 또는 관세를 납부기한까지 납부하지 않은 때에 국세징수법·지방세법 또는 관세법에 의하여 납부기한이 경과한 날로부터 체납된 국세에 대해 100분의 5에 상당하는 가산세를 징수하는 금액을 가산금이라 한다(國徵§21, 地方§27, 關稅§17의 3). 또 체납된 국세·지방세 또는 관세를 납부하지 않은 때에 납부기한이 경과한 날로부터 매 1월이 경과할 때마다 체납된 국세의 1.2%에 상당하는 가산금을 징수하는 것을 중가산금이라 한다(國徵§22, 地方§27, 關稅§17의 3). 중가산금을 가산하여 징수하는 기간은 60월을 초과하지 못한다.

가산법(加算法)

부가가치를 계산할 때, 인건비·임차료·지급이자·할인료·세금공과·영업이익 등 부가가치를 구성하는 것이라고 생각되는 항목을 더하여 계산하는 것을 말한다. 여기에 반하여 매출액에서 외부구입 가치를 공제하여 부가가치를 계산하는 방법은 공제법이라고 한다.

부가가치는 개개의 기업이 생산을 통해 새로이 산출한 가치이기 때문에 생산액에서 외부매입 가치를 공제하여 산출하는 것이 옳은 계산법이라 할 것이다.

가산세(加算稅)

계산한 세액에 가산하여 징수하는 금액을 가산세라 하는데, 가산금은 이에 포함되지 않는다. 가산세의 세목은 다음과 같다.
① 소득세법
　신고 불성실 가산세(所得§ 81①, ③)
　납부 불성실 가산세(所得§ 81④)
　보고 불성실 가산세(所得§ 81⑤, 所令§147④)
　원천징수납부 불성실 가산세(所得§158)
　납세조합 불납 가산세(所得§159)
② 법인세법
　무기장·무신고가산세(法人§41, 法令§113의 2, 法則§58)
　납부 불성실 가산세(法人§41, 法令§114)
　보고 불성실 가산세(法人§41, 法令§114)
　대차대조표공고 불성실 가산세(法人§41)

원천징수 불성실 가산세(法人§41)

과소신고가산세

결합재무제표제출 불성실

증빙불비(2000년 이후 적용)

주식 및 출자지분변동상황명세서 제출불성실

지급조서제출 불성실

계산서 불성실

매출·매입처별계산서합계표 불성실

③ 부가가치세법

신고 납부 불성실 가산세(附價§22)

세금계산서 불성실 가산세(附價§22, 附令§70의 3)

미등록·미검열 가산세(附價§22)

영세율 과세표준 신고 불성실 가산세(附價§22)

매출처별 세금계산서합계표 불성실 가산세

매입처별 세금계산서합계표 불성실 가산세

④ 지방세에 대한 가산세(地方§121, 179의 3, 234의 13)

⑤ 관세에 대한 가산세(關稅§17의 3, 137, 關令§5의 5)

⑥ 방위세 납부 불성실 가산세(防衛§9, 防令§7)

⑦ 특별소비세 납부 불성실 가산세 초과환분 가산세
(特消§13)

⑧ 상속세 신고 불성실 가산세(相續§26)

⑨ 교육세 납부 불성실 가산세(敎育§13)

원천징수 불성실 가산세(敎育§13)

가속상각(加速償却)

자산 취득 후, 단기간에 고율로 보상하여 갚아주는 것을 말한다.

일반적으로 고정자산의 상각은 각각의 내용연수에 따라서 계획적·평균적으로 행하는데, 가속상각의 경우에는 초기에 다액을 집중적으로 갚는다. 이것은 사용도가 높은 공장설비나 기계, 광산설비 등에서 채용되고 있다.

가수금(假受金)

현금의 수입은 있었으나 처리할 계정이 미확인이거나, 계정은 알 수 있으나 금액이 미확정일 경우에, 이것이 확정될 때까지 일시적으로 수입을 처리하는 가계정이다. 그러므로 과목 또는 금액이 확정되면 적당한 과목으로 대체해야 한다.

가수금은 가불금과 같이 손익을 은폐하는 데 악용하기 쉬우므로 일시적으로 사용했다가도 결산시에는 그 내용을 명시하는 계정으로 대체해야 한다.

가압류·가처분(假押留·假處分)

가압류는 금전채권 또는 금전으로 환가할 수 있는 청구권에 대해 동산 또는 부동산에 대한 강제집행을 보전하기 위해 이를 임시로 압류·확보하는 보존처분이다. 또 가처분은 금전채권 이외의 채권에 대해 집행을 보전하기 위해, 또는 다투는 중에 있는 권리관계에 대해 임시의 지위를 정하기 위해 하는 재판상의 집행보존처분을 말한다. 국세징수법상의 체납처분은 재판상의 가압류나 가처분으로 인해 체납처분의 집행에 영향을 받지 않는다.

가중처벌(加重處罰)

어떤 범죄에 대해 법으로 정해 놓은 형(刑) 이상으로 형을 가중해서 처벌하는 것을 가중처벌이라 한다.

현행 법률 중 가중처벌에 관한 규정을 두고 있는 것은 형법, 조세범처벌법, 특정범죄가중처벌등에관한법률이 있다.

가지급금(假支給金)

현금지출이 발생했으나 이것을 처리할 계정과목이 확정되지 않았거나 또는 계정과목은 확정되었지만, 금액이 확정되지 않았을 때, 그것이 확정될 때까지 임시로 처리해 두는 가계정이다.

가지급금은 계정과목과 금액이 확정되는 즉시 그 확정계정으로 대체하여 정리해야 한다. 사원출장여비의 선급입체금, 계약선급금, 보증금 등이 여기에 속한다.

가처분소득(假處分所得)

개인들이 자유롭게 소비 또는 저축으로 처분할 수 있는 소득을 가처분소득이라고 한다. 실지로는 개인소득에서 개인이 지급하는 개인세(소득세를 비롯한 직접세)를 공제하고, 이전소득(사회보장금 등)을 더한 것이 가처분소득이 된다.

이 가처분소득 가운데서 개인소비의 총계를 공제한 나머지가 개인저축이 되며 이를 처분면에서 보면 가처분소득＝개인

소비＋개인저축이 되는 것이다.

가처분순이익(可處分純利益)

　세금공제후의 당기이익금과 이익잉여금조정항목의 합계를 말하는데, 이것은 부가가치구성항목의 하나이다. 이익잉여금조정항목이란　이월이익잉여금증가액과　이월이익잉여금감소액과의 차액을 말한다. 기업경영분석에서 가리키고 있는 부가가치구성(가산법)은,

   (1) 인건비(임원보수수당, 종업원급료수당의 두 개로, 후자는 일반관리비, 판매비 및 제조원가중 종업원의 급료수당, 복리후생비, 퇴직급여충당금이월액의 합계액을 가리킨다).

   (2) 임차료(동산, 부동산임차료)

   (3) 감가상각비(세법상의 특별상각은 포함되지 않는다.)

   (4) 금융비용(지급이자할인료, 사채이자, 사채발행차금상각, 사채비용).

   (5) 조세공과

   (6) 법인세준비액(법인세, 주민세)

   (7) 가처분순이익이 항목으로 되어 있다.

가치분석(價値分析)

　최저의 코스트로 제조에 필요한 조건(기능)을 만족하게 하기 위하여 조직적인 분석·검토를 진행하는 작업이며, VA (Value Analysis＝가치분석)라고 한다. 즉, 가치를 주문제(主問題)로 하여, 제품의 가치를 높이기 위해 가격(Cost)을 싸게 혹은 같은

가격이면 기능을 충분히 할 수 있도록 힘쓰는 활동이다. 즉 기능은 충분히 하고, 가격은 떨어뜨려 가고자 하는 것이다.

각 사업연도의 소득(各 事業年度의 所得)

법인의 각 사업연도의 소득은 그 사업연도의 총익금에서 총손금을 공제한 금액에 의하고 있다.

이 때 총익금이라 함은 자본의 불입 이외에 순자산증가의 원인이 될 모든 사실을 말하며, 총손금이라 함은 자본의 환불 또는 이익의 처분 이외에 순자산감소의 원인이 될 모든 사실을 말하고 있기 때문에 과세소득의 개념은 손금계산법을 원칙으로 한 순자산증가설에 입각하고 있는 것이다.

각종소득(거주자의 소득)＜各種所得(居住者의 所得)＞

소득세법상 과세대상이 되는 소득을 그 발생상태에 따라 다음과 같이 분류하고 있는데 이를 총칭하여 각종소득(거주자의 소득)이라고 한다.
(1) 종합소득
　　이자소득, 배당소득, 부동산소득, 사업소득, 근로소득, 일시재산소득, 기타소득
(2) 퇴직소득
(3) 양도소득
(4) 산림소득

간이과세(簡易課稅)

전단제세액공제법을 채택하고 있는 부가가치세체제에서는 세금계산서의 수수와 기장이 필수적인데, 기장능력이 부족한 영세사업자에게(직전 1억원의 공급대가의 합계액이 4,800만원 미만인 개인사업자) 보다 간편한 방식인 업종별 부가가치율을 적용하여 과세하는 것을 말한다. 간이과세의 경우 납부세액의 계산방식은 "공급대가×업종별부가가치율×세율(10%)"이다. 여기서 업종별 부가가치율은 직전 3년간 신고된 업종별 평균부가가치율 등을 감안하여 대통령령으로 정하도록 하고 있다.

간이상각(簡易償却)

고정자산의 감가상각 계산기준은 모두 1년 단위로 규정되어 있다. 따라서 연도의 중간에 취득한 자산에 관해서는 사업용을 제공한 날로부터 연도말까지의 월수에 맞춰 나누어 한다. 그러나 소액 자산에까지 이 원칙을 적용하는 것은 실익이 없으므로 공구·기구·비품에 관해서는 어느 달에 취득했는지를 불문하고 일률적으로 반년분을 상각범위액으로 삼는 특례를 두고 있다. 즉 1년 결산의 법인에 있어서는 12분의 6, 반년결산의 법인에 있어서는 12분의 3으로 하는 것과 같은 것을 간이상각이라고 한다. 그러나 우리 나라의 경우는 간이상각을 인정하지 않고 일반자산과 동일하게 취급하고 있다.

간이세액조견표(簡易稅額早見表)

간이세액조견표는 매월분의 갑종근로소득에 대한 원천징수세율표를 말한다.

원천징수 의무자가 매월분의 근로소득을 지급함에 있어서 소득세를 원천징수하는 때에는 간이세액조견표 해당란의 세액을 원천징수하여 관할세무서에 납부해야 한다. 장애자 공제를 받은 자에 대한 소득세를 원천징수하는 때에는 공제대상 장해자 1인을 부양가족 1인으로 보고 간이세액조견표 해당란의 세액을 원천징수해야 한다.

간이세율(簡易稅率)

여행자 및 승무원이 휴대하여 수입하는 물품과 우편물에 대해서는 대통령령이 정하는 세율표상의 세율을 적용하는데, 이 세율을 간이세율이라고 한다.

간이장부(簡易帳簿)

소득세법에서는 현금출납장, 매입장, 매출장 또는 수입장을 요구하고 있으며 이 외에 경비장 또는 이에 준하는 장부(소법규칙에 의한 별지 56호(5) 서식)를 요구하고 있다. 이러한 장부를 간이장부라고 한다.

간접경비(間接經費)

경비 가운데 직접경비 이외의 것을 간접경비라 한다. 간접경비는 특정제품의 제조에 관하여 직접적으로 발생액이 인정되지 않는 것으로, 제조원가를 구성하는 경비의 대부분을 차지한다.

간접경비는 다음과 같이 분류된다.

명 칭	소 비 액	과 목
측정경비	측정의 실제소비량에 의한다	전기료, 가스대, 수도료
월할경비	월할로 계산한 발생액	감가상각비, 화재보험료
지급경비	지급액＋미불액－전불액	운임, 보관료, 여비, 교통비
발생경비	실제 발생액을 직접 파악	재고감모비, 반품차손비

간접노무비(間接勞務費)

제품의 제조에 관하여 다수의 제품에 공통으로 발생하는 노무비로, 특정제품에 대한 소비액을 직접 파악하기 곤란한 것을 말한다.

간접노무비는 원가계산기준에 의해 간접작업임금, 간접공임, 대기임금, 휴업임금, 급료, 종업원상여 등으로 나뉜다.

간접비(間接費)

직접비 이외의 원가요소로서 특정제품의 제조를 위해 직접소비된 것이 아니고, 각 제품에 공통으로 발생한 것을 말한다.

직접비가 특정제품이나 특정부문에 대하여 정확하게 부담하게 하는 것이 가능한 데 대하여, 간접비는 어떠한 제품이나 부문에 대하여 어느 만큼을 부담하게 할 것인가가 정확하지 못하다. 그래서 일정기간동안의 간접비를 합계하고, 이것을 일정한 배부기준에 따라서 각 제품에 할당계산(배부) 한다.

간접상각(間接償却)

감가상각의 기장정리방법의 하나로, 고정자산을 감가상각했을 때 감가상각액만큼 장부가액에서 직접 감액하지 않고 감가상각충당금 계정을 설정, 대차대조표의 대변에다 정리하는 방식이다.

차) 감가상각비 ×××　　　　대) 감가상각충당금 ×××

간접세(間接稅)

직접세에 상대되는 말로서, 입법자가 조세부담을 납세의무자 이외의 다른 사람에게 전가할 것을 예상하고 부과하는 조세를 말한다.

간접소비세(間接消費稅)

소비세 또는 내국상품세라고도 하며, 국내에서 생산되는 재화에 대하여 과세하는 것을 말한다. 우리나라의 소비세에는 주세·특별소비세·연초전매·관세 등이 있다.

간접재료비(間接材料費)

다수 제조 제품에 관하여 공통적으로 발생하는 재료비로 그 소비액을 특정제품에 직접 부과하는 것이 곤란한 것을 말한다. 보조재료비·공장소모품비 등은 간접재료비이다.

간주공급(看做供給)

자가공급, 사업상증여, 폐업시 잔존재화의 경우처럼 일정한 요건을 다 갖추지 못하여 실질적인 재화의 공급으로 볼 수 없는 경우에도 일정한 요건이 발생할 때에는 이를 재화의 공급으로 의제하는 것을 말한다.

간주임대료(看做賃貸料)

사업자가 부동산임대용역을 제공하고 월정임대료와는 별도로 전세금 또는 임대보증금을 받는 경우에, 전세금 등에 일정한 이율(利率)을 곱하여 계산한 금액을 말한다. 간주임대료는 과세표준 및 소득금액에 포함된다.

갈수준비금(渴水準備金)

전기사업을 영위하는 법인이 풍수로 인하여 발전사업의 수익이 증가하거나 비용이 감소한 사업연도에, 앞으로 예견되는 갈수로 인한 손실에 대비하여 설치하는 준비금을 말한다.

갈수준비금은 갈수 손실에 충당하기 위하여 다음 각호에 써 놓은 금액 이하의 금액을 손금경리에 의하여 갈수준비금계정에 산입한다.

(1) 증가분의 수익액 또는 감소된 비용으로 법령이 정한 액
(2) 다음 사업연도에 생길 것이라고 보는 갈수 손실의 견적액으로 법령이 정한 금액(누적한도액)에서 당해 사업연도 종료일에 전사업 연도에서 이월된 갈수준비금계정의 금액을 공제한 금액

감가(減價)

가치의 감소라고 말하지만 보통 고정자산의 가치감소에 대한 뜻으로 사용된다.

고정자산의 감가는 기본적으로 가치이전적 감가로 나타난다. 다시 말하면, 고정자산은 생산물이나 용역산출에 이바지하고 그가 지닌 전가치(全價値)를 상실하게 되는 것이지만 이러한 고정자산의 생산적 이용에 의한 감가가 곧 자본가치의 상실을 의미하는 것은 아니고 감가와 동시에 다른 재산, 즉 제품가치 등에 이전·재현되는 것이다.

감가상각(減價償却)

고정자산의 취득가액을 사용가능연한에 걸쳐 비용으로 배분하는 절차이다. 고정자산의 대부분은 기업경영의 계속에 의하여 점차 감손되고 결국은 경제가치가 무가치 또는 무가치에 가까운 것이 된다. 그러므로 이 감손액은 그 고정자산이 사용되는 각 회계연한의 비용으로서 할당하고 이월가액은 연차적으로 감소시켜야 한다.

(1) 목적

각 사업연도의 손익계산을 정확 공정하게 하고 상품과 제품의 원가계산을 적절하게 하기 위해 고정자산의 감가상각계산을 한다. 감가상각을 행함으로써 고정자산에 투하된 자본을 회수하게 되고 자본을 계속적으로 유지하여 확대재생산의 근본을 이룩하게 된다.

(2) 감가의 원인

고정자산은 시일의 경과와 경제 사정의 변화에 따라 경제 가치가 감손되어 간다. 감가상각의 원인은
① 사용에 의한 소모(wear and tear)
② 시간의 경과에 따르는 퇴화(deterioration by elapse of time)
③ 기능적 감가(functional depreciation) 이것은 물질 자체로서는 사용가치가 있으나 경제적 이용가치의 상실을 말한다.
유행의 변천과 새로운 발명에 의한 구식화 등이 이에 속한다.
④ 우발적 감가(contingent depreciation)
등이 있다.

감가상각금융(減價償却金融)

감가상각비는 재료비나 노동비와 같은 비용이지만, 다른 점은 그것이 자금으로서 기업 밖으로 유출되지 않는다는 것이다. 고정자산의 재조달까지는 자금으로서 기업 내부에 수차유보(遂次留保)되는 것이다. 이 유보자금을 가지고 설비를 신설하거나 운전자금에 충당하는 것이 감가상각유보에 의한 자기금융, 즉 감가상각금융이다.

감가상각방법신고(減價償却方法申告)

감가상각방법의 신고는 감가상각방법신고서(소칙 14호 서식)에 의하여 소정의 기한 내에 관할세무서장에게 신고해야 한다.

감가상각방법신고의 기한은 다음과 같다.
① 신규로 사업을 개시한 거주자는 그 사업을 개시한 날이 속하는 연도의 과세표준확정신고기한내
② 자산을 새로 취득한 때에는 그 취득한 날이 속하는 연도의 과세표준확정신고기한내

감가상각비(減價償却費)

감가상각에 의해 계산된 비용을 말한다.

공장 건물, 기계, 공구 등 생산설비의 감가상각비는 제품원가로 되고 판매 및 관리용 고정자산의 감가상각비는 기간비용으로서 판매비와 관리비로 된다.

감가상각비 대 매출액비율(減價償却費 對 賣出額比率)

이 비율은 당기의 감가상각비와 순매출액을 대비시킨 것으로 순매출액의 몇 %를 감가상각했는지 가리키는 것이다.

감가상각비 대 매출액비율은

$$\frac{감가상각비}{순매출액} \times 100$$ 이다.

이 비율은 다음과 같은 요소들로 분해하여 검토하는 것이 필요하다.

$$\frac{감가상각비}{순매출액} = \frac{감가상각비}{고정자산} \times \frac{고정자산}{총자본} \div \frac{순매출액}{총자본}$$

(감가상각률) (고정자산구성비) (순자본회전율)

일반적으로, 감가상각률·고정자산구성비가 높은 기업일수록 이 비율은 높고, 또 총자본회전율이 낮은 기업일수록 높아진다.

감가상각비 대 총비용비율(減價償却費 對 總費用比率)

총비용 중에 포함되어 있는 감가상각비의 비율을 가리킨다. 감가상각비 대 총비용비율은

$$\frac{\text{감가상각비}}{\text{매출원가}+\text{판매비}\cdot\text{관리비}+\text{영업외 비용}}\times100 \text{ 이다.}$$

이 비율은 단독으로는 아무런 의미를 갖지 않지만 수익력에 문제가 있는 경우, 그 내용을 구체화하는데 이용된다. 상각전총자본수익률과 표리의 관계에 있고, 총자본수익률의 보완비율로서 유효하다.

감가상각의 요소(減價償却의 要素)

감가상각계산을 하여 고정자산의 감가상각범위액을 산정하기 위해서는 고정자산의 취득가액·잔존가액 및 내용연수의 3요소를 결정해야 한다.

감가상각자산의 종류(減價償却資産의 種類)

감가상각자산의 범위는 재고자산, 유가증권 및 이연자산 이외의 자산 중 건물, 구축물, 기계 및 장치 등으로서 그 상각자산의 성질이 단순히 기계 등이라는 사실에 있지 않고, 그 자산이 사업의 용도로 제공되고 있는 것에 한한다. 따라서 이와 같은 자산이라 하더라도 상품으로서의 자리에 있는 것은 포함되지 않는다.

현행 세법상 감가상각을 할 수 있는 유형자산은 건물·건물부속설비·구축물·차량, 운반구·공구·기구 및 비품·선박·

항공기와 사업별 고정자산이며, 무형자산은 특허권 · 상표권 · 의장권 · 실용신안권 · 수리권 · 어업권(입어권 포함) · 영업권 · 광업권(채석권 포함) · 전용측선이용권 · 전기 · 가스공급시설이용권 · 전신전화전용시설이용권 · 공업용수도시설이용권 · 수도시설이용권 · 유료도로권리권 · 하수종말처리장시설 관리권 등이다 (所得§43, 所令§81).

감가상각자산의 취득가액(減價償却資産의 取得價額)

매입한 고정자산의 경우에는 그 대가, 등록세, 취득세와 명도비용을 포함하고, 자기가 건설하거나 제작하여 취득한 고정자산의 경우에는 원재료비 · 노무비 · 운임 · 하역비 · 보험료 · 수수료 · 공과금 · 등록세 · 취득세를 포함한다.

이밖에 그 자산을 고정자산으로서의 용도에 쓰기까지 직접 소요된 비용은 모두 취득원가에 포함한다.

감가상각누계액(減價償却累計額)

건물, 습기, 기계 등에 의한 감가상각비의 누계액을 직접 당해 감가상각자산에서 빼지 않고 간접적으로 공제하는 방법에 의해 설정된 평가계정이다.

감가자산(減價資産)

회계학상 감가상각의 대상이 되는 감가상각자산을 말한다.

감가자산은 유동자산이 아닌 장기간 사용할 수 있는 고정자산에서 그 대상을 찾게 되지만 보통 장기투자나 토지는 고정자산의 부류에 속하면서도 회계학상 감가의 특질을 구비하고 있지 않으므로 감가상각대상의 자산이 되지 못한다(감가상각자산의 종류 참조).

감면(減免)

지방세법상에 있어 도지사·시장 또는 군수가 천재 등의 특수한 사정이 있는 경우에 취득세·재산세의 감면이 필요하다고 인정되는 자에 대하여 도의회 또는 시·군 의회의 의결을 얻어 취득세·재산세 등을 감면할 수 있는 것을 말한다(地方§ 123, 195).

감면세·비과세(減免稅·非課稅)

감면세와 비과세는 국가가 조세로서 징수해야 할 재화의 일부 또는 전부를 국민경제 및 개인경제에 남겨두는 조세상의 특전을 말한다. 감면세는 특정한 경우 징수될 조세의 일부에 대해 납세의무를 면제하는 것으로, 주로 과세객체를 대상으로 이루어지고 있으며, 비과세는 조세의 부과를 포기하는 것으로 주로 조세주체가 대상이 된다.

감모상각(減耗償却)

소모성 자산의 가치감소를 감모상각이라고 한다. 소모성 자산(消耗性 資産)이라고 하는 천연자원에는 석유, 광산물, 목재(산림) 등이 있다. 이들은 ① 사용에 따라 완전 소모되며, ② 자산의 대체는 오직 자연력에 의해서만 가능하다는 특징이 있다.

감자(減資)

주식회사나 유한회사의 설립 후 법정의 수속에 의거하여 자본금이 감소하는 것을 말한다.

감자에는 유상감자와 무상감자가 있는데, 유상감자는 사업의 축소 등에 따라서 필요없게 된 회사 자산을 주주에게 반환하여 이익률을 높이기 위한 것이고, 무상감자는 자본의 결손이 대부분이기 때문에 당분간은 이익 배당을 할 가능성이 없을 때 자본금을 감소하여 자본의 결손을 보전하고 장래의 이익 배당을 가능케 하기 위한 것이다.

감자차손금(減資差損金)

법인이 주식을 소각하거나 자본을 줄이기 위해 지급한 금액이 그 주식의 취득가액을 초과한 경우 그 초과금액을 말한다.

예를 들어 회사가 3,000원의 주식을 4,000원에 구입해서 이것을 소각하는 방법으로 감자를 행했다면 주당 1,000원의 감자차손이 발생하게 되는 것이다.

감자차익금(減資差益金)

감자를 함에 있어서 감자액보다 환불금액이 적을 경우에 차익금이 발생하게 되는데 이것을 감자차익이라 한다.

감채기금(減債基金)

사채상환용 자금을 확보하기 위해 사채발행회사가 사채존속기간 중 매사업연도 적립하는 기금을 말한다. 따라서 이것은 사채상환을 위한 특정자산을 의미한다. 일반적으로는 사채 모집에 즈음하여, 사채권자와의 사이에 감채기금설정의 특약을 하여 사채의 신용도를 높이고 감채기금부사채(減債基金附社債)의 형태로 발행되고 있다.

갑종근로소득(甲種勤勞所得)

(1) 근로를 제공하고 받은 봉급, 급료, 보수세비, 상여, 수당 및 이와 유사한 성질의 급여
(2) 법인의 주주총회, 사원총회 또는 이에 준하는 의결기관의 결의에 의하여 상여로 받는 소득
(3) 법인세법에 의하여 상여로 처분된 금액
(4) 퇴직으로 인하여 지급받는 소득으로서 퇴직소득에 속하지 않는 소득

개발비(開發費)

신기술의 채용, 경영조직의 개선, 시장의 개척 등을 위하여 지출한 비용을 말한다. 이는 비교적 장기적인 이월비용으로서 미래의 수익을 기대하는 비용이다.

개발비상각(開發費却費)

개발비를 자산 계산에 넣고 일정 연한(年限)으로 상각하는 것을 개발비상각이라고 한다.

이같은 비용들은 일시에 거액이 될 수도 있는데, 지출한 사업연도만의 손비로 하여 경리하는 것은 그 사업연도의 손익을 틀리게 하는 것이 된다. 이런 비용들은 나중에 그 효과가 발생하는 것이기 때문에 순차적으로 차기 이후의 사업연도로 부담케 하는 것으로 되어 있으며 이연자산의 일종으로서 자산에 계상하게 된다. 세법에 있어서는 지출 후 5년 내에 매기 결산기에 있어서 균등액 이상으로 상각을 요구하고 있다.

개별비용법(個別費用法)

비용을 변동비와 고정비로 구별하여 파악하는 것을 비용분해라고 하는데 개별비용법은 비용분해의 한 방법이다. 이것은 비용개개를 그 성질에 따라 변동비와 고정비로 분류하고, 그 집계에 의거한 총비용을 변동비와 고정비로 구분 파악하는 방법이다.

개별상각(個別償却)

개별상각은 같은 종류의 고정자산, 예를 들면 같은 목조건물에 있어서도 그 구조, 용도, 사용정도, 소속장소를 달리할 때마다 각물건에 대하여 개별로 원가를 계산하고 그 원가를 기초로 하여 각 물건별로 감가상각을 하는 방법으로서 물건별상각이라고도 한다. 감가는 개개의 자산에 대하여 발생하는 것이기 때문에 원가계산이나 손익계산을 정확히 하고 각 부문의 능률을 측정하기 위해서는 개개의 소모를 명백히 계산하는 개별상각을 실시함을 원칙으로 해야 할 것이다.

개별손금(個別損金)

사업자가 여러 개의 사업을 영위하는 경우 어느 특정사업에 관련하여 발생한 손금을 개별손금이라고 한다. 개별손금은 공통손금과 달라서 각 사업에 배분하는 절차가 필요하지 않고 각 사업 수익에 직접 대응시켜 손익을 계산할 수 있다.

매출원가, 특정사업에서만 사용되는 고정자산의 감가상각비 등이 그 대표적인 것이다.

개별원가계산(個別原價計算)

종류 또는 규격을 달리하는 제품에 대해 개별적으로 계산하는 원가계산방식을 말한다.

개별원가계산은 건설업, 조선업, 인쇄업, 수리업, 목재가구제조업 등에서 채용되고 있다.

개산급(槪算給)

개산급이라는 것은 장래 생길 채무에 대하여 그 확정 이전에 금액을 개략 계산하여 사전에 지급하는 특수형태의 지급방법이다. 그러므로 나중에 그 채무액이 확정되면 이를 정산해야 한다. 개산급은 채무발생 이전에 지급하는 것이므로 함부로 허용할 수 없는 성질의 것이지만 특히 경비의 성질상 개산급을 하지 않으면 사무에 지장을 초래할 우려가 있음을 생각해서 그 범위를 필요한도로 제한하고 있다.

이것은 국가지출의 일종의 변칙이므로 반드시 대통령령이 정하는 바에 의거해야 한다(허용경비에 대해서는 예산회계법 제65조 참조).

개시대차대조표(開始貸借對照表)

상법 제30조에 의하여 상인·회사가 개업·설립을 할 때 작성한 대차대조표를 말한다.

주식회사에서 현물출자나 회사의 부담에 귀속할 설립비용 등이 없는 경우에는 차변자산의 부에 예금, 대변자본의 부에 자본금이 동액기재된 것만인 것이 일반적이다.

개업비상각(開業費償却)

개업비란 것은 회사창립 이후 영업활동을 개시하기까지 필요한 비용을 말한다. 그 비용은 기업회계상 발생시점에서 즉시 비용으로 처리하도록 하고 있다.

법인세법에서 개업비는 그 효과의 발생이 지출한 연도 뿐만 아니라 그 이후에도 미치게 되는 것이기 때문에 이연자산으로서 인정하고 3년이내에 종료하는 매사업년도에 상각하도록 되어 있다.

개인소득(個人所得)

국민경제를 구성하는 개인에 대하여 지급된 소득을 말한다.

개인소득은 본래의 의미에 있어서의 국민소득과는 그 액수에 있어서 다소 다른 점이 있다. 즉 국민소득에는 포함되어 있으나 개인소득으로서는 지급되지 않는 것이 있으며, 또 개인소득에는 포함되어 있으나 국민소득으로서는 구성되지 않는 항목이 있다. 이에 따라 개인소득을 표시하면

> 개인소득＝국민소득－법인세－사내유보이윤－개인부담
> 사회보장기금＋사회보장금＋은급＋공채이자

로 나타난다.

개인소득의 측정에는 보통 세무통계를 이용하는데 면세점 이하 소득의 포착이나 귀속소득의 추정에 곤란한 문제가 일어나는 일이 많다.

개체(改替)

사업용 고정자산을 더 성능좋은 제품으로 바꾸거나 성능 향상을 위해 지출하는 것을 말한다.

거래명세서(去來明細書)

공급한 자와 공급받은 자의 인적사항 · 거래일자 · 거래내용 · 공급가액 · 세액 · 비고 등이 기재된 명세서를 거래명세서라 한다. 사업자가 고정거래처와 거래를 하는 경우에는 일정기간의 거래를 합계한 세금계산서를 교부할 수 있는데, 합계세금계산서를 교부할 경우 사업자는 거래할 때마다 거래명세서를 교부해야 한다.

거래세(去來稅)

거래세는 유통세의 일종으로서 자본의 전환, 재산의 이전을 초래하는 거래에 대해 부과하는 세금이다. 유통경제가 현저히 발달함에 따라 세원(稅源)이 단지 재산의 소유 또는 사업과 소비의 사실에만 표현될 뿐 아니라, 거래면에도 뚜렷이 표현되기에 이르렀다. 따라서 거래세는 소득세·수익세 등으로는 과세할 수 없는 것을 과세하는 보완세로서의 목적을 찾아야 할 것이다.

거래의 실질과세(去來의 實質課稅)

구체적인 세액계산, 즉 과세표준의 계산에 있어서는 수익·재산행위·거래의 명칭 등에 불구하고 거래관계의 실질내용을 파악하여, 세법을 적용함으로써 과세의 정확을 기해야 한다.

거부행위에 대한 쟁송(拒否行爲에 대한 爭訟)

개인의 신청 등에 대해 명시적인 거부행위가 있을 때 이를 하나의 행정행위(소극적 행위)로 보고 동처분의 취소를 구하는 쟁송을 말한다.

거주자(居住者)

우리나라 소득세법상 거주자란 국내에 주소를 두거나 1년 이상의 거소를 둔 개인을 말한다(소득§1). 거주자는 내국인이든지 외국인이든지, 소득의 발생이 국내인지 국외인지에 관계없이 거주자는 모든 과세소득에 대해 소득세를 납부할 의무를 진다. 다만, 우리나라의 국적을 가지지 않은 사람은 국내에서 발생한 과세소득에 한해서만 납세의무가 있다.

거소(居所)

주소와 같이 밀접한 일반생활관계가 없이 다소의 기간 계속하여 거주하는 장소

건설이자(建設利子)

상법은 일정한 조건을 구비한 주식회사기업 즉, 공익성을 가진 전력·수도·철도 등의 기업이 본점 소재지에서 설립등기를 완료한 후 2년 이상 개업하지 못할 경우에 법원의 허가를 얻어 법정이율 이내의 이자를 그 출자자에 배당할 수 있도록 규정하고 있는데, 이것을 가리켜 건설이자라 한다(商§463). 이것은 주식회사의 이익이 없는 한 배당하지 못한다는 상법 총칙 규정의 예외로서, 일반대중이 이 부분에 대해 많은 투자를 하도록 유도하여 공익사업의 발전을 이루려는 조치인 것이다.

건설이자의 배당(建設利子의 配當)

건설이자의 배당이라 함은 거대한 설비를 필요로 하는 전력·가스·수도·선거·운하 또는 대규모 공장 등 회사의 목적사업의 성질상 그 회사가 성립한 후 2년 이상 영업의 전부를 개시하기가 불가능하다고 인정될 때 「일정주식」에 대해서는 이익이 없더라도 개업전 일정기간 동안 일정이자(연 5분을 초과하지 못함)를 그 주주에게 배당하는 것을 말한다(商§463).

건설자금이자(建設資金利子)

사업용 고정자산의 매입, 개량, 제작 또는 건설에 소요되는 차입금에 대한 지급이자를 말한다. 건설자금이자는 건설 등이 완료된 날까지 자본적 지출로 하여 그 원본에 가산해야 한다.

건설전도금(建設前渡金)

고정자산 취득을 위해 지출한 전도금을 건설전도금이라 한다. 전도금의 지출대상으로 취득되면 당연히 건설중인 자산 또는 고정산계정으로 대체된다.

건설중인 자산(建設中인 資産)

미완성 유형자산의 건설을 위한 지출이나 기계설비의 매입을 위한 지출을 건설의 완성 또는 기계설비의 도착에 이르기까지 일시적으로 처리하는 계정을 말한다. 건설중인 자산은 유형자산의 일종이기는 하지만 보통 토지와 마찬가지로 감가상각을 할 필요가 없으며, 또한 건설 도중에 있는 것일지라도 영리목적의 건설(半成工事)이 아니므로 기말평가를 할 필요도 없다.

격지환급(隔地還給)

국세환급금의 지급명령관이 국세환급금과 국세환급가산금을 환급할 때 납세자가 한국은행이 없는 시·군의 구역 내에 있는 경우에는 납세자의 인근 체신관서를 지급장소로 국고송금요구서를 송부하여 송금절차를 밟게 한다(豫計). 이것을 격지환급이라 한다.

견적가격(見積價格)

공매에 있어서 세무서장 등이 매각재산의 객관적인 시가를 기준으로 하여 매각가액으로 결정, 견적한 최저가액이다. 이 때 견적가격이 시가보다 현저하게 낮아서 체납자의 재산권을 침해할 우려가 있을 때, 또는 특수재산으로서 평가하기 곤란할 때에는 감정인이나 금융기관에 평가를 위탁하고 그 평가액을 참고로 하여 견적가격을 결정할 수 있다.

결산(決算)

예산집행의 실적, 일반적으로 1회계연도 내에 있어서의 세입세출예산집행의 결과를 표시한 확정적 계수를 말한다. 이 결산은 감사원의 검사를 받아 국회에 제출해야 한다. 결산을 국회에 제출하는 것은 국회의 재정감독자료로 하기 위해서다.

결손금과대계상범(缺損金過大計上犯)

결손금을 계산할 때 허위로 결손금액을 과대하게 계산, 기재한 법인으로서, 이에 대해서는 조세법처벌법상 2년 이하의 징역 또는 벌금에 처한다.

결손금의 이연(缺損金의 移延)

어떤 사업연도의 소득에서 과거 연도에 생긴 결손금을 이월하여 공제하고 나머지를 당해 연도의 과세소득으로 하는 것을 말한다.

각 사업연도 개시 전 5년(녹색신고법인인 경우에 있어서는 4년)내에 개시한 사업연도에서 발생한 결손금으로서 그 후의 각 사업연도의 소득계상손금에 산입하지 않은 금액은 이연 처리할 수 있다.

결손금 소급공제(缺損金 遡及控除)

1997년 1월 1일부터 시행되는 것으로 중소기업에 한하여 결손금을 다음 사업연도에 이월시켜 이월결손금으로 당해 연도의 각 사업연도 소득공액에서 공제하는 것

결손처분(缺損處分)

납세의무자가 행방불명 되거나 또는 재산조사를 한 결과 압류할 만한 재산이 없거나 또한 압류할 만한 재산이 있다 할지라도 그 재산의 견적가격이 체납처분비와 가산금에 충당한 나머지 체납세액에 충당할 여지가 없어 체납처분을 중지하게 하는 등의 사유로 징수불능인 조세를 국가의 채권대장인 세입징수부에서 제거하기 위한 회계상의 사무절차로서, 납세자의 납부의무를 소멸케 하는 처분을 말한다.

경기동향지수(景氣動向指數)

경기의 움직임을 포착하는 경기지표의 하나로 경제기획원에서 작성·발표하며 경제의 변동을 관측할 때 중요한 역할을

한다.

경기동향지수에는 「선행계열에 의한 경기동향지수」, 「일치계열에 의한 경기동향지수」, 「적행계열(適行系列)에 의한 경기동향지수」, 「총합계열에 의한 경기동향지수」 등이 있다.

경매(競賣)

경매란 경매를 청구할 권리가 있는 자의 신청에 의해 집행법원 또는 집행관이 동산이나 부동산을 값을 제일 많이 부르는 사람에게 매도하는 것을 말한다. 매도인은 다수의 매수희망자에게 구술로 매수신청을 하게 하고 최고가격으로 매수신청을 하는 자에게 경매물건을 매도하게 된다. 문서로 신청하는 것은 입찰이라 한다.

경비(經費)

국가가 사업을 수행할 때 필요로 하는 비용을 말한다.

국가의 경비지출은 세출예산으로서 국회의 의결을 얻어야 하며 그 재원은 세입을 가지고 확보해야 하므로 세입세출의 수지균형은 국가재정의 이상적 시책이라고 할 것이다.

경비불산입(經費不算入)

기업회계상 당연히 경비로 계산해야 할 손비과목이지만 세무회계상 용인될 수 없는 성질의 것을 말한다. 현행 소득세법상 부동산소득과 사업소득금액 산출에 있어서 필요경비에 산입하

지 않는 것은
(1) 소득세와 소득할주민세(所得割住民稅)
(2) 벌금·과료와 과태료
(3) 국세징수법 기타 조세에 관한 법률에 의한 가산금과 체납처분비
(4) 조세에 관한 법률에 의한 징수의무와 불이행으로 인하여 납부하였거나 납부할 세액
(5) 대통령령이 정하는 가사의 경비와 이에 관련되는 경비
(6) 각 연도에 계상한 감가상각자산의 감가상각비로서 제43조의 규정에 의하여 계산한 금액을 초과하는 금액
(7) 단기투자자산(재고자산을 포함한다) 이외의 자산의 평가차손. 다만, 대통령령이 정하는 고정자산의 정상가액과 장부가액과의 평가차손은 제외한다.
(8) 판매하지 않은 제품에 대한 반출군의 특별소비세 또는 주세의 미납액. 다만, 제품가액에 그 세액 상당액을 가산한 경우는 제외한다.
8의 2. 부가가치세의 매입세액. 다만, 부가가치세가 면제되거나 기타 대통령령이 정하는 경우의 세액과 부가가치세 과세 특례자가 납부한 부가가치세액은 제외한다.
(9) 차입금 중 대통령령이 정하는 건설자금에 충당한 금액의 이자
(10) 채권자가 불분명한 차입금의 이자
(11) 대통령령이 정하는 공과금 이외의 공과금
(12) 각 연도에 지출한 경비 중 대통령령이 정하는 바에 의하여 직접 그 의무에 관련이 없다고 정부가 인정하는 금액

(13) 선급비용

(14) 업무에 관련하여 고의 또는 중대한 과실로 타인의 권리를 침해함으로써 지급되는 손해배상금 등이다.

경상세 · 임시세(經常稅 · 臨時稅)

조세과징의 시기에 따른 조세분류로서, 폐지되지 않는 이상 매년 부과징수되는 것이 경상세이며, 특별한 필요 또는 사정이 있을 때 일정한 연한(年限)을 두고 부과징수하는 것이 임시세이다.

대부분의 조세는 경상세인데 전쟁 중 각국의 전시이득세세(戰時利得稅賈), 전후의 임시재산세 등과 같이 전쟁에 관계되는 임시세가 많았다.

경상수입(經常收入)

국가 및 지방공공단체의 수입이 각 회계연도에 규칙적으로 계속해서 들어오는 것을 경상수입이라고 한다. 즉, 연속적이 아닌 공채금 · 국유재산불하금(國有財産拂下金) 등의 일시적 수입에 상대되는 수입이다.

경상재산세(經常財産稅)

소득세에 대한 보완세의 일종으로 무수익재산에도 과세하여 소득세에서 충분히 포착하지 못했거나 누락된 세원을 포착 과세하는 것이다.

경상재산세는 재산소유 사실에 기초하여 부과하는 것으로, 과세물건은 재산이지만 무수익재산이어서 재산세라고는 해도 명목상의 재산세에 불과하므로 그 세율은 극히 낮다.

경상적 조세(經常的 租稅)

규칙적이고 영속적인 조세수입을 가지고 재정의 일반적 수요를 충당할 것을 목적으로 하는 것으로, 임시 방편으로 과징되는 임시적 조세에 상대되는 말이다.

경쟁계약(競爭契約)

각 중앙관서의 장은 매매·대차·도급 등의 계약을 할 경우 모두 공고를 하여 경쟁에 붙여야 한다. 이것은 다수인의 경쟁심을 이용하여 정부에 가장 유리한 조건의 제공자를 선택하기 위한 것이다. 경쟁은 주로 입찰방법으로써 행해진다.

경정(更正)

현행 부가가치세제가 자진신고납부제도로 전환됨에 따라 사업자의 신고에 의해 납세의무가 확정되게 되었다. 그런데 만약 납세의무자가 성실한 신고납부를 이행치 않으면 그 과세기간에 대한 과세표준·납부세액·환급세액을 세금계산서·장부 등을 근거로 하여 정부가 조사 경정하도록 되어 있다. 납세의무를 정부가 확정짓게 되는 것이다.

경정결정(更正決定)

신고과세제도하에서 문제가 되는 것인데 신고의무자의 고의적인 무신고나 허위신고 또는 고의가 아닌 부당한 신고에 대해서 정부가 조사한 자료에 입각하여 과세표준을 정정 결정하는 것을 경정결정이라고 한다.

계급정액세율(階級定額稅率)

과세문서에 인지세를 부과할 때 특정 과세문서에 대해서는 문서에 기재된 금액의 크기에 따라 세액의 크기가 달라진다.

예를 들어 기재금액이 5백만원~1천만원일 때는 1만원. 1천만원~2천만원일 때는 2만원의 인지세가 과세되는데 이렇게 적용되는 세율을 계급정액세율이라고 한다.

계산서류(計算書類)

주식회사의 기업회계상 준비금이나 이익, 건설이자의 배당에 관한 의안을 지칭하는 것으로서 계산서류의 양식은 보고식으로 만들어진다.

계산서류부속명세서(計算書類附屬明細書)

주식회사의 계산서류부속명세서는 다음의 것 등을 말한다.

(1) 대차대조표의 관계부속명세서

기재할 사항이 있을 경우 반드시 작성해야 할 서류는 유가증권명세서 · 유형자산명세서 · 고정자산처분명세서 · 무형자

산명세서 · 관계회사출자금명세서 · 대여금명세서 · 사채명세
서 · 장기차입금명세서 · 관계회사차입금명세서 · 담보권설정
명세서 · 이사감사 및 주주와의 거래명세서 제1준비금명세
서(자본금명세서)와 제2준비금명세서(이익잉여금명세서) 등
이며, 필요에 따라 이를 작성할 수 있는 것은 현금과 예금
명세서 · 매출채권명세서 · 재고자산명세서 · 기타　유동자산
명세서 · 이연계정명세서 · 매입채무명세서와 기타 유동부채
명세서 등이다.

(2) 손익계산서의 관계부속명세서

기재할 사항이 있을 경우 반드시 작성해야 할 서류는 원가
계산보고서 · 감가상각비명세서 · 수선비명세서 · 이익잉여금
과 자본잉여금의 변동이 현저한 경우에 작성된 잉여금계산
서 등이다.

계산증명(計算證明)

법규에서 정한 것에 따라 계산서류를 만들고 이에 증거서류
를 첨부, 감사원에게 제출하여 회계사무집행의 실적을 증명하는
것이다.

감사원은 감사원법 및 계산증명 규정에 따라 검사감독을 하
는 기관이므로 사무의 책임자로 하여금 그 계산을 증명시킨다.

계속비(繼續費)

계속비는 예산1년주의에 대한 예외로, 수년의 회계연도를 거
쳐 완성되는 사업의 총경비 및 연별지출액을 정하여 미리 국회

의 의결을 얻어 놓고 수년에 걸쳐 지출하는 경비를 말한다. 경비는 원칙적으로 회계연도마다 국회의 의결을 얻어야 하지만, 도로, 하천, 항만의 축조나 관청의 건축 등과 같이 수년이 걸리는 사업에 적용하면 불편이 많기 때문에 이런 때는 계속비를 설정한다.

계정과목(計定科目)

부기상의 계산단위인 각 계정에 붙인 명칭을 말하는 것으로 계정과목의 다소는 부기적 기록의 상세한 정도를 정한다.

계정식(計定式)

보고식에 대응하는 재무제표의 기재양식으로 원장 계정계좌의 형식을 그대로 취하고 계정과목을 차변·대변의 좌우양란으로 나누어서 기재표시한다.

계정식손익계산서(計定式損益計算書)

손익계산서를 계정의 형식에 따라, T자형으로 좌우로 나누어 좌측 즉 차변을 비용, 우측 즉 대변을 수익으로 하고 양자의 차손을 순손실로 하여 좌우(차변·대변)를 평균하여 표시하는 것을 말한다.

고가매입(高價買入)

특수관계자로부터 자산을 시가를 초과한 가격으로 매입한 경우에는 그 초과액에 대해서는 부당행위 계산의 부인을 적용함.

고정부채(固定負債)

대차대조표 작성일로부터 기산하여 1년 이내에, 즉 다음 결산기까지 상환기일이 도래하지 않는 것을 고정부채라고 하며, 기한이 길기 때문에 장기부채라고도 한다.

일반적으로 고정부채에 속하는 것으로는 사채담보부차입금·관계회사차입금·장기성충당금(퇴직급여충당금·특별수선충당금) 등이 있다.

고정부채비율(固定負債比率)

이 비율은 고정부채를 자기자본으로 나눈 비율이며, 자기자본의 몇%에 해당하는 고정부채가 있는가를 나타내는 것이다.

〈산식〉

$$고정부채비율 = \frac{고정부채}{자기자본} \times 100$$

이것은 자본의 안전성을 검토하는 하나의 지표가 된다.

고정비(固定費)

조업도(생산량)의 증감에 불구하고, 발생액이 변화하지 않는 원가를 말하는 것으로서 불변비라고도 한다.

고정비의 주요한 것에는 지대, 집세, 감가상각비, 복리시설, 화재보험료, 감독자급료 등이 있다.

고정자본 · 유동자본(固定資本 · 流動資本)

고정자본이란 일정한 생산기간에 투하된 자본 중 일부분만을 생산물에 이전시키고 다른 부분은 여전히 생산과정 중에 고정하여 생산된 상품과는 독립되어 있는 자본부분을 말한다. 예컨대 공장 · 기계 등과 같은 노동수단에 전화(轉化)된 자본부분이다.

유동자본이라 함은 노동수단을 제외한 다른 생산제요소에 전화된 자본부분으로서 원료와 보조자료 등의 노동대상 및 노동력에 전화된 자본부분이 이에 속한다.

유동자본은 1회의 생산과정을 통과함으로써 완전히 그 사용가치 형태를 잃고 그 가치의 전부를 생산물에 이전한다는 데에 그 특징이 있다.

고정자산(固定資産)

고정자산은 판매 또는 처분을 목적으로 하지 않고 비교적 장기간에 걸친 영업활동에 사용하고자 취득한 각종 자산으로 1년 이상 돈으로 바뀌지 않는 자산이다.

예를 들면 공장건물을 장기간 생산활동에 걸쳐 사용하고 건물 자체를 판매하기 위하여 소유하지 않을 때에는 영업활동상 고정자산이 되지만 이를 영업활동에 현재 사용하지 않고 판매나 처분을 목적으로 소유했을 때에는 영업활동상 고정자산이 되지 않는 것이다.

고정자산비율(固定資産比率)

자기자본과 고정자산의 비율을 가리킨다.
〈산식〉

$$고정자산비율 = \frac{자기자본}{고정자산} \times 100$$

자기자본으로 조달하는 율이 높을수록 재무의 유동성·안전성은 높게 되는데, 업종 등에 따라 차이가 있으므로, 비율만으로는 속단하기 어렵다.

고정자산성장률(固定資産成長率)

일반적으로 고정자산의 전기비신장률(백분율)을 말한다.
〈산식〉

$$고정자산성장률 = \frac{당기고정자산 - 전기고정자산}{전기고정자산} \times 100$$

기업의 성장성은 최종적으로는 매출액 성장률이나 경영이익 성장률에 의해 명료하게 되는데, 성장의 원동력으로 여겨지는 것이 고정자산이고, 이 성장성을 가리키는 지표가 고정자산성장률이다.

고정자산재평가(固定資産再評價)

화폐가치의 변동으로 인해 자산의 장부가격과 시가 사이에 현저한 차이가 생길 때 이를 다시 평가하여 일정한 기준가격으로 수정하는 회계조치를 말한다.

고정자산제각·매각(固定資産除却·賣却)

고정자산을 사용할 수 없게 된 경우에는 이것을 장부에서 제거해야 한다. 이것을 고정자산의 제각이라고 한다. 장부잔액이 있는 고정자산을 제거할 경우에는 장부잔액을 제각손(**除却損**)으로 처리한다.

또 고정자산을 매각한 경우에는 장부가격과 매각가격과의 차액은 고정자산 매각이익 또는 손실로 처리해야 하는데 이것은 본래의 영업활동에 의해서 발생한 것이 아니므로, 손익계산에 산입하지 않고 미처분이익잉여금을 가감하는 것이 합리적이다.

공고불이행가산세(公告不履行加算稅)

법인세법상 대차대조표를 공고해야 할 내국법인이 공고의무를 이행하지 않는 경우에 가산되는 세액이다(法人§41 ③).

공공경비(公共經費)

정부기능에 소요되는 비용을 공공경비라고 한다.

공공경비는 정부가 재화 및 용역을 지배하기 위한 수단이지만 동시에 국가목적을 실현하기 위한 수단이기도 하다.

공공경비의 원칙(公共經費의 原則)

공공경비계획을 평가하고 결정하는 데 있어서 기준으로 삼아야 할 형식적 원리이다.

이 원칙은 경비지출에 있어서 지출방향과 범위를 국가목적 또는 예산에 표명된 재정계획상의 의도에 일치시키기 위하여 이용할 수 있는 지도원칙이며 재정운영의 합목적성 및 경제성을 사후에 감독하기 위한 기준으로 이용된다.

공공법인(公共法人)

국가 또는 공공단체가 출자하고 경영하는 법인으로, 이윤의 추구에 목적을 두지 않고 국민생활의 안정, 경기회복, 국방 및 중요산업의 발전 등 공공적 요구에 순응함을 목적으로 하는 법인을 말한다.

한국은행, 한국조폐공사, 대한주택공사 등 국가나 공공단체가 경영하는 수많은 법인이 이에 속한다.

공공요금의 결정(公共料金의 決定)

한국독점사업의 전매가격과 사업요금은 공공요금심사위원회와 국무회의의 심의를 거쳐 대통령의 승인을 얻어야 한다(豫會法§3 ①).

공급가액(供給價額)

일반과세자에게 적용되는 것으로서 부가가치세가 포함되지 않은 물품가격을 말하며 기업의 순수한 매출액과 같은 의미를 지니고 있다.

공급가액은 제조업자의 경우 판매가격에 부가가치세를 제외한 가격이 되므로 물품대·특별소비세 또는 주세를 합친 가액이 되며 도매업자의 경우에는 물품대·특별소비세 또는 주세

그리고 방위세까지 합친 가액이 되는 것이다.

공동사업자의 소득세부과(共同事業者의 所得稅賦課)

　과세상 공동사업에 의한 소득안분이 계약상 출자비율자금 및 손익처분 분배의 규정에 명시되고, 출자비율의 소득내용이 소정 장부 등에 기록 계산되어 그 지분소득이 각 공동사업자에게 귀속되는 것이 분명한 경우 각자의 출자비율에 의한 지분 소득별로 과세하게 된다. 또 공동사업에서 생긴 소득이 동업자에 분배된 것이 확인되지 않을 경우에는 일괄과세를 하게 되며, 동업자가 연대납세의무를 지게 된다.

공동상속(共同相續)

　재산상속인이 1인인 경우에는 상속재산은 그 단독소유로 귀속되지만, 상속인이 여러명 일 때는 상속재산은 그들 사이에 공동소유되고 각 공동상속인의 상속분에 따라서 피상속인의 재산상의 권리의무를 승계하게 된다. 이와 같은 상속형태를 공동상속이라 한다.

공동시설세(共同施設稅)

　시·도가 소방시설, 오물처리시설, 수리시설, 기타 공동시설에 필요한 비용에 충당하기 위하여 그 시설로부터 이익을 받는 자에 대하여 부과하는 목적세

공사수익(工事收益)

　도급공사에서 발생되는 수익을 말한다.

　기업회계기준은 단기도급공사의 수익인식을 공사진행기준이나 공사완성기준으로 기업이 선택하여 적용하도록 규정하고 있으며, 계약기간이 1년 이상인 장기도급공사의 수익은 반드시 공사진행기준에 의해 인식하도록 규정하고 있다.

공사채투자신탁(公社債投資信託)

　증권투자신탁 가운데, 그 신탁재산을 주식에 대한 투자로서가 아니라 공사채에 대한 투자로서 운용하는 것을 목적으로 하는 것을 말한다. 공사채투자신탁의 수익 분배에 관한 소득은 이자소득으로서 소득세가 부과된다.

공사혼합경제수입(公私混合經濟收入)

　사경제적 수입과 공경제적 수입이 혼합된 것이 공사혼합경제수입이다. 예컨대 전매수입(專賣收入)과 같은 것이다. 전매사업은 영·미와 같은 선진국에서는 국가나 지방자치단체가 아닌 민간기업에서도 얼마든지 운영할 수 있는 사업으로서 민간기업으로 운영되고 있다. 그러므로 이것은 사경제적 사업이라 할 수 있다.

　그러나 우리나라와 같이 국가의 전매사업제도로 되어 있는 경우에 전매사업수입은 사업으로서의 수입 외에 조세의 성격을 가진 과잉이윤이 포함되어 있다. 이 조세의 성격을 띤 수입은 공경제적 수입이다.

이와 같이 공사 양자가 혼합한 경제수입을 공사혼합경제수입이라고 하는 것이다.

공시송달(公示送達)

국세징수에 관계되는 서류는 명의인에게 송달함으로써 그 효력이 발생한다. 그런데 명의인의 주소가 불명하거나 고의로 서류의 수취를 거부하거나 국내에 주거소·영업소를 두지 않아서 서류의 송달이 불가능하게 되었을 때에는 그 서류송달의 취지 또는 요지를 시·군 등 적당한 장소나 일간신문 등에 공고함으로써 소정기간이 경과한 날로부터 명의인에게 송달된 것으로 간주하여 그 효력을 발생시키는데, 이것을 공시송달이라 한다.

공시송달의 효력(公示送達의 效力)

공시송달은 서류를 공고한 날로부터 10일이 경과하면 당사자에게 송달된 것으로 간주한다. 이를 공시송달의 효력이라 한다.

공유물 등의 연대납세의무(共有物 등의 連帶納稅義務)

연대납세의무는 동일한 과세물건, 즉 공유물이나 공동사업 등에 관계되는 국세와 가산금·체납처분비를 공유자 또는 공동사업자가 연대하여 납부할 의무를 말한다(國基§25). 따라서 조세채권자는 연대납세의무자 1인에 대하여 또는 모든 연대납세의무자에 대하여 국세의 납부고지·독촉·체납처분을 할 수 있다(民§414 참조).

공장계정(工場計定)

공장회계제도를 채용하고 있는 경우, 본사에서는 본사원장에 공장계정이 설정된다. 본사·공장간의 내부거래에 의한 채권채무는 이 계정으로 처리하게 된다.

공장원가(工場原價)

공장원가는 공장이라는 장소에서 발생하는 원가이고, 원가에 대한 장소적인 인식에 의거한 원가개념이다. 이것은 엄밀하게는 반드시 제조원가와 일치하는 것은 아니다. 예컨대 시험연구나 공장사무 등이 공장 밖에서 행해지고 있는 경우에 그것들에 관하여 발생한 제조간접비는 공장원가에 포함하지 않고, 따라서 제조원가와는 범위가 일치하지 않는다. 이렇게 공장원가와 제조원가는 별개의 개념이지만 일반적으로는 같은 의미로 해석되고 있다.

공장회계독립제도(工場會計獨立制度)

공업부기에 있어서 공장회계를 독립하여 계산하는 제도를 말한다. 공장회계를 독립시키면 다음과 같은 장부조직이 된다.

본사회계 ─┌─ 본사분개장(공장계정을 설정한다)
          └─ 본사원장

공장회계 ─┌─ 공장분개장(본사계정을 설정한다)
          └─ 공장원장

공정가격(公定價格)

공정가격은 국가에 의하여 직접적으로 결정되는 가격이다. 이것은 일정한 정책목적의 실현을 위해 적당한 가격이라 하여 국가가 결정하는 것이다.

공정가격에는 최고공정가격과 최저공정가격이 있는데, 최고공정가격은 가격의 최고한도를 결정하는 것으로, 상품공급이 부족할 때 또는 가격형성이 불확정할 때 등, 가격이 폭등할 우려가 있을 때 행해지는 것이다.

또 최저공정가격은 가격의 최저한도를 결정하는 것으로, 상품공급의 과잉으로 말미암아 기업경영이 곤란할 때 행해지는 것이다.

공조·공과(公租·公課)

재정수입은 관유재산(官有財産)이나 관기업활동에 의한 사경제적(私經濟的) 수입과 권력에 의한 강제징수, 즉 사경제적 수입으로 크게 구분되는데 후자를 공조·공과라고 한다(廣義). 정치적 통치단체가 자연인·법인·사단에 대해서 강제적으로 화폐 및 현물을 징수하는 것, 또는 그 징수되는 화폐 및 현물을 말하는 것이다.

공증(公證)

특정한 법률사실 또는 법률관계의 존재를 공적으로 증명하는 행위이다. 등기부·호적등본·호적초본 등의 교부가 공증의 예이다.

공채(公債)

공채란 국가나 지방공공단체가 재정자금을 조달하기 위해 만들어내는 금전채무를 말한다. 이 때는 공채증권이 발행되는데, 국가나 지방단체는 이 공채증권을 매각하여 자금을 조달한다. 공채는 공채증권의 상환기간이 지나면 공채를 회수하고 대금을 지급함으로써 상환한다.

공통손익(共通損益)

비영리법인이 비영리사업과 수익사업을 함께 영위할 때 발생한 손익이 비영리사업에 귀속되는지 수익사업에 귀속되는지 불분명한 경우, 또는 일반사업자가 감면대상사업과 기타사업을 함께 영위할 때 발생한 손익이 감면사업에 귀속되는지 기타사업에 귀속되는지 불분명한 경우, 그 손익을 공통손익이라 한다. 공통손익은 사업별 총수입금액비율·개별필요경비 등 일정한 기준에 의해 계산하여 각 사업의 손익으로 귀속시킨다.

과납(過納)

조세납부를 할 때는 적법하게 납부했으나, 그 후에
(1) 세법의 개정
(2) 부과처분의 취소
(3) 재해로 인한 감면에 의해 조세 채무가 소멸되었을 때
(4) 정기분세액 결정전 중간예납·원천징수 등의 초과납부
　　등으로 인해 과대하게 납부된 경우를 말한다.

과년도수입(過年度收入)

출납이 완결한 연도에 속하는 수입을 말한다. 즉, 어느 연도를 정해서 수납해야 되는 것으로 고지를 했으나, 당해 연도의 출납정리 기간 내에 납입되지 못한 수입이 그 후에 납입되었을 때에는 그 세입이 본래 소속할 연도의 출납은 이미 완결되었으므로 현금영수일에 속하는 연도의 세입에 편입하게 되는데 이를 과년도수입이라 한다.

과년도지출(過年度支出)

과년도지출이라 함은 어느 연도에 지급하기로 이미 정해져 있던 경비가 채권자의 청구가 없었던 것 등의 사유로 지급되지 않았을 경우에 현년도예산으로서 지출함을 의미한다. 예산회계법은, 과년도에 속하는 채무확정액으로서 지출되지 않은 경비는 현년도의 세출예산에서 지급하도록 규정하고 있다(豫計§71).

과점주주(寡占株主)

주주 또는 유한책임사원1인과 그와 대통령령이 정하는 친족 기타 특수관계에 있는 자로서 그들의 소유주식의 합계 또는 출자액의 합계가 당해법인의 발행주식총액 또는 출자총액의 100분의 51이상의 자들을 말함.

과세객체(課稅客體)

조세채권·채무의 성립을 위해 필요한 물적 요건으로서 과세대상이 되는 것을 말하며 과세물건이라고도 한다.

과세거래(課稅去來)

부가가치세 과세대상인 거래, 다시 말해 부가가치세가 과세
되는 재화의 공급, 용역의 공급, 재화의 수입을 말한다.

과세권(課稅權)

국가 또는 지방자치단체가 법에 의하여 국민에게 조세를 부
과·징수하는 권리를 과세권이라고 한다. 헌법은 국가의 과세권
과 국민의 납세의무를 함께 규정하고 있다(헌법 38조).

과세기간(課稅期間)

각 조세의 과세표준을 계산하게 되는 시간적 단위를 과세기
간이라 한다.

현행 세법상 법인세는 그 사업연도에 따라 1년(또는 6월), 부
가가치세는 6월, 소득세는 1년이 과세기간으로 되어 있다.

과세단위(課稅單位)

과세표준의 일정액 또는 일정량을 말하며, 세액산정의 단위
가 된다. 예를 들면 인지세법상 기재금액 5천원에 대하여 10원,
종량세에 있어서 킬로리터(kl당) 또는 度當(주세)이라 하는 류
(類)가 그것이다.

과세물건(課稅物件)

조세부과의 목표가 되는 물체 또는 사실을 말한다. 소득세에 있어서는 소득금액, 상속세에 있어서는 상속재산, 주세에 있어서는 출고된 주류, 등록세에서는 등기·등록 등이 과세물건이 된다.

과세물품표(課稅物品表)

특별소비세의 과세대상은 물품이며 과세물품은 특별소비세법 제1조에서 열거되고 있다. 이것을 과세물품표라 한다.

과세소득(課稅所得)

조세를 부과할 수 있는 소득을 말한다. 현행 소득세법상 과세소득은 부동산소득, 배당소득, 이자소득, 사업소득, 근로소득, 기타소득 등 6개의 소득이 있고 종합소득 이외의 소득으로는 퇴직, 양도, 산림소득 등의 소득세가 부과된다.

과세액환원자본화의 이론(課稅額還元資本化의 理論)

과세액만이 과세재화의 가격을 인하하며, 과세의 부담은 어느 것에도 전가되는 법이 없이 과세재화속에 흡수된다고 하는 이론이다.

과세연도독립의 원칙(課稅年度獨立의 原則)

국가의 1회계연도마다 예산·결산이 구분 정리되어 각 회계연도가 독립의 계산단위기간을 이루어야 한다는 원칙이다.

과세요건(課稅要件)

세금을 부과할 수 있는 요건 즉, 납세의무자, 과세객체, 과세표준 및 세율 등을 말하며 과세요건은 조세법률주의에 의하여 법률로써 규정하고 있다.

과세지(課稅地)

과세지란 과세표준과 세액을 부과 결정하는 장소를 말한다.

과세차량(課稅車輛)

구통행세법(舊通行稅法)에 열거된 것으로서 다음과 같은 차량들이 통행세의 부과대상이 되었으나 현행 부가가치세법 시행으로 흡수되었다(附價§12 ① Ⅵ, 附價令§31 Ⅰ).

항공기, 고속버스, 전세버스, 택시, 특수자동차 또는 특종선박이 과세차량이 된다.

과세최저한(課稅最低限)

과세의 하한액으로 납세의무 유무의 분기점이 되는 과세소득금액이다. 면세점이라고도 한다. 과세최저한은 영세소득의 담세력을 고려하여 설정되며 세법개정이 있을 때마다 인상되어 조세의 부담을 덜어주고 있다.

과세표준(課稅標準)

과세표준이란 과세객체 또는 과세물건을 수량적으로 확정하기 위한 기준을 말한다.

예를 들면 법인세의 과세표준은 각 사업연도의 소득금액 및 청산소득금액이고, 주세의 과세표준은 주류의 제조장에서 반출하거나 보세구역에서 인수하는 주류의 수량이다.

과세표준신고서(課稅標準申告書)

국세의 과세표준과 국세의 납부 또는 환급을 위하여 필요한 사항을 기재한 신고서이다.

과세표준 안분계산(課稅標準 按分計算)

과세사업에 사용되던 재화를 공급하는 경우에는 부가가치세를 과세하지만, 면세사업에 사용되던 재화를 공급하는 경우에는 부가가치세를 과세하지 않는다.

이 때 과세사업과 면세사업에 공통으로 사용하던 재화를 공급하는 경우에는 그 재화의 공급가액 중 과세사업에 관련된 부분, 즉 과세되는 부분을 계산할 필요가 생기는데, 이렇게 공급가액을 계산하는 것은 과세표준 안분계산이라고 한다.

과오납금(過誤納金)

조세의 과오납금은 과납과 오납으로 구별할 수 있다.

과납이란 과세처분의 잘못으로 과대하게 결정된 것이 뒤에 과세의 취소 등에 의하여 감액된 결과 그 납부가 부적법인 것으로 된 경우를 말하며, 오납이란 납부해야 할 세액이 없음에도 불구하고 잘못하여 납세한 경우를 말한다.

과오납금의 환부금(過誤納金의 還付金)

과오납금이 발생했을 때는 국가 또는 지방자치단체는 반환의 의무를 지고 납세자는 환부를 받을 청구권이 생기므로 국가나 지방자치단체는 지체없이 금전으로 이를 환부해야 한다.

관리회계(管理會計)

재무회계가 경영외부의 이해관계자들에게 기업회계의 내용을 보고하는 것이라면 관리회계는 경영자가 기업활동을 회계하고 조정하는데 필요한 회계를 의미한다.

관리회계는 경영계획수립에 필요한 각종 계수를 제공함과 동시에 그 계획에 따르는 경영활동의 결과를 측정, 비교분석하여 비능률이 존재하는 장소와 그 책임자 및 원인을 신속히 구명함으로써 현재 및 미래의 경영활동에서 낭비를 제거하는 합리적 경영의 한 수단이다.

관세(關稅)

재화가 국경을 통과할 때 부과되는 조세를 말한다.

우리나라 관세의 과세표준은 수입물품의 가격 또는 수량을 표준으로 하고, 세율은 세율표에 의하여 적용되며 관세의 부과

는 원칙적으로 수입신고 당시의 물품의 성질과 수량에 의하고
있다.

관세범(關稅犯)

관세법에 위배되는 행위를 하여 관세법에 의해 처벌되는 것
을 말한다(관세§199). 관세법에서 정하는 금지품수출입죄·관
세포탈죄·무면허수출입죄·장물죄·허위신고죄 및 보고불이
행죄 등은 물론 관세에 관한 모든 범죄를 통칭하는 것이다.

관세소원위원회(關稅訴願委員會)

관세의 납부의무자가 제기한 소원에 대하여 재무부장관의 자
문에 응하기 위해서 재무부에 설치된 기관을 말한다.
관세소원위원회의 위원장은 재무부세정차관보(財務部稅政次
官補)가 된다.

관세심의위원회(關稅審議委員會)

관세정책에 관한 중요사항을 심의하기 위해 재무부에 관세심
의위원회를 두며, 관세심의위원회의 구성과 기능 기타 그 운영
에 관하여 필요한 사항은 대통령령으로 정한다. 관세심의위원회
는 덤핑 방지 관세제도 등의 운영에 관한 중요사항과 기타 관
세정책에 관하여 재무부장관이 필요하다고 인정하는 사항 등을
심의한다.

관세영역·관세동맹(關稅領域·關稅同盟)

관세영역이란 물품이 관세의 부과없이 자유로이 이동할 수 있는 지리적 영역을 의미하며 보통 국경선과 일치한다.

관세영역이 1개국 이상을 포함할 때 이를 관세동맹이라고 한다. 관세동맹의 예로서는 벨기에·룩셈부르크 및 네덜란드에 의하여 구성된 Benelux를 들 수 있다.

관세율(關稅率)

우리나라의 관세율은 관세법 별표세율표에 법률로 정해져 있다. 이 관세율표에는 세율·세목·세번·통계부호가 정해져 있다.

관세의 현장수납(關稅의 現場收納)

관세의 수납에 있어서 여행자의 휴대품 등 보세구역이 아닌 장소에 장치한 물품에 대한 관세를 그 물품을 검사한 공무원이 검사현장에서 징수하는 것을 말한다.

이 경우 물품을 검사한 공무원이 관세를 수납할 때에는 다른 공무원을 입회시켜야 한다.

관세자주권(關稅自主權)

국가가 주권에 의하여 자주적으로 관세제도·관세율을 정하는 것으로, 독립국가가 관세율을 헌법에 의한 조세법률주의에 의해서 제정하는 국정세율은 관세자주권의 행사이다. 한편, 조약에 의한 관세율을 협정관세율이라 하는데 이 경우의 관세율은 자율적으로 제정되는 것은 아니지만 주종관계가 아닌 대등한 지위에서 협약하여 정해지므로 관세자주권에 의한 것이라고 할 수 있다.

관세장벽(關稅障壁)

관세는 국내에 수입되는 외국물품에 대하여 부과된다. 이러한 관세의 부과로 국내 수입품 가격이 비싸지면 소비가 감소되어 무역조절의 역할을 하게 된다. 이와 같이 수입을 억제하기 위하여 관세가 고율인 경우를 관세장벽이라고 한다.

관세제도(關稅制度)

관세율에 관한 제도를 관세제도라고 하는데 이것은 기본적으로 국정세율과 협정세율로 구분한다.

우리나라 현행 관세법 체제는 국정·협정 이원제로 구성되어 있다.

관세조약(關稅條約)

관세조약에는 관세동맹과 최혜국(最惠國) 약관의 두 가지가 있다. 관세동맹은 경제관계가 밀접한 나라들이 동맹을 맺어 동맹국 이외의 나라들에 대하여는 과중한 관세를 부과하는 것이다.

관세통로(關稅通路)

육접국경(陸接國境)으로부터 통관역에 이르는 일반수송용 철도와 육접국경으로부터 통관장에 이르는 육로 또는 수로로서 세관장이 지정한 통로를 말한다(관세§59 ②).

국경을 출입하는 모든 운수기관은 이 관세통로를 경유해야 하고 통관역 또는 통관장에 정차해야 한다(관세§59 ①).

관허사업의 제한(官許事業의 制限)

세무서장은 납세자가 정당한 사유없이 국세를 체납한 때에는 허가, 인가, 면허 및 등록과 그 갱신을 요하는 사업의 주무관서에 그 납세자에 대해 허가 등을 하지 않을 것을 요구할 수 있다. 또 세무서장은 위의 허가 등을 받아 사업을 경영하는 자가 국세를 3회 이하 체납한 때에는, 정당한 사유로 체납을 한 때와 납세자에게 곤란한 사정이 있는 사실을 세무서장이 인정하는 때를 제외하고는 그 주무관서에 사업의 정지 또는 허가의 취소를 요구할 수 있다.

광고선전비(廣告宣傳費)

광고선전은 생산자가 소비자에 대하여 상품의 성질, 용도, 가격, 가치 등을 주지시키고, 적극적 구매를 권고하는데 그 의의가 있으며 신상품의 소개, 상품지식의 보급, 상품명·사회명·상표의 보급, 구매의욕의 자극, 사용의 시기·장소·방법·가격 등을 대중에게 주지시키는 데 그 목적이 있다. 이와 같은 제효

용을 얻기 위하여 지출된 경비를 판매비로서 광고선전비라 한
다.

광고선전비의 범위(廣告宣傳費의 範圍)

판매비로서의 광고선전비는 기업회계상 경비로 인정되지만
세무계산면에 있어서는 많은 문제점을 가지고 있다.

광고선전비는 그 종류와 금액에 있어 정당한 것만을 계상해
야 하며, 신제품 또는 신판로 개척을 위하여 지불한 임시적인
다액의 광고선전비는 개발비라는 이연자산으로 처리하고, 이에
대하여 상각을 했을 경우는 개발비상각으로서 관리비와 판매비
에 산입하게 되며, 제품을 광고선전용으로 사용한 경우에는 그
것을 대체처리해야 한다.

결국, 기업회계에서는 광고선전의 효과가 실현되는 수익에
대응한 정도의 비용에 있어서만 기간비용으로 인정되며, 수익에
대응하지 않은 광고선전비에 대해서는 자산으로서 이연시키게
된다 하겠다.

교부금(交付金)

국가나 공공단체가 특정한 목적으로 교부하는 금액을 말한다.

교부청구(交付請求)

납세자가 국세나 지방세 등의 체납에 의하여 체납처분을 받
았거나, 또는 사채권에 의하여 강제환가처분절차가 진행되었을

경우에 그 재산의 환가대금에서 배당을 받기 위하여 체납금액의 교부를 청구하는 일을 말한다.

교육비 공제(敎育費 控除)

근로소득이 있는 거주자(일용근로자 제외)가 다음 각호의 교육비를 지급한 것이 있는 때에는 그 금액을 당해연도 급여액(보험료 공제·의료비 공제 급여액)에서 공제한다.

(1) 교육법에 의한 학교의 학생인 근로자가 자기를 위해 지급한 입학금·수업료·기타 공납금.

(2) 교육법에 의한 학교에 학생의 직계비속과 대통령령이 정하는 동거입양자 또는 형제·자매를 위해 지급한 입학금, 수업료 기타 공납금(소득§61의 4).

교육세의 과세표준(敎育稅의 課稅標準)

(1) 소득세법의 규정에 의한 분리과세이자소득금액 또는 분리과세배당소득금액

(2) 주세법의 규정에 의하여 납부해야 할 주세액(가산세액을 제외한다)

(3) 제조담배의 매도가격

(4) 금융·보험업자의 수입금액

교육세의 비과세(敎育稅의 非課稅)

(1) 소득세법의 규정에 의한 교육세 납세의무자에 대하여, 조

세감면규제법에 의해 이자소득 또는 배당소득에 대한 소
득세가 부과되지 않거나 감면되는 때에는 그에 대한 교육
세를 부과하지 않는다.

(2) 다음에 해당하는 제조 담배에 대해서는 교육세를 부과하
지 않는다.

① 담배 사업 제19조의 규정에 의한 특수용 제조 담배

② 담배 사업법 제22조의 규정에 의하여 한국담배인삼공
사 또는 그 지정이나 위탁을 받은 자가 수출하는 수
출용 제조 담배

③ 1갑 또는 1통의 매도가격(담배사업법 제18조의 규정에
의한 가격으로서 교육세를 포함하지 아니한 가격을
말한다)이 280원 미만인 제조 담배

④ 교환 또는 교부해 주는 제조 담배로서 대통령령이 정
하는 것

(3) 금융보험업자의 다음에 해당하는 수입금액에 대하여는
교육세를 부과하지 않는다.

① 국민저축 조합저축의 이자

② 공익신탁의 신탁재산에서 생기는 소득

교제비(交際費)

교제비는 사회통념상 법인이 그 매출처, 매입처 등에 대하여
접대 · 향응 · 위안 · 증답(接待 · 饗應 · 慰安 · 贈答) 기타 이와 유
사한 행위를 위하여 지출하는 비용이다. 우리나라의 현행 세법
에서 「접대비와 이와 유사한 금액이라 함은 다음의 경비로서
당해 업무와 관련하여 지출된 것을 말한다」라고 하여,

(1) 교제비
(2) 기밀비
(3) 사례금
(4) 앞의 (1) (2) (3)의 경비와 유사한 성질의 지출금이라고
규정하고 있어 교제비를 접대비의 범위에 포함시키고 있
다.

교통세(交通稅)

도로 및 도시철도등 교통시설의 확충에 소요되는 재원을 확
보함을 목적으로 하는 것으로 1994.1.1.~2006.12.31.까지 효력을
가지는 한시법

구분경리(區分經理)

비영리법인이 비영리사업(공익사업)에서 얻는 소득은 비과세
로 취급되기 때문에 과세의 대상이 되는 수익사업에 관한 자
산·부채 및 손익과 구분하여 경리할 것이 요구되는데, 이와 같
은 것을 구분경리라 한다.

구상권(求償權)

상환을 청구하는 권리이다. 타인을 위해 그 사람의 채무를
변제한 사람이 그 타인에게 출손(出損)의 반환을 요구하는 경
우, 피용자의 불법행위 때문에 손해배상을 한 사용자가 가해자
본인에 대해 배상액의 반환을 청구하는 경우 등 구상권이 있다.

국가회계제도(國家會計制度)

국가의 현금 및 재산의 수불·증감·이동을 계산 정리하는 제도 또는 조직을 말한다. 광의로는 예산·결산에 속하는 금전 및 그밖의 국유재산·물품의 관리에 관한 제도 및 조직을 의미 하지만 협의로는 국고금의 수입·지출·관리에 관한 제도 및 조직을 의미한다.

국경세·국내세(國境稅·國內稅)

과세물건이 국경을 통과할 때 부과되는 조세를 국경세라 하고. 국내에 있는 과세물건에 대하여 부과하는 조세를 국내세 또는 내국세라 한다.

국경세조정(國境稅調整)

간접세는 재화를 수출할 때 면제 또는 환급되고, 같은 종류의 재화를 외국에서 수입할 때에는 국내의 간접세에 대응하는 수입평형세가 과세된다. 이러한 수출환급세와 수입평형세를 중심으로 한 조작을 국경세조정이라 한다.

국고금단수계산(國庫金端數計算)

국고의 수입금 또는 지급금으로서 1원 미만의 단수가 있을 때에는 그 단수는 계산하지 않는다.

그러나 다음의 수입금과 지급금에 대해서는 이것을 적용하지 않는다.

(1) 우표로 납부하는 우편요금
(2) 우표판매대금
(3) 몰수금·몰취금과 범죄로 인한 추징금
(4) 법령의 규정에 의하여 국고에 귀속할 수입금
(5) 외국화폐를 산정기초로 하는 수입금과 지급금
(6) 결손보전금
(7) 통행세법에 의한 세액
(8) 여객운임
(9) 전기가스세법에 의한 세액
(10) 전기요금과 가스요금
(11) 지방세법에 의한 유흥음식세액

국고보조금(國庫補助金)

국가는 산업을 진흥하고 특정한 사업을 육성하기 위해 세법상 소극적으로 조세감면조치를 취하기도 하고, 또 적극적으로 보조금을 주기도 하는데, 법인세법상 국고보조금이란 후자를 말한다.

국고보조금도 일종의 증여이므로 이것을 교부받은 법인에게는 당연히 수증익이 발생하게 되며, 따라서 이익금에 산입해야 하지만, 세법에서는 법인이 자본적 지출에 충당하기 위해 교부받은 국고보조금은 과세소득계산상 익금에 산입하지 않는다.

국내원천소득(國內源泉所得)

국내에서 발생하는 소득을 국내원천소득이라 한다.

국내원천소득은 다음과 같다.

(1) 국가·지방자치단체·거주자·내국법인·외국법인의 국
    내 사업장 또는 비거주자의 국내사업장으로부터 지급받는
    이자 및 기타 대금의 이자와 신탁의 이익. 다만, 거주자
    또는 내국법인의 국외사업장을 위하여 그 국외사업장이
    직접 차용한 차입금의 이자는 제외한다.

(2) 내국법인 또는 법인격 없는 사단·재단·기타 국내로부
    터 지급받는 소득세법 제18조 제1항에 규정하는 배당소득
    (동조동항 제7호 및 동법 제26조 제1항 제5호의 소득을
    제외한다).

(3) 국내에 있는 부동산 또는 부동산상의 권리와 국내에서
    취득한 광업권·조광권(鑛業權·租鑛權) 또는 채석권의
    양도·임대 기타 운영으로 인하여 발생하는 소득(다만,
    제7호에 규정하는 양도소득은 제외한다).

(4) 거주자·국내법인 또는 외국법인의 국내사업장이나 소득
    세법 제135조 제1항 및 제3항에 규정하는 비거주자의 국
    내사업장에 선박·항공기 또는 등록된 자동차나 중기를
    임대함으로 인하여 발생하는 소득.

(5) 국내에서 영위하는 소득세법 제20조에 규정하는 사업에
    서 발생하는 소득(다만, 제6호에 해당하는 소득은 제외한
    다).

(6) 국내에서 다음과 같은 인적 용역을 제공하거나 이용하게
    함으로 인하여 발생하는 소득.
    ① 영화·연극의 배우, 음악가와 기타 공중연예인이 제공
      하는 용역
    ② 직업운동가가 제공하는 용역

③ 변호사 · 공인회계사 · 건축사 · 측량사 · 변리사 기타 자유직업자가 제공하는 용역

④ 과학기술 · 경영관리 기타 분야에 관한 전문적 지식 또는 특별한 기능을 가진 자가 당해 지식 또는 기능을 활용하여 제공하는 용역

(7) 소득세법 제23조 제1항에 규정하는 양도소득. 다만, 그 소득을 발생하게 하는 자산이 국내에 있는 경우에 한한다.

(8) 소득세법 제24조에 규정하는 산림소득. 다만, 그 소득을 발생하게 하는 자산이 국내에 있는 경우에 한한다.

(9) 국내에서 사용되는 다음에 제시하는 자산이나 정보의 사용 또는 사용할 권리의 대가로서 지급받는 사용료 · 임대료 또는 이와 유사한 성질의 대가와 그 자산 또는 정보의 양도로 인하여 발생하는 소득

① 학술 또는 예술상의 저작물(영화 필름을 포함)의 저작권 · 특허권 · 상표권 · 의장 · 모형 · 도면 · 비밀의 공식 또는 공정, 라디오 · 텔리비전 · 방송용 필름 및 테이프 기타 이와 유사한 자산이나 권리

② 산업상 · 상업상 또는 과학상의 지식 · 경험 또는 숙련에 관한 정보

③ 산업상 · 상업상 또는 과학상의 기계 · 설비 · 장치 및 운반구 · 공구 · 기구와 비품

(10) 내국법인의 출자증권 및 주식과 내국법인 또는 외국법인의 국내사업장이 발행한 기타 유가증권(소득세법 제23조 제1항 제3호의 기타 자산을 제외한다)을 양도함으로써 발생하는 소득

(11) 위에 열거한 소득 이외의 소득 중 다음의 것
  ① 국내에 있는 부동산과 기타 자산 또는 국내에서 영위하는 사업에 관련하여 받은 보험금·보상금·손해배상금
  ② 국내에 있는 자산의 수증(受贈)으로 인하여 생기는 소득
  ③ 국내에서 행하는 현상모집에 응하여 현상금으로서 받은 금품 또는 기타 경제적 이익으로 인한 소득
  ④ 국내에서 발견된 매장물로 인한 소득
  ⑤ 국내법의 규정에 의한 면허·허가 기타 이에 유사한 처분에 의하여 설정된 권리와 기타 부동산 이외의 자산을 국내에서 양도함으로써 생기는 소득
  ⑥ 국내의 금융기관이 저축장려의 목적으로 지급하는 당첨금
  ⑦ 기타 국내에서 행하는 사업이나 국내에서 제공하는 인적용역 또는 국내에 있는 자산에 관련하여 제공받은 경제적 이익으로 인한 소득(소득§55).

국민주택자금(國民住宅資金)

국민주택자금은 다음 자금에 의한 택지조성 및 주택건설자금을 말한다.
(1) 주택건설촉진법에 의하여 운용되는 자금(동법§10 이하 참조).
(2) 공무원연금법에 의하여 운용되는 자금(동법§73 내지 §77).

(3) 지방자치단체에서 직접 운용하는 자금.

국세기본법(國稅基本法)

본래 세법은 복잡하고 어려워서 국민들이 이해하기 쉽도록 체계적으로 정비될 필요가 있다. 그래서 각 세법에는 과세실체에 관한 것을, 징수법에는 체납처분에 관한 것을 규정하고 각 세법의 기본적이고 공통적인 사항을 국세 기본법에서 규정하고 있다.

국세부가세(國稅附加稅)

지방세, 독립세에 상대되는 개념으로서 국세 납세의무자에게 국세에 부가하여 과징하는 조세이다. 법인세 및 소득세에 부가되는 방위세·주민세 등이 그것이다.

국세부과의 원칙(國稅賦課의 原則)

소득·수익·재산행위 또는 거래가 귀속되는 자는 명의뿐이고 사실상 귀속되는 자가 따로 있는 때에는 사실상 귀속되는 자를 납세의무자로 하여 세법을 적용한다. 그리고 세법 중 과세표준의 계산에 관한 규정은 소득·수익·재산행위 또는 거래의 명칭이나 형식보다는 그 실질내용에 따라 적용한다.

국세소멸시효(國稅消滅時效)

국세의 징수를 목적으로 하는 국가의 권리는 이를 행사할 수 있는 때로부터 5년간 행사하지 않으면 소멸시효가 완성한다(國基§27의 1). 소멸시효가 완성하면 납부의무도 소멸하는 것이다.

소멸시효는 국세기본법 및 세법에 특별한 규정이 있는 것을 제외하고는 민법을 준용한다(國基§27의 2).

국세심사위원회(國稅審査委員會)

국세기본법에 있어서 심사청구가 있을 때 국세청장은 국세심사위원회의 심의를 거쳐 이를 결정해야 한다(國基§64).

국세심사위원회는 위원장과 위원 8인으로 구성된다.

국세심사청구제도(國稅審査請求制度)

국세심사청구제도는 국세기본법 또는 세법에 의해서 부당한 처분을 받거나 필요한 처분을 받지 못함으로써 권리나 이익의 침해를 당한 자가 그 처분의 취소, 변경이나 필요한 처분을 청구하는 행정상쟁송절차로서 행정소송의 전심적(前審的) 권리구제수단이다(國基§55).

국세심판원(國稅審判院)

국세심판청구에 대한 결정을 하기 위하여 재무부장관 소속하에 둔 심판원을 말한다(國基§67).

국세심판원에는 원장과 국세심판관을 두되, 원장은 별정직(차관보급)으로 하고 상임국세심판관은 2급 또는 3급의 일반직 국

가공무원 또는 별정직 국가공무원으로 보하고 비상임국세심판
관은 대통령령이 정하는 바에 의하여 위촉한다.

국세우선의 제한(國稅優先의 制限)

국세·가산금·체납처분비는 다른 공과금과 채권에 우선하여
징수한다(國基§35). 그러나 다음의 경우에는 국세우선이 제한된
다.

(1) 지방세 또는 공과금의 체납처분에 있어서 그 체납처분금
    액 중에서 국세·가산금 또는 체납처분비를 징수하는 경
    우 그 지방세 또는 공과금의 가산금과 체납처분비

(2) 강제집행·경매 또는 파산절차에 의한 재산의 매각에 있
    어서 그 매각 금액 중에서 국세·가산금과 체납처분비를
    징수하는 경우 그 강제집행·경매 또는 파산절차에 든
    비용

(3) 법정기일 전에 전세권·질권 또는 저당권의 설정을 등기
    또는 등록한 사실이 증명되는 재산의 매각에 있어서 그
    매각금액 중에서 국세 또는 가산금(그 재산에 대하여 부
    과된 국세와 가산금을 제외한다)을 징수하는 경우 그 전
    세권·질권 또는 저당권에 의해 담보된 채권

(4) 주택임대차보호법 제8조가 적용되는 임대차관계에 있는
    주택을 매각함에 있어서 그 매각대금 중에서 국세 또는
    가산금을 징수하는 경우 임대차에 관한 보증금 중 일정액
    으로서 동조의 규정에 의해 임차인이 우선하여 변제받을
    수 있는 금액에 관한 채권

(5) 사용자의 재산을 매각하거나 추심함에 있어서 그 매각금

액 또는 추심금액 중에서 국세 또는 가산금을 징수하는 경우에 근로기준법 제30조의 2의 규정에 의하여 국세 또는 가산금에 우선하여 변제되는 임금·퇴직금·재해보상금 기타 근로관계로 인한 채권

국세의 우선징수(國稅의 優先徵收)

납세자의 재산이 체납처분·강제집행 등의 강제절차를 거쳐 경합하는 채권의 변제에 충당될 경우 모든 다른 공과금과 채권에 우선하여 국세를 징수하는 것을 말한다.

국세·지방세 상호간의 우열(國稅·地方稅 상호간의 優劣)

국세와 지방세는 개념적으로는 완전히 같은 순위이지만 실제적으로는 그 징수순위에 있어서 우열관계가 존재한다.
 (1) 국세의 체납처분에 의하여 납세자의 재산을 압류한 경우에 다른 국세·가산금과 체납처분비 또는 지방세의 교부청구가 있은 때에는 압류에 관계되는 관세·가산금 또는 체납처분비는 교부청구에 관계되는 국세·가산금 또는 체납처분비와 지방세에 우선하여 징수한다(國基§36의 1).
 (2) 지방세의 체납처분에 의하여 납세자의 재산을 압류했을 경우에 국세·가산금 또는 체납처분비의 교부청구를 한 때에는 교부청구한 국세·가산금과 체납처분비는 압류에 관계되는 지방세의 다음 순위로 징수한다(동조§2).
 (3) 납세담보가 되어 있는 재산을 매각하였을 때에는 그 국세·가산금 또는 납세처분비는 매각대금 중에서 다른 국

세·가산금·체납처분비와 지방세에 우선하여 징수한다
(國基§37).

국세징수법(國稅徵收法)

국세징수법은 국세기본법에 다음하는 국세징수에 관한 기본
적인 법률로서 국세의 징수에 관해 필요한 사항을 규정해서 국
세수입을 확보함을 목적으로 제정된 법률이다(國徵§1).

국세채납처분기관(國稅滯納處分機關)

체납처분기관이라 함은 납세자가 확정된 납세의무를 이행하
지 않는 경우 그 강제실현을 위하여 납세자의 재산을 조사하고
이를 압류하며 체납처분을 집행하는 세무공무원을 말한다. 즉,
자동집행권을 행사하는 기관을 말하는 것이다.

국세환급가산금(國稅還給加算金)

과오납금이 발생했을 때 국세환급금을 과오납자에게 환부하
거나 과오납자의 다른 미납 국세에 충당하게 되는데, 이 때 국
세환급금에 가산되는 법정이자상당액을 국세환급가산금이라
한다.
현행 국세환급가산금은 100원에 대하여 1일 3전의 비율을 갖
는다.

국세환급금(國稅還給金)

　국세의 환급금이란 납세의무자가 국세, 가산금 또는 체납처분비로서 납부한 금액 중 법적으로 납부해야 할 금액을 초과해서 납부했거나 착오 등에 의해 오납했거나, 납부한 후 법률의 개정, 감면, 경정결정 또는 부과취소 등의 이유로 오납된 경우 환급해야 하는 금전을 의미한다(國基§51).

국정관세·협정관세(國定關稅·協定關稅)

　관세도 일종의 조세이므로 다른 조세와 같이 한 나라의 법률로써 자주적으로 규정할 수 있다. 이를 국정관세 또는 자주관세라고 한다. 이에 대하여 세율이 외국과의 통상조약에 의해 결정되는 것을 협정관세라고 한다.

국제이중과세(國際二重課稅)

　국제이중과세는 주로 소득세·법인세 및 상속세에서 생긴다. 각국의 세제는 소득과세에 관해서 주소지과세주의와 발생지과세주의를 병행하고 있다. 우리나라의 현행 법인세법도 국내에 본점을 가진 법인에 관해서는 전자를 적용하고, 국내에 원천이 있는 소득을 가진 외국인에 관해서는 후자, 즉 그 국내원천소득에 관해서 법인세를 부과한다(소득세도 같다).

　그 결과 2개국 이상에 걸쳐 사업을 하는 자에게는 거주지국에 있어서는 전체적 과세를 받으며, 국외원천소득에 관해서는 그 소득의 원천국(소득발생국)에서 부분적으로 과세를 받게 되는데, 이 때 국제이중과세의 문제가 생기는 것이다.

국제조세법(國際租稅法)

국제간의 이중과세를 피하기 위해 체결된 조세조약 등의 법규이다.

한 나라의 국내조세법규가 국제간의 조정을 의도하지 않고 설정될 경우 그것이 다른 나라의 국내조세법규에 의한 과세와 경합될 때에는 국제간의 조약에 의하여 이중과세를 회피할 필요가 생기게 되는 것이다.

국채(國債)

채무자가 국가인 공채를 국채라 한다. 즉, 세출의 재원을 얻기 위해, 일반적인 자금의 부족을 보충하기 위해 또는 금전대신 교부하기 위해 국가가 부담하는 채무 중 차입금 이외의 장기채무를 말한다.

권리의 변경에 관한 증서(權利의 變更에 관한 證書)

권리의 본질은 상실하지 않고 형태에만 변화를 가져오는 것으로서 유기한 채권을 무기한으로 변경하고, 신탁계약의 기한을 연장하고 소비대차에 있어 조건을 변경하는 것 등이 그 예라 할 수 있다.

귀착(歸着)

조세는 법률상의 납세의무자에게 부과되어도 그 부담은 시장의 가격조정과정을 통해 타인에게 이전되는 경우가 있다. 이것을 조세의 전가(轉嫁)라고 하는데, 이러한 전가과정을 통해서 조세 부담이 최종납세자(담세자)에게 귀속되는 것을 귀착이라고 한다.

균등상각법(均等償却法)

균등상각법이란 상각대상자산에 관한 상각액을 그 상각기간의 매기에 균등액씩 배분하는 상각방법을 말한다. 정액법 또는 직선법이라고도 한다.

근거과세(根據課稅)

납세의무자가 기재한 장부 또는 신고를 근거로 거래사실을 개별적, 구체적으로 파악하여 실액과세하는 것을 말한다. 설사 장부나 기타 증빙서류가 불완전하더라도 거래실적을 자료 등에 의하여 과학적으로 조사 보완하여 거래근거를 포착, 실액을 과세하는 것이다.

근로소득(勤勞所得)

개인은 근로를 제공하고 그 대가로서 발생하는 소득을 얻게 된다. 이같은 소득을 근로소득이라 하며 봉급·급료·보수·세비·임금·상여·수당과 이와 유사한 성질이 있는 급여 등이 이에 속한다(所得令§8의 2).

소득세법은 지급인이 외국인인가, 원천징수하는가의 여부에 따라 근로소득을 갑종근로소득과 을종근로소득으로 구분한다.

근로소득공제(勤勞所得控除)

(1) 근로소득이 있는 거주자에 대하여는 당해 연도의 총급여액(상여 등 부정기적인 급여를 포함하되 비과세소득은 제외한다)에서 다음의 금액을 공제한다. 다만, 공제액이 900만원을 초과하는 경우에는 900만원을 공제한다. 단, 일용근로자에 대한 공제액은 5만원으로 한다.

총급여액	공 제 액
500만원 이하	총 급 여 액
500만원 초과	500만원＋500만원을 초과하는 금액의 100분의 30

(2) 근로소득이 있는 거주자의 당해 연도 급여의 합계액이 근로소득 공제액에 미달하는 경우에는 그 급여의 합계액을 공제액으로 한다.

(3) 일용근로자 이외의 자가 2인 이상으로부터 급여를 받는 때에는 주된 근무지의 급여액에서 근로소득공제를 한다.

근로소득세액공제(勤勞所得稅額控除)

근로소득세액공제란 근로소득에 대해서 적용되는 세액공제로, 세액을 계산한 후에 공제한다는 점에서 근로소득공제와는 다르다. 현행 소득세법은 갑종근로소득자에 대해 근로소득에 대한 종합소득산출세액이 50만원 이하인 경우 45%를 공제하고, 50만원을 초과하는 경우 "225,000원＋(근로소득에 대한 종합소득산출세액-500,000)×30%(한도 : 600,000)"를 공제하도록 하고 있다.

근로소득세액연말정산환급(勤勞所得稅額年末精算還給)

근로소득세액을 연말정산하는 경우 원천징수의무자가 이미
원천징수하여 납부한 소득세에 과납액이 있어서 이를 근로소득
자에게 환급하는 때에는 그 환급액은 원천징수의무자가 납부할
소득세액에서 조정하여 환급한다.

근로소득자소득공제신고(勤勞所得者所得控除申告)

갑종에 속하는 근로소득을 지급받는 근로소득자가 보험료공
제·의료비공제·교육비공제·주택자금공제·배우자공제·부양
가족공제·장애자공제·기부금특별공제·경로우대공제와 부녀자
세대주공제를 받고자 할 때 하는 신고이며, 이 때 위 공제 사유
를 표시한 신고서를 내게 되어 있다. 이 신고는 다음연도 1월분
의 급여액을 지급받기 전에 한다.

근속연수(勤續年數)

근속연수는 퇴직소득의 지급자가 경영하는 기업에서 계속하
여 근무한 기간에 따라 계산하는 것이다.

근속연수는 퇴직소득 지급금액계산의 기초가 된 연수가 그
계속근무기간의 일부인 경우 또는 계속근무한 기간의 일정률을
곱하여 계산한 경우라 할지라도 계속하여 근무한 실제의 연수
에 의한다. 장기근속이나 휴직(타처에 근무하기 위한 것은 제

외) 중의 기간도 계속하여 근무한 기간으로 간주해야 한다.

근저당권(根抵當權)

저당권의 일종으로서 채무자와의 계속적 거래계약 등에 의해 발생하는 불특정 채권을 일정액의 한도에서 담보하는 저당권을 말한다.

피담보채권이 소멸하면 저당권도 소멸하는데, 근저당권은 일정한 범위에 속하는 피담보채권을 정해 두면 그 채권이 소멸해도 근저당권에는 영향이 없고, 그 후에 해당 채권이 다시 발생하면 그 채권은 근저당권으로 담보된다.

금납세 · 물납세(金納稅 · 物納稅)

조세수납의 방법에 의한 구별이다. 현물에 의하는 것이 물납세이고, 화폐에 의하는 것이 금납세이다.

유통경제가 발달함에 따라 조세는 거의 금납세를 취하고 있으며 물납세는 예외적인 경우에만 행하고 있다.

우리나라도 조세는 금전납부를 원칙으로 하고 있기 때문에 물납은 인정되지 않는다. 다만, 현행 법인세법, 소득세법, 상속세법에 예외적으로 물납제도를 두고 있다.

금융실명거래(金融實名去來)

금융실명거래란 실제 거래자의 명의에 의하여 은행 · 단기금융회사 · 상호신용금고 및 증권회사 등의 각종 금융기관과 금융거래를 하는 것을 말한다. 과거에는 무기명 또는 가공명의에 의해 각종 예금과 적금의 가입 및 증권투자 등이 이루어지기도 했는데, 이것이 사회부조리의 요인이 되기도 했기 때문에 사회정화의 차원에서 실명거래가 생겨난 것이다.

실명에 의하지 않은 금융자산소득에 대해서는 실명에 의한 금융자산소득에 대한 소득세율보다 높은 세율로 차등과세하도록 하고 있다.

금융재산 상속공제(金融財産 相續控除)

거주자의 사망으로 인하여 상속이 개시되는 경우로서 상속개시일 현재 상속재산가액 중 순금융자산의 가액(금융재산 - 금융부채)이 있는 경우에 일정금액을 상속세 과세가액에서 공제하되, 그 금액이 2억원을 초과하는 경우에는 2억원을 공제한다. 여기서 일정금액은 순금융재산가액이 2,000만원 초과시는 당해 순금융재산가액의 20%(공제액이 2,000만원 미만시에는 2,000만원으로 한다), 2,000만원 이하는 당해 순금융재산가액을 말한다. 여기서 금융재산에는 최대주주가 보유하고 있는 주식(출자지분)은 제외한다.

기각(棄却)

본안심리의 결과 그 심판청구가 이유없다고 인정하여 청구를 배척하고 원처분을 지지하는 재결을 말함.

기간의 계산(期間의 計算)

기업의 경제가치변경을 기록계산하여 경제실태를 명확히 표현하는 계산방법으로 개개의 거래별로 행하는가, 기업이 존속하는 전기간에 대하여 행하는가, 각 회계기간별로 행하는가에 따라 개별손익계산·전체손익계산·기간손익계산으로 구분할 수 있다.

기본공제(基本控除)

종합소득이 있는 거주자에 대하여는 요건에 해당하는 가족수에 1인당 연 100만원을 곱하여 계산한 금액을 거주자의 당해 종합소득에서 공제하는 것.

기본통칙(基本通則)

세법령의 해석기준을 제시, 세무공무원의 재량권을 규제하고 사업자와의 불필요한 마찰요인을 제거하여 객관적 기준과 절차에 따른 합리세정과 신뢰세제를 실현하고자 예규·통첩·국세 심판례를 법령체계에 맞추어 정리해 놓은 것을 말한다.

기부금(寄附金)

민법상으로는 재산의 출손(出損), 즉 무상증여를 의미하며, 사회통념상으로는 타인을 원조할 목적으로 하등의 대가도 바라지 않고 재산을 무상으로 주는 것을 의미한다. 법인이나 개인 자신의 사업과는 직접적인 관련없이 타인의 보조를 위해 무상으로 지급되는 재산적 급부인 것이다.

조달 능력이나 기업활동의 확장능력을 평가하는데도 현금흐름 분석이 유용하다.

현금흐름표의 의의

현금흐름표는 일정기간 동안의 기업의 현금흐름을 나타내는 표이다. 즉, 현금의 변동내용을 명확하게 보고하기 위하여 당해 회계기간에 속하는 현금의 유입과 유출내용을 적정하게 표시한 결산보고서이다. 현금이 어떻게 창출되어 어디에 얼마만큼 쓰였는지 보여 주는 표라고 할 수 있다. 현금흐름표는 대차대조표, 손익계산서, 이익잉여금처분계산서와 마찬가지로 재무제표의 하나이다.

현금흐름표의 작성목적

현금흐름표의 작성목적으로는 기업의 일정기간의 영업활동과 재무활동 및 투자활동의 명확화와 현금흐름상태변동의 설명으로 크게 나누어 볼 수 있다.

첫번째 목적은 기업의 이해관계자들을 위하여 기업의 영업활동과 재무활동 및 투자활동 상태를 명확하게 보고하는 것으로 기업의 영업활동, 재무활동 및 투자활동을 분석·비판하는데 필요한 회계정보를 제공하여 이해관계자의 합리적 판단기준을 제공하는데 있다. 또한 기업의 두 시점간의 재무상태의 변동 즉 현금흐름상태의 변동을 설명하는 것으로 경영자가 합리적 의사결정은 물론 상대적인 불비(不備)성과 검증가능성을 통하여 경영활동을 조직적으로 파악할 수 있게 하는

데 있다.

현물배당(commodity dividend)

　재산배당이라고도 하며 대부분의 배당은 현금배당이지만 상품 등 비화폐성 자산으로 선언하는 경우가 있다. 재산배당이 선언되었을 때 주주에게 분배할 비화폐성 자산의 공정한 시장가치가 배당금으로 기록할 금액이 되며 주주는 배당받은 재산의 공정한 시장가치를 배당수익으로 인식한다.

현물출자설(theory of investment in kind)

　합병에 대한 회계처리의 내용은 합병의 본질을 어떻게 이해하느냐에 따라 달라지는데 합병의 본질에 관한 대표적 학설중에 하나인 현물출자설, 일명 매수설은 합병을 합병회사가 피합병회사의 순재산을 매입하는 것으로 간주하는 견해이다. 즉 현물출자설은 합병자체를 합병회사가 피합병회사의 자산을 시장가치로 평가하여 이로부터 피합병회사의 부채가액을 차감한 순자산액을 합병회사가 매입하는 것이라고 파악하는 입장이다. 합병회사가 피합병회사에 현금을 지급하거나 주식을 발행하여 주고 그 대가로 피합병회사의 자산과 부채를 시가에 따라 매입하는 것으로 보는 견해이다.

현재가치(current value)

　현재가치는 미래가치 개념의 반대 개념으로서 특정 이자율

기술개발준비금(技術開發準備金)

　기술용역업이나 전자계산조직의 이용기술개발 및 정보처리사업, 방위산업물자의 가공조립·정비 및 연구개발사업, 금융·보험업을 영위하는 내국인이 기술의 개발 또는 혁신에 소요되는 비용에 충당하기 위하여 기술개발준비금을 손금으로 계상하도록 하는 조세지원제도이다.

　소득금액계산을 할 때는 당해 과세연도 수입금액의 100분의 3(대통령령이 정하는 자본재산업, 기술집약적인 산업에 있어서는 100분의 4)에 상당하는 금액의 범위 안에서 손금에 산입할 수 있다.

기업발전적립금(業發展積立金)

　일정한 비상장영리법인에 대하여는 각 사업연도의 유보소득이 적정유보소득을 초과하는 경우에 그 초과소득에 대하여 15% 세액을 추가하여 납부하여야 하는데, 그 초과소득을 계산하는 과정에서 이익처분으로 기업발전적립금으로 적립한 금액을 제외할 수가 있어서 적정유보초과소득세를 면하게 된다. 이렇게 적립한 적립금은 이월결손금의 전보와 자본에의 전입의 경우를 제외하고는 계속적립해야 하며 용도외로 처분하는 경우에는 당해 금액의 100분의 18을 곱하여 산출한 금액을 용도외로 처분한 날이 속하는 사업연도의 법인세에 가산하여 납부해야 한다.

기업수익세(企業收益稅)

자본적 기업설비와 노동의 협동에 의하여 얻은 수익을 세원으로 하고 기업경영자를 조세주체로 하여 부과하는 조세를 말한다.

기업수익세는 일명 영업세 또는 사업세라고도 하는데, 우리나라에서는 외형표준주의에 의한 영업세를 과세해 오다가 부가가치세의 시행으로 지양하고 있다.

기업예산(企業豫算)

기업의 운영계획을 금전으로 표현한 것을 말하며, 크게 자본예산, 운영예산, 재무예산으로 나뉜다.

자본예산은 주로 설비자산에 대한 지출예산을 의미하며, 운영예산은 판매·광고·생산·인력·재고·매입·유지·간접비예산 등을 포함하고 재무예산은 현금의 수급계획을 의미한다.

기업예산회계법(企業豫算會計法)

기업형태로 운영하는 정부산업(이하 "정부기업"이라 한다)의 합리적 경영을 위하여 예산과 회계를 통일적으로 규제하는 법률로서 1961년 12월 31일에 공포되어 1962년부터 실시되고 있다(企予§1).

기업회계(企業會計)

대규모 기업을 합리적으로 경영하기 위한 것이 기업회계이다. 기업의 규모가 커짐에 따라 직접경영이 불가능하게 되어 권한의 위임이 이루어지고 다수인이 경영관리에 참여하게 되었다. 이런 상황 속에서 이들의 실적을 종합할 합리적이고 질서있는 회계제도가 필요하게 된 것이다.

기업회계의 기준(企業會計의 基準)

기업회계의 기준은 기업의 활동과 판단의 기준이 되는 기업회계의 근본을 이루는 것으로서 오랫동안 집적된 회계관습을 논리적으로 정리해서 성립한 것이다.

우리나라는 1958년에 처음으로 「기업회계원칙」을 제정했고, 1981년 「기업회계원칙」·「재무제표규칙」·「상장법인 등의 회계처리에 관한 규정」·「상장법인 등의 재무제표에 관한 규칙」 등을 정리해서 기업회계기준을 제정했다.

기장세액공제(記帳稅額控除)

간편장부대상자가 당해 장부를 비치·기장한 때에는 그 종합소득산출세액 또는 산림소득산출세액에서 부동산소득금액과 사업소득금액을 합산한 금액 또는 산림소득금액이 종합소득금액이나 산림소득금액에서 차지하는 비율을 곱하여 계산한 금액의 100분의 10에 상당하는 금액을 공제한다(소득§73). 이 금액을 기장세액공제액이라 하며, 공제한도액은 100만원이다.

기장신고(記帳申告)

세법이 규정하는 바에 따라 기장을 비치하여 신고기한 내에 기장에 의해 신고하는 것을 말한다.

기장의무(記帳義務)

세무행정의 합리화와 정확한 과세자료의 포착을 위하여 각 세법은 납세의무가 있는 자에게 일정한 기장의무를 지게 하고 있다.

납세의무자나 납세의무 법인은 장부를 비치하고 거래사실을 기장해야 하는 것이다.

기장의무위반범(記帳義務違反犯)

장부조치기장의무자가 의무를 이행하지 않은 때 성립되는 범칙행위로서 50만원 이하의 벌금에 처하게 된다.

이 벌칙은 현행 조세범처벌법상 부가가치세법·특별소비세법 또는 주세법에 의한 것만 해당한다.

기장제(記帳制)

기업의 실적을 성실하게 비치기장하여 실액과세를 할 수 있도록 근거를 마련하는 동시에 납세의무자 자신이 과세표준액이나 소득금액을 자발적으로 계산하여 신고납부하게 함으로써 세무행정의 민주화와 상호신뢰의 세제운용을 하고자 하는 제도이다. 각 세법에는 비치기장의무규정 및 녹색신고제도도 마련되고 있다.

기준제조수량(基準製造數量)

각 주조 연도의 주류제조가 일정한 수량에 미달될 때에는 주류제조면허를 부여하지 않는데, 이 때의 기준 수량을 기준제조수량이라 한다.

기준제조수량의 취지는 1주조 연도의 제조최저수량을 보장하여 주조기업경영의 기초를 튼튼히 하며, 아울러 과세최저한을 유지하여 주세수입을 확보하는 동시에 무실력자의 난립을 방지하려는 데 있다.

기초공제(基礎控除)

기초공제란 세액계산을 할 때 특별한 절차를 거치지 않고 과세표준액에서 공제되는 금액을 말하는데 이것은 일정액으로 정해져 있다.

소득세법에 있어서 기초공제가 설정되어 있는 취지는 최저생활비를 보장하려는 데 있다. 즉, 납세의무자 본인의 생활비 등은 필요경비로 산입하는 것이 인정되어 있지 않기 때문에 납세의무자 본인이 최저생활비를 과세의 대상으로부터 제외하여 이것을 보장하는 것이다.

기타소득(其他所得)

기타소득은 이자소득, 배당소득, 부동산소득, 사업소득, 근로소득, 일시재산소득, 퇴직소득, 양도소득 및 산림소득 이외의 소득으로서 일시적·불규칙적으로 발생하는 소득을 말한다.

기타소득금액의 필요경비계산
(其他所得金額의 必要經費計算)

다음에 규정하는 기타 소득에 대해서 거주자가 당해 연도에 지급받은 금액의 100분의 75에 상당하는 금액을 필요경비로 본다.

(1) 공익법인이 주무관청의 승인을 얻어 시상하는 상금과 부상 및 고용관계가 없는 자가 다수인에게 강연을 하고 지급받는 강연료, 라디오·텔레비전 방송 등을 통해 해석, 계몽 또는 연기의 심사 등을 하고 지급받는 사례금

(2) 전속계약금

(3) 일시적인 문예창작소득(80%)

(4) 지역권·지상권을 대여하고 받은 금품, 위약금과 배상금 중 주택입주지체상금

(5) 일정한 인적용역을 일시적으로 제공하고 지급받은 경우, 기타 이와 유사한 성질의 대가

기한(期限)

법률행위 효력의 발생, 소멸 또는 채무의 이행 등 행정처분의 효력발생에 대한 시기상의 제한으로 이에는 시기(始期)와 종기(終期)가 있다.

긴급관계(緊急關係)

국제가격의 하락이나 기타 예상할 수 없었던 사정의 변화에 의해 특별물품의 수입이 증가되어, 이와 직접 경합하는 물품을

생산하는 국내산업에 중대한 손해를 가져올 우려가 있는 등 긴급하다고 인정될 때 재무부장관이 관세심의위원회의 자문을 거쳐 그 물품에 대한 관세를 인상하거나 인하하는데, 이것을 긴급관세라 한다.

납기일(納期日)

최종 납기일을 말한다. 납기한은 각 세법에 따르고 납기일의 말일이 공휴일인 때에는 민법의 규정에 따라 그 다음날을 납기일로 한다(民§161 참조).

납기전징수(納期前徵收)

납기전징수라 함은 국세징수법 및 지방세법의 규정상 세무서장 또는 지방자치단체의 장이 납세자에게 ① 국세·지방세 기타 공과금의 체납으로 체납처분을 받은 때 ② 강제집행 또는 어음·수표법에 의한 어음교환소에서 거래정지처분을 받은 때 ③ 경매가 개시된 때 ④ 법인이 해산한 때 ⑤ 납세의무자나 특별징수의무자가 국세 또는 지방자치단체의 징수금을 포탈하고자 하는 행위가 있다고 인정된 때 ⑥ 납세의무자나 특별징수의무자가 납세관리인을 정하지 않고 국내에 또는 당해 지방자치단체의 구역내에 주소를 두지 않은 때 등의 경우 납기전이라도 이미 납세의무가 확정된 국세에 대해 이를 징수할 수 있음을 말한다(國徵§14, 地方§26).

납기전징수의 고지(納期前徵收의 告知)

납기전에 징수를 고지하는 것을 말한다.

지방세 또는 공과금의 체납으로 체납처분된 때의 고지서에는 납기전에 징수하는 뜻 또는 납부기한의 뜻을 부기해야 한다.

납부(納付)

납부란 납세자의 납부의무 내용이 되는 급부를 실현하고, 그 의무를 소멸하는 행위를 말한다. 채무의 변제에 해당하는 조세채무의 이행을 세법에서는 조세의 납부라 한다.

납부기한(納付期限)

국가나 지방공공단체에 대하여 납부 또는 납입해야 할 금전 등의 채무이행기한을 말한다.

납부기한은 법정납기한과 구체적 납기한으로 구분된다. 전자는 세법의 규정에 의해 성립된 조세채무를 이행해야 할 기한을 말하는 것으로 납기전징수·연납·징수유예 등에 관계되는 기한 등은 포함하지 않는다. 후자는 법률상의 용어는 아니지만 신고납세고지 등에 의해 구체적으로 확정된 조세채무를 이행할 기한을 말하는 것이다.

납부불성실가산세(納付不誠實加算稅)

과세표준신고와 동시에 신고납부기한 내에 법인세를 납부하지 않았거나, 납부할 세액에 미달하게 납부한 경우 부과하는 것이 납부불성실가산세이다.

그러나 과세표준을 신고기한에 신고하지 않고 신고기한에 법인세를 납부한 경우에는 납기 내에 미납가산세는 부과하지 않는다. 다만, 법인세를 미달하게 납부한 경우는 예외로 한다.

$$\text{납부불성실가산세액} = \text{미납법인세액} \times \text{미납기간} \times \frac{5}{10000}$$

납부세액(納付稅額)

납부세액이란 일반적으로 세법의 규정에 따라 정부에 납부해야 할 세액을 말한다.

법인세나 소득세의 경우는 총결정세액에서 기납부세액을 뺀 금액이 납부세액이 되며 부가가치세의 경우에는 매출세액에서 매입세액을 뺀 금액이 납부세액이 된다.

납부의무의 소멸(納付義務의 消滅)

조세, 가산세 또는 체납처분비를 납부할 의무는 납부, 충당, 공매의 중지, 부과의 취소, 결손처분, 국세부과의 제척기간(除斥期間)에 의해 국세가 부과되지 않고 그 기간이 만료된 때 또는 소멸시효가 완성됨으로로써 소멸하게 된다.

납부최고(納付催告)

납세의무자가 조세를 납부기한까지 이행하지 않은 때 이행지체된 조세채권의 이행을 축구하는 최고적 행정처분

납세관리인(納稅管理人)

 납세의무자가 납세지에 주소 또는 거소를 두지 않은 경우에 그 납세지에 거주하는 자를 설정·신고해서 납세에 관한 사항을 처리하게 하는데, 이 사람을 납세관리인이라고 한다.

납세담보물의 처분(納稅擔保物의 處分)

 담보재산의 처분에는 담보재산이 납세자의 소유인 경우와 제3자의 소유인 경우가 있다.

 담보재산이 납세자의 소유인 경우에는 그 담보재산의 처분을 환가처분에 의하여 처분한다. 따라서 선순위 저당권이 설정되어 있어서 그것이 법정납기한 1년 이전에 설정되어 있지 않은 경우에는 국세우선의 원칙에 따라 국세를 우선 징수한다.

 제3자의 소유에 속하는 담보재산을 처분하게 되는 경우에는 환가처분에 의하여 처분한다 할지라도 선순위 채권 또는 저당권이 설정되어 있으면 국세는 그 다음에 징수한다.

납세증명서(納稅證明書)

 납세의무자인 개인·법인의 주소지 또는 사업장소를 관할하는 세무서장이 발급하는 것으로, 증명서 발급일 현재 그 납세의무자의 징수유예액과 체납처분유예액을 제외하고는 다른 체납액이 없다는 사실을 증명하는 증서이다. 이 증명의 유효기간은 발급일로부터 30일간이다.

납세의 고지(納稅의 告知)

세무서장 또는 시장·군수가 국세를 징수하고자 할 때 납세자에게 그 국세의 과세연도·세목·세액 및 산출근거·납부기한과 납부장소를 고지하는 것을 말한다.

납세의 담보(納稅의 擔保)

채무불이행에 대비하여 미리 채권자에게 제공되어 그 채권을 보전하는 수단이 되는 것이 담보인데 국가채권의 관리 또는 조세에 관한 행정에 있어서 그 징수를 확보하기 위해서도 과징하는 수가 있다. 이것이 납세의 담보이다.

납세의무(納稅義務)

헌법 제33조의 규정에 의하여 모든 국민은 납세의 의무를 진다. 국민이 납부하는 세금은 국가 경비의 중요한 재원이 된다.

이러한 근본적 국민의무로서의 납세의무가 특히 헌법에 명기된 것은 첫째, 신분 기타 사유에 의한 특권층에 대한 우선적 대우(면세·감면)를 폐지하며 모든 국민에게 그의 능력에 따른 공평한 납세의무를 부과하는 것을 목적으로 하고 둘째, 납세의무는 반드시 법률에 의해서만 부과할 수 있다는 조세법률주의(헌법§55)를 채택함으로써 국민의 재산권을 보호함에 있다.

납세의무의 성립(納稅義務의 成立)

일반적으로는 각 세법에서 정하는 실체적 규정의 요건사실에 해당한 때, 즉 과세권자·납세의무자·과세물건(조세객체)·과세표준·세율 등 과세상의 조건이 납세의무의 성립요건이다. 성립요건이 갖춰진 후에 납세의무의 확정절차를 거쳐서 세금이 강제적으로 납부 또는 징수되는 것이다.

납세의무의 소멸(納稅義務의 消滅)

성립 또는 확정된 납세의무는, 납세의무를 이행하면 소멸되고 또 조세가 면제되거나 조세징수권의 소멸시효가 지나거나 체납처분이 종결·중지되어도 소멸된다.

납세의무의 승계(納稅義務의 承繼)

납세의무는 일반적으로 이전될 수 없지만 법인 합병의 경우나 상속의 경우에는 권리의무 일체가 포괄적으로 이전되는 것이기 때문에 납세의무도 승계된다.

납세의무의 확정과 방식(納稅義務의 確定과 方式)

과세요건이 충족된 때 납세의무는 성립한다. 그런데 조세는 성립해도 확정되지 않는 것과 성립과 동시에 확정되는 것이 있다.

예컨대 소득세 중 사업소득의 경우, 12월 31일이 경과함으로써 납세의무가 성립되기는 하지만 5월 31일 기한의 신고이행으로써 비로소 의무내용이 구체적으로 확정된다.

이에 반해 인지세법에 있어서는 기재금액이 5,000원 이상인 과세문서를 작성교부하면 납세의무가 성립되고 동시에 그 세액

(5,000원 이하는 1통에 10원)도 확정된다.

납세의무의 방식에는 신고납세, 부과과세의 두 가지가 있는데 신고납세방식은 납부해야 할 세액이 납세자의 신고에 의하여 확정됨을 원칙으로 하며 부과과세방식은 납부해야 할 세액이 전적으로 세무서장 또는 세관장의 처분(부과결정)에 의하여 확정된다.

납세의무자(納稅義務者)

국세(지방세)에 관한 법률에 의하여 국세·가산금과 체납처분비를 납부할 의무가 있는 자 즉, 조세부담의 의무가 있는 자를 말하며 납세주체라고도 한다. 이 경우 연대납세의무자, 제2차 납세의무자와 납세보증인이 포함된다.

납세자·담세자·담세지정자(納稅者·擔稅者·擔稅指定者)

조세를 직접 납부하는 자가 납세자이며 최종적으로 조세를 부담하는 자는 담세자이다. 예를 들면 소득세나 상속세는 납세자가 곧 담세자인데 반해 주세같은 것은 납세자가 주조업자이므로 그 세금은 가격에 포함되어 소비자의 부담이 되는 것이기 때문에 이 경우에는 납세자와 담세자가 별개인 것이다. 담세지정자는 입법자의 의사에서 궁극의 담세자라고 고찰되는데 반드시 실제의 담세자와 일치하지는 않는다.

납세조합세액공제(納稅組合稅額控除)

(1) 농·축·수산물 판매업자, 노점상인 기타 국세청장이 필
요하다고 인정하는 사업자가 조직한 납세조합이 그 조합
원의 을종에 속하는 근로소득 또는 사업소득에 대한 소득
세를 매월 징수하는 데 있어 그 세액의 100분의 10에 상
당하는 금액을 공제한 것을 세액으로 하여 징수한다(所得
§172의 1, 2).

(2) 을종근로소득이 있는 자가 조직한 납세조합이 그 조합원
에 대한 매월분의 당해 소득세를 징수하는 때에는 그 세
액의 100분의 30에 상당하는 금액을 공제한 것을 세액으
로 하여 징수한다(同法§3).

이상의 공제를 납세조합공제라 한다.

납세조합의 불납가산세(納稅組合의 不納加算稅)

납세조합이 그 조합원에 대한 당해 소득세를 매월 징수하여
납부하지 않았거나 미달하게 납부한 때에는 그 매월 납부하지
않은 세액 또는 미달한 세액의 100분의 5에 상당하는 금액을
산출세액에 가산해서 납부해야 한다.

이렇게 산출세액에 가산한 금액을 납세조합불납가산세액이라
한다.

납세준비예금(納稅準備預金)

조세납부를 위한 납세자금을 준비할 목적으로 적립하는 예금
으로서 형식은 보통예금과 같다.

납세지(納稅地)

납세지란 납세자와 국가·지방자치단체간의 법률관계를 이행하는 장소를 말한다. 납세지는 납세자의 신고, 신청, 청구 및 납부 등의 행위의 상대방이 되는 과세관청을 결정할 때 기준이 된다.

납액통지(納額通知)

납액통지란 국세징수법 제8조의 규정에 의해 위탁징수(委託徵收)를 할 때 세무서장이 위탁징수기관인 시장·군수 등에게 그 위탁징수의 뜻을 통지하는 것을 말한다. 납액통지는 일정납기가 정해져 있는 경우에는 납기개시 15일 전에, 납기가 정해져 있지 않은 경우에는 징수결정 즉시 통지해야 한다.

내국세·관세(內國稅·關稅)

국세 중 외국으로부터 수입한 화물에 대해서 부과하는 조세가 관세이며, 또 입항세인 톤세도 국경세라는 점에서 관세라 한다. 그리고 관세와 톤세 이외의 조세를, 국내에서 징수한다는 점에서 내국세라 한다.

내국소비세(內國消費稅)

간접소비세 중 관세에 상대되는 소비세다. 소비세는 직접소비세와 간접소비세로 분류되고, 간접소비세는 다시 내국소비세와 관세로 분류된다.

농가부업소득(農家副業所得)

농가부업소득이라 함은 농어민이 부업으로 영위하는 축산·
양어·고공업 등의 소득을 말한다. 이 소득 중 ①농가부업규모
의 축산소득과 ②축산소득 이외소득으로서 연 1,200만원 이하의
소득에 대해서는 비과세 한다.

농어촌특별세(農漁村特別稅)

농어업의 경쟁력 강화와 농어촌 산업기반시설의 확충 및 농
어촌지역 개발사업을 위하여 필요한 재원을 확보함을 목적으로
하는 한시세

농지세(農地稅)

농지에서 농작물을 재배하거나 농작물을 재배하게 함으로 해
서 얻은 소득에 대해 농지소득지를 관할하는 시·군에 납부하
는 세금을 말한다.

농지세 비과세·면세(農地稅 非課稅·免稅)

(1) 국가 등에 대한 비과세
    국·도·시·군 지방자치단체조합의 농지소득과 외국정부
    가 공용에 사용하는 농지소득에 대해서는 농지세를 부과
    하지 않는다. 단, 당해국이 대한민국 정부의 농지소득에
    대하여 과세하는 경우는 제외한다.
(2) 용도구분에 의한 비과세

① 학교·고아원·양로원·수녀원·사찰·교회의 농지로서 학술·시험·학습 또는 자가소비용으로 사용하기 위하여 직접 경작하는 경우의 농지소득

② 산림조합법에 의하여 설립된 산림계·산림조합 또는 산림조합중앙회가 경작하는 산림용 묘포지(苗圃地)에서 생기는 농지소득

③ 기타 대통령령이 정하는 농지소득

위의 규정에 의한 농지세의 비과세는 납세의무자의 신청에 의하여 이를 결정한다(동법§200).

(3) 개간·간척 등에 대해서도 일정한 기간을 정해서 비과세한다.

농지세의 감면(農地稅의 減免)

천재·지변, 기타 불가항력으로 인하여 납세의무자가 현저히 자력을 상실함으로써 납세가 곤란한 경우에 시장·군수가 농지세의 감면이 필요하다고 인정하는 자에 대하여 시·군 의회의 의결을 거쳐 농지세를 감면할 수 있다. 또 납세의무자가 종군한 때나 군에 동원된 때에는 종군 또는 동원된 날이 속하는 과세기간분에 대하여 산출세액의 100분의 50을 경감한다. 납세의무자가 전사 또는 공무수행중에 입은 부상으로 사망한 때에는 그 사망일이 속하는 과세기간분의 농지세 전액을 면제한다(지방§202).

농지세의 결정과 징수(農地稅의 決定과 徵收)

시장·군수는 농지세의 납세의무자에 대하여 과세표준과 세액을 다음 연도 2월 말일까지 결정한다. 과세표준과 세액은 지방세법 제213조 제1항 및 지방세법 제215조 제1항의 규정에 의한 농지소득금액중간신고 또는 확정신고에 의하여 결정한다.

위의 규정에 의하여 시장·군수가 결정한 세액이 납세의무자가 이미 납부한 세액을 초과하는 경우에는 그 초과하는 금액을 보통 징수방법에 의하여 징수하며, 미달되는 경우에는 그 미달되는 금액을 지체없이 환부해야 한다(地方§216, 令§165).

농지세의 과세표준(農地稅의 課稅標準)

농지세의 과세표준은 농지소득금액에서 지방세법 제200조 내지 제202조의 규정에 의한 비과세 및 감면소득과 제209조의 규정에 의한 기초공제 금액을 공제액으로 하며, 2이상의 시·군에 있는 농지에서 생기는 농지소득금액에 대해서 그 합계액에서 제200조 내지 제202조의 규정에 의한 비과세 및 감면소득과 제209조의 규정에 의한 기초공제금액을 과세표준으로 한다(地方§206).

농지세의 세율(農地稅의 稅率)

농지세의 세액은 과세기간 중의 과세표준에 다음의 세율을 적용하여 계산한 금액으로 한다(지방§210).

표 준 과 세	세 율
400만원 이하	과세표준액의 100분의 3
400만원 초과 1,000만원 이하	12만원＋400만원 초과금액의 100분의 10
1,000만원 초과 4,000만원 이하	72만원＋1,000만원 초과금액의 100분의 20
4,000만원 초과 8,000만원 이하	672만원＋4,000만원 초과금액의 100분의 30
8,000만원 초과	1,872만원＋8,000만원 초과금액의 100분의 40

농지세의 확정신고와 자진납부
(農地稅의 確定申告와 自進納付)

농지세의 납세의무자는 과세기간의 다음 연도 1월 31일까지 당해 과세기간 중의 농지소득 금액을 확정하여 시장·군수에게 신고해야 한다.

또 농지세의 납세의무자는 소득세법 제210조(농지세의 세율)의 규정에 의한 산출세액에서 다음 각호의 세액을 공제한 금액을 위의 기간 내에 시장·군수에게 자진납부해야 한다(지방§215, 令§164).

(1) 지방세법 제214조의 규정에 의한 중간예납세액

(2) 지방세법 제217조의 규정에 의한 수시부과세액

(3) 지방세법 제218조의 규정에 의한 특별징수세액

누진세율(累進稅率)

누진세율이란 과세표준금액이 커짐에 따라 적용되는 세율이 높아지는 세율구조를 말한다. 누진세율에는 하나의 과세표준에 대하여 누진세율을 적용하는 단순누진율과 과세표준을 몇 단계로 구분하여 적용하는 초과누진율이 있다. 소득세·법인세·상속세·증여세 등에서 누진세율을 채용하고 있는데 이들 조세는 소득재분배기능과 경기안정기능을 갖는다.

누진소득세(累進所得稅)

누진소득세란 과세표준이 증가함에 따라 세율이 높아지는 형태의 누진구조를 갖는 소득세를 말한다. 경제이론적으로 ① 소득이 많은 사람에게는 높은 세부담, 소득이 적은 사람에게는 낮은 세부담이 되므로 소득의 재분배기능에 가장 적합하고, ② 한계효용체감(限界效用遞減)의 법칙에 기초하여 조세부담의 공평을 도모할 수 있다는 좋은 점이 있다.

다국적기업(多國籍企業)

다국적기업이란 국적이 다른 회사가 몇 개 모여서 형성하고 있는 기업그룹을 말한다.

다국적기업은 그룹 전체의 공통된 전략하에 2개국 이상의 국가에서 활동하는 기업집단을 통칭하는 개념이다. 다국적기업은 각국의 경제정세·법령 등을 고려하여 경영전략을 수립한다. 이에는 다국적기업 전체의 조세부담을 최소화하는 것도 포함되는데 이를 국제조세전략이라 한다. 특히 다국적기업 내의 기업 간에 재화나 용역을 공급하는 경우, 이전가격(移轉價格)을 조작하거나 세금피난처나 저세율국을 이용하여 조세회피를 하는 일이 있기 때문에 이를 규제하기 위해 국제조세조정에관한법률과 법인세법에 이전가격세제에 관한 규정을 두고 있다.

다단계거래세(多段階去來稅)

다단계거래세란 생산 및 분배에 이르는 모든 거래단계에서 각 단계별 외형금액 또는 수입금액을 과세표준으로 하여 과세하는 유통세(流通稅)를 말한다.

매출세는 과세범위를 기준으로 일반매출세와 특별매출세로 구분되며, 일반매출세는 다시 다단계매출세와 단단계매출세로 나누어진다.

다단계매출세(多段階賣出稅)

다단계매출세란 모든 단계의 재화 영업거래에 대하여, 거래액을 표준으로 비례세율에 의해서 과세되는 조세를 말한다. 분류상 유통세에 속하지만, 그 부담과 효과는 소비세와 유사하다.

단기대여금(短期貸與金)

대여금 가운데 결산일로부터 기산하여 1년 이내에 입금의 기한이 도래하는 것을 단기대여금이라고 한다.

단기로 되는가 장기로 되는가는 계약기간의 장단에 의하지 않고, 입금기한에 의하여 정한다.

단기상속세액공제(短期相續稅額控除)

상속세를 부과할 상속이 개시한 후 10년 이내에 또 다시 상속이 개시되었을 때 전과세가액 중 상속분에 대한 상속세의 일정액에 상당하는 상속세를 공제하는 것을 말한다.

여기서 공제율은 재상속기간별로 10년 이내에서 1년 경과시 10%씩 감소하여 100 ~ 10%를 적용한다.

단기차입금(短期借入金)

대차대조표의 작성일(결산일)을 기산일로 하여 변제기한이 1년 이내에 도래하는 차입금을 단기차입금이라고 한다. 일반적으로는 운전자금으로서 많이 이용되고, 재고·구입자금·매출채권의 장기화에 의한 자금·보너스 자금·세자금 등 그 자금의 용도는 여러 부문에 걸쳐 있다.

단독주주권(單獨株主權)

단독주주권이란 개인주주의 지위를 강화하기 위한 것으로 주주가 소유한 주식수와 상관없이 주주라면 누구나 행사할 수 있는 권리를 말한다. 단독주주권에는 의결권, 주주총회결의의 취소·무효 및 부존재확인의 소제기권, 회사설립 무효의 소제기권, 정관 등의 서류열람 등사청구권, 재무제표 등의 서류열람, 등·초본 교부청구권 및 신주발행유지청구권 등이 있다.

단세론(單稅論)

한 가지의 조세만으로 구성된 조세제도를 주장하는 학설이다.

단일세제도는 극히 간단한 제도이며 만일 하나의 조세로써 국민소득을 완전히 파악하여 부과징수할 수 있다면 국민경제에 대한 영향, 징세비용(徵稅費用) 및 부과징수의 절차 등을 고려할 때 가장 이상적인 것이라고 말할 수 있다.

그러나 단일세제도는 이론적으로는 가능할지 모르나 실제로는 불가능하며 실시할 경우에는 도리어 상당한 불평등이 생길 것이다.

단순경비(單純經費)

단순경비란 재료비·노무비 등과 같이 그 내용이 단순하여 단일종의 원가요소로써 이루어지는 원가요소를 말한다.

 단순경비는 ① 복리금 ② 지대·집세 ③ 동산임차료 ④ 특허권 사용료 ⑤ 보험료 ⑥ 수선비 ⑦ 전력비 ⑧ 가스·수도비 ⑨ 운임 ⑩ 보관비 ⑪ 세금과 공과금 ⑫ 여비 교통비 ⑬ 교제비 ⑭ 재고감모비 ⑮ 외주가공비 ⑯ 감가상각비 ⑰ 통신비 ⑱ 잡비 등이다.

단식부기(單式簿記)

 이탈리아식 부기가 복식부기와 대칭으로 고정화됨에 따라 그 이외의 모든 부기법을 총칭하게 된 용어로서, 통일된 원리에 의하여 조직적으로 기장하지 않고 상식적으로 기록계산하는 것을 말한다.

 이것은 손익계산을 하지 않고 재산계산만 유지하기 때문에 순손익을 알 수는 있으나, 그 내용과 원천을 밝힐 수는 없다. 소규모 기업의 회계정리에 적당하다.

단일환율제도(單一換率制度)

 복수환율제도에 대응되는 개념으로서 이종통화에 대하여 단일율이 적용될 때의 환율제도를 말한다.

단체퇴직보험(團體退職保險)

 단체퇴직보험은 종업원의 퇴직을 보험금 지급사유로 하고 종업원을 피보험자와 수익자로 하며, 보험료는 당해 사용자가 납입하도록 하는 보험이다. 단체퇴직보험제도는 종업원이 일시에 퇴직하는 경우 퇴직금이 거액이 되므로 이로 인한 기업의 자금 부담을 해소하고 퇴직금의 일부를 기업 밖에 적립하여 종업원의 퇴직금을 확보하는 것을 목적으로 한다.

단체퇴직보험은 일반적인 손해보험과는 달리 납입된 보험료에 이자에 상당하는 금액을 가산하여 보험금으로 지급하는 일종의 적립식 예치금의 성격을 띠고 있다.

법인 또는 개인사업자가 종업원을 위하여 납입한 단체퇴직보험료는 일정한도 내에서 손금(또는 필요경비)에 산입한다.

담보있는 국세의 우선(擔保있는 國稅의 優先)

납세 담보물을 매각한 때에는 압류선착수(押留先着手)에 의한 국세우선의 규정에도 불구하고, 그 국세·가산금 또는 체납처분비는 매각대금 중에서 다른 국세·가산금·체납처분비와 지방세에 우선하여 징수한다(國基§37).

담세력(擔稅力)

납세자의 전체적 또는 개별적인 조세의 부담능력을 말한다. 이를 구체적으로 말하자면, 다음의 두 의미가 있다.

(1) 국민 전체에 대한 조세가능한도를 측정하는 기준으로서의 의미. 이것은 국민소득에서 국민의 최저생계비·재생산비·신규투자액을 차감한 것을 말한다.

(2) 각 납세자의 부담을 공평하게 하려는 기준의 의미. 즉, 납세자들의 소유의 대소, 소득의 종류가 재산소득인가 근로소득인가의 여부, 부양가족의 수 등 개인적 사정을 고

려하여 각자의 담세력을 측정하는 기준을 말한다.

담세자(擔稅者)

부과된 세금을 종국적으로 납부하는 자를 말한다. 이런 의미에서 납세의무자(조세주체)와는 다르며, 이 둘은 항상 일치하지는 않는다.

예컨대 주세의 경우, 납세의무자는 주류의 제조자이지만 담세자는 최종적으로 주류를 소비하는 소비자가 되는 것이다.

담세지정자(擔稅指定者)

조세법규를 제정할 때 입법자가 어떤 세목에 대하여 그 조세가 종국적으로 누구에게 부담될 것인가를 사전에 기대하는 경우, 그 담세자로서 예기되는 자를 말한다. 직접세는 대개 납세의무자와 담세자가 일치하지만 간접세의 경우는 서로 다르다.

대급금(代給金)

대급금이란 현금으로 변제받을 영업상 또는 영업 외의 일시적 대급이다.

대리납부제(代理納付制)

국내에 사업장이 없는 비거주자 또는 외국법인으로부터 용역을 제공받는 자가 용역공급자를 대리하여 부가가치세를 징수·납부하는 제도이다.

부가가치세를 대리납부한 자가 당해 예정·확정신고와 함께 부가가치세 대리납부신고서부본을 제출한 때는 거래상대자로부터 교부받은 세금계산서를 정부에 제출한 것으로 보아 납부세액계산 때에 매입세액으로서 공제혜택을 받게 된다.

대리증명(代理證明)

세입징수관·지출관과 출납공무원의 사망이나 사고로 인해 직접 계산서를 작성할 수 없는 때에는 각 중앙관서의 장은 다른 공무원에게 계산서를 작성시켜서 감사원에 기한내 제출하여 증명한다. 이것을 대리증명이라 한다.

대물변제(代物辨濟)

손해배상에 있어서 당사자간의 합의에 의하거나 법원의 확정판결에 의하여 일정액의 위자료를 지급하기로 하고 동 위자료 지급에 갈음하여 당사자 일방이 소유하고 있던 부동산으로 양도하는 것

대손금(貸損金)

대손금이란 거래처가 파산하거나 행방불명되는 등의 사유로 채권을 회수할 수 없게 된 경우의 회수불능채권을 말한다.
법인세법상 대손금도 그 법인의 순자산을 감소시키는 거래로 인하여 발생하는 손비의 범주에 든다.

대손충당금의 손금산입(貸損充當金의 損金算入)

내국법인이 각 사업연도의 외상매출금·대여금 기타 이에 준하는 채권 중 대손예상액을 손비로서 계상한 충당금은 일정한 범위 내에서 손금으로 산입한다.

손금에 산입할 대손충당금은 당해 사업연도 종료일 현재의 외상매출금·대여금 기타 채권의 장적가액(帳籍價額) 합계액의 100분의 1에 상당하는 금액을 한도로 하여 손금에 산입하도록 한다(同令§19).

대차대조표(貸借對照表)

대차대조표는 일정 시점에서 기업의 자산과 부채 및 자본을 일정한 구분·배열·분류에 따라서 기재함으로써 기업의 재무상태를 총괄적으로 표시하는 재무제표이다. 이 때 자산은 그 자금이 운용되는 형태를 표시하며 기업재산의 부채와 자본은 기업자금이 조달된 유입원천을 표시한다.

대체전표(對替傳票)

현금수지가 따르지 않는 거래가 발생한 때 기입하는 전표이다.

대표공동사업자(代表共同事業者)

소득세법상 공동사업자는 일반공동사업자와는 달리 사업자등록도 자신의 명의로 하고 감가상각방법이나 재고자산평가방법도 그의 주소지를 관할하는 세무서장에게 신고해야 한다.

여기서 말하는 대표공동사업자란 2인 이상이 공동사업을 영위하는 경우에 당해 공동사업자 중에서 지분 또는 손익분배비율이 가장 큰 거주자를 말한다. 지분 또는 손익분배비율이 같은 자가 2인 이상 있을 경우에는 당해 공동사업자들이 선임한 자를 대표공동사업자로 하게 된다.

도급경비(都給經費)

일정한 금액을 가지고 사무비의 전부 또는 일부를 갚게 하기 위하여 관서의 장에게 지급하는 금전이다. 즉, 도급경비는 예산 사용상의 변태이다. 이것은 금액이 적은 것에 대하여 지출관이 번잡한 지출절차를 피하는 한편 금액을 인정함으로써 절약하려는 목적에서 설치된 제도이다.

도시계획세(都市計劃稅)

도시계획사업에 필요한 비용에 충당하기 위하여 도시계획 구역 안에 있는 토지 또는 건축물을 과세대상으로 하여 토지 또는 건축물 소재지의 시장·군수가 부과징수하는 목적세이다(地方§235).

도시계획세의 과세표준은 도시계획세의 과세기준일 현재 토지 또는 건축물의 가액으로 한다(同法§236).

독과점사업자의 가격신고(獨寡占事業者의 價格申告)

일정한 사업분야의 시장을 지배함으로써 실질적으로 경쟁을 제한하고 있는 단독 또는 소수의 사업자가 물품의 가격이나 용역의 대가를 결정한 때에는 그 독과점가격 시행일의 20일 전에 이를 주무부장관에게 신고해야 한다.

독립세 · 부가세(獨立稅 · 附加稅)

국가 · 지방자치단체가 다른 조세와는 관계없이 독자의 입장에서 과세하는 것을 독립세(특별세라고도 한다)라 하고, 다른 단체에 과징한 조세를 기준으로 하여 일정한 조세를 부과하는 것을 부가세라 한다.

독점과세(獨占課稅)

소비품 생산 · 판매의 전부 또는 일부를 국가기관에서 독점하여 과세하는 것을 말한다. 즉, 국가가 자유경쟁을 배제하고 독점의 지위에서 그 물품이 소비자에 도달하기 전에 가격 속에 소비세를 포함시켜 판매하는 것을 말한다.

동산이전세(動産移轉稅)

동산의 이전 · 유통에 대해 부과하는 조세로서 자산유통세 · 동산유통세라고도 한다. 동산이전세는 부동산이전세와 같이 이동 · 유통 자체를 포착해서 직접 과세하는 것이 곤란하기 때문에 동산의 이전 · 유통의 일정한 서류를 증거로 포착하여 과징한다. 동산이전세는 부동산이전세와 마찬가지로 유통세의 공평을 기하기 위해 부과하는 것이다. 동산이전세의 세목은 종류가 많은데 대표적인 것은 유가증권세·증권거래세·어음증서인지세·등록세 등이다.

등록(登錄)

등록원부에 일정한 법률사실 또는 법률관계를 기재함으로써 그 사실 또는 관계의 존재를 공시하며 증명하는 것으로, 등기와 같은 성질을 갖는다. 법률은 등록에 의해 제3자에 대한 대항력을 인정하고 있다. 예를 들면 특허·실용신안·의장·상표의 등록은 등록에 의해 권리가 발생하며, 광업권은 등록하지 않으면 효력을 발생하지 못한다.

등록세(登錄稅)

권리의 창설·이전변경·소멸에 관한 사항을 공부(公簿)에 등기 또는 등록할 때 과세하는 조세로, 인지세와 같이 유통거래를 간접적으로 포착하여 과세하는 조세이다.

우리나라의 등록세는 부동산·선박·법인의 등기, 광업권·어업권·저작권·특허권 등의 등록 또는 무역·건설업의 등록에 대하여 과세된다.

등록세법(登錄稅法)

재산권 및 기타 권리의 취득·이전·변경 또는 소멸에 관한 사항에 대해 등기를 신청하는 경우의 원칙으로서 등록세법에 의한 등록세의 납부를 필요로 한다.

등록세시가표준액(登錄稅時價標準額)

등록세법에 있어서 부동산 및 선박에 관한 등록세의 과세표준은 등기신청인의 신고가액에 의하기로 되어 있다(등록§29의 1). 그러나 신고가액의 표시가 없거나 그 신고가액이 정부가 조사한 시가표준액에 미달하는 경우에는 그 시가표준액에 의한다(등록§29의 1).

등록세의 비과세(登錄稅의 非課稅)

등록세법의 규정에 의하여 등록세가 비과세되는 것을 말한다.

등록세법의 규정에 의한 비과세 등록세는 다음과 같다.

(1) 국가와 지방자치단체가 자기를 위하여 하는 등기 또는 등록

(2) 사찰, 사당, 불당, 교회의 부지 및 그 건물(부속영조물 포함)과 분묘지에 관한 등기

(3) 교육을 목적으로 하는 재단법인의 학교용에 공하는 토지, 건물의 권리취득과 그 소유권의 보존등기

(4) 양로원, 보육원, 모자원 등 사회복지를 목적으로 하는 사단법인, 재단법인, 학교법인의 부지 및 그 건물의 권리 취득과 그 소유권의 보존등기

(5) 농지개량조합, 농업진흥공사, 대한적십자사, 대한교육연합회, 상공회의소, 대한민국재향군인회, 한국반공연맹의 공개에 공하는 부동산에 관한 등기 또는 등록

그러나 위의 (2)∼(5)에 해당하는 등기와 등록을 대도시 내에서 하는 때에는 등록세를 부과한다(등록§24의 1).

(6) 신탁으로 인한 재산권 취득의 등기 또는 등록으로서 다음에 해당하는 것에 대하어는 등록세를 부과하지 않는다.
  ① 위탁자로부터 수탁자에게 이전하는 경우의 재산권 취득의 등기 또는 등록
  ② 위탁자만이 원본상의 수익자가 된 신탁재산을 수탁자가 수익자에게 이전할 경우 재산권 취득의 등기 또는 등록
  ③ 신탁의 수탁자가 바뀌는 경우에 신수탁자의 재산권 취득의 등기 또는 등록
(7) 회사의 정비(주식회사의 경우) 또는 특별청산·합명회사·합자회사의 경우에 관하여 재판소의 촉탁으로 인한 등기 또는 등록
(8) 등기 또는 등록의 착오 또는 견루(遺漏)가 당해 공무원의 과오로 인한 때에 그 회복이나 경정의 등기 또는 등록
(9) 1945년 이전에 시행된 조선창씨령에 의해 변경된 성명을 복구하기 위한 등록, 등기 또는 행정구역 변경에 따른 주소변경의 등록, 등기
(10) 외국의 외교기관 및 이에 준하는 기관의 부지 또는 건물에 관하여 받은 등기

디플레이션(deflation)

인플레이션의 진행을 방지하여 그 이상의 통화팽창·물가등귀를 가져오지 않도록 균형재정금융긴축의 정책이 취해지는 경우에 물가저락·금융경색 등의 현상이 나타나는데 이를 디플레이션이라고 한다.

리베이트(Rebate)

상품·자료 등의 매매거래에 있어서 매주측(賣主側) 기업으로부터 매주(買主)쪽에 대해서 그 판매수량 또는 판매합계금액에 따라 지급되는 영업이윤 일부의 분배로, 매출리베이트라고도 부른다.

리스금융회사(리스金融會社)

리스금융회사는 각종 설비·기계 및 도구 등을 임대하고 임대료를 받는 것을 영업으로 하는 회사를 말하며, 시설대어회사라고도 한다.

리스제도(리스制度)

리스회사가 특정물건의 소유권을 확보하면서 리스이용자에게 일정기간 그 물건의 사용을 인정하는 제도이다.

기업회계기준이나 세법에서는 리스를 운용리스와 금융리스로 분류하고 있다. 운용리스는 유지·수선·보험료·조세공과를 대주(貸主)가 부담하며 금융리스는 계약기관중 운용·유지·수선 등의 관리를 차용인이 하도록 되어 있다.

마권세(馬券稅)

한국마사회는 그 경마장 소재지의 도에 마권세를 납부할 의무가 있다(지방§152). 마권세는 마권으로 금전을 거는 사행행위에 대하여 과세하는 것으로, 법문상의 납세의무자는 한국마사회이지만 실질적인 납세부담자는 승마투표권을 산 사람이다. 마권세의 세율은 100분의 10으로 한다(동법§154).

매가환원법(賣價還元法)

재고자산의 평가방법 중 원가법의 일종이다. 재고자산을 품종별로 구분하여, 사업연도말에 판매될 예정가액에서 판매예정 차익금을 공제하여 산출한 취득가액을 그 자산의 평가액으로 하는 방법을 말하는 것이다.

이 방법은 정확하지는 않지만 편리하기 때문에 백화점과 같이 취급상품이 많은 업종에서 채용하고 있다.

매각결정(賣却決定)

압류재산의 매각에 대한 징수관청의 의사표시를 말한다. 이는 체납자의 의사와 관계없이 강제적으로 결정하는 것이며, 그 효과는 체납자에 귀속하고 체납자와 매수인간에 세법상의 매매

계약이 성립된다.

매각에 의한 권리이전(賣却에 의한 權利移轉)

매수인이 대금을 완납했을 때 발생하는 매각재산의 권리이전을 말한다.

동산인 경우에는 그 재산을 매수인에게 인도함으로써 종료하며, 유가증권인 경우에는 권리이전에 필요한 배서 또는 명의변경 등의 절차를 취하고, 부동산인 경우에는 권리이전에 필요한 등기촉탁을 함으로써 종료한다.

매매계약에 관한 증서(賣買契約에 關한 證書)

부동산·물품 등 유가증권 매매의 성립을 증명하는 문서이다. 여기에는 상당액의 인지를 붙여 인지세를 납부한다.

매매약정대금(賣買約定代金)

증권거래에 있어서 파는쪽과 사는쪽 쌍방간에 매매거래가 성립된 계약에 의한 양도금액을 가리킨다.

매매장기(賣買掌記)

상거래의 관습적인 용어로서 그 정확한 해석에 대해서는 이론이 있으나, 일반적으로 어떤 대가의 표준을 정하여 상품을 매매할 때 그 확정가격을 표시해 결산을 증명하는 문서를 말한다.

매상세(賣上稅)

생산자로부터 최종소비자에 이르기까지 상품매매가 될 때마다 반복적으로 동일상품에 대하여 과세하는 조세로서 수입이 큰 조세이다.

상품에 대한 조세부담은 최종소비자에게 갈 때가지의 매매회수가 많으면 많을수록 크게 되기 때문에 그 부담경감을 목적으로 기업의 수직적 결합이 촉진된다.

매수인의 제한(買受人의 制限)

압류재산의 매각에 있어서 불특정다수인의 매수참가를 원칙으로 하고 있으나, 그 매각재산의 소유자인 체납자와 국세의 부과 또는 징수에 관한 사무에 종사하는 직원은 매각재산을 매수할 수 없도록 규정하고 있다.

매수합병(買收合倂)

매수합병이란 회사가 해산함과 동시에 다른 회사 또는 새로 설립한 회사에 그 영업 전부를 양도하는 것을 말한다. 매수합병은 형식상으로는 합병은 아니지만 합병과 유사한 경제상의 효과를 발생한다. 매수합병은, 다른 회사 또는 새회사에서의 해산회사 사원의 수용은 발생하지 않으므로 합병이 아니고 영업양도의 형태를 갖는다. 따라서 해산회사에 관해서 청산절차를 필요로 한다.

매입세액의 안분계산(買入稅額의 按分計算)

사업자가 과세되는 사업과 면세되는 사업을 겸영하는 경우에 과세사업에 관련된 매입세액은 매출세액에서 공제되지만, 면세사업에 관련된 매입세액은 매출세액에서 공제되지 않는다.

매입세액 중 공제되지 않은 세액계산은 실지 귀속여부에 따라 하게 되는데 이 방법을 매입세액의 안분계산이라 한다.

매입에누리(매입할인)＜買入에누리(買入割引)＞

매입에누리는 외상매입금을 그 약정기일 전에 지급함으로써 지급일부터 약정기일까지의 일수에 따라 일정액을 할인받는 것을 말한다.

매입처원장(買入處元帳)

매입처에 대한 외상 채무의 발생·소멸을 상세히 기록하는 보조장부로서 매입처마다 일일이 계좌를 설정한다.

매출권유비(賣出勸誘費)

매출권유비란 금융기관·상호신용금고·보험사업자 또는 증권투자신탁업법에 의한 수탁회사가 계약하거나 수금을 할 때 필요로 하는 경비를 말한다.

불특정다수에 대하여 매출을 권유하려면 일정한 비용이 소요되므로 법인세법에서는 금융기관 및 증권투자신탁업법에 의한 수탁회사에 대해서는 계약액 또는 매출액의 1,000분의 1에 상당

하는 금액을 매출권유비로서 손금으로 인정하고, 이를 초과하는
금액은 접대비로 처리하도록 하고 있다.

매출세(賣出稅)

매출세는 재화의 판매에 수반하여 부과되는 조세로서 일반소
비세의 한 형태이다. 매출세의 구체적인 과세표준은 매출액이며
과세형태는 단단계과세와 다단계과세로 구별할 수 있다.

매출손익계산(賣出損益計算)

상품 또는 제품의 판매상 손익계산을 말한다.
매출손익계산은 상품의 매출액에서 그 매출원가를 공제하여
손익을 산출한다.

매출액(賣出額)

상품 또는 제품의 판매 및 노역 제공에 의한 수입을 말한다.
매출액은 건설업에서는 완성공사액, 철도업에서는 운임수입
등 그 업종에 어울리는 적당한 용어로 표시하기도 한다.

매출액 대 인건비 비율(賣出額 對 人件費 比率)

매출액에 대응하는 영업비 가운데 인건비의 비율을 나타내는
것으로 기업의 이익률과 밀접한 관계가 있다.
〈산식〉 매출액 대 인건비 비율

$$= \frac{\text{인건비}}{\text{순매출액}} \times 100$$

매출액 대 지급이자 비율(賣出額 對 支給利子 比率)

매출액에 대한 금융비용의 비율을 표시하는 것으로, 비율의 대소가 경상이익에 영향을 미친다. 이 비율은 낮을수록 바람직하다.

매출액 대 지급이자 비율

$$= \frac{\text{지급이자} \cdot \text{할인료} - \text{수취이자}}{\text{순매출액}} \times 100$$

매출원가(賣出原價)

손익계산서 과목의 일종으로서, 매입원가에 대응하는 원가이다. 상점의 경우에는 당해기간 중에 판매된 상품의 구입원가이며, 생산공업회사의 경우에는 당해기간 중에 판매된 제품의 제조원가이다. 즉, 당해기간 중 매출품의 구입원가 또는 제조원가가 매출원가인 것이다.

매출장부(賣出帳簿)

상품 또는 제품의 매출에 관한 내역명세를 발생순으로 기록하는 보조기입장부로서, 매출처에 교부한 송품장사본을 기장자료로 하여 매출할 때마다 일자 · 매출처명 · 품명 · 수량 · 단가 · 대금 · 수취방법 및 판매 제비용 등을 기입한다.

매출총이익(賣出總利益)

손익계산서에 있어서 일정한 기간의 매출액과 그에 대응하는 매출원가와의 비교에 의한 계산으로서 먼저 매출액의 결정이 필요하다. 매출액은 확실히 매출된 금액만 계상해야 한다. 이것은 실현주의가 적용되는 것으로서 매매계약이 성립되어 상품 혹은 제품의 인도가 완료되고 이에 대해 송장을 작성하였을 때를 매출의 시기로 본다. 매출총이익은 총매출액에서 매출원가를 공제한 잔액으로 관리비 등을 공제하지 않은 이익이므로 순이익이라고도 한다.

면세(免稅)

면세란 법률상의 납세의무를 면제하는 것으로 조세의 보편원칙에 따라 모든 사람에게 적용하고 있다.

면세소득(免稅所得)

소득세법 규정에 의하여 특정한 소득에 대해서는 소득세 또는 법인세소득과세가 면제되는데 이 경우 면제되는 그 소득을 면세소득이라 한다.

면세쿠폰(免稅쿠폰)

해외취업근로자가 해외에서 외화로 구입하는 국산품이 면세물품임을 증명하는 서류를 면세쿠폰이라 한다.

특별소비세법은 해외근로자들이 국산품을 구입하고자 외화를

국내에 송금하고 귀국해서 인수하는 일정한 물품에 대해 이를
수출로 취급, 면세하고 있다. 이 때 그 해외근로자에게 면세쿠
폰을 교부하게 되는 것이다.

면세특권(免稅特權)

일반적으로 외교관과 국제기관의 직원 등에 대해서는 국제조
약(빈條約 등)에 의해 치외법권이 인정되고 조세면에 있어서는
모든 직접세를 면제한다. 이러한 조세의 면제를 면세특권이라
한다.

면세포기(免稅抛棄)

부가가치세가 면제되는 재화 또는 용역의 공급에 대해 사업
자 면세포기신고를 함으로써 부가가치세를 면세받지 않고 과세
사업자가 될 수 있도록 일정한 경우를 정하고 있는데, 이를 면
세포기라 한다.

부가가치세가 면제되는 재화 또는 용역의 공급으로서 면세포
기대상은 영세율 적용의 대상이 되는 경우와 학술연구단체 또
는 기술연구단체가 공급하는 경우에 한한다.

면세포기를 하려면 면세포기신고서에 의해 사업장 관할세무
서장에게 신고하고 사업자등록을 해야 한다.

면제(免除)

면제란 채권자의 일방적 의사표시에 의해 채권을 무상으로

소멸시키는 것을 말한다. 즉, 면제는 채무자의 승낙을 필요로 하지 않는 채권자의 단독행위이며 결국 채권의 포기인 것이다.

　재산상의 권리는 원칙적으로 채권자의 의사만으로 자유로이 포기할 수 있지만, 정당한 이익을 가진 제3자에게 불이익을 주는 면제는 할 수 없으며 사회질서에 반해서도 안된다.

면제 사업(免除事業)

　세법이나 법률의 규정에 의하여 법인세 또는 소득세가 면제되거나 감면되는 사업을 면제사업이라 한다. 일반적으로 면제사업은 국세·지방세 등의 면제를 받는 사업을 말하지만, 이 경우에는 사업의 소득에 과세하는 법인세 또는 소득세가 면제되거나 감면되는 사업을 말한다.

　이밖에 기업에 대한 조세지원제도에는 세액감면·소득공제·특별감가상각 및 준비금 등이 있다.

면조지(免租地)

　경제상·공익상의 이유에 의하여 지세가 면제되고 있는 **땅**을 말하며, 이에는 개간지·매립간척지·황무지·공공용지·학교용지 등이 있다.

면허세(免許稅)

　특정한 영업설비 또는 행위에 대하여 권리를 설정하거나 금지를 해제하는 행정처분과 신고 수리·등록·지정·검사·검

열·심사를 하는 등의 행정행위를 면허라고 하는데, 이러한 각
종 면허를 받을 때 부과하는 조세를 면허세라고 한다.

멸실면세(減失免稅)

미납세반출된 물품이 재해 등의 부득이한 사유로 멸실한 것
에 대하여 특별소비세를 면제해 주는 것을 말한다.

명목자본(名目資本)

실제자본에 대하여 기업에 투하된 명목적 화폐액을 명목자본
이라고 한다.

명시이월비(明示移越費)

헌법은 회계연도마다 예산안을 편성하도록 하고 있고, 이것
은 단년도예산을 원칙으로 하고 있다. 즉, 매회계연도의 세출예
산은 다음 해에는 사용할 수 없는데 이에 대한 예외가 명시이
월비이다. 예산회계법은 세출예산 중 그 성질상 연도 내에 지출
할 수 없다고 예측되는 것에 대해서는 그 취지를 명시하고 다
음해에 이월해서 사용할 수 있도록 하고 있다.

명의신탁(名義信託)

수탁자에게 재산의 소유명의가 이전되긴 하지만, 수탁자는
외관상 소유자로 표시될 뿐으로 적극적인 재산관리·처분의 권

리의무를 가지지 않는 신탁을 명의신탁이라고 한다. 명의신탁의 대상재산은 등기·등록 등 공부(公簿)에 의해 소유관계를 표시할 수 있는 것에 한하며, 명의신탁에서의 명의는 소유명의만을 의미하므로 소유권에 관해서만 명의신탁이 인정된다.

명의자과세(名義者課稅)

실제 과세요건을 구성하는 실제행위자가 아닌 명목상의 행위자, 즉 명의자에게 과세하는 것을 말한다.

우리나라에서는 실질과세주의에 입각하여 실제행위자에게 과세하는 것을 원칙으로 하고 있으나(소득§7) 몇가지 예외를 정해서 명의자과세를 하고 있다(同令§21).

목적세(目的稅)

조세를 이론적으로 구분한 것으로서 특별한 경비에 충당하기 위해 부과하는 조세이다. 우리나라의 목적세는 국세로서 방위세·교육세가 있고 지방세로서는 도시계획세·공동시설세와 사업소세가 있다.

무기명채권(無記名債權)

증서면에 채권자의 이름을 쓰지 않고 정당한 소지인에게 변제되는 증권적인 채권이다. 상품권·승차권·관람권·무기명공채 등이 이에 속한다.

무면허 주류 및 면세주의 소지판매범 (無免許 酒類 및 免税酒의 所持販賣犯)

법에 의한 납세증지 또는 납세병마개가 붙어 있지 않은 주류와 정부의 면허없이 제조한 주류 또는 면세된 주류를 판매의 목적으로 소지하거나 판매한 경우에 범죄가 성립하며 질서범으로 처벌받게 된다(租犯§13의 6).

무면허주류제조판매범(無免許酒類製造販賣犯)

면허를 받지 않고 주류를 제조 또는 판매하거나 자가소비의 목적으로 탁주, 약주류 중 약주를 제조하는 범죄이다(租犯§8). 이 때 면허라 함은 주세법에 규정한 제조면허와 판매면허를 말한다(酒税§5, 8).

무제한납세의무자(無制限納税義務者)

현행 소득세법상 국내에 주소 또는 1년 이상의 거소를 둔 자, 국내원천소득이 있는 개인은 소득의 발생지가 국내이거나 국외이거나를 가리지 않고 모든 소득에 대하여 조세를 납부할 의무를 진다(소득§1 ①).

무체재산권(無體財産權)

유체물이 아닌 이익에 대한 배타적 지배권을 총칭하여 무체재산권이라 한다.

무체재산권에 속하는 것으로는 특허권·실용신안권·의장

권·상표권·저작권과 영업권이 있다.

무형자산(無形資産)

자산으로서의 실체성은 없지만 법률상 또는 사실상의 권리로서 인식되는 고정자산을 말한다.

특허권·차지권·지상권·상표권·실용신안권·의장권·광업권·어업권·입어권·영업권 등이 무형자산의 예인데, 이 중 어느 것이나 유상취득한 것에 한하고, 감가상각에 의해서 비용화된 것이 대부분이다.

물가형평관세(物價衡平關稅)

국가간 교역물품의 가격이 급락하거나 급등할 때 가격을 안정시키기 위해 부과하는 관세이다.

물권(物權)

물권은 물건을 직접 지배하여 이익을 받는 배타적 권리이다.
(1) 물권은 물건을 직접 지배하는 권리이다. 채권에 있어서는 채무자의 급부행위를 통해 비로소 물건을 지배하게 되지만 물권은 타인의 행위를 기다릴 필요없이 물건을 직접 지배한다.
(2) 물권은 배타적 권리이다. 한 개의 물건 위에는 한 개의 물권만이 존재할 수 있으며 동일물 위에 동일내용의 수개 물권이 병존할 수는 없다.

(3) 물권도 다른 권리와 마찬가지로 어떤 생활이익을 받는 것을 내용으로 한다. 물권의 내용이 되는 생활이익에는 대체로 두 가지가 있다. 하나는 물건을 사용수익하는 이익이고 또 하나는 그 물건을 담보로 두었다가 자기의 채권에 만족하지 못할 때에 그 물건을 처분하여 자기 채권의 만족을 얻는 이익이다. 민법이 규정한 물건에는 ① 소유권, ② 지상권, ③ 지역권, ④ 전세권, ⑤ 유치권, ⑥ 질권, ⑦ 저당권, ⑧ 점유권이 있다.

물세(物稅)

조세는 과세대상이나 과세표준에 의해서 인세와 물세로 나뉘는데, 이 중 물세는 부의 원천, 즉 토지·가옥·영업 등에 과징하는 조세이다. 물세는 원칙적으로 수입을 획득하는 사람과는 아무런 관련이 없는 조세이며(수익세), 외형표준에 의하여 간접적으로 담세력을 포착할 수 있는 행정상의 편의를 가지고 있다.

물적 납세의무(物的 納稅義務)

납세자가 국세·가산금 또는 체납처분비를 체납한 경우 납세자에게 양도담보재산이 있는 때에는, 그 납세자의 다른 재산에 대하여 체납처분을 집행해도 징수할 금액에 미치지 못하는 경우에 한해서 양도담보재산으로써 납세자의 국세·가산금과 체납처분비를 징수할 수 있다.

이런 의미에서 양도담보권자의 물적 납세의무라고도 한다.

미가공식료품(未加工食料品)

가공되지 않았거나 탈곡·정미·정액·제분·정육·건조·냉동·염장 등 원생산물 본래의 성질이 변하지 않는 정도의 1차 가공을 거친 식료품을 말한다.

미가공식료품에 대해서는 부가가치세가 면세되고 있다.

미경과비용(未經過費用)

시간의 경과에 따라 받을 용역에 대해 미리 지불하는 비용을 말한다.

미납부가산세(未納付加算稅)

미납부가산세란 조세를 납부해야 할 의무가 있는 납세의무자가 조세의 납부기일 내에 조세를 납부하지 않았거나 납부해야 할 세액에 미달하게 납부한 경우에 부과되는 가산세를 말한다.

미납세반출(未納稅搬出)

특별소비세법에 열거된 특정한 물품에 대해 세액의 부담이 유보된 상태로 판매 또는 반출되는 것을 미납세반출이라고 한다. 이것은 특별소비세법에서만 적용되는 제도로 일정 물품의 반출에 대한 일시적인 과세의 유보조치이다.

미달납부세액 또는 미달세액(未達納付稅額 또는 未達稅額)

납세의무자가 납부한 세액이 정부가 최종적으로 결정한 세액보다 부족한 경우를 미달납부세액이라고 한다.

미달납부세액은 신고 자체는 정확하지만 그 금액보다 적게 납부한 경우, 조세 포탈을 목적으로 허위로 신고를 해서 세액을 적게 하여 납부하는 경우, 정부가 실지조사 또는 추계(推計) 등의 방법으로 최종확정한 세액보다 납세의무자가 신고납부한 세액이 적은 경우 등을 말하는 것이다.

미불계정(未拂計定)

상품 이외의 물품매입이나 일상거래 이외의 거래에서 발생하는 일시적인 채무로, 특정한 계약으로 확정된 것 중 아직 지급이 끝나지 않은 것을 처리하는 계정이다. 구체적으로 외상매입금계정 이외의 일반적인 거래에서 발생하는 채무 전부를 포함시킬 수 있다.

미불비용(未拂費用)

결산일의 비용으로서 그 발생은 확정되었으나 지급하지 않는 비용이 있는데, 이 비용은 당기의 비용으로 계상해야 하며 실제로 지급할 때까지 대차대조표에는 미불비용으로 계상하게 된다

미성년자 공제(未成年者 控除)

상속법상 국내에 주소를 둔 자의 사망으로 인해 상속이 개시

될 때 상속개시 당시 피상속인의 상속인 중 미성년자가 있는 경우에 행해진다. 미성년자에 대해 500만원에 20세에 달하기까지의 연수(1년 미만은 1년으로 계산한다)를 곱한 금액을 상속세의 과세가액에서 공제해 주는 것이다(상속§11 ① Ⅲ).

미수수익(未收收益)

수익발생이 계약상으로 확정되어 있으나 그 회계연도에 현금으로는 수입되지 않은 이익항목을 말한다. 대여금이자 중 미수분·임대료미수분·사용료미수분 등은 그 전형적인 예이다.

미지급금(未支給金)

과거의 계약을 수행한 결과 발생하는 지급의무를 말한다. 상품·제품 이외의 물품이나 용역의 매입·특별부과세, 종업원의 근로소득세·법인세 등의 미지급액, 광고료·판매수수료 등의 미지급액, 그밖에 일반적인 상거래 이외의 거래에서 발생한 일시적 채무로서 외상매입금과는 구분된다.

미지급비용(未支給費用)

지대·집세·보험료·지급이자와 같이 일정한 계약에 의해 계속적으로 받아들이고 있는 용역의 비용은, 용역의 급부를 받고 있으면 비록 그 대가의 지급기일이 도래하지 않았어도 당연히 수익에 대응하는 비용으로 인식해야 한다.

그 때문에 여기에 대응하는 부채는 법률상 아직 채무로는 되어 있지 않더라도 회계상의 부채로서 대차대조표에 계상해야 하는데 이것이 미지급비용이다.

미지급상여(未支給賞與)

기말 현재에 있어서 종업원에게 지급되는 금액이 명확히 확정되어 있으나 아직 지급이 행해지고 있지 않은 상여의 미지급액을 말한다.

ㅂ

반입(搬入)

제조장에서 반출된 과세물품이 원료면세 또는 미납세반출 등의 규정에 의하여 타제조장 또는 장치장에 들어가는 것을 말한다.

반제품(半製品)

반제품이란 제품이 여러 공정을 거쳐 완성되는 경우, 하나의 공정이 끝나서 다음 공정에 인도될 완성품 또는 부분품으로서 완전한 제품이 된 것은 아니지만 가공이 일단 완료됨으로써 저장가능하거나 판매가능한 상태에 있는 부품을 말한다. 이것은 전공정의 제조작업을 끝마친 최종생산품인 제품과 구별되고, 판매하거나 별도로 저장할 수 없는 재공품(在工品)과도 구별된다.

반출(搬出)

과세물품이 판매장에서 판매되거나 제조장 또는 보세구역 밖으로 나가는 것을 말한다. 반출할 때의 가액이나 수량을 과세표준으로 해서 특별소비세가 부과된다.

반출세(搬出稅)

반출세는 유통단계에서 재화가 반출될 때 부과하는 것으로 반출량을 과세표준으로 하는 조세이다. 즉, 주세와 같이 출고석수(出庫石數)에 의하여 과세되는 것이 반출세이다.

반환일시금(返還一時金)

국민연금의 가입자 또는 가입자였던 사람이 다음 각호에 해당되는 경우에 본인 또는 그 유족의 청구에 의하여 지급되는 것이 반환일시금이다.

(1) 연금가입기간이 15년 미만인 자로서 가입자자격을 상실한 후 가입자로 되지 않고 1년이 경과하거나 60세에 달한 때

(2) 가입기간이 1년 미만인 가입자가 사망한 때

(3) 가입기간이 15년 미만인 가입자가 사망한 때

(4) 가입기간이 15년 미만인 자로서 국적을 상실하거나 국외로 이주한 때

받을어음(Notes Receivable)

수표(어음)상의 채권을 말하며, 받을어음계정을 가지고 정리한다. 그 차변에는 타인발행의 약속어음(수표)·타인지급의 대체어음(수표) 및 자기수취의 대체어음의 발행에 따른 어음채권의 발생을, 대변에는 어음(수표)대금의 입체·지급거절 및 어음의 배서양도에 따른 어음채권의 소멸을 기입한다. 그러므로 잔

액은 항상 차변에 생기며, 어음채권의 현재액을 나타낸다. 단지 어음을 배서양도한 경우, 이 계정에 기입하지 않고 할인어음계 정으로 정리하는 수도 있다. 이 때에는 받을어음계정에서 할인 어음계정잔액을 공제하지 않으면 받을어음의 현재액은 판명되 지 않는다.

받을어음 할인율(割引率)

받을어음 기말잔액(받을어음 할인액·동의서양도액을 포함) 중 받을어음 할인액의 비율을 말하며, 당해 기업의 자금융통과 밀접한 관계가 있다.

받을어음은 지급기일이 도래하면 현금화되지만, 기업이 지급 기일 이전에 현금을 필요로 하는 경우에는 받을어음의 할인에 의해 조달하는 일이 많다.

발행일결제거래(發行日決濟去來)

이 거래는 유가증권시장에 있어서 매매거래의 일종이다. 유 가증권이 상장주식으로서 새로 발행될 때 그 발행확정일로부터 매매를 개시하여 새로운 주식의 주권 등이 발행된 후 미리 정 한 결제일에 거래결제하는 것을 말한다.

배당세액공제(配當稅額控除)

배당세액공제라 함은 종합소득금액에 배당소득금액이 합산되 어 있는 경우 귀속법인세액(그 배당소득 총수입금액의 19%상

당액)을 종합소득산출세액에서 공제하는 것을 말한다. 공제한도
는 종합소득산출세액 중 종합소득금액에 대한 조정대상 배당소
득금액 상당액이다.

배당소득(配當所得)

배당소득이라 함은 당해 연도에 발생한 다음 소득을 말한다.

(1) 내국법인으로부터 받는 이익이나 잉여금의 배당 또는 분
  배금과 상법 제463조의 규정에 의한 건설이자의 배당

(2) 법인격 없는 사단·재단 기타 단체로부터 받는 배당 또
  는 분배금

(3) 의제배당(擬制配當)

(4) 법인세법에 의하여 배당으로 처분된 금액

(5) 내국법인으로부터 받는 증권투자신탁(공채 및 사채투자신
  탁을 제외한다) 수익의 분배금

(6) 외국법인으로부터 받는 이익이나 잉여금의 배당 또는 분
  배금과 당해 외국의 법률에 의한 건설이자의 배당 및 이
  와 유사한 성질의 배당

그리고 배당소득금액은 당해 연도의 총수입 금액으로 한다
(소득§18).

배당·이자소득에 대한 원천징수 (配當·利子所得에 대한 源泉徵收)

원천징수 의무자가 이자소득 또는 배당소득을 지급하는 때에
는 소득금액에 원천징수 세율을 적용하여 계산한 소득세를 징
수한다(소득§146).

배부세 · 정률세(配賦稅 · 定率稅)

조세과징의 방법에 있어서 사전에 일정한 세율이 결정되어 있느냐 여부에 따라 구분한 것이다. 배부세는 사전에 세율을 결정하는 것이 아니고, 징수하려는 조세총액을 결정해 놓고 이것을 일정한 과세물건에 배부하여 부담시키는 것이다. 정률세는 사전에 일정한 세율을 결정하여 징수하는 것이다. 오늘날의 조세는 모두 정률세이다.

배분(配分)

세무서장은 (1) 압류한 금전 (2) 채권 · 유가증권 · 무체재산권 등의 압류로 인해서 체납자 또는 제3채무자로부터 받은 금전 (3) 압류재산의 매각대금 (4) 교부청구에 의해 받은 금전을 배분해야 한다.

배분과세(配分課稅)

과세에 있어서 필요로 하는 조세총수입액을 미리 정하고 이것을 세법의 규정에 따라 조세주체 · 조세객체에 배분하여 세목별로 부과징수하는 방법을 말한다.

배우자공제(配偶者控除)

소득공제에 있어서 종합소득이 있는 거주자와 생계를 같이 하는 공제대상배우자가 있는 경우에는 그 거주자의 당해 연도 종합소득금액에서 연 백만원을 공제한다. 이것을 배우자공제라고 한다.

배전(排轉)

　　조세전가(租稅轉嫁)의 한 형태로서 새로운 조세가 부과되었을 경우 아무에게도 부담이 귀착하지 않는 현상을 말한다. 예를 들면 새 세금이 만들어진 경우, 이것이 자극이 되어 생산기술이나 경영방법을 개량 또는 합리화시켜 증가된 세액만큼 생산비가 인하되면 결과적으로 신세(新稅)에 의한 부담을 생산자도 면할 수 있고 소비자에게도 가격변동이 없으므로 전가현상은 나타나지 않게 되는 것이다.

벌과금(罰科金)

　　벌금이나 과료는 형법이 규정하는 재산형의 일종으로, 다같이 재산적 이익을 박탈하는 형벌이다(형§41). 벌과금이란 이 양자를 통칭하는 개념이다.

벌금 · 과료(罰金 · 科料)

　　벌금과 과료는 형법이 규정하는 형벌의 일종으로 재산형이다. 이는 금액의 다소에 따라 구분되는데 벌금은 그 금액이 5,000원 이상이고, 과료는 그 금액이 500원 이상에서 5,000원 미만으로 비교적 경징(輕徵)한 범죄에 과해진다.

　　벌금과 과료는 기업회계상으로는 손비에 계상이 되지만 세무회계상으로는 손금으로 인정되지 않는다. 이는 법인의 직무를 이행하지 않음으로써 징벌을 받게 되는 것이므로 이를 손금에 산입하도록 하면 징벌의 효과가 없기 때문이다.

범칙(조세)시효 <犯則(租稅)時效>

조세범처벌법상 범칙행위의 공인시효를 말한다. 조세범처벌법에 규정된 범칙행위에 대한 시효는 2년이다. 단 범죄자가 국외로 도피한 경우에 한하여 그 기간을 5년으로 하고 있다(租犯 §17).

범칙(조세)의 심증 <犯則(租稅)의 心證>

재판의 기초를 이루는 사실관계의 존재에 대하여 법관의 주관적인 의식상태를 심증이라고 한다.

조세범처벌절차법에 있어서 조세범에 대해 국세청장·지방국세청장 또는 세무서장이 범칙사건을 조사함으로써 범칙행위를 의식·확신하는 것을 말한다.

범칙(조세)의 정상 <犯則(租稅)의 情狀>

범죄에 있어서 구체적 책임의 경중(輕重)에 영향을 줄 일체의 사정을 말한다. 특히 형법에서 「범죄의 정상에 참작할 만한 사유가 있을 때」라고 하는 경우의 "정상(情狀)"과 같은 말로서 구체적 책임, 비난을 경감할 만한 사정을 의미한다.

범칙처분(犯則處分)

국세청장·지방국세청장 또는 세무서장이 조세범칙행위에 대하여 조세범처벌절차법의 규정에 의거, 범칙자에게 과(科)하는 최종적인 제재 및 기타 처분을 범칙처분이라고 한다.

범칙(조세)행위<犯則(租稅)行爲>

범칙행위란 국가의 조세청구권을 침해하는 행위와 조세청구권의 행사를 저해할 위험이 있는 행위로서 가벌적(可罰的)인 것을 말한다.

조세범처벌법은 대체로 서류제조범·조세포탈범·체납범·원천징수의무위반범·체납재산은닉범, 증지·증인 및 입장권의 재사용범과 그 위조·제조범·장부비치기장의무불이행 및 파기범, 기타 질서범 등으로 나누고 있다.

법인(法人)

법인은 자연인이 아니면서 법에 의하여 권리능력이 인정된 자를 말한다.

법인은 국가·공공단체 등의 공법인과 사단법인·재단법인 등의 사법인이 있다.

법인격 없는 사단 또는 재단(法人格 없는 社團 또는 財團)

법인세법상 주무관청의 허가를 받아 설립을 하고 법인설립의 등기를 필하지 않았거나 그 등기를 요하지 않는 사단 또는 재단의 단체를 말한다. 이 경우 그 사단 또는 재단은 비영리내국법인으로 보고 법인세를 부과징수한다(법인§1 ②).

법인세(法人稅)

수득세(收得稅)체계에 속하는 소득세의 일종으로서 법인의 소득에 대해 부과하는 조세이다. 법인세는 납세자와 담세자가 동일한 직접세이다.

법인세의 과세소득(法人稅의 課稅所得)

법인세는 각 사업연도에서 발생한 소득과 청산소득에 대하여 부과한다(법인§2 ①).

각 사업연도의 소득에 대한 법인세는 내국법인과 외국법인에게 모두 과세하지만 청산소득에 대한 법인세는 비영리내국법인과 외국법인에게는 과세하지 않으며(동조§2), 법인이 상법의 규정에 따라 조직변경을 하는 경우에도 청산소득에 대한 법인세를 부과하지 않도록 하고 있다(§42의 3).

법인세의 과세표준(法人稅의 課稅標準)

내국법인의 각 사업연도 소득에 대한 법인세의 과세표준금액은 각 사업연도 소득의 범위 안에서 다음의 소득 또는 금액을 순차로 공제한 금액으로 한다.

(1) 각 사업연도 개시일전 5년 이내에 개시한 사업연도에서 발생한 결손금으로서 그 후의 각 사업연도의 소득금액 또는 과세표준 계산상 공제되지 않은 금액

(2) 법인세법 및 다른 법률에 규정하는 비과세소득

(3) 조세감면규제법 및 다른 법률에 규정하는 소득공제액(소득§8).

법인세의 납세의무(法人稅의 納稅義務)

　법인세의 납세의무는 법인세법에서 규정하는 과세요건 즉, 납세주체·과세물건·과세표준·세율 등을 충족하고 과세기간이 종료함으로써 추상적으로 성립되는데 이를 추상적납세의무라고 한다.

　이러한 추상적납세의무는 과세기간 종료후 일정기간내에 신고하면 정부에서 과세표준금액과 세율을 통지함으로써 구체적으로 납세의무가 확정된다. 이를 구체적납세의무라고 하고 이렇게 추상적납세의무를 구체적납세의무로 확정하기 위한 일련의 절차를 과세절차라고 한다.

법인세의 납세지(法人稅의 納稅地)

　내국법인의 법인세 납세지는 등기부상 기재된 본점 또는 주사무소의 소재지로 하며, 외국법인의 납세지는 다음의 국내사업장의 소재지로 한다.

(1) 지점·사무소 또는 영업소

(2) 상점 기타의 고정된 판매장소

(3) 작업장·공장 또는 창고

(4) 건설공사·설치공사 및 조립공사의 현장과 그 공사의 지휘·감독 또는 기술의 용역만을 제공하는 장소

(5) 광산·채석장 또는 해저천연자원 기타 천연자원의 탐사
　　및 채취장소

법인세의 비과세(法人稅의 非課稅)

내국법인의 각 사업연도 소득 중 공익신탁의 신탁재산에서
생기는 소득에는 각 사업연도의 소득에 대한 법인세를 부과하
지 않는다(법인§10).

법인세조사(法人稅調査)

법인세를 부과할 목적으로 행하는 조사를 말한다.

납세의무자가 신고의무를 불이행하거나 신고는 했지만 그 내
용에 오류, 탈루가 있는 경우에 정부가 이를 조사하여 결정하거
나 경정하는 행정절차를 법인세조사라 하며 법인세조사에는 실
제조사와 추계조사가 있다.

법인세할(法人稅割)

법인세할은 법인세법의 규정에 의해 부과된 법인세액을 과세
표준으로 하여 부과하는 주민세를 말한다(지방§172 Ⅳ).

법인실재설(法人實在說)

법인도 자연인과 같이 인격이 부과되는 독립적인 경제단위이
므로 그 주주(株主)나 사원과는 별개의 담세주체로 해야 한다
는 설이다. 이에 의하면 법인자체에 세금을 부과하는 것이 당연

하며, 동시에 법인에게 배당받는 개인에게 별도로 과세해도 이 것은 이중과세가 될 수 없다.

법인의 기관(法人의 機關)

법인은 신체를 가지고 있지 않으므로 결국 어떤 개인(자연인)의 활동이 법인의 활동으로 취급받는 것이다. 이와 같이 개인의 활동이 법인의 활동으로 취급받을 때 그 개인을 법인의 기관이라고 한다. 법인의 필요적 기관은 사단법인에 있어서는 이사와 사원총회, 재단법인에 있어서는 이사이다.

법인의 설립신고(法人의 設立申告)

내국법인은 그 설립등기를 한 날로부터 30일 내에 다음에 열거하는 사항을 기재한 법인설립 신고서를 소관세무서장(所管稅務署長)에게 제출해야 한다.
(1) 법인의 명칭과 대표자의 성명
(2) 본점 또는 사무소의 소재지
(3) 사업목적
(4) 설립일

법인의제설(法人擬制說)

법인은 의제인격에 불과한 것이고 실질적인 권리의무의 주체는 개인에게 환원되기 때문에 법인이 별개의 담세주체가 될 수 없다는 설이다. 법인실재설에 대응한다.

법인의 합병(法人의 合併)

어느 법인의 일체의 권리의무를 포괄적으로 다른 법인에 이전하고 이에 따라서 존재했던 1개 또는 수개의 법인을 청산의 절차를 거치지 않고 소멸시키는 것을 말한다.

법정상속인(法定相續人)

법정상속인이라 함은 피상속인의 사망에 의하여 민법의 규정에 의한 상속순위에 따라 상속받는 자를 말하는 것으로 재산상속의 순위는 다음과 같다(民§1000).
(1) 피상속인의 직계비속
(2) 피상속인의 직계존속
(3) 피상속인의 형제자매
(4) 피상속인의 4촌 이내의 방계혈족

법정이자(法定利子)

이자는 당사자의 계약에 의하여 발생하는 것이 보통인데(약정이자) 당사자가 계약을 하지 않더라도 공평한 관점에서 법률이 규정하고 있는 이자를 받을 것을 인정하는 경우가 있다(民§425, 688, 701, 748 ②). 이와 같이 법률상 인정된 이자를 법정이자라고 한다.

법정기부금(法定寄附金)

이월결손금이 없는 한 전액 손금으로 인정되는 기부금

기업이 특수관계 없는 자에게 사업과 직접 관계없이 무상으로 지출하는 재산적 증명가액 중에서 국가등에 무상으로 기증하는 금품의 가격으로, 이월결손금을 공제하고 난 후의 소득금액을 한도로 손금으로 인정되는 비율이다.

법정준비금(法定準備金)

자본의 결손을 메울 목적으로 상법이 적립을 명하는 준비금이다.

이것은 다시 그 재원에 따라 이익준비금(商§458)과 자본준비금(§459)으로 나누어진다.

변경등기(變更登記)

이미 기재되어 있는 등기내용의 일부를 변경하는 등기이다. 즉 등기의 기재내용과 부동산에 관한 실제적인 실체관계가 다른 경우에 기재와 실체가 합치되도록 변경보정하는 등기를 말한다.

변경등기에는 등기와 실제상의 내용착오가 처음부터 있었던 경우 후에 발견하여 이를 시정하는 경정등기(不登§71, 72)와 등기와 실제와의 차이가 후에 발견된 경우 경정전의 표시를 朱抹하고 새로운 사항을 기입하는 협의의 변경등기(不登§63, 64) 두 가지가 있다.

변동비(變動費)

조업도(생산량)의 증감에 따라서 발생액이 변화하는 원액을 말한다.

원가요소는 조업도의 증감에 대한 원가발생의 양태에 따라서 고정비와 변동비로 분류한다. 변동비의 주요한 것에는 주요재료비, 부분품비, 생산액 불입금, 외주가공비, 포장비 등이 있다.

변동환율제도(變動換率制度)

환율을 일정하게 고정시키지 않고 외환시장에서 당시 외환의 수요·공급에 의해 결정되도록 자유방임하는 제도를 말한다.

변동환율제도는 다시 환율을 완전히 외환시장의 수급에 맡기는 자유변동환율제(freely floating rates system)와 환율의 변동폭을 어느 정도 결정해 놓고 이 변동폭 내에서 유동화하도록 하는 신축환율제도(flexible floating rate system)로 구분할 수 있다. 변동환율제도의 최대 강점은 국제적인 투기를 억제할 수 있다는 데 있고, 반대로 환 리스크(換 risk)의 증대로 국제무역이 감축된다는 데 약점이 있다.

보고의무불성실가산세(報告義務不誠實加算稅)

판매보고서·지급보고서 및 지급조서의 제출을 성실히 이행하지 못했을 때에 법인세 또는 소득세에 가산세를 징수하는 것을 말한다.

판매보고서·지급보고서 및 지급조서의 가산세제도가 있음으로써 보고의무제도의 실효성을 보장하고, 과세자료 모집에 체계를 확립함과 동시에 간접적으로는 성실한 기장을 장려하는 효과를 기대할 수 있는 것이다.

보복관세(報復關稅)

보복관세란 상대국이 자국에 대하여 불리한 대우를 할 경우, 자국의 이익을 옹호하기 위하여 상대국으로부터의 수입상품에 대해 부과하는 할증관세이다.

보세공장(保稅工場)

외국물품 또는 외국물품과 내국물품을 원료로 하거나 재료로 하여 제조·가공 등의 작업을 하기 위한 구역을 말한다. 보세공장에서는 세관장이 허가한 범위 안에서 내국물품만을 원료로 하거나 재료로 하여 위에 규정한 작업을 할 수 있다. 보세공장 시설설비의 특허를 받을 수 있는 요건은 관세청장이 정한다(관세§98).

보세구역(保稅區域)

외국화물을 장치할 수 있는 장소이다. 외국화물은 원칙적으로 보세구역 이외의 장소에 장치할 수 없다. 외국화물이 보세구역에 있는 동안에는 일정기간 세관의 징수가 유예된다. 보세구역에 있어서의 외국화물 등의 출입은 미리 세관에 신고를 해야 하며, 원칙적으로 세관직원의 입회를 받아야 한다(관세§68).

보세구역은 지정보세구역과 특허보세구역으로 구분하는데, 지정보세구역이란 통관절차를 하고자 하는 물품을 일시 장치하기 위한 장소로서 세관장이 지정한 구역을 말한다.

보세전시장(保稅展示場)

특허보세구역의 일종으로, 박람회·전람회 등의 운영을 위해 외국물품을 장치·전시 또는 사용하는 구역을 말한다(관세§105). 보세전시장 시설설비의 특허기간과 물품의 장치기간은 당해 박람회 등의 회기를 고려하여 세관장이 정한다(§106, 107).

이 경우 보세전시장에 외국물품을 반입하고자 하는 자는 세관장의 허가를 받아야 하며, 시설설비자는 보세전시장에 외국물품을 반입했을 때에는 즉시 당해 물품에 대해 세관공무원의 검사를 받아야 한다(§96).

보세제도(保稅制度)

보세제도란 일정한 장소를 한정하여 그곳을 관세구역 이외로 두고 거기에 상품이 머물러 있는 동안은 징세를 유보하는 제도이다. 즉, 수출품이 이 장소에서 국내로 이동하는 때에는 수입세가 부과되지만 그것이 국내에 들어가지 않고 재수출되는 경우에는 관세의 부과없이 무역행위가 종료되는 것이다.

따라서 상품은 보세구역에 있는 한 무세(無稅)인 상태하에서 가공·분류·재포장 등을 하는 것이 가능하다. 또한 단순한 통과상품에 대해서는 복잡한 통관절차를 생략할 수 있다는 이점도 있다. 이 제도는 일국의 가공무역이나 중개무역을 촉진하는 것을 목적으로 설정된다.

보완세(補完稅)

보충세라고도 하며 기간세목의 부족함을 보완하는 세종(稅種)이다.

자본주의 사회에서 대개의 경우는 어떤 세종에 중추적인 역할을 맡기고 그 외의 세종은 여러 가지 측면에서 이를 보완하도록 되어 있다.

보정기간(補正期間)

국세 재조사(심사의 경우도 같다)의 청구가 있었으나 그 청구의 서식 또는 절차에 결함이 있는 경우에 국세청장은 그 보완을 요구할 수 있는데, 이 보완에 필요한 기간을 보정기간이라 한다.

보정기간은 당초의 재조사 청구기간에 관계없이 보정을 청구한 날로부터 10일간이다.

보조원장(補助元帳)

특정한 계정과목에 대해 내역·명세를 기록하는 장부이다.

어느 계정과목에 기입할 내용이 너무 많으면 그 내용·명세를 파악하고 장부기입을 쉽게 하기 위해서 그 계정과목에 대해 원장의 내용을 분할하여 몇 부의 보조원장을 개설하는 것이 편리하다.

보증채무(保證債務)

보증채무란 주된 채무자가 이행을 하지 않을 때 그 이행의 책임을 지는 종적인 채무를 말한다(민§428). 따라서 주된 채무가 존재치 않을 때에는 보증채무는 성립할 수 없고 주된 채무가 무효·취소 또는 변제 등으로 소멸하면 보증채무도 소멸한다. 주된 채무가 이행되지 않을 때에 비로소 이행되는 보충성 때문에 채권자가 보증인에 대해 이행을 청구했을 때에는 채무자는 주채무자의 변제능력이 있는 사실 및 그 집행이 용이한 것을 증명하여 주채무자에게 먼저 청구해 달라고 하는 최고의 항변권과 검색의 항변권을 가진다(§437). 보증인이 변제를 했을 때에는 주채무자에 대해 구상권을 가진다(§441, 442, 444).

보통세·목적세(普通稅·目的稅)

조세과징의 목적에 따라 특정지출 목적에 한정되어 있는 조세를 목적세라 하며, 이러한 구속없이 일반적인 경비에 충당하기 위하여 설정된 조세를 일반세 또는 보통세라 한다.

보통징수(普通徵收)

보통징수라 함은 지방세법상의 용어로서 세무공무원이 납세고지서를 당해 납세의무자에게 교부하고 그 지방세를 징수하는 것을 말한다(지방§1 ① Ⅵ).

지방세 가운데서 취득세·재산세·농지세·도시계획세 및 공동시설세 등의 징수는 이 보통징수에 의하여 행해지고 있다.

보험(保險)

같은 종류의 경제적 위험하에 있는 다수인(보험계약자)이 사회적 보험단체를 이루어 일정률의 금액(보험료)을 분담하고 특정인(피보험자)에게 발생한 우연한 사고(보험사고)에 대해 일정한 금액(보험금)을 지급하여 경제생활의 불안을 제거 또는 경감함으로써 위험을 분산시키는 제도이다.

보험에는 손해보험과 인보험이 있다.

보험관세(保險關稅)

외국생산수입품과의 경쟁에서 국내산업을 보호육성하고 먼저 국내판로를 확보하려는 목적에서 수입외국물품에 부과하는 관세이다. 보호의 목적에 따라서 발달하지 못한 유치산업을 육성하여 시간적으로 우월한 선진외국산업을 따라잡을 때까지 보호하는 육성관세와 기존산업의 유지와 취약산업의 전환기간을 주기 위해 하는 유지관세로 나뉜다.

보호관세의 전형적인 것에는 금지적 고율관세가 있는데 수입을 억제, 정지시키는 정도까지 인상하는 것은 재정관세의 목적에 상치되므로 일반적으로는 그러한 방법이 채택되지 않는다.

보험금(保險金)

보험사고가 발생했을 때 보험가입자가 보험자로부터 받게 되는 보상금을 말한다.

보험금의 금액은 생명보험에 있어서는 계약상 보험금액으로서 약정된 것이 그대로 지급되지만 손해보험에 있어서는 보험에 붙여지는 재산, 즉 보험목적물의 보험가액을 최고한도로 하여 손해액에 대한 보험가액과 보험금액의 비율로써 지급된다.

보험증권(保險證券)

보험계약이 성립한 후에 그것을 증명하기 위해 보험계약자의 청구에 의해 보험자가 발행하는 증권으로(商§640), 보험계약에 관한 중요한 증거방법의 하나이며 계약내용에 관하여 사실상의 확정을 받는다.

상법은 보험증권의 기재사항을 규정하고 있는데(商§666, 685, 690, 695, 728, 738), 이러한 법정요식(法定要式)을 구비하지 않은 때에는 보험증권으로 취급할 수 없다.

복세제도(複稅制度)

단세제도에 상대되는 개념으로 여러 가지 조세를 종합, 각 세의 장점과 단점을 서로 보완하여 균형을 취하려는 제도이다.

소득세군, 재산세군, 소비세군으로 구성된다.

복수세율(複數稅率)

단일한 과세물건에 대하여 일정한 세율이 정해져 있는 균일세나 비례세의 세율과 달리 단일한 과세물건에 둘 이상의 세율을 적용하도록 정해져 있는 세율을 말한다. 그 예로서 초과누진세율을 들 수 있다.

복식부기(複式簿記)

　복식부기라 함은 기업의 자산과 자본의 변동증감 상황을 대변과 차변으로 구분하여 이중기록계산이 되게 하는 정규의 부기형식을 갖춘 장부를 말하는 것이다.

　한 거래를 대차양변에 동시에 기입함으로써 대차변의 각 합계가 일치되어 대차평균의 원리가 성립되며, 이 원리에 의해 자기통제기능 또는 자동검증기능을 수행할 수 있게 된다.

부가가치(附加價値)

　타 생산자가 산출한 생산물에 노동과 자본이 투입되어 제품의 가치가 증식된 것을 말한다.

　부가가치는 경상이익, 인건비, 금융비용, 임차료, 조세공과, 감가상각비, 대손상각으로 구성된다.

부가가치세(附加價値稅)

　재화·용역이 생산되거나 유통되는 모든 단계에서 생기는 부가가치를 대상으로 과세하는 간접세이다. 부가가치세는 일반소비세로서 최종소비자가 그 담세자가 되며, 사업자가 조세의 징수를 대행한다. 부가가치는 기업의 재화·용역의 매출액에서 그 매입액을 공제하여 계산하는 공제법에 의해 계산한다.

부가가치세에 관한 질문·조사 및 명령사항
(附加價値稅에 관한 質問·調査 및 命令事項)

　부가가치세에 관한 사무에 종사하는 공무원은 부가가치세에 관한 업무를 위하여 필요한 때에는 납세의무자, 납세의무자와 거래가 있는 자, 납세의무자가 가입한 동업조합 또는 이에 준하는 단체에 대하여 부가가치세와 관계되는 사항을 질문하거나 그 장부·서류 기타의 물건을 조사할 수 있다.

부가가치세의 과세대상(附加價値稅의 課稅對象)

재화 또는 용역을 공급하거나 재화를 수입할 때는 과세대상이 되어 부가가치세가 부과된다.

재화라 함은 재산적 가치가 있는 유체물과 무체물을 말하고, 용역이라 함은 재화 이외의 재산적 가치가 있는 모든 역무 및 기타 행위를 말한다.

부가가치세의 납세의무자(附加價値稅의 納稅義務者)

부가가치세의 납세의무자는 영리를 목적으로 하는지 아닌지에 관계없이 사업상 독립적으로 재화 또는 용역을 공급하는 자가 된다. 이러한 납세의무자에는 개인·법인(국가·지방자치단체와 지방자치단체조합을 포함)과 법인격없는 사단·기타 단체가 포함된다(附價§2).

부가세(附加稅)

다른 조세에 부가적으로 부과되는 조세를 말하며, 교육세·농어촌특별세 등이 있다.

부과과세납부제도(賦課課稅納付制度)

조세제도에 있어서 그 수입조달방법의 기준을 구분한 것으로서 신고납부제도에 상대되는 용어이다.

부과과세제도는 납세의무자의 신고가 없거나 신고가 부당할 경우, 또는 조세포탈의 우려가 있거나 과세표준액이 누락된 경우에 정부에서 조사·결정하게 된다.

부기(簿記)

경제주체의 재산이 가지는 가치의 증감변화를 정확·명료하게 기록·계산·정리하여 그 결과를 밝히는 계산기술이다. 부기는 이를 이용하는 경제주체가 기업인가 아닌가에 따라 기업부기와 비영리부기로 구분되며 또한 기록·계산방법의 차이에 따라 단식부기와 복식부기로 구분된다.

부담금(負擔金)

일반적으로 국가 또는 공공단체가 어떤 사업을 영위하는 경우에, 이에 의해 이익을 받는 특정한 자에 대하여 그 사업경비의 일부를 부담시키는 금액이다. 이러한 부담금은 그 부담자의 의사여하에 불구하고 국가 또는 공공단체가 일방적으로 권력에 기하여 부과하는 것으로서 법률의 규정을 요한다(예컨대, 하천법·도로법 등에 정하는 것).

부당염매방지관세(不當廉賣防止關稅)

덤핑방지관세

부당이득세(不當利得稅)

물가안정에 관한 법률이나 기타 법률에 의하여 정부가 결정·지정·승인·인가하는 물품의 가격, 거래단계별·지역별 기타의 구분에 따라 국세청장이 따로 정하는 가격을 초과하여 거래를 함으로써 부당한 이익을 얻은 자에게 부과하는 조세이다.

부당이득세는 조세수입에 목적을 두지 않고 불공정거래를 시정하는 데 목적을 둔다.

부당행위계산의 부인(不當行爲計算의 否認)

법인의 행위 또는 회계처리가 법률상으로나 회계원칙상 타당하다고 해도 세무계산상 조세포탈에 목적이 있다고 인정되는 경우에는 그 행위나 계산에 불구하고 이를 부인할 수 있는 특별규정이 있다. 이것을 법인의 부당행위계산부인이라 한다.

이러한 규정의 취지는, 동족회사의 경우에 소수의 실권자가 실질적으로 그 회사를 지배하고 있으므로 그들의 의사에 따라 법인의 계산을 조정하고, 법인이 부담할 조세뿐만 아니라 그들 자신이 부담해야 할 조세도 합법적으로 경감시킬 수 있기 때문에 이러한 조세포탈을 방지하는 데 있다.

부대세(附帶稅)

납세자의 기한 내 신고와 납부의 촉진을 꾀하고 적법한 납세자와의 균형을 유지하기 위한 제도로서, 설정된 기장신고불성실가산세·신고불이행가산세(소득§121 ①), 납부불성실가산세(동

조 ②), 보고불이행가산세(동조§③) 등을 총괄하여 부대세라 한
다.

부대적 국세채권(附帶的 國稅債權)

국세의 납부의무자 또는 징수의무자가 신고·납부 등 의무의
이행에 있어 태만하거나 고의·과실로 인하여 납부를 하지 않
거나 과세의 객체를 탈루·은폐·위장함으로써 세법의 적법한
시행에 장해를 초래하는 사실에 대하여 사전방지와 사후규제의
조치로 부담을 과하는 국세의 부대적 채권이다. 기장신고불성
실·신고불이행·납부불성실·보고의무불이행 등에 과해지는
가산세 및 납기 내에 세금을 납부하지 않은 경우에 과해지는
가산금 등이 이에 해당된다(國基§47).

부동산거래세(不動産去來稅)

일반거래세가 원칙적으로 모든 재산의 거래를 과세대상으로
하고 있는 데 반해 특정종류의 재산거래에만 과세하는 몇 가지
종류의 조세가 있는데, 그 중의 하나가 부동산거래세이다.
부동산거래세는 부동산취득세이며, 부동산이전세의 형태로
과세된다.

부동산세(不動産稅)

재산세의 일종으로 부동산, 즉 토지·가옥·선박·광구 등 부
동산을 과세물건으로 하여 부과하는 조세이다. 소득세가 발달하

기 이전의 조세체계에서는 중추적 지위를 차지하고 있었으나 지금은 소득세의 보완세로서 대부분 지방세로 과징되고 있다.

부동산임대소득(不動産賃貸所得)

부동산임대소득이란 부동산, 부동산상의 권리, 공장재단과 광업재단, 광업권 등을 대여하고 받는 차임·지료·보수 등과 같은 대가를 말한다.

대여는 전세권 등의 권리를 설정하고 그 대가를 받는 것과 임대차계약 등의 방법에 의해 물건 또는 권리를 사용·수익하게 하고 대가를 받는 것이다.

한편 논이나 밭을 작물생산에 이용하게 함으로써 발생하는 소득에 대해서는 소득세를 과세하지 않는다. 농지세와의 이중과세를 피하기 위해 소득세를 비과세하는 것이다.

부동산투기억제세의 비과세토지(不動産投機抑制稅의 非課稅土地)

다음에 해당하는 토지에 대하여는 부동산투기억제세를 부과하지 않는다.

(1) 국공유지(국가, 지방자치단체와 시군조합이 소유하는 토지)
(2) 도시계획법의 규정에 의한 도시계획사업을 시행함에 있어서 환지(換地)로 인해 그 지목 및 지번이 변경된 토지
(3) 주한외국공관이 소유하는 토지

부문개별비(部門個別費)

부문별 원가계산을 행하는 경우에 원가요소는 각 부문별로 집계되는데, 특정부문에서 개별적으로 발생하고 당해 부문에 직접 부과되는 비용을 부문개별비라고 한다.

부분급(部分給)

국가가 공사·제조 또는 물건의 구입에 대해 그 대가를 지급하는 것은 계약의 이행 후에 실시함을 원칙으로 한다.

그러나 공사 또는 제조에 대해서 그 기성부분, 물건의 구입에 대해서 완납 전에 그 대가의 일부를 지급하기로 한 특약이 있는 경우에는 계약의 부분적 이행에 대하여 대가의 일부를 지급하는 수가 있다. 이를 부분급이라 한다.

각 중앙관서의 장은 기술자 또는 다른 공무원에 명하여 사실을 조사한 검사조서를 작성시킨 후 반드시 이 조서에 의거해야 부분급을 할 수 있다.

부분품과세·완성품과세(部分品課稅·完成品課稅)

특별소비세는 소비세이므로 직접 소비할 수 있는 완성된 물품이 과세대상으로 되는 것이 원칙이지만 과세물품 중에는 부분품 또는 부속품만으로도 거래되어 소비되는 것이 있다.

부산물(副産物)

생산물의 제조과정에서 발생하는 부차적 제품으로 제분업에 있어서 밀기울, 비누공업에 있어서 글리세린 등을 말한다. 그대로 혹은 가공한 후에 소비 또는 판매된다.

부산물은 제품과 같이 직접적인 판매목적 자산이며 판매목적의 이용가치가 그 구체적인 자산성으로 인식되는 회계상의 성질을 가지고 있다. 한편 측정면에서 보면 비화폐성 자산이며, 이것은 언젠가는 비용으로 전환하기 때문에 원가배분의 원칙이 적용된다.

부양가족공제(扶養家族控除)

부양가족공제는 소득세의 납세의무자와 생계를 같이 하는 공제대상 부양가족이 있는 경우에 그 부양가족 1인당 일정액의 소득을 소득금액에서 공제하는 제도이다(소득§65 ①).

부외부채(簿外負債)

실제는 부채가 있는데도 불구하고, 대차대조표상의 부채에는 표시되어 있지 않은 장부 외의 채무를 말한다.

부외부채는 장부기록이 불완전하여 거래의 전부가 계상되어 있지 않기 때문에 생기는 것, 대차대조표에 이 채무를 표시하는 것이 적당치 않기 때문에 계상하지 않는 것, 소액의 미불비용(未拂費用)이나 전수수익(前收受益)을 부채로서 계상하지 않고 현금주의의 손익계산을 행했기 때문에 발생하는 것 등이 있다.

부외자산(簿外資産)

　대차대조표의 자산항목에는 표시되어 있지 않지만 사업에 실제로 사용되고 있고, 매각가액이 인정되어 있는 유형의 자산을 부외자산이라고 한다. 상각완료로 되어 있지만 실제는 현물이 있고 사용되고 있는 자산, 무상으로 취득한 자산으로 장부에 계상되지 않은 것, 매입시에 경비 처리되어 관리외로 된 자산 등이 있다.

분류소득세(分類所得稅)

　개인의 각종 소득을 일괄하여 과세하지 않고 소득발생원천의 유형별로, 즉 부동산소득·사업소득·배당소득·이자소득·근로소득·기타소득 등으로 구분 포착하여 개별적으로 과세하는 소득세이다.

　세원(稅源)의 포착이 비교적 쉽고 과세방법이 간편한 장점이 있으나 합리적인 누진세율 적용이 불가능하고 최저생활비 면제, 개인사정을 고려한 조세부담의 공평을 기할 수 없는 단점이 있다.

분리과세소득(分離課稅所得)

　소득세의 세율은 초과누진세율을 채택하여 고소득자의 경우 높은 이율이 적용되도록 하고 있으나 저축 및 투자를 장려하기 위해서 일부 소득에 대하여는 종합소득에 합산하여 과세하지 않고 당해 소득의 지급자가 원천징수로써 소득세를 완납하게 하고 있다. 이것을 분리과세소득이라 한다.

　분리과세소득으로는 이자소득, 배당소득, 일용근로자의 근로소득 등이 있다.

분여세(分與稅)

　분여세(교부세)는 본래 지방자치단체가 부과 징수할 조세를 국가가 대신 부과 징수하여 그 세수입을 적당한 표준에 따라 지방자치단체에 분여 교부하는 조세이다. 분여세는 국가가 지방세를 전국에 통일적으로 부과 징수하는 것이므로 부가세보다 중앙집권주의 색채가 한층 짙다.

불납부범(不納付犯)

　조세징수의무자가 납세의무자로부터 세법상 징수·납부해야 할 세금을 정당한 사유없이 징수하지 않거나 징수한 세금을 납세의무자가 법정기한 내에 납부하지 않음으로써 조세수입을 감소시키는 범죄이다. 원천징수의무자도 이에 해당한다. 불납부범은 1년 이하의 징역 또는 체납세액 또는 징수하지 않았거나 납부하지 않은 세액에 상당하는 벌금에 처한다(租犯§10, 11)

불로소득세(不勞所得稅)

　소득자의 적극적인 경제활동 없이 그의 소유에 귀속되는 소득, 즉 소득의 원인이 소득자 외에 있는 것일 때 이에 대하여 부과하는 조세를 불로소득세라 한다. 조세공평의 원칙상 높은 세율을 적용하는 것이 통례이며 주로 부동산 가격의 상승·상속·증여·당첨 등과 같은 것이 불로소득에 속한다.

불복(不服)

국세기본법 또는 세법에 의한 처분으로써 부당한 처분을 받거나 필요한 처분을 받지 못해서 권리와 이익의 침해를 받았다고 인정될 때 불복할 수 있다. 이는 납세자의 권리와 이익을 보호하기 위한 것이다.

불이익변경금지원칙(不利益變更禁止原則)

청구인에 대해 심판청구를 한 처분보다 불이익한 결정을 하지 못한다는 원칙을 말한다.

비거주자(非居住者)

소득세법상 국내에 주소를 둔 개인과, 주소는 없다 하더라도 국내에 1년 이상 거주를 한 개인을 거주자라고 하는데, 이에 대해 「거주자가 아닌 자로서 국내원천소득이 있는 개인」을 비거주자라 한다(소득§1 ①).

비과세소득(非課稅所得)

소득세법 또는 법인세법의 규정에 따라 소득의 신고절차와 세무서장의 행정처분을 기다릴 필요없이 당연히 과세되지 않는 소득을 말한다.

소득세법상의 비과세소득에는 이자소득, 배당소득, 부동산임대소득, 사업소득, 근로소득, 일시재산소득, 기타소득과 퇴직소득, 양도소득 등이 있다.

비과세재산(非課稅財産)

상속재산이기는 하지만 과세가액계산에서는 제외되는 재산을 말한다. 비과세재산에는 장학금, 기부금, 각종 유족연금과 일시금 등이 있다.

비례세 · 누진세(比例稅 · 累進稅)

조세의 부과 징수방법에 따른 구별이다. 비례세는 과세물건의 대소에 관계없이 일정한 세율로써 과세하는 것이고, 누진세는 과세물건의 금액 또는 수량이 많아짐에 따라 점차 높은 세율을 적용하여 과세하는 것이다.

비용(費用)

비용이란 일정기간에 소비된 자산의 가치액을 말하며, 이에는 수익획득을 위해 소비된 자산의 가치희생 부분을 말하는 경우와, 수익획득과 상관없는 자산의 가치소비액, 즉 손실을 포함하는 경우가 있다.

기업회계기준상 비용은 발생주의 원칙에 의해 인식되며 매출원가와 관리비의 영업비용, 지급이자, 유가증권처분손실 등의 영업외비용으로 구분된다.

비용배분의 원칙(費用配分의 原則)

언젠가는 비용으로 될 것(소비된 자산 또는 비용)을 일정한 기준에 의해 당기의 비용으로 될 것과 차기 이후의 비용으로 될 것으로 배분하는 원칙을 말한다.

예컨대, 건물 등의 유형자산을 취득한 경우 그 고정자산은 장기에 걸쳐서 사용하게 되므로 그 취득원가는 내용기간에 걸쳐서 일정한 감가상각방법에 따라 각 기간에 배분된다. 이 결과, 당기의 비용으로 되는 것은 손익계산서에 계상되고, 차기 이후의 비용으로 되는 것은 자산으로서 대차대조표에 계상되는 것이다.

비용수익대응의 원칙(費用收益對應의 原則)

기간손익을 계산할 때 1회계기간에 발생한 수익과 여기에 대응하는 비용을 비교형량(比較衡量)하여 손익을 계산하는 원칙을 말한다.

비용수익의 대응방식은 실현수익에 대해 발생비용을 관련시키는 것이 일반적인데, 그 대응의 형태로 직접적인 대응과 기간적인 대응이 있다. 직접적 대응이란 것은 매출액과 매출원가의 대응이고, 기간적 대응은 매출액과 판매비·관리비의 대응이다. 영업외 수익과 영업외 비용은 거의 대응관계가 없고, 또 영업외 비용 가운데 포함되는 단순한 손실은 대응하는 수익이 없지만, 당기에 발생한 것이므로 당기의 수익에 대응시킬 수 밖에 없다.

사경제적 수입(私經濟的 收入)

　사경제적 수입이란 국가가 필요로 하는 경비를 충당하기 위하여 개인 대 개인의 거래와 마찬가지로 사경제로부터 반대급부를 공제받아 얻는 수입을 말한다.

　사경제적 수입에는 관유재산에서 생기는 재산수입과 정부운영 공기업에서 얻는 기업수입이 있다.

사단법인(社團法人)

　일정한 목적을 위하여 결합한 사람의 집단으로 권리능력이 인정된 것을 말한다.

　사단법인은 영리를 목적으로 하는 것(회사와 같이 상법의 적용을 받는 것), 공익을 목적으로 하는 것(적십자사와 대한상공회의소와 같은 것), 영리도 공익도 목적으로 하지 않는 것(노동조합과 같은 것)이 있다. 보통 사단법인이라고 할 때에는 비영리사단법인을 가리킨다.

사업소득(事業所得)

　소득세법에서 정하는 사업에서 발생하는 소득을 말한다.

　소득세법상의 사업이라 함은 영리를 목적으로 하는 계속적

행위로서 사회통념에 비추어 사업이라고 볼 수 있는 것은 모두
포함된다.

사업양수인의 제2차 납세의무
(事業讓受人의 제2차 納稅義務)

사업의 양수도가 있는 경우에는 그 사업의 양수인은 상법의
규정에 관계없이 제2차납세의무를 진다.

사업의 양도·양수가 있는 경우에, 양도인의 재산으로 그 양
도인에게 부과되거나 양도인이 납부해야 할 국세·가산금 및
체납처분비를 양도인의 재산으로 충당해도 부족함이 있는 때에
는 사업장 별로 그 사업에 관한 모든 권리와 의무를 승계한 자
가 제2차 승계의무를 지게 되는 것이다.

사업연도(事業年度)

법인에 대해 법령이 규정한 1회계기간으로서 법인세의 과세
기간이 된다.

법인은 영속적인 생명을 갖고 계속적인 활동을 해 나가는
것이므로 그 활동의 성과를 파악함에 있어서는 인위적으로 일
정한 기간을 한정 구분하여 기간적 성과(손익)를 측정하는 것
이다.

사업의 양수인(事業의 讓受人)

사업의 일체를 타인에게서 넘겨받고 양도인과 동일한 장소
에서 동일 종목 또는 유사한 종목의 사업을 경영하는 자를 말

한다.

사업자(事業者)

영리목적과는 관계없이 사업상 독립적으로 재화 또는 용역을 공급하는 자를 부가가치세법상 "사업자"라 한다(附價§2 ①). 사업자에는 개인·법인과 법인격없는 사단·재단 기타 단체를 포함한다(同§②).

사업자등록증(事業者登錄證)

사업자등록이란 납세의무자에 해당하는 사업자를 정부의 대장에 수록하는 것을 말하며, 부가가치세법상의 사업자등록증은 세적(稅籍)에 관한 일종의 증표라 할 수 있다.

신규로 사업을 개시하는 자는 사업장마다 사업개시일부터 20일 내에 정부에 등록해야 한다.

사업장(事業場)

사업자 또는 그 사용인이 상식적으로 주재하여 거래의 일부 또는 전부를 행하는 장소

사용대차에 관한 증서(使用貸借에 관한 證書)

일방이 상대방에게 무상으로 사용 수익하게 하기 위해서 목적물을 인도할 것을 약정하고 상대방은 이를 사용, 수익한 후 반환할 것을 약정하는 계약의 성립증서이다.

사용세(使用稅)

소비세의 부과방법에는 제조나 운반의 단계에 과세를 하고 그 부담을 가격에 포함시켜 소비자에게 전가되도록 하는 간접적 방법과 소비의 최종단계에서 직접 소비지출을 포착하여 과세하는 직접적 방법이 있다. 직접적 방법에 의하여 부과되는 소비세를 사용세라고 한다. 현행 특별소비세와 같은 것이 그것이다.

사인증여(死因贈與)

생전에 계약을 맺었으나 증여자의 사망으로 인하여 효력이 발생하는 증여를 말한다.

민법에서는 유증(遺贈)과 비슷하다고 하여 유증에 관한 규정을 준용하고 있는데 유증은 단독행위이기 때문에 상대방의 승낙이 필요없지만 사인증여는 생전의 계약이므로 승낙이 필요하다.

사재제공익(私財提供益)

회사가 주주 또는 주주 이외의 자로부터, 현금 등 사재를 제공받은 금액을 말한다.

사재제공은 일반적으로 회사의 결손을 보전하고 재건을 도모하기 위해 행하는 것이다. 법률상의 성격은 증여익(贈與益)이다.

사전과세(事前課稅)

과세물건을 포착함에 있어서 과세소득 발생 이전에 과세하는 것을 말한다. 예컨대 현행 부가가치세법·소득세법·법인세법의 규정에 의한 중간예납제도의 원천징수제도와 같은 것이 이에 속한다. 사전과세는 조세부과의 정확을 기하기에는 다소 부적합한 방법이지만 세입금의 조속한 수납과 징세비의 절약, 세원의 산일방지(散逸防止) 등 현실적 요구에서 볼 때는 불가피한 제도라고 할 수 있다.

사후심리표준(事後審理標準)

부가가치세 일정과세기간 중의 생산지수, 물가지수, 경제성장률 등 제경제지표에 의하여 국세청장이 총량상승치를 정한 것을 사후심리기준율이라고 한다.

사후심리과표(事後審理課標)는 이 기준율을 일차적인 기준으로 하여 사업장별로 시설사항, 생산수율, 전력사용량, 종업원수, 업황, 계절적 요인 및 동업자 권형(權衡) 등을 참작하여 세무서 공평과세위원회에서 조정한 사업자별 해당기분의 신고기대과표를 말한다.

산림소득(山林所得)

산림소득이란 산림의 벌채 또는 양도로 인한 소득이다. 소득세법은 「조림한 기간이 5년 이상인 임목의 벌채 또는 양도로 인하여 발생하는 소득」이라고 규정하여(소득§24 ①), 산림을 매입한지 얼마 안되어 양도하는 것과 같이 산림경영이 뒤따르지 않는 경우의 소득은 산림소득으로 보지 않는다.

산림소득금액계산(山林所得金額計算)

산림소득금액은 당해 연도의 총수입금액에서 이에 소요된 필요경비를 공제한 금액으로 한다(소득§24 ②).

산림소득금액＝총수입금액－필요경비

상계관세(相計關稅)

상대 수출국이 특정 상품에 대하여 수출장려금·보조금 등의 혜택을 주어 그 가격을 현저히 싸게 했을 때, 수입국이 경쟁력 상계를 위해 과세하는 차별관세를 말한다.

수출국에서 교부되는 수출장려금·보조금·환세 등을 무효로 하기 위해 사실상 염가로 수입되는 상품에 대하여 부과하는 할증관세이다.

상계의 금지(相計의 禁止)

지방자치단체의 징수금과 지방자치단체에 대한 채권으로서 금전의 급부를 목적으로 하는 것은 상계할 수 없다. 환부금에 관한 채권과 지방자치단체에 대한 채무로서 금전의 급부를 목적으로 하는 것에 대하여도 또한 같다. 이것을 상계의 금지라 한다(지방§63).

상속(相續)

　사람의 사망에 의해 이루어지는 재산 및 신분상 지위의 포괄
적인 승계를 말한다.

상속 및 증여재산의 평가(相續 및 贈與財産의 評價)

　상속 및 증여재산은 상속을 개시한 때의 시가에 따라 평가함
을 원칙으로 한다. 부동산, 즉 전·답·대지·임야·건물 등은
부동산에 관한 기준시가에 의하여 평가한다.

상속분(相續分)

　상속재산에 대한 각 공동상속인의 배당률을 상속분이라 한다
(民§1009).
　상속분은 피상속인 스스로 또는 위탁한 제3자가 지정했을 때
에는 그에 따르고(지정상속분), 지정이 없을 때에는 법률의 규
정에 따른다(법정상속분).

상속세(相續稅)

　상속을 개시함에 따라 피상속인으로부터 상속인에게로 이전
하는 재산에 대하여 상속인에게 과세하는 조세이다. 현행 상속
세제도는 피상속인의 유산액을 과세표준으로 해서 과세하는 유
산세체계를 채택하고 있으며, 불로취득재산이라는 점에서 고율
의 누진세를 적용하고 있다.

상속세의 과세가액(相續稅의 課稅價額)

피상속인이 국내에 주소를 둔 때에는 상속재산의 전부에 대하여 상속세를 부과한다(상속§2 ①). 이 경우에는 상속세를 부과할 상속재산가액에 상속개시 전 10년 이내에 피상속인이 상속인에게 증여한 재산의 가액, 상속개시 전 5년 이내에 피상속인이 상속인 이외의 자에게 증여한 재산의 가액을 가산한 금액에서 공과금, 장례비용, 채무를 공제한 금액을 상속세 과세가액으로 한다(§4 ①).

한편 피상속인이 국내에 주소를 두지 않은 때에는 국내에 있는 상속재산에 대해서만 상속세를 부과한다(§2 ②). 이 경우에는 상속세를 부과할 상속재산가액에 상속개시 전 10년 이내에 피상속인이 국내에 있는 재산에 대하여 그 상속인에게 증여한 재산의 가액, 상속개시 전 5년 이내에 피상속인이 국내에 있는 재산에 대하여 상속인 이외의 자에게 증여한 재산의 가액을 가산한 금액에서 다음의 금액을 공제한 금액을 상속세과세가액으로 한다.

(1) 그 재산에 대한 공과금

(2) 그 재산을 목적으로 하는 유치권·질권 또는 저당권으로 담보된 채권

(3) 그 재산에 관하여 상속개시 10년(상속인 10년, 상속이외자 5년) 전까지 생긴 증여채무.

(4) 피상속인의 사망 당시 국내에 그 사업장이 있는 경우 비치·기장한 장부에 의하여 확인되는 사업상의 채무

상속세의 과세재산(相續稅의 課稅財産)

경제적 가치가 있는 모든 것은 재산으로서, 상속 또는 증여에 의하여 취득한 모든 재산은 상속세의 과세대상이 된다.

상속세의 과세최저한(相續稅의 課稅最低限)

과세표준이 20만원 미만인 때에는 상속세를 부과하지 않는다(상속§12 ②).

상속세의 과세표준(相續稅의 課稅標準)

상속세의 과세표준액은 과세가액에서 상속공제(인적공제, 물적공제)를 한 것이다(상속§5, 11).
(1) 인적공제
기초공제, 배우자 상속공제, 기타 인적공제, 일괄공제
(2) 물적공제
기업(영농)상속공제, 금융재산상속공제, 재해손실공제
무제한납세의무자인 경우에만 배우자와 동거가족 중에서
일정 사유가 있는 자에게 공제혜택이 있다.

상속세의 납세의무자(相續稅의 納稅義務者)

상속인·수유자(피상속인의 사망으로 인하여 효력이 발생하는 증여의 수증자를 포함한다)는 상속재산 중 각자가 받았거나 받을 재산의 점유비율에 따라 상속세를 연대하여 납부할 의무가 있다.

상속세의 물납(相續稅의 物納)

세무서장은 상속세 납부시 상속재산 중 부동산과 유가증권의 가액이 전체 상속재산의 2분의 1을 초과하고 상속납부세액이 1천만원을 초과하는 경우에는 물납을 청구할 수 있다(상속§29).

상속세의 비과세(相續稅의 非課稅)

전사 및 이에 준하는 사망, 전쟁 및 이에 준하는 공무로 인하여 받은 상이(傷痍)·질병으로 인한 사망으로 상속이 개시한 때에는 상속세를 부과하지 않는다. 단, 부상 또는 발병 후 1년이 지난 뒤 사망한 때는 예외로 한다(상속§13 ①).

상속세의 연대납부(相續稅의 連帶納付)

상속인이 2인 이상인 경우에 상속인 또는 수유자는 각자가 받은 재산에 비례하여 연대 납부할 의무를 진다.

상속세의 연부연납(相續稅의 年賦延納)

상속세는 일시에 납부해야 하지만, 상속세액이 일정액을 초과하는 경우에는 그 초과액에 상당한 담보를 제공하고 3년 이내의 연부연납을 청구할 수 있다(상속§28 ①).

상속의 승인(相續의 承認)

상속이 개시된 후에 상속인이 행하는 상속수락의 의사표시이다(민§1019 이하). 상속은 사람의 사망에 의하여 자연히 개시되지만 유산이 채무초과한 경우에는 상속인에게 불이익하게 되므로 민법은 상속의 승인·포기를 상속인의 의사에 맡기고 있다.

상속의 포기(相續의 拋棄)

상속이 개시된 후에 상속인이 행하는 상속거부의 의사표시이다(民§1041 내지 §1044). 민법은 유산의 채무초과를 고려하여 상속인의 상속승인·상속포기를 인정하고 있다. 상속포기를 하려면 상속개시가 있음을 안 날로부터 3개월 내에 법원에 그 취지를 제출해야 한다(§1041).

상속인의 납세의무승인(相續人의 納稅義務承認)

상속이 개시된 때에 그 상속인 또는 상속재산관리인은 피상속인이 납부해야 할 국세·가산금과 체납처분비를 상속으로 인해 얻은 재산을 한도로 하여 납부할 책임을 진다(상속§24①).

상속재산에서 공제되는 공과금 (相續財産에서 控除되는 公課金)

공과금은 국세징수법에서 규정하는 체납처분에 의해 징수할 수 있는 채권 중 국세·관세·임시수입부가세·ton세 및 지방세와 이에 관계되는 가산금 및 체납처분비 이외의 것을 말한다.

상속세 단기재상속에 대한 세액공제 (相續稅 短期再相續에 대한 稅額控除)

단기재상속의 예를 들면 조부가 사망한 지 7년 이내에 부가 사망하거나 조부가 사망한지 10년 이내에 부가 사망한 경우로서 동일 상속재산에 대하여 단기 연속적으로 상속세를 과세하게 되면 부담이 격심하게 되므로 그 세액을 감세하는 규정이다.

상품거래세(商品去來稅)

상품의 거래를 과세대상으로 하여 상품 판매자에게 부과하는 조세이다.

소비세 중 간접소비세의 성격을 띠고 있으며, 특정한 물품에 한해서 과세되지 않고 전반적인 상품거래가 그 대상이 된다.

생산과세(生産課稅)

소비세 부과방법의 한 형태로서 물품의 소비단계에서 과세하는 것이 아니고 물품의 생산과정에서 그 가격속에 소비세를 포함시켜 소비자에게 전가하도록 하는 과세방법이다.

서면조사(書面調査)

서면조사란 실액조사를 서면에 의하여 조사하는 방법을 말한다. 바꾸어 말하면 서면조사란 납세의무자의 신고가 정당하다는 전제 아래 실지조사를 생략하고 세무당국에 제출된 신고서류 (조정계산서, 재무제표 및 동부속서류)에 근거하여 과세표준을 결정하는 조사방법이다.

그러므로 실지조사의 경우보다 더 상세한 부속서류의 첨부가 요구된다.

서비스업(서비스業)

소득세법 제20조 제1항 제9호에 규정하는 "사회 및 개인 서비스업에서 발생하는 소득"이란 다음의 사업에서 발생하는 소득으로 한다(所得令§37 ①).

교육서비스업 중 학원·강습소·교습소 경영사업, 의료보건업, 영화 및 연예오락서비스업, 도서관·동물원 등의 문화서비스업, 수선업, 세탁업, 운수보조서비스업, 중개업, 위탁판매업, 기타 재무부령이 정하는 개인서비스업.

선급금(先給金)

상대방에 대해 지급조건을 이행하기 전에 그 채무확정액을 교부하는 것을 말한다. 물건의 구입에 있어서는 그 납품검사 전, 운송에 있어서는 그 운송 전, 즉 계약에 정한 채무이행 전 혹은 공무원에 대한 봉급 등 복무이행 전에 일정한 금액을 그 상대편에게 지급하는 것은 선급금에 속하는 것이다.

선급금은 예산사용상의 원칙에 대한 변태이므로 1년 한도의 예산으로서 정리해야 할 것이며 다음해에 이행 또는 복무하는 것에 대해서는 지출할 수 없을 것이다. 그러므로 선급금은 사무에 지장을 초래할 불가피한 경비에 한하여 연도 내에 그 이행을 완료할 것을 전제로 함을 필수조건으로 한다.

선급비용(先給費用)

선급비용은 이미 비용으로서 지출이 완료되었지만 당기의 비용으로 인정할 수 없어서 차기로 이월시켜야 할 비용을 말하는 것이다. 즉 당기에 경비로서 지급되었으나 차기에 속할 비용의 선급이며, 아울러 차기에 이르러서는 경상적 영업비용으로 바뀌게 되는 것이다.

선급비용에 속하는 것으로는 선급보험료(미경과보험료), 선급지대·집세, 선급이자·선급할인료 등이 있다.

선물매매계약(先物賣買契約)

일정기일 또는 일정기한에 특정한 상품의 수불을 하기로 하는 기한부 매매계약을 선물매매계약이라고 한다. 이 선물계약은 상법상의 공급계약으로 매매당사자 쌍방이 모두 특약품의 수불을 강제받게 된다.

보통 선물매매계약 자체로서는 재산상의 변화가 없지만 계약의 성립이라는 권리·의무가 생겨 장래에 재산상의 변화가 예정되는 것이므로 그 권리의무의 발생을 명확히 해 둔다.

설비비 대 부가가치비율(設備費 對 附加價値比率)

생산설비가 부가가치 창출을 위해 어떻게 활용되고 있는가를 볼 때, 창출된 부가가치 가운데 그 투하한 설비를 위해서 어느 만큼의 비용을 필요로 하고 있는가를 가리키는 지표이다.

설비비 대 부가가치비율＝

$$설비에 따른 차입금이자 + \frac{감가상각비 + 제비용}{부가가치액}$$

성실보고회원제(誠實報告會員制)

세금계산서 · 수입계산서 등 기타 과세자료를 세무서에 제출할 의무가 있는 사람들에게 업종별 · 업체별 동업조합을 결성하게 해서 자율적인 세무협력단체를 만드는 제도이다.

성실조합은 국세청장이 유통구조의 특수성을 고려하여 결성을 승인하게 되는데 세금 · 수입계산서 등의 발행수취 및 제출, 가격표 게시 등 부가가치세 명령사항을 성실히 준수하도록 책임지도하고 정직기장을 유도하는 기능을 갖는다.

세금계산서(稅金計算書)

사업자가 재화나 용역을 공급할 때 부가가치세를 거래징수하고 이를 증명하기 위하여 공급받는 자에게 교부하는 세금영수증이다.

세금계산서는 일반과세자가 원칙적으로 교부하는 세금계산서, 소매업 · 음식점업자 등의 지정업종 사업자가 교부하는 영수증, 간이과세자 · 과세특례자가 교부하는 영수증, 세관장이 재화수입자에게 교부하는 수입계산서 등으로 구분할 수 있다.

세무공무원(稅務公務員)

국세기본법상 국세청장 · 지방국세청장 · 세무서장 또는 그 소속공무원, 세관장(세법에 의해 국세에 관한 사무를 세관장이 관

장할 때) 또는 그 소속공무원과 국세징수법에 의해 국세를 시
장(서울특별시와 광역시는 구청장. 이하 같다)·군수에게 위탁
하여 징수하는 경우의 당해 시장·군수 또는 그 소속공무원을
세무공무원이라고 한다(國基§2). 또한 지방세상의 세무공무원이
란 지방자치단체의 장과 그 위임을 받은 공무원을 말한다(지방
§1 ① Ⅰ).

세무대차대조표(稅務貸借對照表)

공정한 회계원칙에 의해 산정한 기업의 순이익이 과세소득의
기초가 되는 것은 물론이지만 세제상 또는 세법 운용상(현행세
법과 기업회계원칙과의 불일치) 기업의 손익계산에서 산정된
매기(每期)의 순이익과 조세목적을 위해 산정된 과세소득이 차
이가 생기는 것은 어쩔 수 없는 일이다. 이런 양자의 불일치를
세법에 일치하게끔 조정해서 납세신고하는 데 이용하는 대차대
조표를 세무대차대조표라고 한다.

세무부기(稅務簿記)

과세표준의 산출을 위해 기장되는 모든 부기를 세무부기라고
한다. 소득세법과 부가가치세법상 소득이 있는 사업을 경영하는
자는 그 사업의 규모에 따라 복식부기·간이장부·일기장 등에
의한 장부를 비치하고 그 사업에 관한 모든 거래사실을 기재하
도록 되어 있다(소득§184, 부가§31).

뿐만 아니라 모든 세법에 있어서 규정에 의해 과세표준을 산
출하는 데 필요한 부기가 모두 포함되는 것이다.

세무분석(稅務分析)

세무당국이 신고된 과세소득이 진정한 것인가의 여부를 검증하기 위한 방법 중 하나로 행하는 재무제표분석이다. 즉, 재무제표 분석을 하면서 불균형 또는 이상한 숫자가 나타나면 회계상의 부정이나 오류가 숨어 있을 가능성이 있다고 보고 조사 또는 감사의 효율화를 도모하는 것이다.

세무사(稅務士)

세무사법에 의해서 일정한 시험에 합격하고 소정의 등록을 마친 다음, 납세자의 위임에 의한 세무대리를 그 직무로 하는 자를 말한다(세무②).

세무사법상 세무사의 업무는 다음과 같다.
(1) 조세에 관한 신고·신청·청구(이의신청·심사청구 및 심판청구를 포함한다) 등의 대리
(2) 세무조정계산서 등 기타 세무 관련 서류의 작성
(3) 조세에 관한 신고를 위한 기장의 대행
(4) 조세에 관한 상담 또는 자문
(5) 기타 제1호 내지 제4호의 업무에 부대되는 업무

이밖에 대부분의 세무사는 상술한 업무에 관련하여 기록·결산 등에 회계실무의 수탁업무도 행하고 있다.

세무사찰(稅務査察)

조세범칙의 강제조사를 세무사찰이라고 한다. 조세범칙의 조

사는 납세자의 승낙 여부에 관계없이 검사·수색·압수할 수 있는 것이다. 이런 처분을 하기 위해서는 법원의 수색·압수영장이 필요하지만 조세범칙조사는 주관적으로 조세의 인식, 즉 범의(犯意)가 있어야 하며 객관적으로는 세금의 포탈, 즉 사기 또는 부정행위가 있어야 한다.

세무소송(稅務訴訟)

조세의 부과징수와 체납처분 등으로 국민의 권리이익이 위법하게 침해되었을 때 납세자는 적정한 판단(재판)을 받을 권리를 갖는다. 이와 같은 조세에 관한 구제절차를 총칭하여 세무소송이라고 한다.

세무소송의 특성은 첫째는 조세의 본질이 재산권에 대한 일반적 강제과징금이라는 것, 둘째는 소송의 법적 보장기능은 조세법규 기타 관계법령의 법률해석적용의 문제에 그치는 것이 아니라 고도의 부기회계 지식을 요한다는 것이다.

세무조사(稅務調査)

세무관서가 세금을 부과하기 위해서 각 납세자의 실태를 직접 또는 간접으로 인식판단하여 적정한 과세표준을 파악하고 과세의 공평을 기하려는 모든 활동을 일괄해서 세무조사라고 한다.

흔히 세무조사라고 하면 법인세와 같은 직접세에 대한 조사만을 말하는 것으로 오해하기 쉽지만 간접세의 검사도 세무조사의 범위에 포함된다.

뿐만 아니라 직접·간접적인 조사는 물론 추계조사·실지조사·준비조사·과세자료의 모집이 모두 세무조사에 포함된다.

세무조정(稅務調整)

기업이익과 과세소득과의 차이는 조세정책상의 이유에서 생기는 것이며 본질적으로는 양자가 동일한 것이기 때문에 양자간에 존재하는 차이 여하에도 불구하고 과세소득의 산출기본은 기업이익에서 구해야 한다.

이렇게 기업이익을 기본으로 하여 과세소득을 계산하는 과정을 세무조정이라고 한다.

세무회계(稅務會計)

세무회계란 기업회계상 산정된 이익을 기초로 하여 조세부담능력의 기준이 되는 과세소득과 세액의 산정에 관한 재무적 정보를 전달하는 기능을 가진 회계이다. 기업회계와 세무회계는 그 목적상 차이를 갖고 있는데 기업회계는 자산의 과대평가를 금하는 것에 비해 세무회계에 있어서는 항상 과소평가를 금지함으로써 징세의 감퇴를 방지하고 있다. 이와 같이 이 둘은 회계원칙상 상호 모순되고 대립되기도 한다.

감가상각비의 처리 등으로 기업회계상의 원칙을 세무상 너무 미세한 부분까지 수정하게 되면 국고를 옹호한다는 목적마저 달성하기 어려우므로 단일성의 원칙에 따른 기업회계의 성과를 과세상의 기초로 하는 것이 효율적이다.

세무회계학(稅務會計學)

조세는 경제적 가치액으로서 기업이 부담해야 할 금액이며 이것은 기업의 이익계산에 영향을 미치고 있다. 따라서 이러한 기업이 부담해야 할 조세를 회계학적 사고에 의해 기록 계산하는 것을 세무회계라고 하며 이를 대상으로 하는 학문을 세무회계학이라고 한다.

세법(稅法)

세법이란 국세의 종목과 세율을 정하고 있는 법률과 국세징수법 · 조세특례제한법 · 조세범처벌법 및 조세범처벌절차법을 말한다(國基⑧ Ⅱ).

세본(稅本)

조세를 납부할 수 있는 기준은 개인경제에 있어서는 재산과 노력(근로)이고, 국민경제상으로 보면 산업이다. 즉 국가 조세 전체의 원천을 지칭하는 것으로 국민소득과 국민재산을 총칭하는 것이 세본이다.

조세는 세본을 보호하고 배양하도록 과징되어야 하는데 세본이 있어야 세원이 생기고 이로 인해 조세가 징수될 수 있기 때문이다.

세액공제(稅額控除)

과세소득금액 등에 세율을 적용하여 산출한 세액에서 일정액을 공제하여 실제로 납부할 세액을 산출하는 것을 세액공제라고 한다.

세액공제를 크게 나누면, 하나는 이미 징수하고 있든가, 또는 따로 징수하기로 되어 있든가의 이유 때문에 그것에 의한 중복과세를 조정하는 의미를 갖는 것이고, 또 하나는 면세이다. 세부담의 경감을 실시하기 위해서는 소득에서 공제하는 소득공제라도 세액에서 공제하는 세액공제가 가능하지만 공제의 액을 일정하게 하는 한 세액공제는 저소득일수록 효과가 크고, 소득공제는 고소득일수록 효과가 크다.

세액공제의 순위(稅額控除의 順位)

현행소득세법과 조세특례제한법에서 인정하고 있는 세액공제는 다음과 같다.

(1) 소득세법
① 배당세액 공제
② 기장세액 공제
③ 외국납부세액 공제(5년 이월)
④ 재해손실세액 공제
⑤ 근로소득세액 공제

(2) 조세특례제한법
① 수입금액 증가 등에 대한 세액공제
② 성실신고 소규모사업자에 대한 납부세액공제
③ 기타의 세액공제(4(7)년간 이월공제)

적용순위는 이월공제가 인정되지 않는 세액공제부터 적용하되, 이월이 인정되지 않는 세액공제의 비공제액은 없는 것으로 본다.

세액의 분납(稅額의 分納)

거주자 또는 법인이 법인세(또는 소득세)의 과세표준금액신고를 할 때 자진납부해야 할 세액이 1,000만원을 초과하는 자는 납부할 세액의 일부를 납부기한이 경과한 날로부터 30일(소득세의 경우에 45일) 이내에 분납할 수 있는 것을 말한다(所得§107의 2, 令§153의 2, 法人§31, 令§90).

세원(稅源)

조세가 지급되거나 지급될 것이 예기되는 원천을 말하는 것으로 일반적으로 납세자의 소득·재산 및 자본을 말한다. 예를 들면 농지세의 세원은 토지의 수익이며 소득세의 세원은 소득이다.

세원선택의 원칙(稅源選擇의 原則)

조세를 납부하기 위한 재원이 되는 재산원본을 침해해서는 안된다는 원칙이다. 세원이라 함은 조세가 사실상 지급되고 있거나 또는 지급되어야 한다고 입법자가 예기하는 원천이다. 이 세원은 세본(재산원본)과는 구별해야 한다.

세본이 있어야만 세원이 생기며, 이 세원에 의해서 조세가 사실상 징수되는 것이다. 즉 조세는 세원에서만 징수되어야 하고, 세본을 침해해서는 안된다는 것이 곧 세원선택의 원칙이다.

세율(稅率)

　세액을 구체적으로 결정하기 위해 과세표준에 곱하는 비율을 세율이라고 한다. 종량세인 경우에는 과세표준인 수량의 단위에 대해 금전 또는 백분율(또는 천분율)에 의한 수량으로 정하고 종가세의 경우에는 과세표준인 가격에 대해 백분율(또는 천분율)에 의한 금전으로 정한다.
　과세표준에 세율을 곱하면 자동적으로 세액이 결정된다.

세입(歲入)

　국가 또는 지방자치단체의 일회연도에 있어서의 재정을 충당하기 위한 재원으로서 국고에 유입되는 조세 기타 일체의 현금적 수입을 말한다.
　세입의 목적은 경비지출의 재원에 충당하는 것으로서 조세 및 조세외제수입(租稅外諸收入)외에 국채 또는 차입금도 이에 포함된다. 그러나 국고에 수납되더라도 세출의 재원에 충당하지 못하는 것은 세입이라 할 수 없다.
　즉, 세입은 항상 세출을 목적으로 하므로 세출은 목적이고, 세입은 그 수단이다.
　예산회계법 제18조 제1항은 「한 회계연도의 모든 수입을 세입으로 하고, 모든 지출을 세출로 한다」고 규정하고 있다.

세입세출외 현금(稅入歲出外 現金)

　국고세입세출의 계상에 있어서 아무 관계없는 현금, 즉 국가의 경비를 충당하기 위해 수납되는 세입금 및 세출금이 아니고 일시적으로 예탁을 받아서 정부에서 보관하다가 후에 반환해야 하는 현금을 말한다. 우편저금·우편환·보관금·공탁금 등이 그 예이다.

또 세입세출의 현금은 가령 타인을 위해 정부에서 보관한다 해도 그 법률상의 성질은 소비기탁에 속하며, 그 현금은 일단 국고의 소유에 소속하는 것이므로 보관유가증권과 같이 단순한 기탁관계는 아니다.

세제(稅制)

세제제도란 뜻으로 세제를 수립하기 위해서는 조세원칙에 적합한 세목을 선택해야 한다.

예컨대 조세가 정당한 세원에서 지급될 수 있도록 제도를 마련해야 하며, 적정한 담세력에 따라서 과징되도록 해야 하며, 또한 수입을 많이 얻을 수 있는 세목을 선택하여 국가의 재정수요를 충족시키도록 해야 한다.

세종선택의 원칙(稅種選擇의 原則)

세종(稅種)을 잘못 선택하여 조세로 인해 경제적 생산·유통에 방해가 생겨서는 안되며 조세를 과함으로로써 일어나는 모든 방해를 최소한에 그치도록 해야 한다는 것이다.

소급과세 금지(遡及課稅 禁止)

세법해석 또는 국세행정의 관행이 일반적으로 납세자에게 받아들여진 후에는 그 해석 또는 관행에 의한 행위 또는 계산은 정당한 것으로 보며 새로운 해석 또는 관행에 의해 소급하여 과세하지 않는다.

단, 이는 감사원법에 의한 감사 및 그 결과에 의한 시정요구를 배제하거나 제한하지 않는다.

이 세법해석 및 관행에 대한 소급과세 금지규정은 법의 안전성을 추구하면서 납세자의 권익을 보호하려는 데 목적이 있다.

세법해석 적용의 기준과 소급과세 금지규정은 세법 이외의 법률 중 국세의 부과징수·감면 또는 그 절차에 관해 규정하고 있는 조항에도 적용된다.

소득(所得)

소득은 생산자원의 용역에 대한 보수로서 개인(가계)에 지급되는 대가와 기업이윤을 포함하고 있다. 생산자원의 용역에 대한 보수로서는 노동용역에 대한 임금·봉급·토지·건물용역에 대한 임료, 자본용역에 대한 이자 등이 그 대표적인 형태이다. 기업의 소득인 이익을 기업용역(기업자 능력)이라는 생산자원 용역에 대한 보수로 보는 경우가 있어, 이상의 임금·봉급·임료·이자 등과 함께 소득을 널리 생산자 용역의 보수라고 정의하여 그에 포함시키는 일이 있다.

소득개념을 정확히 규정하는 데 많은 곤란이 있다고 해도 실제적으로 소득의 크기를 직관적으로 포착하여 그것을 경제분석의 수단으로 사용하는 것은 유용할 뿐아니라 현재 널리 행해지고 있는 것이다. 각 소득을 통계적으로 포착하여 소비자 가계의 조사라든가 기업의 경제적 능력분석에 기여하거나, 혹은 이것을 국민경제 전체로 종합하여 국민소득개념을 산출하는 데 이용되고 있다. 그리고 재정적 연구, 특히 조세정책의 연구에 있어서, 국민경제 전체의 정책수립을 위한 자료로서 소득개념이 사용되기도 한다.

소득공제의 배제(所得控除의 排除)

분리과세 이자소득·분리과세 배당소득과 분리과세 기타 소득만이 있는 자에 대해서는 기초공제·배우자공제·부양가족공제·장애자공제·경로우대공제와 부녀자세대주공제를 하지 않으며, 과세표준확정신고를 해야 할 자가 보험료공제·의료비공제·교육비공제·배우자공제·부양가족공제·장애자공제·경로우대공제·부녀자세대주공제의 공제대상임을 증명하는 서류를 제출하지 않은 경우에는 배우자공제·부양가족공제·장애자공제·경로우대공제·부녀자세대주공제를 하지 않는다. 다만, 예외를 인정한다.

소득공제의 순위(所得控除의 順位)

분리과세하는 개별소득별로 합산하지 아니하고 소득금액을 한도로 소득공제
 1. 분리과세 소득만 있는 경우
    분리과세 이자소득, 분리과세 배당소득과 분리과세 기타 소득만이 있는 자에 대하여는 기본공제, 추가공제, 소수공제나 추가공제 및 특별공제를 하지 않는다.

2. 증빙서류를 제출하지 않은 경우
   과세표준 확정신고를 하여야 할 자가 인적공제 및 특별공제 대상임을 증명하는 서류를 제출하지 않은 때에는 기본공제 및 소수공제나 추가공제중 거주자 본인에 대한 분과 표준공제(근로소득자는 260만원, 그 외는 160만원)만을 공제한다.
   다만, 과세표준 확정신고 여부에 상관없이 그 서류를 나중에 제출한 경우에는 그러하지 아니하다.
3. 수시부과 결정의 경우
   기본공제 중 거주자 본인에 대한 분(100만원)만을 공제한다.

소득과세(所得課稅)

조세는 궁극적으로 국민의 소득 또는 재산에서 지급되는데 수득세는 소득이 각인에게 귀속되는 사실을 포착하여 과하는 조세이다. 소득세는 크게 소득세와 수익세로 구별할 수 있으며 그밖에 전시(戰時)나 경제 및 기타 사회여건에 따라 임시적으로 과징되는 특별소득세가 있다.

소득귀속의 실질과세(所得歸屬의 實質課稅)

소득귀속의 실질과세란 과세의 대상이 되는 소득, 수익, 재산행위 또는 거래의 귀속이 명의일 뿐이고 사실상 귀속되는 자가 따로 있는 경우에는 사실상 귀속되는 자를 납세의무자로 하여 세법을 적용해야 한다는 원칙이다.

소득처분(所得處分)

　기업회계와 세무회계의 차이인 세무조정사항에 대하여 그 소득의 귀속을 결정하여 주는 것

소득탄력성(所得彈力性)

　소득탄력성은 소득과 상호의존관계에 있는 경제변수의 의존성인데, 일반적으로는 수요에 다른 소득탄력성을 말한다. 수요의 소득탄력성은 소득이 1% 변할 때 수요는 몇 %나 변하는가를 가리키는 것으로, 같은 기간중의 수요의 증감률을 소득의 증감률로 나누어서 구한다.

소득표준율(所得標準率)

　세법소정의 정확한 장부와 증빙서류를 전혀 비치하지 않거나 장부가 비치되어 있어도 그 내용이 제대로 갖추어지지 않아 정확한 소득금액의 산정이 곤란하다고 인정되는 납세의무자에 한해 적용되는 수입금액에 대한 소득율이므로 정부가 납세자의 소득금액을 추계하는 방편으로 사용되는 율이다.

소득표준율심의회(所得標準率審議會)

　세법의 추계조사 결정의 규정에 의한 업종별 소득표준율은 소득표준율심의회의 심의를 거쳐 정부가 결정하는 것이다(소득 §124 ①). 소득표준율심의회는 국세청에 두며, 소득표준율심의회의 위원장은 국세청차장이 된다.

  심의회의 기능은 업종별 · 지역별 · 소득표준율의 제정 · 개폐 및 적용방법, 업종별 · 지역별로 적용할 자동부과율과 그 적용대상이 되는 종목 및 금액 과세표준확정신고기준의 제정 · 개폐 및 적용방법 그리고 이와 관련있는 사항들을 심의하는 것이다(동령§176).

  심의회의 회의는 위원장이 소집하고 그 의장이 되며, 재직위원 과반수의 출석으로 개의하고 출석위원 과반수의 찬성으로 의결한다. 다만 가부동수인 경우에는 의장이 결정하는 바에 따르며 심의회가 필요하다고 인정하는 때에는 당사자 또는 관계자에 대해 의견의 진술 또는 자료의 제출을 요청할 수 있다(동령§179).

소득할 · 소득세할(所得割 · 所得稅割)

  소득할은 소득세할 · 법인세할 및 농지세할을 총칭하는 것이다. 소득세할은 소득세법의 규정에 의해 부과된 소득세액을 과세표준으로 하여 부과하는 주민세를 말한다(지방§172 Ⅱ · Ⅲ).

소비대차에 관한 증서(消費貸借에 관한 證書)

  당사자 일방이 금전 기타 대체물의 소유권을 상대방에게 이전할 것을 약정하고 상대방은 그와 같은 종류 · 품질 및 수량을 반환할 것을 약정하는 증서를 소비대차에 관한 증서라고 한다. 이 증서도 도급에 관한 증서와 같이 계급정액세다.

소비세(消費稅)

소비지출에 부과되는 조세로서 개인이 소득으로 얻은 것을 지출로 이전시키는 경우에 부과하는 조세이다. 소비세에는 재화를 사용하는 소비자로부터 직접 과징하는 직접소비세와 소비자 이외의 제조자·판매자 등에 과세하고 그 조세부담을 가격 등에 포함시켜 소비자에 전가토록 하는 간접소비세가 있다.

소액불징수(少額不徵收)

소득금액 과세액 또는 과세가격이 어느 일정 금액에 미달하는 경우에 이를 징수하지 않는 것을 말한다.

소전(消轉)

조세전가의 일종으로서 전전(前轉)이나 후전과 같은 교환과정에서가 아니라 생산과정에서 일어나는 전가의 형태이다. 이는 조세부담이 타인에게 전가되지 않고 소멸하는 결과로서 부과된 조세가 자가기업의 생산기술의 향상, 기업관리의 합리화 등으로 그 조세의 상당한 금액이 기업의 이윤으로 되는 것을 말한다.

손금(損金)

손금은 기업이 행한 자본거래·이익 또는 잉여금의 분배 이외의 거래로 순자산 감소의 원인이 되는 것에 관련되는 지출금액 또는 기타의 경제적 가치의 감소액으로서, 익금의 반대개념으로 쓰인다. 즉 손금이란 자본 또는 지분의 환급·잉여금의 처분 및 법인세법에서 특별히 규정하는 것을 제외하고 그 법

인의 순자산을 감소시키는 거래로 인해 발생하는 손비의 금액
이다(법인§9 ③).

손금불산입(損金不算入)

기업회계상 뚜렷한 손비임에도 불구하고 법인세법상 과세소
득의 산출에 있어서 그것을 손금에 산입하지 않고 과세소득이
되게 하는 세법상의 규정이다(법인세법 참조).

손금산입(損金算入)

세무회계는 순자산 증가설에 의해 익금과 손금을 계상하게
되며 이를 권리의무 확정주의에 따라 각 사업연도의 손금과 익
금으로 귀속시킴으로써 기간손익을 계산하게 되는 것이다. 이와
같이 세무회계가 순자산 증가설에 의하므로 기업의 순자산을
감소시키는 거래를 손금으로 계상하는 것이 원칙이지만, 예외조
치로서 기업의 순자산이 감소하지 않았음에도 이를 손금으로
인정하는(즉, 자본환급에 의한 순자산의 감소요인도 아니며, 영
업거래에 의한 순자산의 감소요인도 아닌 것을 손비로 인정하
는) 항목을 손금산입항목이라 한다.

손익(損益)

손익이란 기업자본이 경영활동의 순환과정에서 새로운 가치
의 증식 혹은 가치의 멸실을 일으키면서 발생하는 이익과 손
실을 뜻한다.

기업회계상 일정한 기간의 손익을 계산하기 위해서는 기수(期首) 및 기말에 순재산 즉, 자산과 부채를 비교해 보아야 한다. 이 때 사업주의 투하자본 혹은 인출 이외의 원인에 의한 순재산의 증감액이 사업의 손익이 되는 것이다.

또 일정한 기간의 손익은 기간 중 발생한 수익과 비용의 차액을 산정하는 데서 발생하는데 이 때 기간수익과 기간비용의 차액이 손익으로 된다.

손익계산은 때에 따라서 성과계산이란 용어로 쓰기도 하며, 손익계산의 결과를 기재 표시하는 손익계산서(profit and loss statement)로 나타낸다.

손익계산서(損益計算書)

기업의 경영성과를 명확히 하기 위해 1회계기간에 발생한 모든 수익과 이에 대응하는 모든 비용을 기재하고 그 기간의 순이익을 표시하는 계산서(손익계산서 규칙 1)를 손익계산서라고 한다.

그리고 이 때 전기 손익의 수정액이나 고정자산 매각손익을 수익 또는 비용으로 손익계산에 기재하느냐 하지 않느냐에 따라 포괄적 손익계산서와 당기업적 손익계산서의 두 가지 형태로 구분된다. 주식회사 제도의 발달로 소유와 경영의 분리가 근래에 더욱 명확하고 현저하게 구체화됨으로써 많은 대규모 주식회사는 이른바 부재주주(不在株主)를 가지게 되었고, 이에 의해 제기준에 입각한 손익계산서의 작성이 보다 중대한 과제가 되고 있다.

손익보정(損益補正)

정확한 기간손익을 산출하기 위해 결산할 때 비용 및 수익이 그 다음 회계기간에 속하는 것인가 전기 또는 후기에 속한 성질의 것인가를 판단하여 수정하는 절차를 말한다.

은행회계에 있어서는 견실한 회계를 존중하는 보수주의의 입장에서 미지급비용은 발생주의 원칙에 따라 이를 계상하지만 미수수익에 대해서는 국채 등의 이자를 제외하고는 계상하지 않는 것이 원칙으로 되어 있다.

손익분기점(損益分岐點)

일반적으로 수익에서 비용을 공제한 금액이 영으로 되는 매출액을 말한다.

$$= \frac{고정비}{공헌이익율}$$

$$손익분기점 = \frac{고정비}{\dfrac{1-변동비율}{단위당매출액}} = \frac{고정비}{1-변동비율}$$

$$= \frac{고정비}{1 - \dfrac{변동비}{매출액}}$$

수납기관(收納機關)

조세 기타의 세입금을 영수할 수 있는 권한을 가진 자, 즉 세입징수관이 조사 결정하여 납입고지를 한 세입을 실지로 영수(수납)할 수 있는 기관을 말하는데, 원칙적으로 조세 기타의 세입은 출납공무원이 아니면 수납할 수 없다. 다만, 한국은행 또는 체신관서에 수납의 사무를 취급시킬 경우에는 예외이다.

그리고 지방자치단체의 지방공무원은 출납공무원과 동일한 자격으로 세입의 수납사무를 취급할 수 있다.

수득세 · 소비세(收得稅 · 消費稅)

수득세는 수득재(收得財) 즉 개인 또는 법인이 일정기간(보통은 1년)에 얻는 재산에 대한 조세의 총칭이다. 이 수득세는 다시 소득세와 수익세로 분류된다.

소득은 개인을 중심으로 하고 수익은 그 원천인 물체를 중심으로 한다. 소득세는 세원·조세객체·과세표준이 모두 소득으로서 가장 이상적인 조세이다.

소비세는 소비 사실에 과세하는 조세이다. 소비세의 객체는 소비라고 하지만 소비세의 세원은 소득이다. 소비세를 부과하는 이유는 소비라는 사실로써 소득의 존재를 외부에 표현하기 때문이다.

소비세는 소비의 사실을 포착하여 과세하는 것이므로 그 정신으로 볼 때 소비자를 포착하여 과세해야 한다. 이 과세방법이 직접징수방법이고 이 방법에 의해 부과되는 소비세를 직접소비세라고 한다.

수시부과결정(隨時賦課決定)

일반적으로 법인세의 과세표준과 세액결정은 당해 법인의 사업연도가 종료하여 소정의 신고의무기한이 만료한 후에 행하는 것이지만 내국법인이 그 사업연도 중에 법이 규정한 사유로 법인세를 포탈할 우려가 있다고 인정될 경우에는 정부가 수시로 그 법인에 대한 법인세를 부과할 수 있다. 그리고 수시부과로 인해 각 사업연도의 소득에 대한 법인세의 부과를 방해하지 않는다.

수시부과결정을 한 사업장관할세무서장은 그 과세표준과 세액의 결정사항을 지체없이 주소지관할세무서장에게 통보해야 한다(동령§182 ②).

수시부과지역(隨時賦課地域)

폐업자를 제외한 주소·거주 또는 사업장의 이동이 빈번하다고 인정되는 지역의 소득세 또는 부가가치세의 납부의무자에 대해 수시부과를 하고자 할 때, 당해 세무서장이 소관지방국세청장에게 소정의 수시부과할 지역의 지정신청을 하여 승인을 얻은 지역을 말한다(소득령§182 ④).

이 경우 당해 세무서장이 그 승인을 얻으면 그 뜻을 지체없이 납세의무자에게 통지해야 한다.

수의계약(隨意契約)

정부에서 매매·대차·도급 기타의 계약을 할 때 경쟁에 붙이지 않고, 그 업무에 경험이 있고 신용이 확실한 자를 임의로 선택하여 이 특정인과 체결하는 계약을 말한다. 즉 국가의 계약은 일반경쟁계약을 원칙으로 하나 경쟁에 붙이는 것이 부적당하다고 인정될 경우, 기타 특수한 사정으로 말미암아 수의계약을 하지 않으면 안될 경우에 일반의 실정에 적응시키기 위해 이 제도를 예외로 인정하고 있다(豫會令§112).

수익 · 비용(收益 · 費用)

생산활동에 의해 가치가 형성된 재화나 용역을 제공함으로써 받는 대가가 수익이다. 기업의 이익은 '수익－비용＝이익'의 관계에서 결정된다.

가치의 소비가 비용이고 가치의 회수가 수익이므로 기업은 가치적으로는 비용 · 수익의 조직이라고도 한다. 기업은 비용을 수익으로 보상할 뿐만 아니라 비용 이상의 수익을 획득하는 것, 즉 이익을 실현할 것을 목적으로 하고 있다.

수익비용대응의 원칙에 따르면 비용은 수익을 얻기 위해 소비되는 까닭에 그것을 부담하는 급부의 판매에 의해 회수되어야 한다는 인과관계가 인정된다. 이와 같이 생각하면 비용은 단순한 손실과는 구별되는 것이다.

수익세(收益稅)

수익은 일정한 재산에 생기는 개별소득을 의미하며, 수익세는 각 재산에 대한 수익을 개별적으로 과세하는 것을 말한다.

수익세체계는 크게 보아 지세 · 가옥세 · 부가가치세 · 자본이자세 등으로 구성된다고 볼 수 있으며 다음과 같은 특징이 있다. (1) 수익세는 대체로 수익이 생기는 사실을 표준으로 하여 외적표준에 의해 과세한다. (2) 수익세는 개인사정을 고려치 않고 채무의 이자 등을 공제하지 않는다. (3) 수익세의 과세표준인 수익은 대개 평균수익이다. (4) 수익세의 세율은 일반적으로 비례세율이다.

수익적 지출(收益的 支出)

수익적 지출이란 고정자산을 취득한 후 그 자산과 관련하여 발생한 지출로서 고정자산의 원상을 회복하거나 능률을 유지하기 위한 지출을 말한다. 파손된 유리나 기와의 대체, 자동차의 타이어 튜브의 대체, 재해를 입은 자산에 대한 외장의 복구·수선 등이 그 예라 할 수 있다. 수익적 지출이 발생하면 지출된 기간의 수익에 대응될 수 있는 기간비용으로 처리해야 한다.

수입금액 · 총수입금액(收入金額 · 總收入金額)

세법상 일반적으로 수입금액이라고 하면 하나의 경제주체에 귀속되는 재화로서 금액 또는 금전가치로 환산할 수 있는 모든 것을 말한다.

총수입금액이란 수익형태가 복잡하고, 기본적인 수입과 부수입 또는 부수(附隨)된 수입을 포함하는 경우의 표현이며, 수입금액은 수입형태가 비교적 단순하고 기본적인 수입과 부수입 또는 부수된 수입과의 구별이 없는 경우의 표현이다.

수입배당금(收入配當金)

주식 또는 출자금에 대해 수입하는 배당금을 말한다.

배당금을 받는 대상은 일시소유의 주식, 투자, 자회사 또는 관계회사 등으로 나뉘지만 원천별 또는 종류별로 구분하기도 한다. 수입배당금은 주된 영업활동으로부터 생기는 것이 아니므로 영업외 수익으로 처리된다.

수입배당금의 익금불산입(收入配當金의 益金不算入)

법인세법상 타법인으로부터 들어온 배당금을 익금에 산입하지 않는 제도를 말한다.

각 사업연도에 있어서, 내국법인으로부터 이익의 배당, 잉여금의 분배 등을 받는 경우에 그 이익배당 등의 금액은 익금에 산입하지 않는다.

수입세(輸入稅)

수입세란 국내에 유입하는 외국상품에 대해 부과하는 관세로서 관세의 가장 일반적인 형태이다.

수입관세는 국제무역에 가장 큰 저해요인으로 처음에는 재정수입을 주목적으로 했으나 오늘날은 국제경쟁으로부터 국내산업을 보호하기 위해 널리 채용되고 있으며 특히 이러한 현상은 아시아, 아프리카, 남미의 후진지역에서 현저하다.

수정세금계산서(修正稅金計算書)

　세금계산서를 교부한 후 그 기재사항에 관해 착오 또는 정정 사유가 발생한 경우에는 당해 거래에 대한 공급시기가 속하는 과세기간의 확정신고기한 내에 국세청장이 정하는 대로 세금계산서를 수정교부할 수 있는 제도를 말한다(附價令§59).

　그러나 당초의 공급가액에 추가 또는 차감되는 금액이 발생한 경우에는 발생한 때에 세금계산서를 수정교부할 수 있다.

수정신고(修正申告)

　납세의무자가 신고기한 내에 신고를 했으나 신고사항 중 기재상 또는 계산상 착오가 있음을 발견하여 이를 수정하여 다시 신고기한 내에 신고하는 것을 말한다.

　이는 납세자의 권익을 최대한으로 보호하기 위해, 다시 기회를 주도록 법적으로 보장한 것이다.

수출대행(輸出代行)

　수출대행은 수출업자가 자기의 계산에 의해 수출하는 것이 아니고 타인의 계산에 의해 수출거래행위만 대행하는 것이다. 사업자가 생산하거나 매입한 물품을 허가받은 수출업자를 통해 대행수출한 경우, 사업자(제조업자 등)는 그 수출금액을, 수출업자(무역업자)는 사업자(제조자 등)로부터 받은 대행수수료를 그 수입금으로 한다.

수출면세(輸出免稅)

외국에 수출하는 과세물품에 대해 특별소비세의 납세의무를 면제하는 것이다(特消§15 ① Ⅰ). 이는 장래에 발생할 면세원인의 이행을 조건으로 하여 당해 물품에 과해야 할 특별소비세를 면제하는 것이므로 해제조건부 행정처분이라고 한다.

수출세(輸出稅)

수출세는 국외로 유출되는 재화에 대해 부과하는 조세인데 대부분의 국가는 이를 부과하지 않고 있다.

수출세의 재정상 목적은 국가수입을 얻는 것이며, 상업정책상의 목적은 그 국가의 중요자원이 외국에 수출되는 경우에 국내중요자원을 장기간 보호·이용하는 것이다. 또 경찰상의 목적은, 예를 들어 흉년에 농산물이 많이 수출되어 국내에 기근상태(飢饉狀態)가 발생할 위험이 있는 경우에 이를 막기 위해 이들 재화에 부과하는 것 등이다.

순매입액(純買入額)

총매입액에서 매입에누리, 매입반품액, 매입확인액 등을 공제한 매입액의 순액을 말한다.

기업회계기준에서 손익계산서는 순매입만을 표시

순매출액(純賣出額)

총매출액에서 매출에누리와 환입품액, 매출할인액을 공제한 금액을 말한다.

순매출액은 법인세(소득세)의 과세표준계산상 익금이 된다. 또한 순매출액에는 부수수익이 산입된다.

시가법(市價法)

재고자산의 평가방법 중 하나로, 사업연도 종료일 현재 그 재고자산을 취득할 때의 정상가액으로서 재고자산을 시가에 의해 평가하는 방법이다.

회계학상 기말에 있어서의 재고자산의 재조달시가를 그 평가액으로 하는 매입시가법과 재고자산의 기말판매시가를 그 평가액으로 하는 판매시가법이 있다.

재고자산의 평가에 있어 시가법을 채용하면 기중 재고자산의 시가등락에 의한 미실현손익이 모두 손익에 반영되는 결함이 있다.

시산표(試算表)

복식부기에서는 대차평균의 원리에 의해 아무리 많은 거래가 발생해도 원장의 각 계정의 차변합계와 대변합계는 항상 평균 일치한다.

시산표는 원장부기의 정부를 검증하는 수단이 되므로 반드시 결산시에만 작성되는 것이 아니라 거래수가 많고 부기가 빈번히 행해지는 경우에는 매일·매주 또는 매월 작성되는 것이며 이를 각각 일계표·주계표·월계표라고 부른다.

시설적립금(施設積立金)

법인의 결산에 의한 이익처분으로서 신규생산시설 또는 생산시설의 확충을 목적으로 사내에 유보시킨 적립금을 말한다. 구법에서는 시설적립금에 대해 법인세를 경감했으나 지금은 폐지되었다.

시설전용이용권(施設專用利用權)

세법에서 규정하는, 다음의 시설이용권을 말하며 이는 무형고정자산으로 취급한다. ① 전용측선이용권 ② 철도궤도연락통행시설이용권 ③ 전기가스 공급시설이용권 ④ 수도시설이용권 ⑤ 공업용 수도시설이용권 ⑥ 전신전화전용시설이용권

시험연구비(試驗硏究費)

개발비와 비슷한 성질로서 신제품의 시작, 또는 제조과정의 새로운 연구를 위해 지출하는 비용이다. 세법은 이를 연구개발비로 이연자산에 포함시키고 5년의 내용연수를 정하고 있다.

또한, 5년의 범위안에서 손금산업기간을 정하여 법인세 과세표준기한까지 납세지 관할세무서장에게 신고된 경우에는 그 신고한 기간동안 균등액을 매기 상각할 수 있다.

신고과세(申告課稅)

정부가 세금을 결정할 때 납세자의 신고에 의거해서 결정하는 제도를 신고과세라고 한다. 그러나 현행 세법상 납세자의 신고가 없거나 신고가 부당하다고 인정될 때에는 신고과세를 하

지 않고 정부의 조사에 의해 결정한다.

신고기한의 연기(申告期限의 延期)

불가항력으로 인해 소정기한 내에 신고를 할 수 없을 때에는 세무서장의 신고기간 연장승인을 얻어 신고기한을 연장할 수 있다. 이 경우 1개월 이상의 연장승인은 지방국세청장의 승인을 받아서 소관세무서장이 결정하게 된다.

신고기한의 연장승인효과는 적법한 신고로 간주되므로 무신고로 보지 않고, 따라서 무신고가산세가 적용되지 않는다.

신고납부(申告納付)

납세의무자가 그 납부할 지방세의 과세표준액과 세액을 신고하고 동시에 신고한 세금을 납부하는 것을 말한다(지방§1 ① Ⅶ). 세무관서의 행정처분에 대해서만 이 확인의 효과를 인정하는 제도를 인정과세라고 하는데 납세의무자의 과세표준·세액 등의 신고에 대해서도 이 확인의 효과를 인정하고 납세시키는 제도를 말하는 것이다.

신고납입(申告納入)

특별징수의무자가 징수한 지방세의 과세표준액 및 세액을 신고하고 동시에 신고한 금액을 납입하는 것을 말한다(지방§1 ① Ⅹ). 여기에서 그 납입할 지방세를 납입금이라고 한다.

신고 또는 고지의무위반범(申告 또는 告知義務違反犯)

조세범처벌법 제13조 제2호의 규정에서 「법에 의한 신고 또는 고지에 있어서 고의로 이를 태만하거나 허위의 신고 또는 고지를 한 자」라고 하여 각 세법에다 공정하고 정확한 과세를 실현하기 위해 국가가 납세의무자 기타 관계자에게 각종 신고나 고지를 일정한 법정기일 내에 이행할 의무를 규정하고 있다. 이러한 의무규정을 납세의무자나 기타 관계자가 기피 또는 태만했을 때는 그 행위 자체로는 국가의 재정권을 침해할 우려가 있는 행위에 대해서는 질서범으로 처벌할 필요가 있는 것이다.

신고불성실가산세(申告不誠實加算稅)

소득세법·법인세법상 과세표준은 소정기한 내에 신고하도록 되어 있는데 이 신고를 하지 않았거나 신고한 금액이 신고해야 할 금액에 미달하는 경우에는 산출세액에 일정한 비율을 곱하여 얻은 금액을 그 산출세액에 가산하여 징수하기로 되어 있다. 이 경우에 가산하는 세를 신고불성실가산세라 한다.

신고조정(申告調定)

결산시에 수익 또는 비용으로 계상되지 않은 익금 또는 손금을 세무조정에 의해 과세소득에 반영하는 것

신용장(信用狀)

신용장이란 은행이 고객(수입상 또는 해외여행자)의 의뢰에 응해서 금액·기간 등 일정조건하에 그의 신용을 보증하기 위해 발행하는 보증서로서, 외국수출상 또는 해외여행에서 여행자 자신이 신용장 발행의뢰인이나 신용장 발행은행 앞으로 발행한 환어음을 인수·지급할 것을 보증함으로써 당해 환어음의 매입을 다른 은행에 의뢰한 소개적 보증서이다.

신용장의 취지는 신용장 발행은행에 있어서 어음상의 책임을 보증하는데 있는 것이므로 신용장에 의거해서 발행되는 어음은 어음발행인의 입장에서 뿐만 아니라 어음 매입은행의 입장에서도 가장 확실성있는 것이라고 할 수 있다.

신주발행비(新株發行費)

신주발행비란 주식회사가 증자를 할 때 들어가는 신주발행수수료 등의 비용을 말한다. 이에는 주식공모를 위한 광고비, 주권의 인쇄비, 금융기관의 수수료, 변경등록세 등이 포함된다.

현행 세법은 신주발행비를 주식 발행가액에서 차감하도록 하고 있다.

신주인수권(新株引受權)

신주를 발행하는 경우에 우선적으로 주식을 인수하는 권리를 말한다. 상법 제418조 제1항에 의하면 주주는 정관에 다른 규정이 없으면, 주주 각각이 가진 주식의 수에 따라서 신주를 배정받을 권리가 있다. 주주는 법률의 규정에 따라서 당연히 신주인수권을 가지며, 주주 아닌 제3자의 신주인수권은 정관에 규정이 있어야 하는 것이다.

실명거래(實名去來)

실명거래란, 실지명의에 의해 금융거래를 하는 것, 즉 주민등록번호나 사업자등록번호 등에 의해 금융거래하는 것을 말한다.

이것은 실명에 의한 금융거래를 실시하여 금융거래의 정상화를 기함으로써 국민경제의 건전한 발전을 도모할 것을 목적으로 하며, 이를 위해 금융실명거래및비밀보장에관한긴급재정경제명령(1993년 8월 13일 대통령긴급경제명령 제16호)이 제정·시행되고 있다.

세법은 실명에 의하지 않은 금융자산소득에 대한 소득세를 실명에 의한 금융자산소득보다 높게 차등과세하고 있다.

실적과세와 예정과세(實績課稅와 豫定課稅)

사업기간이 경과한 다음 과거의 소득을 과세표준으로 하는 것을 실적과세라 하고, 일단 미확정소득을 과세표준으로 하여 조세를 부과한 다음 실적에 의해 과납이 있으면 반환하고 부족하면 추징하는 제도를 예정과세라고 한다. 우리나라는 실적과세 제도를 채택하고 있다.

실제의 내용연수(實際의 耐用年數)

세법상 고정자산의 내용연수를 법정하여 소정의 상각률에 따라 감가상각계산을 하도록 규정하고 있지만 이 내용연수는 다만 그 상각률 적용을 규제하는 것이지 당해 자산의 사실상의 내용기간과는 일치하지 않는다. 이와 같이 법문상의 내용연수를 법정내용연수라 하고 실제 그 자산의 내용기간을 실제의 내용연수라 한 것이며, 이는 세무계산상 아무런 영향을 받지 않는다.

실지조사결정(實地調査決定)

실지조사란 실지로 기업이 비치하고 있는 장부 및 증빙서류 등의 전반적인 회계기록내용을 실질적으로 대사확인(對査確認)하여 정확한 과세표준을 결정하는 조사방법을 말한다. 납세의무자가 세무당국에 신고한 금액과 내용이 항상 사실과 일치한다면 구태여 조사할 필요가 없지만 그렇지 못하기 때문에 실지조사로써 정확한 과세표준을 조사 결정하고 또 기업에 대한 세무회계의 지도에도 이바지하고 있는 것이다.

실질과세의 원칙(實質課稅의 原則)

소득이 누구의 것인가(소득의 귀속)하는 판정은 소득세와 법인세가 개인 또는 법인을 납세의무자로 지정하는 문제인 만큼 그것은 과세의 기본사항의 하나가 된다. 이 판정은 소득세에 있어서는 수입루트에 의하여 판정의 기준을 삼고 있다.

그러나 만일 이러한 소득에 대해 명의만을 존중하여 과세한다면 소득이 없는 자에게는 과세하고, 소득이 있는 자에게는 비과세하는 결과가 되고 만다.

따라서 명의와 실질과의 불일치에서 오는 과세상의 불공평을 시정하기 위해서 세법은 실질적 과세의 귀속자가 명의인 갑 이외의 을인 경우에는 명의인 갑에게 과세하지 않고 실질소득자 을에게 과세하도록 규정하고 있다.

실질재고조사(實質在庫調査)

실질재고조사는 결산기말 또는 기타 정기로 재고조사를 하고 재고품의 종류마다 그 실제재고를 조사하여, 기말재고조사량을 간접적으로 추정계산하는 방법이다. 이는 재고조사법(Inventory Method)이라고도 한다.

이 방법은 장부재고조사법과 같이 재고품수급의 과정이 기록되지 않아서 감손량·감모량은 당기간의 소비량에 합산하게 되어 구별할 수 없다는 결점이 있다.

실질적 재산세(實質的 財産稅)

재산 자체를 세원으로 하는 재산세를 말한다.

과세물건은 재산이지만 세원은 재산 그 자체가 아니라 재산에서 생기는 소득인 것을 명목적 재산세 또는 형식적 재산세라고 하며 실질적 재산세는 전시(戰時)나 기타 비상시에 1회에 한해 부과되며 세율도 높고 재산자체를 세원으로 한다.

심사청구기간(審査請求期間)

심사청구는 처분이 있은 것을 안 날(처분의 통지를 받은 때에는 그 받은 날)로부터 90일 내에 해야 한다. 다만, 이의신청을 거친 후 심사청구를 하고자 할 때에는 이의신청에 대한 결정의 통지를 받은 날(결정의 통지를 받지 못한 경우에는 결정기간이 경과한 날)로부터 90일 내에 해야 하며 심사청구인은 사유가 인정될 경우 90일 내에, 심사청구를 할 수 없는 경우에는 그 사유가 소멸한 날로부터 14일 이내에 심사청구를 할 수 있다.

심사청구절차(審査請求節次)

심사청구는 법에 규정한 사항을 기재한 심사청구서에 불복의 사유를 갖추어 당해 처분을 하거나 했어야 할 세무서장을 거쳐 국세청장에게 해야 하는 절차를 말한다(國基§62 ①).
심사청구에 기재할 사항은 다음과 같다.
(1) 청구인의 주소 또는 거소와 성명
(2) 처분이 있은 것을 안 연월일(처분통지를 받은 경우에는 그 받은 연월일)
(3) 통지된 사항 또는 처분의 내용
(4) 불복의 사유

심판청구(審判請求)

국세기본법에서는 종전의 3할제(구국세심사청구법에 있어서는 재조사청구, 심사청구, 재심사청구의 3심제)에서 2심제로 단축하여 권익의 구제에 있어 신속을 기하도록 했다. 즉, 1심은 원칙적으로 국세청에서 심사하도록 하고 2심인 최종심은 집행기관인 국세청과 분리된 재무부장관 소속하의 독립기관으로 새로이 설치된 국세심판소에서 심판하도록 했다(國基§67 ①).

심판청구는 심사청구에 대한 결정의 통지를 받은 날(결정의 통지를 받지 못한 경우에는 심사청구를 받은 날)로부터 60일 이내에 해야 하며(§68), 국세심판소장은 심판청구의 내용이나 절차가 적합하지 않을 때에는 직권으로 보정하거나 상당한 기간을 주어 보정을 요구할 수 있으며 이 기간은 심판청구기간에 산입하지 않도록 되어 있다.

쌍벌규정(雙罰規定)

양벌규정이라고도 한다. 법인의 대표자나 법인 또는 개인의 대리인, 사용인 기타의 종업원이 그 법인 또는 개인의 업무 또는 는 재산에 관해 일정한 위법행위를 했을 경우 그 직접행위자를 벌하는 것 외에 그 법인 또는 개인도 벌하는 제도이다(租犯§8).

○

안분계산(按分計算)

소득금액계산상 원천이 다른 소득이 둘 이상 생겨서 그 발생원천별로 구분하여 계산할 필요가 있을 경우, 익금 또는 손금의 소속이 불분명한 것을 결정의 방법에 따라 배부하는 계산을 안분계산이라고 한다. 주로 조세의 감면상 감면소득과 비감면소득이 있을 경우에 발생하게 된다.

압류(押留)

압류란 체납처분의 제1단계가 되는 행정처분으로서 국세채권의 강제징수를 위해 체납자의 특정재산에 대해 법률상 또는 사실상의 처분을 금하고 그 재산을 환가할 수 있는 상태에 두는 처분을 말한다. 압류는 체납자의 의사에도 불구하고 경우에 따라서 수색, 출입제한 등 강제적인 처분권도 행사하면서 세무공무원이 집행하는 강제절차이다.

압류금지재산(押留禁止財産)

체납자의 재산일지라도 체납자의 최저생활의 보장, 정신적 생활의 존중 등의 이유에서 일정재산에 대해서는 압류를 금지하고 있다.

국세징수법에 의해 압류할 수 없는 재산으로 규정된 것은 다음과 같다(國徵§31).

(1) 체납자와 동거가족의 생활상 없어서는 안될 의복·침구·가구와 주방기구

(2) 체납자와 동가가족이 필요로 하는 3개월간의 식료와 연료

(3) 실인(實印) 기타 작업에 필요한 인장(印章)

(4) 제사·예배에 필요한 물건, 명비(名碑)와 묘지

(5) 체납자 또는 그 동거가족의 상사(喪事)·장례에 필요한 물건

(6) 족보 기타 체납자의 가정에 필요한 장부·서류

(7) 직무상 필요한 제복·법의

(8) 훈장 기타 명예의 증표

(9) 체납자와 그 동거가족의 수학상 필요한 서적·기구

(10) 발명 또는 저작에 관한 것으로서 공표되지 않은 것

(11) 법령에 의해 급여하는 사망급여금과 상이급여금

(12) 의료조산의 업(業) 또는 동물진료업에 필요한 기구, 약품, 기타 재료

압류대상재산(押留對象財産)

압류할 수 있는 재산은,

(1) 재산을 압류하는 때에 있어서 체납자에게 그 권리가 귀속하고 있는 재산이라야 한다.

(2) 압류의 대상이 되는 재산은 이를 압류하여 환가하고 그 매각대금을 국세채권에 충당하는 것이므로 금전적 가치가

있는 것이라야 한다.

(3) 재산체납처분에 의한 압류재산의 환가방법은 매각과 추심이기 때문에 압류의 대상이 되는 재산은 양도성이 있다든가 추심할 수 있는 재산이라야 한다. 따라서 상속권·부양청구권·위적료청구권(慰籍料請求權) 등 체납자의 신상에 전속된 권리는 압류의 대상이 되지 않는다.

압류의 요건(押留의 要件)

(1) 납세자에 관해 다음 요건에 해당하는 것이 있는 경우에는 세무공무원은 국세수입의 확보를 위해 그의 재산을 압류할 수 있다.

① 납세자가 독촉장(납부최고서를 포함한다)을 받고 지정된 기한까지 국세와 가산금을 완납하지 않은 때

② 납기 전 징수(國徵§14)의 규정에 의해 납세자가 납기 전에 납부의 고지를 받고 지정된 기한까지 완납하지 않은 때

(2) 세무서장은 납세자에게 다음 각호에 해당하는 사유가 있어, 국세를 확정한 후에는 당해 국세를 징수할 수 없다고 인정되는 때에는 국세로 확정되리라고 추정되는 금액의 한도 안에서 납세자의 재산을 압류할 수 있다(同§2).

① 국세의 체납으로 체납처분을 받은 때

② 지방세 또는 공과금의 체납으로 체납처분을 받은 때

③ 강제집행을 받은 때

④ 파산의 선고를 받은 때

⑤ 경매가 개시된 때

⑥ 법인이 해산한 때

⑦ 국세를 포탈하고자 하는 행위가 있다고 인정되는 때

⑧ 납세관리인을 정하지 않고 국내에 주소 또는 거소를 두지 않게 된 때

(4) 세무서장은 (2)에 의해 재산을 압류하고자 하는 때에는 미리 지방국세청장의 승인을 얻어야 한다.

(5) 세무서장은 다음 각호에 해당하는 때에는 (2)의 규정에 의한 재산의 압류를 즉시 해제해야 한다.

① (4)의 규정에 의한 통지를 받은 자가 납세담보를 제공하고 압류해제를 요구한 때

② 압류를 한 날로부터 3월이 경과할 때까지 압류에 의해 징수하고자 하는 국세를 확정하지 않은 때 다만, 세무서장이 3월 이내에 국세를 확정할 수 없는 부득이한 사유가 있어 지방국세청장의 승인을 얻은 경우에는 압류를 한 날로부터 6월이 경과할 때까지 당해 국세를 확정하지 않은 때

압류의 일반적 효력(押留의 一般的 效力)

체납자의 재산에 대해 체납처분에 의한 압류를 한 때에는 다음과 같은 효력을 발할 수 있다.

(1) 처분금지의 효력

압류는 체납자의 특정재산의 법률상 또는 사실상의 처분을 압류채권자와의 관계에 있어서 상대적으로 금지하는 효력이 있다. 따라서 압류 후 그 재산의 양도 또는 지상권 등의 법률상 처분은 그 당사자간에는 유효하지만 압류

채권자인 국가에는 대항하지 못하는 것이다.

(2) 시효중단의 효력

압류는 압류에 관계되는 국세채권의 징수권에 대한 시효
중단의 효력이 있다.

(3) 종물(從物)에 대한 효력

민법상 종물은 주물의 처분에 따르게 되어 있다(민법§100
①). 따라서 주물을 압류했을 때에는 그 압류의 효력은
종물에까지 미친다.

압류재산선택(押留財産選擇)

체납자의 재산을 압류할 때 어떠한 재산을 선택하느냐에 관
해서는 오로지 세무공무원의 권한에 속하는 것이지만 그 선택
에 있어서는 다음에 게기하는 사항에 유의해야 하며 압류대상
재산에 대해 체납자가 지정하여 제공하는 경우에는 압류사항
에 비추어 체납처분의 집행에 지장이 없는 한 그 제공한 재산
을 압류하는 것이 타당하다.

(1) 제3자의 권리를 해하지 않는 재산일 것
(2) 환가에 사용한 재산일 것
(3) 보관 또는 운반에 편리한 재산일 것
(4) 체납자의 생활유지 또는 사업에 지장이 적은 재산일 것
(5) 징수하고자 하는 국세채권에 충당될 만한 재산일 것

압류재산의 매각(押留財産의 賣却)

국세채권은 금전납부를 목적으로 하는 것이다. 따라서 국세

채권의 충당을 위해 압류한 재산은 통화 또는 금전으로 추심할 수 있는 것을 제외하고는 공매나 수의계약(隨意契約)의 방법에 의해 금전으로 환가(換價)해야 한다(國徵§61, 62).

체납처분은 압류에 의한 압류재산의 처분권(自力執行權)의 행사로서 매각하는 공법상의 행정처분이다.

행정처분으로서의 매각처분은 체납자의 의사에 의하지 않고 강제적으로 그 권리의 이전이 생기도록 하지만 매수인이 권리를 취득하는 관계는 사법상의 매매와 유사하여 승계취득이 된다.

압류재산의 사용·수익(押留財産의 使用·收益)

세무공무원은 압류한 동산을 체납자 또는 그 동산을 사용하거나 수익할 권리를 가진 제3자에게 보관하게 할 경우에는 그들의 신청에 의해 그 동산의 사용 또는 수익을 하게 하더라도 국세징수에 지장이 없다고 인정된 때를 제외하고는 그 사용 또는 수익인을 허가할 수 없다(國徵§39). 이에 의해 사용 또는 수익의 허가를 받은 자는 선량한 관리자의 주의 의무를 다해야 하며 세무서장의 인도요구가 있을 때에는 지체없이 이에 응해야 한다.

압류조서(押留調書)

세무공무원은 체납자의 재산을 압류했을 때에는 소정사항을 기재한 압류조서를 작성하고, 이에 서명(기명)날인해야 한다(國徵§29). 서명이란 세무공무원 자신이 그 성명을 기명하는 것을 말하며, 기명이란 서명에 갈음하여 명함·등사·인쇄 등에 의해 그 성명을 표시하는 것을 말한다.

압류채권의 추심(押留債權의 推尋)

세무공무원은 채권을 압류하고 제3채무자에게 그 통지를 했을 때 추심권을 취득하므로 추심에 필요한 권리의 체납액을 한도로 해서 채권자(체납자)에 대위하여 행사할 수 있다(국징 §43).

따라서 최고수급명령의 신청급부의 소의 제기, 배당요구, 파산절차 또는 회사정리절차에의 참가, 담보권의 실행, 보증인에 대한 청구 등의 행위를 할 수 있지만 그 대위에 있어서 채무의 면제, 양도, 변제기한의 변경 등 추심의 목적을 넘는 행위는 할 수 없다.

압축기장충당금(壓縮記章充當金)

국고보조금, 공사부담금, 보험차익으로 취득한 감가상각자산 이외의 자산을 손금산입할 때

양도담보권자의 물적 납세의무 (讓渡擔保權者의 物的 納稅義務)

납세의무자가 국세를 체납한 경우, 납세의무자가 양도한 재산으로서 양도담보의 목적이 되어 있는 재산이 있을 때에는 그 者의 재산에 대해 체납처분을 집행해도 징수할 금액에서 모자랄 때 양도담보재산에서 납세의무자의 국세를 징수하는 것을

말한다.

양도담보재산(讓渡擔保財産)

납세의무자가 그 재산을 양도하는 것과 동시에 당사자간의 계약에 의해 실질적으로 양수인에 대한 채권담보의 목적이 된 재산을 말한다.

양도소득(讓渡所得)

양도소득은 자산의 양도로 인해 발생하는 소득을 말하는데, 이에 대한 과세는 자산의 가치상승에 따라 자산소유자에 귀속되는 증가익을 소득으로 하여 그 자산이 소유자의 지배를 떠나 타인에게 이전되는 것을 기회로 과세하는 것이라고 보아야 한다.

여기에서 양도라는 것은 자산에 대한 등기에 관계없이 매도, 교환, 법인에 대한 현물출자 등으로 인해 그 자산의 소유권이 유상으로 사실상 이전되는 것을 말한다.

양도소득금액계산(讓渡所得金額計算)

양도소득금액 = 양도가액－필요경비－장기보유특별공제

양도소득금액과세표준(讓渡所得金額課稅標準)

양도소득세과세표준 = 양도가액－필요경비－장기보유특별
공제－소득공제

보유기간이 2년 미만인 자산과 미등기양도자산의 경우에는 소득공제 및 장기보유특별공제액을 공제하지 않는다.

양도소득 장기보유 특별공제액 (讓渡所得 長期保有 特別控除額)

양도소득 장기보유 특별공제액은 토지·건물(비등기양도자산 제외)로서 보유기간이 3년 이상인 것에 한하여 양도차익에 일정비율을 곱하여 계산한다.

양벌주의(兩罰主義)

범죄의 행위자 외에 그 범죄에 대한 책임자가 있을 경우 그 행위자와 책임자를 다같이 벌하는 것을 말한다.

조세범처벌법 제3조에는 행위자 처벌을 원칙으로 하되 행위자가 속하는 기업의 경영주체에 대해서도 책임벌을 과하게 되어 있다. 더구나 행위자는 정상에 따라 그 형이 감면될 수 있으므로 책임벌이 주된 처벌의 주체가 되는 것이다.

양허세표(讓許稅表)

GATT(관세 및 무역에 관한 일반협정)의 가맹국간에 약정한 부속관세율표를 양허세표라 한다. 이 양허세표에 의한 양허세율은 GATT의 체약 또는 가입에 즈음하여 관세장벽을 제거하기 위해 체약제국이 상호양허한 저관세율로서 다른 체약국의 원산품 또는 특혜대우를 받을 자격이 있는 영역의 원산품에 대해서는 양허관세율을 초과하는 수입세를 부과하지 않는다. 그러나 수출세는 양도의 대상이 되지 않는다.

역진세율(逆進稅率)

역진세율이란 소득액 또는 재산액이 적어짐에 따라 이에 대한 조세의 비율이 점차 증가하는 세율을 말한다.

소득액 또는 재산액이 적을수록 세율 자체가 커지는 조세는 통상 존재하지 않는다고 볼 수도 있지만 가령 생필품 등과 같은 것은 소득액에 상관없이 대부분이 소득액 거의 동일량을 소비하기 때문에 소비세부담도 동일하게 된다. 이런 경우 소비세액은 일정하지만 소득에 대한 조세비율은 소득이 많은 자에 비해 소득이 적은 자가 높아 역진세의 작용이 생기게 되는 것이다.

연대납세의무자(連帶納稅義務者)

민법상 연대의무는 개인간의 계약에 기인한 것이고 공유물에 대해서는 그 지분에 반해 공동사업에 있어서는 그 손익분배비율 등에 의해 그 부담을 충당하는 것으로 원칙을 삼고 그 사이에는 연대관계는 없다. 그러나 국세의 채권·채무관계가 법률의 규정에 기인하여 성립, 확정되는 특수성이 있고 확정된 국세채권의 확보를 용이하게 하기 위해 특정의 경우 국세에 대해 연대채무관계가 성립하는 것으로 규정하고 있다.

국세의 연대의무의 내용에 관해서는 각 연대채무자에 대한 이행청구, 채무자에게 생긴 무효·취소, 이행청구의 절대적 효력, 면제의 절대적 효력, 소멸시효의 절대적 효력, 효력의 상대

성 원칙, 출손채무자의 구상권, 구상요건으로서의 통지, 상환무
자력자의 부담부분 등의 규정을 준용하도록 하고 있다.

연로자공제(年老者控除)

국내에 주소를 둔 자의 사망으로 인해 상속이 개시된 경우에
상속개시당시 피상속인의 상속인 중 60세 이상의 연로자가 있
는 경우에는 1인당 3천만원을 상속세의 과세가액에서 공제해
주는 것을 말한다.

연말정산(年末精算)

연말정산은 소득세제가 종합소득세제로 전환한 데서 과세기
간 동안의 근로소득을 종합해 이에 대한 소득세를 정산하려는
데 그 목적이 있으며, 갑종근로소득자의 신고납세제도의 절차를
생략하기 위해 근로소득의 지급자(원천징수의무자)가 다음연도
1월의 근로소득을 지급할 때에 근로소득자 개인별로 매월분 근
로소득에 대한 징수세액의 합계액을 연간근로소득에 상응하는
소득세액으로 정산하여 과부족액을 정산하는 것을 말한다.

연부연납(年賦延納)

연부연납은 조세의 일부를 법정신고기한을 경과해서 납부할
수 있도록 그 기간을 연장해 주는 연납의 한 종류로 조세를 장
기간에 걸쳐 나누어 납부할 수 있다.

납세의무자가 납세자금을 준비하는 시간을 연기해 주는데 그

목적이 있으며 상속세법·자산재평가법 및 토지초과이득세법에서 규정하고 있다.

　연부연납은 징수유예와는 구별되는 것이며 연부연납기간 중에는 소멸시효가 진행되지 않는다.

연불조건부 양도손익(延拂條件附 讓渡損盆)

　연불조건부 양도라는 것은 상대방의 지급능력을 개별적으로 감안하여 대금을 부불방법(賦拂方法)에 따라 회수하는 것을 말하며 단순한 대금의 지불유예라고 할 수 있다. 원칙적으로 통상의 양도와 같이 과세해야 하지만 연불기간이 장기간에 걸치게 되면 조세 부담면에서 무리한 과세가 되기 때문에 부불기간이 장기인 경우에 연불조건을 용인하고 있다.

연불판매(延拂販賣)

　연불판매는 일반적으로 법인이 소유하는 자산의 판매나 용역 또는 건설을 한 경우에 일반 외상판매와는 달리 미리 정해진 일정한 약관에 의해 연불로 그 대금을 영수하기로 하고 판매하는 방법을 말한다.

　연불판매에 있어서 그 익금액의 측정방법은 연불판매계약서에 의하게 되며, 그 익금에 대한 인식기준은 당해 목적물의 인도, 대금의 영수와는 관계없이 연불조건에 따라 당해 사업연도에 입금되어야 할(수령하였거나 수령할) 부금의 액을 기준으로 해서 계산하게 된다.

영구세(永久稅)

법률의 규정에 의해 현실적으로 시행되고 있는 조세는 법률의 개정 또는 폐지에 의하지 않는 한 현행 법률의 규정 내용이 그대로 장래에 계속된다. 이것을 영구세라 하며, 이에 대해 세율 및 기타 필요한 사항을 매년 결정하는 제도를 취하는 것을

영농상속공제(榮農相續控除)

국내에 주소를 둔 자의 사망으로 인하여 상속이 개시된 경우에, 농지·초지·산림지의 소재지와 동일한 시·군·읍·면에 거주하는 자로서 상속개시일 2년 전부터 직접 농업에 종사해 온 피상속인의 상속재산가액에 다음의 재산가액이 포함된 때에는 상속세과세가액에서 이를 공제한다.

(1) 지방세법의 규정에 의하여 농지세과세대상이 되는 9천평 이내의 농지
(2) 초지법의 규정에 의한 4만5천평 이내의 초지
(3) 산림법의 규정에 의한 보전임지(保全任地) 중 영림계획 또는 특수개발지역사업에 따라 새로이 조림한 기간이 5년 이상인 9만평 이내의 산림지
(4) 농어촌개발특별조치법에 의한 영농조합법인의 출자지분으로서 기준면적 이내의 것

연세주의(年稅主義)라고 한다.

영리회계(營利會計)

비영리회계와 반대되는 개념으로 영업을 목적으로 하는 회사

등의 회계, 즉 기업회계를 말한다. 단지 회계라고 하는 경우는 영리회계를 지칭하는 것이다.

영수증(領收證)

세법은, 소매업·음식점업(다과점업을 포함), 숙박업·목욕업·이미용업·여객운송업 및 입장권을 발행하여 영위하는 사업자와 공급받는 자, 그리고 소관세무서장의 지정에 의하여 금전등록기를 설치하고 재화·용역을 공급하는 사업과 주로 사업자가 아닌 소비자에게 재화·용역을 공급하는 자에게 부가세액을 기재하지 않은 계산서를 교부하도록 하고 있는데, 이것이 영수증이다(附價§16 ②, 附令§55).

영세율 등 조기환급(零稅率 등 早期還給)

영세율 등 조기환급은 정규환급이 과세기간별 확정신고기한 경과 후 30일 내에 환급이 이루어지는 데 대해 수출사업자 또는 사업설비에 투자한 사업자의 자금부담완화를 위해 인정되는 제도이다.

즉, 예정신고기간중 또는 과세기간 최종 3월 중 매월 또는 매 2월마다 해당사업자의 조기환급신고에 따라 미리 환급해 주는 제도를 말한다.

사업자가 영세율 등 조기환급을 받고자 하는 경우에는 당해 조기환급신고기간 종료일로부터 25일 내에(부가가치세신고서에 당해 기간분의 세금계산서와 영세율 등 첨부서류를 함께 제출해야 하며 사업설비에 투자한 사업자는 사업설비투자명세서도

같이 제출함) 신고하며 관할세무서장은 영세율 등 조기환급신
고기한 경과 후 15일 내에 사업자에게 환급해야 한다.

영업손익계산(營業損益計算)

매출액에서 매출원가를 공제하여 매출총이익을 산출하고, 여
기서 판매비 및 관리비를 공제하여 영업손익을 산출하는 계산
과정을 말한다. 영업손익계산의 결과 산출된 손익액을 영업손익
이라고 하는데 이것은 주영업활동의 결과이기 때문에, 이 손익
의 비교나 매출액에 대한 비율은 경영자나 재무제표의 이용자
에게 유익한 판단자료가 된다.

영업양도(營業讓渡)

사업관계를 포함한 재산적 조직체로서의 영업을 채무계약에
의해 타인에게 이전하는 것이다.

이 양도계약은 소유권 이전계약과 같은 물권적 계약이 아니
고 채권적 계약이다. 이 계약에 의해 양도인은 당해 조직체를
구성하는 개개의 물건 또는 권리의무나 사실관계를 개별로 이
전하는 의무를 지고, 이 의무의 이행에 의해 영업이 양수인에게
이전된다.

영업외 수익(營業外 收益)

재무제표에서는 영업외 수익에 대해 「영업외 수익은 수입이
자와 할인료, 유가증권이자, 수입배당금, 수입지대, 집세, 유가증

권매출이익, 유가증권평가이익, 매입할인, 기타 잡수입 등으로 구분하여 기재한다」고 규정하고 있다. 즉, 영업외 수익이라 함은 수익총액 중 영업수익 외의 금액을 말하는 것이다.

영업이익(營業利益)

기업의 주된 영업활동으로부터 생기는 수익과 비용의 차액을 영업이익이라고 한다.

영업 전반에 걸친 비용을 매출 총이익에서 공제하여 산출되는 영업이익은 그 기업의 수익력을 보는 데서 제일 중요시 되는 항목이다. 손익계산서에 있어서도 영업손익계산의 구분 중에서 매출총이익을 표시하고, 다음으로 판매비 및 관리비를 공제하여 영업이익을 표시하는 것을 제일로 중요시 한다.

영업이익률(營業利益率)

총매출액에서 매출원가를 감산한 것이 매출총이익이고, 다시 관리비와 판매비용을 제한 것이 영업이익인데 이의 총매출액에 대한 비율이 영업이익률이다.

매출총이익률이 회사의 판매마진을 나타내는 데 비해 영업이익률은 영업활동의 수익성을 나타낸다. 이 두 가지의 이익률은 매출원가와 관리비 및 판매비의 크기를 측정하여 지표로 이용되고 있다.

영업지출비율(營業支出比率)

매출원가와 판매비 및 관리비의 합계액, 즉 영업비용의 총액을 영업수익의 총액으로 제한 비율이다. 기업 영업활동의 수익성을 분석하는 것으로 손익계산서비율 가운데 가장 중요한 것이라고 말한다.

영업비용의 영업수익에 대한 비율이기 때문에 이 비율은 낮을수록 좋다.

영치(領置)

범칙사건의 조사에 있어서 소유자·소지자 또는 보관자가 임의로 제출한 물건 또는 유류(遺留)한 물건의 점유를 법원이 취득하는 처분이다.

영치의 대상은 증거물이나 몰수 또는 몰취할 수 있다고 인정되는 유체동산이다.

세무공무원이 영치를 한 때에는 전말을 기재하여 입회인에게 확인을 시킨 후 그와 함께 서명날인해야 하고, 입회인이 서명날인을 거부하거나 할 수 없을 때에는 그 사유를 부기해야 한다. 영치물건은 조사원이 필요하다고 인정할 경우에는 그 물건의 반환요구가 있어도 범칙사건이 종결될 때까지 계속 영치할 수 있다.

예규통첩(例規通牒)

상급관청이 지휘하는 권한을 지휘권 또는 훈령권이라 하고 이 권한에 기하여 발하는 명령을 훈령이라고 하는데 훈령은 보통 예규통첩지시라고 한다.

　예규는 상급관청이 그의 소관기관 및 직원의 직무운영에 있어서 기본적이고 일반적인 사항을 명령할 때 취하는 형식이고, 통첩은 직무운영에 관한 세부적 사항·법령해석 등을 구체적 또는 개별적으로 시달할 때 취하는 형식이다. 그러나 둘 다 훈령의 범주내에 속하며 형식도 실무상 엄격히 구별되어 사용하는 것이 아니기 때문에 예규와 통첩은 통상 예규통첩이라고 호칭하고 있는 것이다.

예납기간(豫納期間)

　법인세는 각 사업연도를 과세기간으로 하는 것이나 각 사업연도의 기간이 6월을 초과하는 경우에는 각 사업연도 개시 날로부터 6월간을 예납기간으로 하여 예납적으로 법인세를 징수한다(법인§30).

예비비(豫備費)

　예산회계법 제21조는 「예측할 수 없는 예산 외의 지출 또는 예산초과지출에 충당하기 위하여 정부는 예비비로서 상당하다고 인정되는 금액을 세입세출예산에 계상할 수 있다」고 규정하고 있다.

　세입세출예산은 세입세출의 예정금액표이므로 이에 계상하는 제출은 예측할 수 있는 세출예산액임을 원칙으로 한다. 그런데 세출예산액은 말 그대로 예정액이기 때문에 세출에 예정한 경비부족이 발생하거나 또는 전혀 예정하지 않았던 경비를 필요로 하는 경우가 생기게 된다. 이 때 그 경비의 금액이 크거나 그 경비가 중요한 것일 때에는 당연히 추가예산 또는 경정예산을 편성하고 이를 국회에 제출하여 의결을 얻은 후에 소요경비를 지출해야 할 것이다. 그러나 국회 폐회중 특히 국회를 소집할 필요까지 없는 것에 대해서는 간단히 그 부족을 보충하는 방도를 강구할 필요가 있다. 이것이 예비비를 인정하는 이유이다.

예산과세(豫算課稅)

예산과세는 소득발생의 시기와 납세의 시기가 거의 일치하므로 경제상태가 불안정할 때에는 적합하지만 실질과세와는 달리 당해 연도의 중도에서 견적액 즉, 예상액을 기초로 하는 관계상 그 소득의 파악이 확실하지 못하다.

예산안심의확정권(豫算案審議確定權)

국회는 예산안을 심의·확정한다(憲§54 ①). 예산안심의확정권은 입법권과 함께 국회의 가장 중요한 권한이다. 정부는 예산안을 회계연도 개시 90일 전까지 국회에 제출하고, 국회는 회계연도 개시 30일 전까지 이를 의결해야 한다.

일단 예산이 성립한 후에 새로 생긴 사유로 인해 예산에 변경을 가할 필요가 있을 때에는 정부는 추가경정예산안을 편성해서 국회에 제출할 수 있다(§56).

예산회계법(豫算會計法)

이 법이 종전의 재정법과 다른 점은 첫째, 예산관계사무는 경제기획원장관이 관장하고 지출 및 회계관계사무는 재무부장관이 관장토록 이원화되었다는 것. 둘째, 정부기업에 대해서는 기업회계제도를 도입했다는 것. 셋째, 사업운영계획과의 관련하에 4분기제 예산배정계획과 월별자금계획제도를 채택하여 예산집행에 있어 계획성과 신속성을 도모했다는 것 등을 들 수가 있다.

오납(誤納)

납부할 국세채무가 없거나, 납부할 국세채무액을 초과해서 납부한 경우 또는 착오로 인해 이중으로 납부했을 경우 등 적법한 납부원인이 없이 국세가 납부된 경우를 말한다.

오락서비스업(娛樂서비스業)

연극·영화나 연예 등을 공중에게 관람시키거나 유기장(遊技場) 또는 유람소(遊覽所) 등을 설치해 공중에게 이용시키는 것을 업으로 하는 것을 말한다. 흥행업자가 극장 또는 흥행장을 일시적으로 대여하는 행위도 이에 포함된다(소득령§37 ① Ⅲ).

오버·론(Over loan)

은행의 대출잔고가 예금잔고보다 많은 상태를 말한다.

넓은 의미로는 시중은행의 여신액이 수신액보다 많아서 은행이 자금난에 빠져 있는 상태를 말한다.

오퍼레이팅 코스트(Operating Cost)

기업의 경영을 분석할 때 이익 패턴 분석을 위해 취하는 원가분류의 한 양태로, 「운전비」라고 해석하고 있다.

오퍼레이팅 코스트는 구체적으로는 각층의 경영관리자에 대한 보수지급·생산계획·구매품질관리 등의 생산관련적인 용역에 관한 경비, 회계·노사관계·기타의 용역 등과 같은 일반용역 및 영업활동에 대한 지출경비를 말한다. 이것은 런닝 코스트(Running Cost)라고 불리우기도 한다.

오프라인 시스템(Off-line System)

데이터를 라인에 얹어서 단말장치로부터 직접 컴퓨터에 접속하여 처리하는 온라인에 대해, 데이터를 일시 자기데이터 등으로 기억케 하고 그 후에 간접적으로 컴퓨터로 처리하는 방법을 말한다.

즉, 데이터를 한 군데에 모아서 일정한 시점에 처리하는 방법이다.

온라인 뱅킹 시스템(On-line Banking System)

은행·신용금고 등의 금융기관에서 자기디스크 장치 등, 대용량의 랜덤 액세스 파일을 가진 계산 센터의 컴퓨터와 지점이나 영업소의 창구에 설치된 단말장치를 전신회록(電信回線)으로 이은 온리얼 타임 시스템을 말한다.

금융기관의 온라인 시스템으로, 예금·대부·환 등의 처리를 즉시 처리할 수 있도록 고안되어 있다.

외국납부세액공제(外國納付稅額控除)

외국납부세액공제는 국제적인 이중과세를 방지하기 위해 만들어진 제도이다. 즉, 같은 물건에 대해 같은 종류의 조세를 국내와 국외에서 각각 과세하여 이중부담을 지우는 일을 방지하기 위한 것이다.

이중과세방지를 위한 조세조약을 체결하고 동시에 국내세법에서는 외국에서 과세된 조세에 대해 세액공제를 인정하는 것으로 이중과세를 방지하고 있는데 현재 우리나라에서는 소득세·법인세, 상속·증여세에 대해 외국납부세액공제가 인정되고 있다.

또 외국납부세액에 대해 손금 또는 필요경비에 산입할 수 있는 특례도 인정된다.

외국법인(外國法人)

외국법인이란 본점 또는 주사무소를 외국에 둔 법인으로서, 국내원천소득이 있는 경우에 한해 법인세를 납부할 의무가 있다(법인§1 ③).

내국법인에 비교하여 과세표준과 그 계산, 국내원천소득과 그 금액의 계산, 국내사업장 및 원천징수의 특례 등 특별규정을 두는 것 외에는 각 사업연도의 국내원천소득금액의 계산과 세율·신고·결정·징수 등은 모두 내국법인의 경우와 같이 적용하고 있다.

외국법인의 납세지(外國法人의 納稅地)

외국법인의 국내 사업장(법인§56)이 있는 법인과 부동산이 있는 법인에 한해 각 사업연도 소득에 대해 과세하고, 그러한 사업장과 부동산이 있는 외국법인은 그 사업장의 소재지와 부동산 소득을 얻는 부동산의 소재지가 납세지가 된다. 이런 경우 2개 이상의 국내사업장 또는 부동산을 가지고 있는 외국법인에 대해서는 그 주된 사업장의 소재지 또는 부동산의 소재지를 외국법인의 납세지로 한다(법인§7 ③).

외국항해선박소득(外國航海船舶所得)

외국을 항해하는 선박의 외국항행에서 생기는 소득에 대해서는 법인세 또는 소득세를 면제한다. 다만, 외국법인의 선박에 대해서 당해 외국이 우리나라의 선박에 대하여 동일한 면제를 하지 않을 경우에는 예외로 한다. 외국을 항해하는 선박의 외국항행의 영업은 부가가치세도 면제한다.

외국항행소득(外國航行所得)

외국항행소득은 외국항행사업에서 생기는 사업소득을 말한다. 외국항행사업에서 발생하는 사업소득에 대해서는 소득세가 면제된다. 그러나 거주자 중 우리나라의 국적을 갖지 않은 자와 비거주자에 한해서는 거주자인 우리나라 국민이 운용하는 선박과 항공기에 대해 그 외국에서 동일한 면제를 하는 경우에만 소득세가 면제된다(호혜주의원칙).

외부회계감사법인(外部會計監査法人)

주식회사에 대한 회계감사를 실시하여 회계처리의 적정을 기하고 이해관계자의 보호와 기업의 건전한 발전을 도모하기 위해 제정된 "주식회사의 외부감사에 관한 법률"(법률 제3297호)에 의해 독립된 외부의 감사인으로부터 감사를 받은 법인을 말한다. 외부감사대상법인은 직전연도 자산총액 70억원 이상인 경우에 한한다(주식회사의 외부감사에 관한 법률§2, 영§2 ①).

외환변동준비금(外換變動準備金)

통화가치와 환율의 안정을 위해 적용하는 제도의 하나로서 외환평형기금 또는 외환안정기금이라고도 한다.

외환변동준비금이 설정되어 있으며 계절적인 급격한 외환수급이 있을 때, 또는 투기적인 외환의 유출입에 의해 국내금융시장이 교란될 때 외환의 매매조정을 통해 환율을 적정선으로 유지할 수 있기 때문에 각국에서 널리 이용하고 있다. 우리나라에서는 외국환평형기금이라 불리우고 있으며 원화기금계정과 외화기금계정으로 구분하여 한국은행에 설치하도록 되어 있다.

외환차손(外換差損)

외환차손은 외화자산을 회수하거나, 외화부채를 변제할 때 발생하는 차손으로서 외화자산을 회수할 때 원화회수가액이 그 외화자산의 장부가액보다 낮은 경우, 또는 외환부채를 상환할 때 원화상환액이 그 장부가액보다 많은 경우에 발생하게 된다. 이것은 환율변동에 의해 발생하게 된다.

외환차익(外換差益)

외화자산을 회수하거나 외화부채를 변제할 때 발생하는 이익을 말한다. 즉, 외화자산을 회수할 때에 원화회수액이 그 외화자산의 장부가액보다 큰 경우 또는 외화부채를 상환할 때 원화상환가액이 그 장부가액보다 낮은 경우에 외환차익이 발생하게 되는 것이다.

이와 같은 외환차익은 환율의 변동으로 인해 발생하게 된다. 따라서 기업회계상 경상으로 발생한 외환차익에 대해서는 영업외수익으로 처리하게 되지만, 비경상적이고 비반목적으로 발생한 외환차금은 특별이익으로 회계처리를 해야 할 것이다.

우리사주조합(社株組合)

우리사주조합이라는 것은 다음 각호의 요건을 갖춘 단체를 말한다.

(1) 당해 법인의 모든 종업원을 대상으로 하여 결성되고, 다음 사항을 포함한 규약에 의해 운영되어야 한다.

① 입회 및 탈퇴에 관한 사항

② 주식의 취득 및 지분관리에 관한 사항

③ 주식의 예탁관리 및 양도제한에 관한 사항

④ 기타 조합의 운영에 관한 사항

(2) 당해 조합원이 취득한 그 법인의 주식은 그 취득일로부터 1년간 한국투자공사에 예탁하는 것일 것

(3) 위의 (1)의 종업원에는 임원과 그 법인에 계속 고용되지 않는 일용근로자는 제외된다.

(4) 중화학공업법인의 종업원이 조세감면규제법 제13조 제4
   항의 요건을 갖춘 특수회사의 주식을 취득하기 위해 결성
   한 종업원 단체가 위의 (1)의 요건을 구비했을 경우 우리
   사주조합으로 본다.

원가계산(原價計算)

보통 경영목적을 위해 원가를 결정하는 과정을 원가계산이라
고 하는데 원가회계와 같은 의미로 보는 경우가 많다. 최초에는
실사자산평가·이익산정과 가격결정을 위해 거의 공장원가만을
문제로 했는데 요즈음엔 그 관심이 원가관리·예산 기타 여러
가지 경영 용도상의 원가산정으로 이동되었고, 또한 그 범위도
관리비·판매비·비제조업의 원가 및 원가관리문제에까지 확대
되고 있다.

이러한 오늘날의 원가계산은 재무회계를 지원하는데 그치지
않고 그 자체의 독자적인 목적을 갖게 되었고 재무회계와는 독
립된 회계의 한 영역이 되고 있다.

원가법(原價法)

재고자산의 한 평가방법으로서 재고자산의 취득가액을 그 자
산의 평가액으로 하는 방법을 말한다.

즉 원가법은 재고자산의 평가기준을 취득원가에 두는 것인
데, 여기서 취득원가라 함은 그 자산의 취득가액에 취득에 필요
한 제비용을 더한 실제구입원가를 의미하며, 당해 자산을 제작
한 경우에 있어서는 제조원가·제작가격 등을 의미한다.

이러한 원가주의의 이론적 근거는 재고자산을 아직 실현되지 않은 장래의 수익에 대응시킬 비용의 선급으로 보는 데 있다.

원료과세·제품과세(原料課稅·製品課稅)

특별소비세는 간접세 중 소비세이므로 최종 소비단계에서 과세하는 것이 가장 이상적이겠지만 원료과세와 제품과세는 조세이론면, 징세비면, 과세물품확보면, 과세대상면, 공평과세면, 납세자의 자금면, 과세의 정확성 등에서 각각의 장단점을 찾아볼 수 있다.

현행 특별소비세법상 과세는 원료과세·반제품과세 및 제품과세로 하고 있으며, 稅收面에서는 원료과세와 반제품과세에 의한 비중이 크게 자리잡고 있다.

원천분리과세(源泉分離課稅)

이자소득·배당소득에 대해 소득이 있었던 것을 그 이자·배당소득에 대해 일정율의 원천과세를 받는 것으로 소득세의 과세관계를 완결짓는 제도를 원천분리과세라고 한다.

세법에서는 특정한 정책목적으로부터 이자소득과 배당소득 가운데 일정한 요건을 충족하는 것에 대해 일정기간을 한정해 소득자가 원천분리과세를 하게 하고, 그 외의 이자소득·배당소득은 종합소득금액에 포함하여 과세표준으로 하고 있다. 소득자는 원천분리과세를 유리한 쪽으로 선택할 수 있다.

원천징수(源泉徵收)

일반적으로 조세는 세무서장이 납세고지서를 발부하여 그에 따라 세금을 납부하는 데 반하여 세법에 규정하는 징수의무자가 거래를 할 때 그 거래시마다 법에 정해진 대로 거래 상대방의 세금을 징수하여 국고에 불입하는 제도를 원천징수라 한다.

원천징수는 그 성질에 따라서 완납적 원천징수와 예납적 원천징수로 구분할 수 있다.

원천징수납부불성실가산세(源泉徵收納付不誠實加算稅)

원천징수의무자 또는 비거주자의 국내원천소득에 대한 원천징수의 특례에 의해 원천징수해야 할 자가 세액을 기한내에 납부하지 않았거나 미달하게 납부한 경우 그 납부하지 않은 세액 또는 미달한 세액의 100분의 10에 상당하는 금액을 가산하여 세액으로 납부한다. 다만, 원천징수해야 할 자가 국가·지방자치단체 또는 시·군조합인 경우에는 예외로 한다(소득§182, 법인§41 ②).

원천징수납세지(源泉徵收納稅地)

법인세를 원천징수 할 때 납세의무자를 관할하는 세무서에 이를 납부하게 하면 혼란을 가져올 수 있기 때문에 원천징수세액의 납세지는 당해 원천징수의무자의 소재지로 한다(법인§7 ⑨). 원천징수의무자가 법인인 경우에는 그 법인의 본점소재지가 원칙상 납세지가 되고 본점의 소재지관할세무서가 다른 사업장에서는 원천징수한 각 사업장의 소재지를 납세지로 하게 된다.

월차손익계산서(月次損益計算書)

　매월 말에 그 달의 손익을 계산하고, 기업의 경영성적을 분명히 하기 위해 월차손익계산서를 작성한다. 이것은 내부적 목적으로 사용되며, 연차결산의 예비라는 의미뿐 아니라 경영성적을 단기적으로 명확히 하여 경영을 관리 통제하려는 목적을 가지고 있다.

월할경비(月割經費)

　보험료·동산·부동산임차료·감가상각비·세금 등과 같이 그 발생액이 비교적 장기에 걸쳐 총괄적으로 계산되는 경비로서, 월별로 분할하여 각 원가계산기간에 부담시키는 경비를 월할경비라고 한다.

　그 액이 1년 또는 수개월 단위로 정해져 있기 때문에, 그 월수로 나누어 1개월분의 경비액을 구한 것이다.

유가증권(有價證券)

　간단히 증권이라고도 하며, 일반적으로 유가물 내지 재산권적인 것이 증권화되어 있는 것을 의미한다. 증권제의 근본목적은 유통 이전을 용이하게 하는 것으로서, 대상인 유가물의 소유권을 종이 위에 표현함에 있는 것이다. 그러므로 유통이전을 목적으로 하지 않는다면, 설사 그것이 종이로 유가적인 것을 표현하고 있다 할지라도(예컨대, 입장권·승차권 등과 같은 것) 유가증권이라고 볼 수 없는 것이다.

이와 같은 유가증권은 그 경제적 성질에 따라서, 재정증권·통화증권·자본증권의 세 가지로 분류할 수 있다. 재정증권(재화증권)에는 창고증권·선하증권·화물인환증 등이 있고, 통화증권에는 수표·환어음·약속어음 등이며, 자본증권에는 주식·공채·사채 등이 있다.

유가증권 매각손익(有價證券 賣却損益)

유가증권을 매각한 경우에 생기는 매각가액과 장부가액의 차액을 말한다. 매각가액이 장부가액을 상회할 때는 매각익, 장부가액이 매각가액을 상회할 때는 매각손이 발생한다.

원칙적으로 유동자산에 속하는 일시적 소유의 유가증권에 관련한 것에 대해서는 영업외 수익(비용)에, 투자 유가증권에 관련한 것에 대해서는 특별손익에 계상된다.

유가증권 이전세(有價證券 移轉稅)

인지로 납세하는 영국의 조세인 유가증권 이전세는 그 이전이 증서의 작성을 수반하는 경우에만 부과된다. 이것은 무기명증권의 발행세가 기명증권의 그것에 비해 높기 때문이다.

유가증권 평가손익(有價證券 評價損益)

소유유가증권을 기말에 재평가하는 경우 평가액과 장부가액의 차액을 말한다. 유가증권의 평가법이 원가주의 또는 시가주의, 저가주의에 의하고 있는 현재의 회계에 있어서는 평가익은 사채의 경우를 제외하고는 일반적으로 발생하지 않는다.

　시가법에 의한 유가증권 평가손(익)에서 유동자산에 속하는 일시적 소유의 유가증권에 관련한 것은 영업외 비용(수익)에, 투자유가증권에 관련한 것은 특별손익에 계상한다(자본조정).

유권해석(공권적 해석)＜有權解釋(公權的 解釋)＞

　유권해석은 법을 해석할 권한있는 기관의 해석으로서 공적 구속력을 가진다. 이에는 다시 세 가지 종류가 있다.

(1) 입법해석

　법문으로 어떤 용어의 의의를 확정하여 놓는 것이다.

(2) 사법해석

　법원이 내린 해석으로 판결 속에 나타나는 것이 보통이다.

(3) 행정해석

　행정관청이 내린 해석으로 상급 행정관청은 법령의 집행에 있어 하급 행정관청에 대해 그 의의를 해석하여 훈령을 내리고 또는 하급관청의 신청 또는 질의에 대해 지령을 발한다.

유동부채(流動負債)

　단기부채라고도 하며 유동성이 강한 부채로 빠른 기일 내에 상각해야 할 부채이다. 장기부채였던 것이 기간이 임박하여 대차대조표 작성일로부터 1년 이내에 상환해야 하면 대차대조표에는 단기부채에 게기해야 한다.

유동자산(流動資産)

결산일로부터 기산하여 1년 이내에 환금화될 수 있다고 인정되는 일체의 자산이다.

이들 자산은 기업자본의 가치 순환속도가 극히 빨라 동일형태가 그대로 기업 내에 장기간 머물러 있지 않는다. 따라서 이것은 운전자산이라고 부르기도 한다.

유동자산 구성비율(流動資産 構成比率)

$$유동자산\ 구성비율 = \frac{각\ 유동자산재고}{총유동자산} \times 100$$

이 비율을 산출하는 것은 유동자산을 구성하는 현금예금 · 받을어음 · 외상매출금 · 재고자산 기타 유동자산이 각각 다른 성격을 가지기 때문에, 유동자산 총액을 유동부채 또는 기타의 계정숫자와 대비하는 것만으로는 그 실태파악이 불충분하게 되고 또 각각의 계정잔액 구성비율의 변화에 의해 안전성, 수익성에도 차이가 발생하기 때문이다.

유산세방식(遺産税方式)

유산세방식이란 상속세과세방식의 일종으로서 유산취득세방식에 대응되는 개념이다. 이것은 기본적으로 피상속인의 유산 전부를 과세대상으로 하고 유산의 분배상황에 따라서 세액이 좌우되지 않는 것이 특색이다.

유산세방식은 피상속인의 생전 과세누락분이 청산되는데 적합하고, 과세집행이 용이하다는 장점을 지니고 있다. 우리나라는 원칙적으로 유산세방식에 따르고 있다.

유산취득세방식(遺産取得稅方式)

유산취득세방식은 상속세과세방식의 일종으로서 유산세방식에 대응되는 개념이다. 이 방식은 유산을 취득한 각자의 지분별로 별도로 과세표준 및 세액을 산정한다.

유산취득세방식은 유산취득자 각자의 담세력에 대응하는 과세가 이루어질 수 있고, 부(富)의 집중을 억제할 수 있다는 장점을 가지고 있다. 일본이 원칙적으로 따르고 있는 방식이다.

유증 · 사인증여(遺贈 · 死因贈與)

(1) 유증 : 유언자가 유언에 의해 재산을 무상으로 양도하는 행위로서, 사인행위인 점에서 생전증여와 다르며, 단독행위인 점에서 계약인 사인증여와도 다르다.
수유자는 유증을 받고 싶지 않으면 포기할 수 있다(§ 1041).
(2) 사인증여 : 증여자의 사망으로 인해 효력이 발생하는 것으로서 생전에 미리 계약을 맺고 증여자의 사망을 효력발생요건으로 하는 증여를 말하는데(민§562), 상속세의 과세원인이 된다. 사인증여는 계약이므로 상대방의 승낙이 필요하다.

유지비(維持費)

유지비는 고정자산의 능률을 유지하기 위한 비용으로 일반적으로 수선비 계정에 계상된다.

또 그 사업연도의 수익에 대응되는 손금으로 인식되어 용인된다.

유형자산(有形資産)

고정자산 내의 물체로서 실체를 가지는 자산을 말하는 것으로, 일반적으로는 토지·건물·선박·차량운반구·기계장치나 기구비품과 같이 물리적 형태를 갖는 고정자산을 일컫는다. 건설중인 자산도 여기에 포함된 감가상각의 대상이 되는지의 여부에 의해 유형자산을 상각자산과 비상각자산으로 분류하기도 한다.

유형자산과 무형자산을 구분하는 주요목적은 그 자산으로서의 확실성에 있다.

육법(六法)

법의 기본이 되는 ① 헌법(1948년 7월 12일 제정. 1948년 7월 17일 공평. 총 130조) ② 형법(1953년 9월 18일. 법률 제293호. 총 372조) ③ 민법(1958년 2월 22일. 법률 제471호. 총 1118조) ④ 상법(1962년 1월 20일 법률 제1000호. 총 874조) ⑤ 형사소송법(1954년 9월 23일 법률 제341호. 총 493조) ⑥ 민사소송법(1960년 4월 4일 법률 제547호. 총 735조) 등의 6개의 법을 육법이라고 한다.

은행부기(銀行簿記)

은행부기는 영리부기의 일종으로서 그 특색은 현금식분개법에 있다. 즉 (1) 모든 거래를 현금거래로 간주하고, (2) 현금출납장의 종합장격인 일기장을 유일한 총계정원장분개장으로 하며, (3) 대체거래도 현금입금·현금출금거래로 분해하여 총계정원장의 현금계정에 기입하는 결과로써 회계시산표를 작성한다. 이 때, 현금계정의 차변누계는 현금을 제외한 기타 계정의 대변누계의 합계액과 같고, 현금계정의 대변누계는 현금을 제외한 기타 계정의 차변누계의 합계액과 같게 되므로 일종의 자체검사작용을 하게 되는 것이다.

을종근로소득(乙種勤勞所得)

외국기관 또는 미국군을 제외한 국제연합군으로부터 받는 급여와 국외에 있는 외국인 또는 외국법인으로부터 받는 급여.

의료비 공제(醫療費 控除)

근로소득이 있는 거주자(目備勤勞者를 제외한다)가 자기나 생계를 같이 하는 배우자 및 부양가족의 의료비가 당해 연도 총급여액 100분의 3을 곱해 계산한 금액보다 많은 경우에는 그 초과하는 금액을 당해 연도의 급여액(보험료 공제를 한 급여액을 말한다)에서 공제하는 것을 말한다.

의제매입 세액공제(擬制買入稅額控除)

제조업을 영위하는 사업자가 부가가치세를 면제받아 공급받은 농산물·수산물·축산물·임산물을 원재료로 제조·가공한 물품을 판매하는 경우에는 그 면제되는 물품의 가액에 업종별·종류별로 재무부령이 정하는 일정률을 곱해서 계산한 금액을 매입세액으로서 공제할 수 있는데, 이러한 제도를 의제매입세액공제라 한다(부가령§62 ①).

의제매입세액공제 규정을 적용받으려면 국세청이 정하는 바에 의해 면세로 공급받은 물품의 명세서를 예정·확정신고서와 함께 소관 세무서장에게 제출해야 한다(同§②).

의제반출(擬制搬出)

특별소비세의 과세는 제조장으로부터의 반출시, 또는 보세구역에서 인취(引取)하는 물품에 대해서는 수입신고시 발생되는 것이지만 다음과 같은 경우에는 이런 이유가 없어도 반출 또는 인취된 것으로 보아 특별소비세를 과세하게 된다.

  (1) 제조장 또는 보세구역 내에서 소비된 때
  (2) 제조장 또는 보세구역 내에 현존하는 것이 공매·경매 또는 파산절차에 의해 환가된 때

의제배당소득(擬制配當所得)

법인이 감자하거나 잉여금을 자본전입하는 경우 또는 법인이 해산하거나 합병하는 경우에 법인의 출자자가 그 법인으로부터 받는 경제적 이익이 있을 수 있는데, 이러한 경제적 이익을 의제배당소득이라고 한다.

단, 평가적립금의 자본전입에 따르는 무상주배당은 제외한다.

이연계정(移延計定)

본래는 비용 또는 수익적 성질의 것이나 기간손익계산의 필요에 의해 일시적 계산으로 자산 또는 부채의 항목으로 처리된 것을 말한다. 자산으로서의 이연계정에는 단순한 이연비용과 이연자산이 있으며, 부채로서의 이연계정에는 단순한 이연수익과 이연부채가 있는데 이들간의 구분을 명백히 하는 것은 매우 어려운 문제이다.

이연비용(移延費用)

본래 비용적 성질의 것이지만 기간손익계산의 필요에 의해 일시적으로 자산항목에 처리되는 것을 말한다. 따라서 이후 사업연도에 있어 시간적 경과에 의해 손금화되는 것으로서 전형적인 예로는 선급이자·선급보험료·선급임대료 등 선급비용이 있다.

이연자산(移延資産)

개인이나 법인이 지출한 비용 중 화폐적 지출의 효과가 다음 사업연도 이후까지 미치는 경우에는 이를 전액 당해 사업연도의 비용으로 계상할 수 없다. 이처럼 일정한 화폐적 지출의 효과가 다음 사업연도 이후까지 미칠 때, 그 지출액을 자산으로 처리하는 것을 이연자산이라고 한다.

이연비용이 단순히 시간의 경과에 따라 손금화하는 데 대하여 이연자산은 반드시 시간적 경과에 관련하지 않고 인위적으로 생각되어 만들어지는 일시적인 자산이다. 현행 법인세법은 사채발행비, 연구개발비, 사용수익기부자산 등을 규정하고 있다.

이월결손금(移越缺損金)

직전 사업연도의 결산손익금 중 처리되지 않은 결손금으로서 이후 사업연도의 잉여금 등에서 보전되는 것이다.

법인세의 과세표준액 계산에 있어서 이월결손금은 내국법인의 각 사업연도에 속하거나 속하게 될 손금의 총액이 그 사업연도에 속하거나 속하게 될 임금의 총액을 초과하는 경우에 그 초과하는 금액으로서 과세표준계산상 공제되지 않은 금액을 말한다(法人令§9 ①). 이월결손금은 먼저 발생한 사업연도의 결손금부터 차례로 공제된다.

이월결손금의 공제(移越缺損金의 控除)

비치기장한 장부에 의해 소득금액을 결정하는 자에 대해서는, 각 연도 개시일 전 5년 내에 개시한 연도에 발생한 결손으로서 그 후의 소득별 소득금액계산상 공제하지 않은 이월결손금은 당해 연도의 소득금액에서 공제한다.

이와 같은 이월결손금은 실지조사방법에 의해 결정된 결손금이며 먼저 발생한 연도의 이월결손금부터 순차로 공제한다(소득§58 ②, 令§113 ③).

이월익금(移越益金)

이월익금은 각 사업연도의 소득으로 이미 과세된 소득을 다시 당해 사업연도의 익금에 산입한 금액을 말한다.

이와 같은 이월익금은 비과세소득이 포함되었을 때 또는 면제되는 소득 등이 포함되었을 때도 이미 과세된 익금과 같이 계산한다.

이것은 동일한 소득에 대해 이중과세를 하지 않도록 하기 위해 이월익금으로 처리해서 당해 사업연도의 소득계산에서 공제해야 한다.

이윤분배율(利潤分配率)

부가가치에서 이윤이 차지하는 비율을 이윤분배율이라 한다.

$$\text{이윤분배율} = \frac{\text{순이익}}{\text{부가가치}} \times 100$$

기업활동의 성과로서 얻게 되는 부가가치의 분배는 가능한 한, 자본과 노동에 높은 수준으로 배분되는 것이 바람직하다.

이의신청(異議申請)

행정작용의 위법 또는 부당을 이유로 그 처방청에 대해 취소·변경을 위한 재심사를 구하는 절차이다.

국세기본법은 국세의 부과와 징수에 관해 위법 또는 부당한 처분이 있을 때는 처분을 한 당해 세무서장에게 재조사의 청구를 할 수 있도록 하고 있는데 이는 이의신청에 해당한다.

이익잉여금(利益剩餘金)

총자산에서 부채와 자본금을 공제한 잔액을 잉여금이라 하는데, 이익잉여금은 이익적립금·임의적립금(자산재평가적립금 재외) 또는 당기말 미처분이익잉여금과 같이 영업거래에서 발생하는 이익의 유보를 말하는 것으로 자본거래에서 나타나는(주식의 발행차금·감자차익·합병차익) 자본잉여금과는 다르다.

이자소득의 범위(利子所得의 範圍)

이자소득은 당해 연도에 발생한 다음의 소득을 총수입금액으로 한다(소득§17 ①).

(1) 국가 또는 지방자치단체가 발행한 채권 또는 증권의 이자와 할인액

(2) 내국법인이 발행한 채권 또는 증권의 이자와 할인액

(3) 국내에서 지급하는 예금(적금·부금·예탁금과 우편저금을 포함한다)의 이자와 할인액

(4) 상호신용금고법에 의한 상호신용계 또는 신용부금으로 인한 이익

(5) 내국법인으로부터 받는 신탁(공채 및 사채 이외의 증권투자신탁을 제외한다)의 이익

(6) 외국법인의 국내지점 또는 국내영업소에서 발행한 채권이나 증권의 이자와 할인액

(7) 외국법인이 발행한 채권 또는 증권의 이자와 할인액

(8) 국외에서 지급하는 예금의 이자와 신탁의 이익

(9) 증권거래법에 의해 증권업 허가를 받은 법인이 환매기간

에 따른 사전 약정이율을 적용하여 환매수 또는 환매도하는 것을 조건으로 매매하는 채권 또는 증권의 매매차익

(10) 비영업대금의 이익

이적동세(異積同稅)

상이한 면적의 토지에 대해 동일액의 세를 부과하는 것으로, 말하자면 전품(田品)의 우열·전지(田地)의 위치 등을 참작하여 그것을 기초로 과세하는 제도이다.

이전소득(移轉所得)

재화나 용역의 생산에 공헌하여 얻은 임금·이자·임료·이윤 등과 같은 소득형태는 아니지만 실업수당 같이 개인이 소득과 같은 형태로 받는 화폐수입을 말한다.

이것은 국민경제 내의 그밖의 개인으로부터 그의 요소소득의 일부를 세금의 형태로 흡수하여 이것을 다른 특정인에게 이전하는 것에 불과하기 때문에 이 점을 명백히 하기 위해 이전소득이라고도 한다.

이전소득에는 실업수당 이외에도 생활보조비·은급·연금 등 여러 가지 항목이 포함되어 있다.

이중과세(二重課稅)

조세주체 및 객체에 대해 이중으로 과세하는 것으로 그 성질에 따라 인적 이중과세와 물적 이중과세로 나누며, 동일과세권

에 의한 이중과세와 과세권의 경합에 의한 이중과세정책적 이
중과세와 비정책적 이중과세로 구분된다.

EDP 감사(Electronic Data Processing 監査)

EDP 감사에는 전자계산기를 사용하고 있는 회계에 대한 감
사의 의미와 전자계산기를 이용한 회계감사의 두 가지 의미가
있는데 보통 전자의 의미로 사용하고 있다.

EDP 감사의 방법으로서는 ① 종래의 감사절차에 의한 방법
② 추계학을 응용한 통계적 시사를 사용하는 방법 ③ 프로그램
을 읽고 그 타당성을 검토하는 방법 ④ 테스트·데이터를 프로
그램에 흘려서 프로그램의 타당성을 검증하는 방법과 검사인측
에서 준비한 감사용 프로그램에 회사의 데이터(자기테이프 등)
를 흘려서 회계결과를 검증하는 방법 등이 있다.

E.D.P.S(Electronic Data Processing System)

전자계산기를 중심으로 한 정보처리시스템을 말한다.

전자계산기는 입출력장치, 기억장치, 계산장치, 제어장치로
구성되어 있고, 대량의 기억능력, 고속의 연산, 고속의 입출력,
자동적 처리 등을 특색으로 한다.

익금불산입(益金不算入)

순자산을 증가시키는 항목임에도 불구하고 법인세법상 과세
소득의 산출에 있어서 그것을 익금에 산입하지 않는 규정이다.

　또 무상으로 받은 자산의 가액과 채무의 면제 또는 소멸로 인한 부채의 감소액 중 이월결손금의 보전에 충당된 금액은 내국법인의 각 사업연도의 소득금액 계산상 이를 익금에 산입하지 않는다(同§②).

인격(人格)

　권리의무의 주체가 될 수 있는 자격 또는 지위를 말하며, 이에는 자연인과 법인으로 나누어진다.

인적과세(人的課稅)

　인적과세란 납세의무자의 인적측면에 착안하여 과세하는 것을 말한다.

　인적과세의 기준에는, 개인에 대해서는 국적·주소 또는 거소가 있고 법인에 대해서는 설립준거법, 본점소재지, 등록지 또는 관리소소재지가 있다. 우리나라의 경우는 개인에 대해서는 주소와 거소를 병행하고 법인에 대해서는 본점소재지주의를 기준으로 하여 과세하고 있다.

인정과세(認定課稅)

　추계조사결정과세와 같은 뜻으로 해석되며, 추계라 함은 부적정 또는 불확실한 어떤 사실을 구체적으로 추정하는 것을 말한다. 따라서 인정과세는 과세상 실액과세를 하려고 해도 과세표준액의 근거가 될 장부를 비치·기장하지 않아서 거래사실을 확실하게 포착할 수 없거나, 또는 납세자의 신고가 없거나 부당하여 포괄적인 사실의 파악만으로써는 정확성을 기대할 수 없고 과세의 공평을 유지할 수 없다고 인정되는 경우에 정부가 조사한 제반간접자료에 의해 당해 계산기간에 속한 과세표준액을 결정하는 방법이라고 할 수 있다.

인정이자(認定利子)

출자자 등에게 무상으로 금전을 대여한 경우에는 재무부령이 정하는 당좌대월이자율(이하 "당좌대월이자율"이라 한다)에 의해 계산한 이자상당액을 익금에 산입한다. 다만, 당좌대월이자율보다 높은 이자율의 차입금(당좌차월은 제외한다)이 있는 경우에는 그 차입금의 범위 안에서 당해 이자율에 의해 계산한 이자상당액을 익금에 산입한다. 그러나 재무부령이 정하는 경우에는 이를 적용하지 않는다(法人令§47).

인지세(印紙稅)

재산권에 관해 증명하는 증서나 장부를 작성할 때 작성자가 인지를 붙이는 방법으로 납부하는 유통세이다. 재산권에 대해서는 인지세법에 구체적으로 규정되어 있지 않고 제2조에 예시되어 있으나 물권채권·무체재산권 등이 이에 해당되며, 과세객체는 이 재산권의 창설·이전·변경 또는 소멸을 증명하는 증서나 장부와 재산권에 관한 추인 또는 승인을 증명하는 증서가 된다.

인지세의 납부방법(印紙稅의 納付方法)

인지세는 증서·통장 또는 장부에 인지를 점용하여 납부하는 방법과 국세청장이 지정하는 세무서에서 인지세에 상당하는 현금을 납부하고 세인(稅印)의 압날(押捺)을 받거나 일정한 표시를 받아서 인지점용에 대신하는 방법 등이 있다(인지§4).

일기장(日記帳)

일기장은 현금매출과 외상매출을 분명히 하고 매입에 관한 사항을 기록하는 장부를 말한다.

간이장부와 같이 반드시 형식에 맞는 장부이어야 유효한 것은 아니며 이러한 일기장을 비치기장해야 할 의무자는 복식부기 의무자와 간이장부 의무자를 제외한 부가가치세 및 소득세의 납세의무자 전부를 말한다.

일기장 의무자(日記帳 義務者)

사업자는 소득별 수입금액의 합계액에 따라 복식부기에 의한 장부·간이장부 또는 일기장을 비치하고 그 사업에 관한 모든 거래사실을 기재해야 하는데 이런 의무를 가진 자를 "복식부기 의무자", "간이장부 의무자" 또는 "일기장 의무자"라 한다(소득 §184 ②).

일반거래세(一般去來稅)

자본의 전환과 재산의 이전을 초래하는 거래에 대해 부과하는 세금을 말한다. 이러한 거래는 계약의 체결에 의해 하는 것이 보통이므로 계약세라 할 수 있고, 또 거래에서 가장 중요한 것은 매매이므로 일반판매세라고도 한다.

일반거래세의 중심이 되는 것은 상품의 매매이지만 제조장의 매상, 도매상의 매상, 소매상의 매상이 거래계단의 전부에 미치는 경우에는 동일상품에 대해 일반거래가 누적되게 된다.

일반회계(一般會計)

특별회계에 상대되는 것으로 국가의 일반적인 정무(政務)를 처리할 때 필요한 수지를 경리하는 국가의 가장 기본적인 회계를 말한다. 즉 일반회계는 재정의 본원적 수입인 조세를 세입의 주종으로 국가의 일반적 통치관계에 따르는 제경비를 세출로 한다.

일반회계는 국가재정의 근간이 되는 중심적 회계이긴 하지만 이것만으로 재정상황을 완전히 판단할 수는 없다.

1세대 1주택(1世帶 1住宅)

소득세법에 규정된 1세대 1주택은 거주자 및 그 배우자가 그들과 동일한 주소 또는 거소에서 생계를 같이 하는 가족과 함께 구성하는 1세대가 국내에 1개의 주택을 소유하고 1년 이상 거주하는 것을 말한다.

그러나 국내에 1주택을 가진 세대가 주거이전을 목적으로 그 주택을 양도하기 전에 다른 주택을 취득하여 이전한 경우에 다른 주택을 취득한 날로부터 1년 이내에 종전의 주택을 양도하여 발생하는 소득에 대해서는 소득세법 제5조 제6호(자)의 규정을 적용한다.

또 주택에 부수되는 토지를 분할하여 건물이 정착되지 않은 부분의 토지를 양도하는 경우에 그 양도하는 부분의 토지는 1세대 1주택에 부수되는 토지로 보지 않으며 1주택을 2 이상의 주택으로 분할해서 양도한 경우에는 먼저 양도한 부분의 주택은 1세대 1주택으로 보지 않는다.

일시상각충당금(一時償却充當金)

국고보조금, 공사부담금 또는 보험금 등으로 고정자산을 취득하는 경우 그 국고보조금 등에 과세하게 되면 본래의 목적에 반하거나 국가 또는 경제정책에 비추어 불합리한 결과가 생길 수 있다. 그러므로 법인세법은 일정한 요건아래 그러한 자금으로 취득한 고정자산에 대해서는 일시상각손을 계상하여 손금산입하게 하는 동시에 일시상각충당금을 설정하여 당해 고정자산 상각시 감가상각비는 일시상각충당금과 상계해야 한다.

일시수입재화(一時輸入財貨)

현행 부가가치세법상 면세되는 재화를 재수출 조건으로 일시수입하는 경우 관세가 감면되는 것(경감의 경우는 경감되는 분에 한함)을 말한다.

일시차입금(一時借入金)

국고에 있어서 일시적인 수지의 불균형을 구제하기 위해 한국은행으로부터 차입하는 단기부채이다. 바꾸어 말하면 국고금의 일시부족으로 경비의 지출에 문장을 초래할 경우, 자금의 융통을 위해 차입을 하는 것이다.

따라서 이 일시차입금은 차입한 당해 연도의 세입으로써 반드시 상환해야 하며 이것이 일반차입금과 다른 점이다.

임대차에 관한 증서(賃貸借에 관한 證書)

당사자 일방이 상대방에게 목적물을 사용·수익케 할 것과 상대방이 이에 대해 임차금을 지급할 것을 약정하는 계약의 성립을 증명하는 증서를 말한다.

임시사업장(臨時事業場)

임시사업장이란 기존의 사업장이 있는 사업자가 그 사업장 이외에 각종 경기대회·박람회 등의 행사가 개최되는 장소에서 임시로 개설한 사업장을 말한다. 이 경우 임시사업장은 기존사업장에 포함되는 것으로 한다.

임시수입부가세(臨時輸入附加稅)

국내산업을 보호하고 국제수지를 개선하기 위해 수입물품에 대해 관세에 부가하여 부과하는 조세를 임시수입부가세라 한다.

임시수입부가세는 국제수지의 개선을 위해 수입수요를 긴급히 억제할 필요가 있을 때 또는 주요 교역국의 경제사정 변동

등으로 인한 국제수지 악화의 초래위험에 긴급히 대처할 필요가 있는 때에 대통령령이 정하는 바에 따라서 부과된다. 그러나 지금까지 임시수입부가세가 부과된 사례는 없다.

임의적립금(任意積立金)

상법계산서류규칙에서는 잉여금 내의 당기 미처분이익 또는 당기 미처분손실을 제한 것을 임의적립금이라고 하며 재무제표규칙에서는 기타의 잉여금 내의 당기 미처분이익 또는 당기 미처분손실 및 기타의 자본잉여금을 제한 것을 임의적립금이라고 한다.

위와 같은 차이가 나오는 것은 회계학상의 자본잉여금이 상법상의 자본준비금보다 범위가 넓고, 자본준비금 이외의 자본잉여금이 상법상으로는 임의적립금에 포함되는데 회계학적으로는 임의적립금과 구분되기 때문이다.

입금장(入金帳)

당좌계정입금표라고 표제하여 은행에서 예금잔고·대월잔고·예금이자 등을 전기하여 상대방에게 교부하는 것으로, 보통 100장을 한 권으로 하는 데 이 100장 한 권을 과세단위로 한다.

입회인(立會人)

세무공무원은 재산을 압류하기 위해 필요한 경우에는 체납자의 가옥·선박·창고 기타의 장소를 수색하거나, 폐쇄된 문 또는 는 금고과 기구를 열게 하거나 열 수 있으며, 체납자의 재산을 점유하는 제3자가 재산의 인도를 거부했을 때에도 수색할 수 있는데 이런 경우 후일에 증거를 삼거나 어떤 행위의 공정성을 기하기 위해 함께 참석하는 사람을 입회인이라고 한다.

잉여금 계산서(剩餘金 計算書)

일정기간 중의 잉여금의 증감변화를 과목별로 상세히 계산 표시한 것을 말한다. 그 기재내용에 따라 이익잉여금 계산서와 자본잉여금 계산서로 구분되고 양자를 합해 하나의 잉여금 계산서로 할 때는 이익잉여금과 자본잉여금을 각각 구분 계산해야 한다.

잉여금처분계산서(剩餘金處分計算書)

당기 말 미처분이익잉여금에 대한 처분내용과 차기이월액을 계산 표시하는 것으로서 재무제표의 일종이라고 할 수 있다.

기업회계원칙과 재무제표 규칙에 처분전이익잉여금, 임의적립금등의이입액, 이익잉여금처분액, 차기이월이익잉여금의 과목으로 구분 표시하게 되어 있으며, 처분내용에는 제1법정준비금·법인세·배당금·임의적립금 등이 있다.

잉여금 처분에 의한 신고조정 (剩餘金 處分에 의한 申告調定)

각종 준비금은 손익계산서상 비용으로 계상하는 대신에 이익잉여금의 처분에 의하여 준비금을 적립하고 이를 세무조정계산서상 손금에 산입할 경우에 이를 세법상 손금으로 인정하는 방식

ㅈ

자가공급(自家供給)

사업자가 자기의 사업과 관련해서 생산하거나 취득한 재화를 자기 사업을 위해 직접 사용·취득하는 경우로서, 그 범위는 다음과 같다(附價§6, 令§15).

(1) 부가가치세가 면제되는 재화나 용역을 공급하는 사업을 위해 사용 또는 소비되는 재화

(2) 비영업용 소형 자동차와 그 유지를 위한 재화

자가용 물품 비과세(自家用 物品 非課稅)

특별소비세는 과세물품이 제조장에서 반출되었든가, 반출되지 않고 제조장 내에서 사용 또는 소비되었거나 다른 물품의 원료로 사용된 경우에도 과세하고 있지만, 자기 또는 자기 가족만이 사용하기 위해 자기가 직접 제조하는 물품의 경우에는 과세대상에서 제외하고 있다. 다만, 법인의 경우에는 특별소비세를 부과하게 된다(特消§2).

자금효율(資金效率)

자금의 투하로 인한 효과, 득실, 합리성을 말하는 것인데 이 자금효율의 경제계산, 특히 설비투자의 경우에는 다음의 기본적

인 4가지 방법이 있다.

(1) 원가비교법 : 비용이 낮고 투자가 유리하다고 생각되는 것을 택하는 것

(2) 실질이익액법 : 자금 코스트를 공제한 후의 이익액인 실질이익액을 비교하여 택하는 것

(3) 투자이익율법 : 투자에 의해 생기는 이익을 투자액으로 공제한 것으로 택하는 것

(4) 자금회수기간법 : 이익액과 감가상각비로 투자액을 몇 년간 회수할 수 있는가를 산출하고 비교하여 택하는 것

자기부과 과세제도(自己賦課 課稅制度)

자기부과 과세제도라는 것은 납세의무자 자신이 조세법상 조세채무를 구체적으로 확정하는 제1차적 지위에 있게 되는 제도이다.

이와 같이 자기부과 과세제도에 있어서의 신고는 납세의무를 확정하는 행위가 되는 것이므로 이 신고는 곧 정부부과 과세제도에 있어서의 정부결정과 대등한 법률적 효력이 인정되는 것이며, 따라서 그 중요성이 가중되는 것이다.

그러나 이 제도를 실시하려면 납세도의심·기장제도·세무훈련·세무행정력·법제 등 많은 선행요건을 구비해야만 한다.

자기자본분배율(自己資本分配率)

$$\text{자기자본분배율} = \frac{\text{세공제 후 순이익}}{\text{부가가치}}$$

$$= \frac{\text{세공제 후 순이익}}{\text{매출액}} \times \frac{\text{부가가치}}{\text{매출액}}$$

부가가치율은 낮지만 매출액 순이익률이 높은 경우 또는 부가가치율이 높아도 매출액 순이익률이 매우 높은 경우, 반대로 매출액 순이익률이 낮아도 부가가치율이 매우 낮은 경우에는 자기자본 분배율은 높아진다.

자기자본 성장률(自己資本 成長率)

당기의 자기자본의 증가액과 기초(전기 말) 자기자본의 비율로서 자기자본 증가율을 가리키는 것이다.

성장성 분석을 할 때는 자산·부채 및 자본의 각 항목에 대해 그 성장률을 계산하고 분석하며 수익내부 유보에 의한 증가분과, 증자에 의한 자기자본 증가분과를 구분해서 분석해야 한다.

자기자본수익률(自己資本收益率)

이 비율은 자기자본에 귀속할 당기순이익의 자기자본에 대한 비율로 자기자본이익률이라고도 한다.

$$\text{자기자본수익률} = \frac{\text{당기순이익}}{\text{전 · 당기말 자기자본} \div 2} \times 100$$

이 비율은 주주·투자가·경영자 등으로서는 몇 %의 이익배당이 될 수 있는가를 검토하는 데 이용되고, 기업에서는 처분가능한 이익과 자기자본과의 관계를 검토하는 데 이용한다.

자기자본이익률(自己資本利益率)

당기순이익의 자기자본에 대한 비율을 말하는 것이다.

$$자기자본이익률 = \frac{당기순이익}{자기자본}$$

산식상에서 분자인 순이익은 세공제 전의 순이익이어도, 세공제 후의 순이익이어도 상관없다. 분모의 자기자본이란 것은 대차대조표상의 「자본합계」를 말하는 것으로 당기의 기초 자기자본과 기말의 자기자본과의 평균으로 한다. 자기자본이익률은 자기자본의 수익성을 나타내는 것으로서, 기업경영자, 특히 출자자(주주)로서는 중요한 비율이다.

자동부과율(自動賦課率)

당기 과세기간 종료일로부터 소급하여 2년간 정상적인 사업을 계속 영위한 자로서 총수입금액이 정해진 금액 이하인 자에 대해서는 그 신고한 과세표준을 당해 연도의 과세표준으로 하여 신고대로 결정하고 있다(소득령§164 ①).

국세청장이 자동부과율을 정할 때는 다음 각호와 같이 차등률을 정할 수 있다(同§5).

(1) 당해 과세기간 종료일 현재 장기계속사업자에 대해서는 일반적인 사업자의 100분의 20을 감한 차등률

(2) 재무부령이 정하는 신용카드가맹점사업자에 대해서는 일반적인 사업자보다 100분의 50을 감한 차등률

자동차세(自動車稅)

자동차의 소득·사용으로 인해 발생하는 수익에 과세하는 지방세 중 재산세와 같이 수익세에 속하는 물세의 일종이다. 자동차세의 과세객체는 자동차이며 납기개시일 현재 자동차의 소유자에 대해 자동차 종류별로 법에 정해진 금액을 과세표준으로 과세하는 조세이다.

자동차세를 부과하지 않는 비과세 자동차로서는 국방·경호·경비·교통순찰 및 소방용 자동차, 국가 또는 지방자치단체가 환자수송·청소·오물제거·도로공사 등을 위해 사용하는 자동차, 농업용 자동경운기, 기타 대통령령으로 정하는 자동차 등으로 규정하고 있다(지방§196의 4).

자력상실감면(資力喪失減免)

납세의무자가 재해 등 불가항력으로 인해 현저히 자력을 상실함으로써 법인세·소득세·지방세를 납부할 수 없다고 인정되는 때에는 그 세액을 경감하거나 면제할 수 있다.

자력상실은 자력의 기본이 되는 자산의 가액에 대해 상실된 자산의 가액 비율이 100분의 50 이상인 경우에 적용되며 경감 또는 면제되는 세액은 상실 비율에 의해 계산한다.

자력상실로 인해 세액의 경감 또는 면제를 받고자 하는 납세의무자는 그 사유가 발생한 날로부터 30일 내에 그 사유를 구비하여 소관세무서장에게 신청해야 하며, 세무서장은 신청된 내용이 승인되면 납세의무자에게 통지하도록 되어 있고, 이 내용이 확정될 때까지 세금의 징수를 유예할 수 있다.

자본금(資本金)

보통 기업의 출자자가 기업에 출자한 금액을 말하며, 기업의 형태에 따라 그 내용은 다르다. 개인기업의 경우는 기업주의 순재산액을 가리키며 합명회사에 있어서는 사원의 출자금을 가리킨다. 또한 주식회사의 경우에는 회사자산을 사내에 확보시키는 최소한도액을 가리키는 것이다.

자본이자세(資本利子稅)

지세·가옥세 등과 같이 수익세의 일종이지만, 지세·가옥세가 부동산에 대한 과세인 데 대해 자본이자세는 일반적으로 과세표준으로서 이자액을 채용하고 있다. 이 경우 이자는 총이자와 순이자로 나눌 수 있다.

자본이자를 포착하여 과세하는 것에는 직접징수와 간접징수의 두 가지 방법이 있는데, 간접징수방법은 채무자로부터 징수하는 방법이고 직접 징수방법은 채권자로부터 직접 자본이자세를 징수하는 방법이다. 이 방법에 있어서는 채권자를 포착하기가 곤란하므로 당연히 채권자의 신고를 강제할 필요가 있으며, 채무자에게도 신고를 받아야 한다.

자본적 지출(資本的 支出)

고정자산의 내용연수를 연장시키거나 당해 고정자산의 가치를 현실적으로 증가시킨 수선비를 자본적 지출이라고 한다.

자본적 지출이 있을 때에는 그것을 손금에 바로 산입하지 않고 해당 자산의 취득가액에 가산하게 되는데 이 경우 자본적 지출상당액은 법인이 감가상각한 것으로 간주하여 상각범위액 까지는 손금으로 처리하게 된다.

자산소득(資産所得)

자산소득은 근로, 용역 등의 제공으로 얻은 소득이 아니고 단순히 자산 즉 부동산·주권·현금 등의 소유에서 발생하는 부동산 소득·이자소득·배당소득 등을 말한다. 자산소득은 근로소득 등에 비해 중과하는 것이 공평의 원칙에 합당하여 세대 내의 주된 소득자의 종합소득에 합산하여 과세하고 있다.

자산소득 합산과세(資産所得 合算課稅)

우리나라 소득세법은 종합소득세제도를 채택하고 있으며 원칙적으로 거주자별로 각 소득을 종합하여 과세하게 되어있다. 단, 특례규정으로 생계를 같이하는 동거가족이 자산소득(이자소득·배당소득·부동산소득)이 있는 경우에는 주된 소득자의 종합소득에 합산하여 소득세를 과세하는데 이것을 자산소득 합산과세라 한다.

자산재평가(資産再評價)

자산재평가라는 것은 법인 또는 개인의 기업에 소속된 사업용 자산을 현실에 적합한 가액으로 장부가액을 증액하는 것을 말한다(資再§1).

자산재평가법(資産再評價法)

　자산재평가법은 자산의 재평가를 행하여 법인 또는 개인으로 하여금 현실에 적합하도록 사업용 자산의 감가상각을 가능하게 하고 그 기업자본의 정확을 기함으로써 경영의 합리화를 도모하게 함을 목적으로 하고 있다.

자산재평가세의 과세표준(資産再評價稅의 課稅標準)

　재평가세의 과세표준은 재평가 차액에서 재평가일 전까지의 세무계산상 인정하는 이월결손금을 공제한 금액이 된다.

　재평가세의 과세표준금액을 계산할 때의 이월결손금은 회사계산상 이월손금이 아니고 세무계산상 확정된 이월결손금으로 계산하는 것을 말한다.

자산재평가액(資産再評價額)

　재평가액이라는 것은 자산재평가법에 의해 법인 또는 개인의 자산을 평가함으로써 증가된 평가액을 말한다(資再§2 ③).

　자산평가법에 의해 자산을 재평가할 경우 자산재평가액은 평가 당일 현재의 시가에 의해 계상하며 그 시가는 은행법의 규정에 의한 금융기관과 한국감정원의 감정가액으로 한다(§7 ① ②). 그러나 만일 시가에 의한 재평가액이 장부가액 이하일 경우에는 그 장부가액을 재평가액으로 하기 때문에(則§5). 재평가 신고서를 제출할 때에는 은행법의 규정에 의해 금융기관과 한국감정원으로부터 시가감정서를 받아 이를 첨부해야 한다.

잠정세율(暫定稅率)

잠정세율이란 영구성이 없이 임시로 정해서 시행하는 세율을 말한다. 이것은 현행 국세에 관한 세법 중 특별소비세법과 관세법에서만 규정하여 시행하고 있는데 특별소비세법상으로는 과세물품 중 기술개발을 선도하는 물품으로서 수출전략상 내수기반의 확대가 필요하다고 인정되는 것에 대해 기본세율과 달리 적용하는 특별한 세율을 말하고 관세법상으로는 특정한 품목에 대해 기본세율과 다른 세율을 임시로 적용하기 위해 마련된 특별한 세율을 말한다.

장닉(贓匿)

어떤 것의 소재를 숨기거나 불명확하게 하여 발견할 수 없도록 하는 것을 의미하는 말로서 조세범 처벌법은 재산장닉범에 대해 2년 이하의 징역에 처하도록 규정하고 있다.

장부(帳簿)

장부는 계속적이며 연속적인 재산권상의 거래관계를 증명할 목적으로 작성된 문서이다. 증서와는 달리 종이 매수의 단복(單複)이나 문서의 형태에 의해 구별되는 것은 아니고 1매의 지편(紙片)에 있어서도 연속 반복된 수령사실을 기재하는 것은 장부라고 한다.

장부비치기장위반범(帳簿備置記帳違反犯)

각 세법은 납세의무자로 하여금 장부의 정확한 비치기장을 하도록 규제하고 있으며, 이를 이행치 않을 때에는 과세상 협력의무를 불이행한 것으로 보아 처벌하게 된다. 현행 조세범 처벌법상으로는 질서범으로서 50만원 이하의 벌금에 처하게 되어 있다(租犯§12의 3 ①).

장부·영수증의 허위기재 및 은닉범 (帳簿·領收證의 虛僞記載 및 隱匿犯)

법에 의한 장부 또는 요금 영수증을 허위로 기재하거나 이를 은닉하는 범칙행위를 말하는 것으로서 조세범 처벌법의 규정에 의해 질서범으로 50만원 이하의 벌금 또는 과료에 처하게 된다(租犯§13 Ⅴ).

그러나 허위기재 및 은닉이 사기 기타 부정한 행위에 의해 조세를 포탈하거나 조세의 환부를 받았을 때에는 조세포탈범으로 처벌해야 한다(§9 ①).

장애자 공제(障碍者 控除)

종합소득·퇴직소득·양도소득 또는 산림소득이 있는 거주자나 그 거주자와 생계를 같이하는 부양가족(배우자를 포함한다) 중 공제대상장애자가 있는 경우에는 그 거주자의 당해 연도의 종합소득금액·퇴직소득금액·양도소득금액 또는 산림소득금액에서 장애자 1인에 대해 연 48만원을 공제한다(소득§66 ①). 이상의 공제를 "장애자 공제"라고 한다.

그리고 한 소득에서 공제한 장애자 공제액은 다른 소득에서 이를 다시 공제하지 않는다(同§3).

재고자산(在庫資産)

기업의 자산표시 항목 중 유동자산의 중요한 부분이 되는 것으로 상업의 경우엔 상품·제조업은 원재료·반제품·재공품·제품이 이에 해당된다. 재고자산은 물자적 형태 내지 성질에 기준을 두지 않고 원래 판매목적을 위해 보유하는 자산인 점에 그 특징을 둔다. 따라서 부산물·불량품도 판매대상이 되므로 재고자산이 되는 것이다.

재고자산의 취득가액(在庫資産의 取得價額)

원가법 또는 저가법에 의한 재고자산의 평가에 있어서는 그 재고자산의 취득가액이 계산의 기초가 된다. 따라서 재고자산의 취득가액은 평가에 관한 중요한 요소의 하나이다.

재고자산의 평가방법(在庫資産의 評價方法)

재고자산의 평가방법에는 취득가액에 의하는 원가법, 기말의 시가에 의하는 시가법, 그리고 취득가액 또는 기말시가 중 저가인 것에 의하는 저가법이 있으며(법인령§85 ①), 이 중 원가법을 적용하는 경우에는 다음 각호에 해당하는 평가방법에 의해야 한다(同§2).

(1) 개별법
(2) 선입선출법
(3) 후입선출법
(4) 단순평균법

(5) 총평균법
(6) 이동평균법
(7) 최종매입원가법
(8) 매가환원법

현행 세법은 원가법과 저가법 중 신고한 방법에 의하여 평가한다.

재무제표(財務諸表)

경영주·주주·채권자·종업원·감독관청과 기타 모든 이해·관계자들이 경영활동의 내용을 파악하고 판단할 수 있도록 기업의 재정상태와 경영성적을 기록·계산한 보고서를 재무제표라고 한다.

이러한 재무제표는 재무회계의 과정을 통해 수입·처리된 정보를 정기적으로 이용자에게 전달하는 방법으로서 재무보고의 가장 핵심적인 보고수단으로 활용되고 있다.

재무제표규칙(財務諸表規則)

기업회계의 공신력을 높이고 기업의 재무제표 용어 및 작성방법을 통일, 표준양식을 설정하기 위해 제정·공포된 재무제표규칙은 세무관서, 금융기관과 증권거래소 등에 제출되는 재무제표의 기준이 되고 있다.

이 규칙에 규정되어 있지 않은 재무제표의 용어, 양식과 작성방법은 공정타당하다고 인정되는 기업회계의 관습에 의한다.

재산권(財産權)

경제적 가치를 가진 권리, 즉 금전으로 환가할 수 있는 것을 내용으로 하는 권리로서, 인격권 및 신분권을 제외한 권리를 말한다. 재산권의 창설·이전·변경 또는 소멸을 증명하는 증서 및 재산권에 관한 추인·승인을 증명하는 증서는 인지세법에서 정하는 바에 따라 인지세를 납부해야 한다(印紙§1).

재산권의 변경(財産權의 變更)

권리의 본질에 변동이 없이 그 권리의 형태만을 변경하는 것이다. 예컨대 채권의 권리를 변경하거나 질권·저당권의 순위를 포기하는 것 등을 말한다.

재산권의 변경에 관한 증서는 인지세법에 따라 그 증서 또는 장부를 작성할 때 인지세를 납부해야 한다(印紙§1).

재산권의 보장(財産權의 保障)

재산권은 단지 소유권만이 아니고 실정법상 인정되는 일체의 재산권, 즉 소유권 이외의 용익물건(用益物件) 기타의 물권·채권·무체재산권 등을 포함하며 재산적 가치가 있는 공법상의 권리도 포함한다.

헌법 제23항 제1조는 「모든 국민의 재산권은 보장된다. 그 내용과 한계는 법률로 정한다」, 제2조에서 「재산권의 행사는 공공법리에 적합하도록 하여야 한다」고 규정하여, 재산권의 법률에 의한 제한가능성 및 재산권행사의 의무를 명시하고 있다.

재산세(財産稅)

재산세에는 재산을 소유하고 있는 사실에 대해 과세하는 정적(靜的) 재산세와 재산이전의 사실에 대해 과세하는 동적(動的) 재산세 두 가지가 있다. 동적 재산세는 재산의 이동하는 상태에 대해 과세하는 것으로 재산의 이전을 포착하는 상속세·증여세가 이에 해당하고, 정적 재산세는 재산을 소유하고 있는 사실에 대해 과세하는 것으로 지세·가옥세(현행 지방세의 재산세)가 이에 해당한다.

재산세의 면제(財産稅의 免除)

지방세의 일종인 재산세는 재산세의 감면이 필요하다고 인정되는 때에 한하여 시장 또는 군수가 시·군 의회의 의결을 얻어 그 재산세를 경감 또는 면제할 수 있다(지방§195). 또 조세특례제한법의 규정에 의해 공공법인이 고유의 업무에 사용하는 재산에 대해서는 그 재산세가 전액 면제되며(租減§9) 아동복리법 제31조의 규정에 의해 아동보호시설에 수용아동을 위해 사용하는 건물 및 토지에 대해서도 재산세를 면제할 수 있다.

재산소득(財産所得)

자본에 대한 발생소득을 가리키는 것으로 자기영업에 투하한 자본외에 출자 또는 재산소유에서 발생하는 소득을 말한다.

국민소득에서 분류하는 재산소득은 임대료·이자·배당금이 포함되며 영업활동에서 발생하는 기업이윤은 법인과 비법인 기업에서 기업소득으로 분류하고 있다.

재산압류의 요건(財産押留의 要件)

(1) 국세의 체납으로 체납처분을 받은 때
(2) 지방세 또는 공과금의 체납으로 체납처분을 받은 때
(3) 강제집행을 받은 때
(4) 파산의 선고를 받은 때
(5) 경매가 개시된 때
(6) 법인이 해산된 때
(7) 국세를 포탈하고자 하는 행위가 있다고 인정된 때
(8) 납세관리인을 정하지 않고 국내에 주소 또는 거소를 두 지 않게 된 때

재산유통세(財産流通稅)

경제유통 자체를 직접 포착하여 과세하는 조세경제유통이 어떻게 표현되느냐 하는 관점에서 고찰할 때 유통행위 그 자체를 목적으로 하여 과세하는 것을 말한다. 법률적으로 볼 때 유통행위는 법률행위이므로 재산유통세는 법률행위세라 할 수 있다.

재산유통세는 부동산거래세·자본거래세·증권거래세·일반거래세·운송세 및 광고세로 나눌 수 있다.

재산증가세(財産增價稅)

재산가격의 변동에 착안해서 그 가격의 증가부분에 부과하는 조세이다. 토지증가라고 하는 개별적 재산증가세에서 시작하여 일반적 재산증가세에까지 발달했는데 과세방법으로는 토지를 매매할 때 과세하는 것과 일정한 기간마다 지가(地價)를 조사하여 그 차증액을 포착하여 과세하는 것이 있으며, 누진세율이 적용된다.

또 일반적 재산증가세는 납세자가 소유하는 모든 재산에 대해 상이한 두 시점간의 차증액을 포착하여 과세한다.

재정관세(財政關稅)

세입 또는 수입관세라고도 하는데 재정관세는 국고수입을 목적으로 하는 수입세이다. 관세수입은 국가세입확보를 효과적으로 증대시키는 것이므로 그 대상품목은 자연적 조건으로 인해 국내에서는 생산되지 않고 외국에서의 수입에 의존해야 될 물품에 부과되므로 관세로서 정책상 보호의 필요는 없다.

또 국내에서 생산되는 물품일지라도 내국소비세와의 대응 또는 균등화를 위해 부과되는 수입세는 재정관세로 간주한다.

재정법(財政法)

국가의 재정질서를 정하는 예산회계법, 국유재산의 관리와 처분에 관해 규정하는 국유재산법 등과 국세징수법을 비롯한 각종세법(법인세법·소득세법·상속세법·특별소비세법 등)을 통칭하여 재정법이라고 부른다.

재정상태(財政狀態)

기업은 영업목표를 달성하기 위해 자기 또는 타인으로부터 자금을 조달하여 설비투자나 재고 등에 자금을 투하하고, 제품·상품이나 서비스를 외부에 제공하여 수익활동을 영위하게 되는데 이와 같은 자금의 조달원천이나 자금의 투하상태는 종류가 많아 복잡하다. 이들을 총합하여 재정상태라고 말하고, 대차대조표에 의해 표시한다.

재정하명(財政下命)

국가가 재정권에 의해 재력취득을 목적으로 국민에 대해 특정한 작위·부작위·급부·수인의 의무를 명하는 행위를 재정하명이라고 한다. 국가가 국민에 대해 재정하명을 발할 때는 직접 법률의 규정으로써 하는 경우(재정법률)와 법의 규정에 의지하는 행정처분(재정처분)의 두 가지가 있다.

재정하명의 내용은 국민에 대해 일정한 작위·부작위·수인 또는 급부를 명하는 것이다.

재정허가(財政許可)

재정하명에 의한 금지에는 절대적 금지와 상대적 금지의 두 가지가 있는데 이 중 상대적 금지사항을 특수한 경우에 특정인에 대해 해제해 줌으로써 이것을 적법한 것이 되게 하는 행정처분을 재정허가라고 한다.

재평가세(再評價稅)

재평가를 행하면 감가상각자산에 대해서는 차후 재평가액에 따라 감가상각을 증가시킬 수 있으므로 법인세법 또는 소득세법상 손금처리로 인정되는 금액이 증가하여 기업체는 자연히 이익을 보게 된다. 이와 같은 일률적인 기업의 비호(庇護)는 국가재정에 미치는 영향이 적지 않은 것이므로 재평가세가 과세되는 것이다. 또한 고정자산을 소유한 자가 재평가로 인해 실질적으로 이득을 얻고 있으므로 상호간의 균형을 유지하기 위해서도 과세되어야 한다.

재평가적립금(再評價積立金)

자산재평가법에 의해 고정자산에 대한 재평가를 실시하고, 고정자산의 장부가액보다 증액평가된 차액을 계상한 것을 가리켜 재평가적립금이라 한다.

재평가적립금은 자본잉여금에 속하는 것이며, 재평가세의 납부, 자본에의 전입, 재평가일 이후 발생한 대차대조표상의 이월결손금의 보전, 환율조정계정 금액과의 상계를 제외하고는 이를 처분하지 못한다.

재평가차액(再評價差額)

재평가차액은 자산재평가법의 규정에 따라 계산한 자산의 재평가액에서 재평가일 1일 전의 평가액(장부가액)을 공제한 잔액을 말한다.

재평가차액＝재평가액－(장부가액－감가상각충당금(간접상각
  에 한함)＋감가상각부인액＋(공사부담금, 국고보조금, 보험
  차익 중 압축기장된 가액)

이러한 재평가차액은 화폐가치 하락 등의 원인에 의한 자산
가치수정상의 명목소득에 불과하며 재평가법에서도 법인세법상
의 소득계산상익금으로 보지 않는다고 규정하고 있고(資再§33),
법인세법에서도 익금불산입으로 규정하고 있다.

재해손실에 대한 세액공제(災害損失에 대한 稅額控除)

내국법인이 각 사업연도 중 천재·지변 기타 재해로 인해 사
업용 총자산가액의 100분의 30 이상을 상실하여 납세가 곤란하
다고 인정되는 경우에 그 상실된 비율에 따라 계산한 금액을
산출세액에서 공제하는 제도를 말한다.

재해손실세액공제액＝미납된 법인세와 납부할 법인세
×재해상실 비율

재화의 간주공급(의제공급)＜財貨의 看做供給(擬制供給)＞

재화를 타인에게 유상으로 공급하는 통상적인 공급과는 달리
타인에게 무상으로 공급하는 경우로서, 부가가치세법상 재화의
공급으로 보는 것을 말한다(附價§6).

저당권(抵當權)

채권자가 물건을 점유하지 않고 이것을 채권의 담보로 하여

채무자가 변제를 하지 않을 때 그 물건으로부터 우선변제를 받는 권리이다(民§356 내지 §372). 채권과 같은 약정담보물권이지만, 채권의 경우에는 채권자에게 목적물의 점유가 이전하는 데 반하여, 저당권에서는 목적물을 저당권 설정자의 점유하에 그대로 두는 점에 차이가 있다.

적립금(積立金)

법인이 상법 또는 정관의 규정이나 주주총회의 결의에 의해 이익의 일부를 특정한 목적을 위해 사내에 유보적립하는 것을 말한다. 여기에는 상법의 규정에 의한 강제적립금(이윤준비금)과 정관 또는 주주총회의 결의에 의한 임의적립금(별도적립금·배당평균적립금·퇴직급여적립금)의 두 가지가 있다.

전도금(前渡金)

상품·원재료 등의 매입을 위한 선급금이나 외주비의 선급금과 같이, 재고자산이나 서비스의 취득을 확실히 하기 위해서 취득에 앞서서 지급하는 일종의 계약금을 전도금이라 한다.

고정자산 취득을 위한 계약금은 건설중인 자산에 포함시킬 것이고, 이런 의미에서 전도금은 유동자산에 속하는 것으로 본다.

전불세(前拂稅)

납세자가 담보자를 대신하여 사전에 납세하는 간접세를 전불세라고 한다.

납세의무자인 제조자가 납부한 조세는 중간상인에게 전가되고 중간상인은 다시 소비자에게 전가시켜 결국은 최종소비자가 부담하게 된다. 따라서 제조자가 전불한 세액은 소비자가 부담할 조세를 제조자가 잠깐 대신 지불한 것에 불과하다.

전시이득세(戰時利得稅)

전시에 있어 소위 평화산업은 침체하고 국민은 전쟁수행을 위해 막대한 희생을 하고 있는 데 반해 군수산업을 중심으로 하는 일부 산업만이 호황을 누리게 되자, 이들의 이익 중 평상소득을 초과하는 분에 대해 다분히 우발적인 성격이 있다는 점에서 여기에다 전시이득세를 부과하여 팽창하는 군사비 재원의 일부에 충당하고자 한 것이다.

전화세(電話稅)

전화세는 전화가입자의 전화사용료를 과세표준으로 하여 전화사업경영자가 전화사용료를 영수할 때 전화사용료의 100분의 10을 함께 징수해서 관할세무서에 납부하는 국세이다. 전화세는 1973년 제정·공포되어 시행되고 있다. 공중전화사용료 및 통화국에서의 통화에 대한 전화사용료에는 전화세를 부과하지 않는다.

전환사채(轉換社債)

전환사채란 사채발행시의 조건에 따라 일정기간이 경과한 후 사채권자의 희망에 의해 보통주 또는 우선주로 전환할 수 있는 권리(轉換權)가 내재되어 있는 사채를 말한다. 사채권자들은 주식 1주당 전환가격보다 보통주의 주가가 높을 경우에는 사채를 주식으로 전환함으로써 자본이득을 얻을 수 있고, 그렇지 않은 때에는 전환하지 않고 그대로 둠으로써 사채권자로서의 권리를 누릴 수 있게 된다.

이렇게 전환사채는 사채의 안전성과 더불어 주가상승에 따른 자본이득까지도 얻을 수 있는 유리한 조건으로 발행되는 것이다. 국내전환사채는 통상 연 7~9%로 발행되고 있으며, 해외전환사채는 연 3~6% 수준에서 발행되고 있다.

절대적 압류금지재산(絶對的 押留禁止財産)

재산의 성질상 압류의 대상물이 되지만, 각종 정책상 견지에서 압류를 금지한 재산이다. 국세징수법은 국민최저생활의 보장, 최저생계와 사업활동의 유지 및 정신생활의 중압 등의 이유로 공익상 특정재산의 압류를 금지하고 있다(國徵§31).

접대비의 한도액계산(接待費의 限度額計算)

접대비의 한도액계산은 기준금액과 주식발행 자본금이나 출자금액, 수입금액에 따라 계산한 금액을 한도액으로 하고 있다(법인§18의 2).

내국법인이 각 사업연도에 지출한 접대비로서 일정액을 초과하는 경우에는 사업연도 소득금액 계산의 손금에 산입하지 않는다(소득§18의 2).

정규부기의 원칙(正規簿記의 原則)

회사가 작성하는 손익계산서와 대차대조표의 진실성이 보장되기 위해서는 먼저 그 회계가 복식부기기구를 기조로 하여 경영상 발생하는 거래와 경영외의 원인으로 발생하는 재산·자본상의 증감이 분석·기록되어야 한다는 것이 정규부기의 원칙이다.

정부기업(政府企業)

정부기업이란 수익과 비용의 원칙하에서 운용되고 있는 일반기업과 마찬가지로 정부가 직영의 사업형태를 취하고 있는 기업을 말한다. 현행 기업예산 회계법에서 규정하고 있는 다음 사업들이 정부기업에 포함된다.
(1) 철도사업 : 정부의 철도사업 및 그 부대사업
(2) 통신사업 : 정부의 통신사업 및 그 부대사업
(3) 전매사업 : 정부의 전매사업 및 그 부대사업
(4) 양곡관리사업 : 정부의 양곡관리사업
(5) 조달사업 : 정부의 외자 및 내자의 구매관리사업

정상도착가격(正常到着價格)

정상도착가격은 관세법상 종가세물품의 과세표준, 즉 과세가격이 된다.

그러므로 수입외국물품의 수출 당시 수출국의 공개시장에서 상호 독립한 구매자와 판매자의 거래방법으로 판매되는 가격에 물품수출국에 있어서 선적까지에 든 정산비용과 수입항에 도착할 때까지의 정상운임 및 보험료를 가산한 금액이 정상도착가격이 된다(관세§9 ②).

정상도착외화가격(正常到着外貨價格)

임시특별관세법에서 규정하고 있는 용어로서, 특정한 수입외국물품에 대해 그 수출국에 있어서 정상적인 거래방법으로 판매된 도매가격(수출할 때에 경감·면제 또는 여세(戾稅)될 내국세액은 공제)에 그 물품의 수출국에 있어서의 선적까지에 든 정상비용과 수입항에 도착할 때까지의 정상운임 및 보험료를 가산하여 미합중국의 통화로 표시한 금액을 말한다.

정액과세(定額課稅)

납세자 기타의 사정에 따른 세율의 구별을 두지 않고 일정액을 부과하는 조세를 말한다.

정률상각(定率償却)

정률상각이란 매 사업연도마다 그 미상각잔액에 고정비율인 상각률을 곱한 액수에 의한 상각을 해나감으로써 내용연수의 경과 후에는 장부가액(잔액)이 미상각잔액과 일치되도록 하는 방법인데 그 상각률을 산식으로 나타내면 다음과 같다.

$$상각률 = 1 - \left(\frac{잔존가액}{상각기초가액}\right)^{\frac{1}{n}}$$

$(n=$내용년수$)$

세법상 정률법은 유형자산에 대해서만 적용하는데 광업용 고정자산(광업권 제외)에 대해서는 예외적으로 생산고비례법(生産高比例法)과 정률법(定率法) 또는 정액법 중 기업에서 임의로 선택하도록 하고 있다(법인령§50).

정률세 · 배부세(定率稅 · 配賦稅)

이 둘은 조세부과의 방법을 기준으로 분류한 것인데, 정률세라는 것은 과세물건·과세표준 및 세율을 미리 결정하고 이에 의해 부과하는 조세이며, 배부세라는 것은 과세총액을 미리 정해 놓고 이를 일정한 기준에 따라서 개개의 납세의무자 또는 과세물건에 배정하여 각 납세자의 세액을 결정하는 세액을 말한다.

정률세의 경우 개개인에 대한 과세액은 미리 확정할 수 있지만 조세수입총액은 미리 확정할 수 없으며 배부세의 경우에는 이와 반대이다.

정박세(碇泊稅)

선박이 항만에 정박하여 항만을 이용하는 것에 대해 부과하는 세금으로 이것을 징수하는 국가와 그렇지 않은 국가가 있다. 유럽에서는 대체로 이것을 징수하고 있는데 정박기간이 초과

되었을 때에는 정박기간초과증불금(양륙기간초과증불금)(碇泊
期間超過增拂金(揚陸期間超過增拂金))을 징수하게 된다.

정부부과 과세제도(政府賦課 課稅制度)

정부부과 과세제도라는 것은 정부, 즉 국세행정기관이 조세
법상의 조세채권을 구체적으로 확정하는 지위에 있는 제도를
말한다.

정부부과 과세제도하에서도 근래에는 납세의무자에게 과세표
준 및 세액의 신고의무를 과하는 것이 통례이나 이 경우 신고
는 현실적인 납세의무를 확정시키는 조세법상의 효력이 있는
것이 아니라, 다만 정부가 조세채권을 구체적으로 확정시키는
행위에 대한 참고적 자료에 불과한 것이다.

정부조사결정(政府調査決定)

법인 또는 개인의 소득금액은 자진신고에 의해 결정하는 것
을 원칙으로 하지만 소득의 신고를 하지 않거나, 부당한 신고를
했을 경우에는 정부가 불확실하지만 독자적인 조사에 의해 그
법인의 소득금액을 결정하는 것을 말한다(법인§32 ①). 법인의
소득에 대한 신고가 없거나 부당한 경우 정부는 각 사업연도의
소득에 대한 법인세의 과세표준과 세액을 결정 또는 경정하게
되는데 이 경우에는 장부와 기타 증빙서류를 기초로 해야 한다.

정액상각(定額償却)

고정자산의 취득가액에서 잔존가액을 공제한 금액에 그 상각액이 매년 동일하도록 당해 고정자산의 내용연수에 응분한 상각률을 곱해 제시한 금액을 각 사업연도의 상각액으로 하는 상각방법이다.

세법상 무형자산에 대해서는 전부 정액법을 적용하고 있는데 잔존가액을 공제하지 않은 취득가액을 그대로 상각기초금액으로 하여 장부가액이 영이 되도록 상각하는 것이다.

정태세 · 동태세(靜態稅 · 動態稅)

과세물건의 상태에 따른 분류로, 소득 또는 재산의 정태를 과세물건으로 한 것이 정태세이고 동태를 과세물건으로 한 것이 동태세이다. 조세체계를 전체적으로 관찰하면 정태세는 근간세가 되고 동태세는 그 보완세가 된다. 근간세인 정태세 중에서도 일반소득세는 주세가 되고 수익세 · 재산세 또는 부분소득세는 보완세가 될 것이다.

제2차 납세의무자(第2次 納稅義務者)

국세징수법의 규정에 의해 납세의무자의 조세채무를 연대하여 납세할 의무가 있는 자를 말한다. 조세채무관계에서는 법인이 해산한 경우에 있어서 그 해산된 법인의 청산인 · 과점주주 · 무한책임사원 · 사업양수인 · 양도담보권자 등을 그 예로 들 수 있다.

제조간접비(製造間接費)

특정제품에 대해 직접 그 비용액을 계산할 수 없어 다수의 제품에 대해 공통적으로 발생하는 비용을 말한다.

제조간접비가 되는 원가비용은 간접노무비, 소모공구, 기구, 비품비, 공장소모품비, 동력비, 수도광열비, 보험료, 수선비, 복리후생비, 고정자산세, 지대, 집세, 기계감가상각비, 공장건물 감가상각비 등 공장에 관해 발생하는 비용이다.

제조(판매) 개시신고 <製造(販賣) 開始申告>

과세물품을 제조(판매)하고자 하는 자는 제조장(판매장)의 소재지, 제조자(판매자)의 주소, 성명 또는 명칭, 제조 개시 연월일, 제조할 물품의 품명 등을 기재한 제조 개시신고서를 제조와 동시에 제조장 소관 세무서장에게 제출해야 한다.

제조업(製造業)

제조업이라는 것은 제조장을 설치하고 그 제조장을 이용하여 유기적 물질 또는 무기적 물질에 물리적 작용 또는 화학적 작용을 가함으로써 새로운 생산품을 생산하여 판매하는 영업을 말한다(소득§20 ① Ⅲ, 令§31).

제조원가(製造原價)

제품의 제조를 위해 직접·간접으로 소비한 일체의 경제가치의 합계액을 제조원가라고 한다.

일반적으로 원가라고 표현할 때는 이 제조원가를 가리키는 것인데 이것은 재료비, 노무비, 경비로 구분하고, 다시 직접비와 간접비로 구분한다.

제조원가계산(製造原價計算)

제조원가의 계산은 원칙적으로 요소별 원가계산 → 부문별 원가계산 → 제품별 원가계산의 순서에 따라 행한다. 원가계산의 핵심은 제조원가의 계산이고, 제조원가는 가격조절의 중요한 대상이 된다.

제조원가계산의 방법은 개별원가계산과 총합원가계산으로 나눌 수 있다.

제조원가명세서(製造原價明細書)

제조원가명세서(Manufacturing Statement)란 손익계산서 제1구분에 기재되는 제조원가의 명세를 표시하는 것으로서 재무제표 부속명세서의 일종으로 중요한 명세서이다.

제조원가보고서는 각 원가 요소별로 그 발생액을 표시하고 당기의 총 제조비용에 기초하여 재공품 재고액을 공제, 당기 완성품의 제조원가를 계산한다.

조건부 압류금지재산(條件附 押留禁止財産)

국세징수법에 의해 체납자의 재산을 압류할 때 체납자가 국세·가산금·체납처분비를 보상할 만한 다른 재산을 제공하는 때에는 압류할 수 없는 재산이다(國徵§32).

이 규정은 되도록 생업의 수단이 되는 물건을 압류하지 않음으로써 체납자의 생업을 침해하지 않도록 하기 위한 것이다.
　(1) 농업에 필요한 기계·기구·가축류·사료·종자·비료
　(2) 어업에 필요한 어강·어구·어선
　(3) 직업 또는 사업에 필요한 기계·기구·비품

조기환급(早期還給)

전단계 세액공제방법에 의해 납부세액을 계산하도록 되어 있는 부가가치세제에서는 매입세액이 매출세액을 초과하여 환급세액이 발생하는 경우가 있는데 ① 수출하는 재화, 국내에서 제공하는 용역 등 영세율이 적용되는 재화나 용역을 공급하는 때 ② 사업설비를 신설·취득·확장 또는 증축하는 때에는 그 과세기간 중에 발생한 환급세액을 예정신고 때마다 사업자에게 환급하는 제도이다(附加§24 ②, 令§73).

이것은 영세율거래나 사업설비투자거래에서 사업자가 거래징수당한 부가가치세액을 미리 환급받음으로써 자금상의 부담을 줄이려는 데 그 취지를 두고 있다.

조사관할(調査管轄)

범칙사건을 조사하는데 있어서 조사기관의 조직·기구 및 법률상의 처분권능 등의 사정을 고려하여 조사를 통일적이고 원활하게 운영하기 위해 범칙사건의 성질 및 사건에 관계되는 장소에 따라 조사권을 배분하는 것을 말한다.

조사관할은 사건의 성질과 관계되는 장소를 표준으로 사물관

할과 토지관할로 구분하고 있다.

조사보고(調査報告)

조세포탈의 혐의가 있어 시작한 범칙혐의자에 대한 조사가 종료되면 세무공무원은 국세청장·지방국세청장 또는 세무서장에게 조사한 그 전말을 보고하게 되는데 이것을 조사보고라고 한다. 여기에는 영치(領置)(또는 압수)조서(調書), 범칙사실의 확인서, 전말서, 범칙혐의자 신분조서, 업체실태조사서, 범칙경위 및 처리의견서와 기타 범칙의 증빙이 되는 자료를 첨부하게 된다.

조사의 위탁(調査의 委託)

범칙사건의 조사기관이 그 관할구역이 아닌 곳에서 조사를 해야 할 필요가 있을 때 당해 지역을 관할하는 소속기관에 조사를 위촉하는 것을 말한다(租犯節§7 ②). 조세범칙주체의 조사는 다른 지방국세청 또는 세무서의 관할지역 내에서 조사할 필요가 있는 때를 제외하고 원칙적으로 그 소속관서의 관할지역 내에 한하도록 되어 있다. 따라서 지방국세청장 또는 세무서장은 그 관할구역 외에서 범칙사건을 조사해야 하는 때에는 당해 지역을 관할하는 지방국세청장 또는 세무서장에게 조사를 위촉할 수 있는 것이다.

조세(租稅)

조세란 국가가 세입조달을 하기 위해 개별적 반대급부를 제공하지 않고 강제적으로 징수하는 수입을 말한다.

세법은 국민을 대표하는 의원에 의해 승인되어야 하므로 강제적이라고만 할 수는 없지만 일단 세법이 입법되면 국가는 개개의 납세자의 의사여부에 상관없이 강제적으로 이를 집행하므로 조세는 어디까지나 강제적 수입이다. 또 개개의 납세자에 대해 개별적으로 반대급부를 제공하지 않고 있다.

물론 국가는 징수한 조세를 재원으로 하여 국민 전체에 생명의 안전. 재산권의 보장. 사회정책적 수익 등을 제공하므로 조세도 전연 무상으로 징수되는 것은 아니지만 납세자 전체에 대해 일반적 반대급부를 제공하는 것이지 개개의 납세자에 대해 개별적 반대급부를 제공하는 것은 아니다.

조세객체(租稅客體)

법률에서 과세의 목적물로 규정한 물체 또는 사실을 말하며 과세물건 또는 과세대상이라고도 한다. 과세물건은 과세의 물적 요소이지만, 그 내용은 납세의무자의 담세력을 추측할 만한 각종의 사실·화물·행위이며 일정한 법률행위의 체결 또는 경제행위의 수행 등과 같은 경제상 및 사회상의 생활사실로서 법규가 정하는 것 등이 포함된다.

조세경제(租稅經濟)

국가가 그 통치권 내에 포함되어 있거나 지배권이 미치는 경제단위로부터 개별적 대가를 지급하지 않고 강제적으로 재화를 징수하여 공공경비의 재원으로 충당하는 재정형태이다.

조세경제에는 일정한 신분, 계급, 직업 등의 차이에 따라 공공경비부담의 의무가 과해지기도 하고 면제되기도 하는 특권조세경제(예 : 대혁명 이전의 프랑스)와 모든 국민이 평등하게 공공경비 부담의 의무를 지는 보편적 조세경제의 두 가지 형태가 있다.

조세공과(租稅公課)

조세공과는 일반적 과세표준에 의해 부과되는 것으로 국가 또는 지방자치단체가 그 통치권에 따라 부과하는 보상이 아닌 공적인 과징금을 조세공과라고 한다. 공과는 조세 이외의 금전 부담을 말하는 것이다.

조세범(租稅犯)

조세에 관한 각종 범죄를 말하는 것으로 이것은 국가의 재정권을 침해하거나 침해할 위험성을 야기하는 반사회적 행위이다. 현행 우리나라 조세범 처벌법상의 조세범은 관세를 제외한 내국세사범을 말한다(租犯§1, 2).

조세범에 대한 처벌에 있어서는 범칙행위자를 벌하는 외에 그 법인 또는 개인(영업주체)에 대해서도 벌금형을 과하게 된다.

조세범에 대한 형법총칙제외(租稅犯에 대한 刑法總則除外)

형법총칙은 별단의 규정이 없는 한 특별법에 정한 범죄에도 그대로 적용되지만 조세범에 대한 처벌은 침해된 재산권의 회복과 재정질서의 유지를 목적으로 하기 때문에 범죄자의 주관적 사정보다 객관적 사실 또는 결과적 책임을 더 중시한다.

즉, 조세범처벌법 제8조 내지 제11조와 제12조의 2·제12조의 3 제3항의 범칙행위를 한 자에 대해서는 형법의 규정 중 제9조(미성년자부벌(未成年者不罰)), 제10조 제2항(심신미약자경감(心神微弱者輕減)), 제11조(성·아자경감(聾·啞者輕減)), 제16조(법률착오불죄(法律錯誤不罪)), 제32조 제2항(종범경감(從犯輕減)) 및 제38조 제12항 제2호 중 벌금경합에 관한 제한가중규정을 적용하지 않는다. 그러나 징역형에 처할 때 또는 징역형을 동시에 지울 때에는 형법총칙의 규정을 그대로 적용해야 한다(租犯§4).

조세범의 기수시기(租稅犯의 旣遂時期)

기수란 범죄의 실행을 완료하고 일정한 결과를 발생시켜 범죄를 완성하는 것을 말한다. 원래 조세포탈범은 주세를 제외하고는 미수를 벌하지 않기 때문에 포탈행위에 대한 기수시기를 명확히 할 필요가 있는데 조세범처벌법은 부과과세와 신고과세 양자에 모두 납부기한을 기수시기로 채택하고 있다.

그러므로 조세포탈범은 납부기한이 경과해야만 벌할 수 있으며 또한 시효도 납부기한이 경과한 날로부터 기산된다.

조세범처벌법(租稅犯處罰法)

조세범 중 내국세(등록세·관세 제외)사범 처벌에 관한 법률로서, 국가의 재정수입을 확보하기 위해 재정권 또는 재정질서를 침해하는 행위에 대한 벌칙을 규정하고 있다.

조세범처벌법은 1951년 5월 7일 정부가 부산에 있을 때 법률 제199호로써 제정공포 되었는데 이 법이 제정되기 전에는 조세범에 대한 벌칙은 각 세법에 개별적으로 규정되어 있을 뿐 통일되어 있지 않았다.

조세범처벌절차법(租稅犯處罰節次法)

조세범칙 사건에 대한 처리절차를 규율하는 국가적 법률체계로 실체법인 조세범처벌법이 추상적인 제재규정을 한 데 반해 절차법인 조세범처벌절차법에서는 조세범칙 사건에 대한 구체적인 처리절차를 규정하고 있으나 전체의 절차를 규율한 것은 아니다.

그러므로 조세범처벌절차법이란 조세범칙 사건에 대해 국가의 정식 과형권(課刑權)이 발동되기 이전의 절차로서 조세행정 주체에게 부여된 제1차적 과형권을 실현키 위한 절차를 규율하는 법률이라고 할 수 있다.

조세범칙행위(租稅犯則行爲)

조세범처벌법에 의한 범칙행위를 말하는 것으로 조세범칙행위의 양태는 대체로 포탈범과 조세위해범(질서범)으로 나눌 수 있다. 조세범은 또한 포탈범·확장적 조세범(무면허범 등) 및 불납부범(원천징수불이행), 조세위해범으로 나눌 수 있다.

조세법(租稅法)

조세에 관한 법의 총칭으로서, 조세관서의 조직에 관한 조세행정조직법, 조세채무의 내용에 관한 조세실체법, 조세의 부과징수절차에 관한 조세절차법, 납세의무의 위반에 대한 제재에 관한 조세범처벌법, 납세의무자의 구제에 관한 조세구제법을 포함하고 있다.

조세법률주의(租稅法律主義)

조세를 부과징수하는 모든 법은 국회에서 제정되는 법률이어야 한다는 원칙을 조세법률주의라고 한다.

조세법률주의의 의의는 ① 국민의 권리의무에 지대한 관계가 있는 조세의 부과징수는 국민의 대표기관인 국회의 의결없이는 할 수 없게 함으로써 국민의 재산권 보장과 경제생활의 법적 안정을 기하는 동시에 정부의 전횡(專橫)을 방지하며 ② 법률의 변경이 없는 한 매년의 예산에 의해 좌우되지 않는 영구세주의를 취하는 데 있다.

조세보편의 원칙(租稅普遍의 原則)

조세보편의 원칙은 모든 국민에게 빠짐없이 조세를 부담시키는 것을 말한다. 전제주의 시대에 있어서 조세란 사회적으로 약자만이 부담했고 귀족이나 승려·대지주와 같은 권력적 지배층은 대부분 조세부담을 면제받았거나 회피했으나 민주주의 사상의 발달과 함께 점차 이러한 특권은 부정되고 국민전체가 납세의무를 부담하게 되었다.

조세부과의 주체(租稅賦課의 主體)

국민으로부터 조세를 징수하는 권리의 주체, 즉 과세권자를 말한다. 국가가 수입을 조달할 목적으로 특정한 개별적 보상을 급부하지 않고 국민으로부터 강제적으로 징수하는 화폐 또는 재화를 조세라고 규정지은 것과 같이 과세권자는 물론 국가이다. 그러나 지방공공단체도 국가가 그 직분을 수행하기 위해 공법상의 인격을 인정해 주고 국가권력을 행사케 한 것이므로 과세권의 주체가 될 수 있다.

조세부담율(租稅負擔率)

조세부담율이라 함은 한 나라의 국민소득에 대한 조세의 비율을 말한다. 조세부담이 증대하면 그만큼 국민소득 또는 자본축적을 감소시키게 되며, 그 반대로 조세가 경감되면 그만큼 국민소비 또는 자본축적은 증대하게 된다.

조세소비설(租稅消費說)

아담 스미스를 비롯한 정통학파에 속하는 학자들의 이론으로서 조세란 생산에 유해할 뿐만 아니라 비생산적 내지 소비적이라고 주장하는 학설이다.

그들은 조세가 자본의 축적을 촉진하여 생산력을 증대하는 것이 아니라 오히려 조세정책의 과오는 기존자본을 위축시켜

생산력을 감퇴시키거나 새로운 자본축적을 저해하여 생산력의 발전을 억압한다고 주장한다.

조세수입체감의 법칙(租稅收入遞減의 法則)

단세제도를 채택하고 있는 경우에 조세수입을 올릴 목적으로 세율을 높이면 납세자의 부담만 가중되어 그 수입은 기대한 것과 같이 증가하지 않고, 오히려 체감되어가는 현상을 조세수입체감의 법칙이라고 한다.

조세외제수입(租稅外諸收入)

조세와 공채 이외의 국가공공단체의 수입을 조세외제수입이라 하는데 그 주된 것은 수수료·사용료·수익자 부담금·관공유재산수입·관공업 수입 등이다. 전매수입(專賣收入)은 형식상 세외수입(稅外收入)의 형태를 띠고 있지만 실질적으로는 소비세에 속한다.

조세의 경전(租稅의 更轉)

조세의 전전(前轉) 또는 후전이 각기 연속적으로 일어나는 현상을 말한다. 즉, 제조업자가 납부한 조세부담이 판매업자에게 전가되고, 또 판매업자는 소비자에게 전가시켜 결국 최종소비자에게 귀착되는 일종의 과정을 경전이라 한다. 이러한 현상은 거래상의 전위자(前位者)에 연속적으로 일어나는 경우에서도 생각할 수 있다. 조세의 전전이 계속되면 그 결과로 누적적인 가격상승이 일어날 수도 있다.

조세의무(租稅義務)

국가는 인간사회생활의 최고형식이며, 따라서 개인의 생활은 국가의 생존에 의하지 않을 수 없으므로 국가의 생존에 필요한 조세를 국민이 부담하는 것은 당연한 의무이다. 그러므로 조세는 국가로부터 받는 이익의 반대급부가 아니고, 무상적·희생적 지급으로서 납부하는 것이다. 특히 헌법 제38조에서 「모든 국민은 법률이 정하는 바에 의하여 납세의 의무를 진다」고 규정하고 있다.

조세의 상각(租稅의 償却)

장래에 부과될 조세가 현재에 있어서 부담되는 것을 말한다. 바꾸어 말하면 현재 납부하는 조세는 과거에 있어서 이미 부담되었다고 말할 수 있다. 이 현상은 자본에 환원하여 수익이 생기는 재산의 가격으로부터 해마다 똑같이 납부되는 수익세를 공제하여 그 재산을 매매하는 경우에 생긴다.

조세의 소전(租稅의 消轉)

조세의 소전이란 생산과정에서 일어나는 조세부담 현상으로서, 생산자에게 조세가 과세되었을 때 생산자가 그 과세된 만큼 생산비를 인하시켜 아무에게도 조세부담이 전가되지 않도록 하는 것을 말한다.

조세의 전가(租稅의 轉嫁)

일종의 조세부담 포탈현상이다. 즉, 조세가 직접 또는 간접으로 납세의무자에게 부담되지 않고 가격조정 과정을 통해 다른 사람에게 그 부담이 전가되는 현상을 말한다. 조세의 전가는 조세 자체를 거부하거나 회피하는 현상이 아니라, 납부한 조세의 직접적 화폐부담을 전가시키는 현상이다.

조세전가의 형태에는 전전·후전·경전·소전(前轉·後轉·更轉·消轉) 등이 있다.

조세의 전전(租稅의 前轉)

전전은 교환경제의 과정에 있어서 전위자가 후위자에게 조세부담을 이전시키는 것이다. 즉 판매자가 세금만큼의 재화 가격을 인상하여 판매하면 구입자가 그 조세의 실질적 부담자가 되는 것이다.

조세의 주체(租稅의 主體)

조세가 부과되는 사람, 즉 납세의무자를 말한다. 조세주체는 원칙적으로 통치단체에 소속하는 자연인과 법인을 말하는데 납세의무자와 실제로 조세를 부담하는 담세자가 항상 일치하지는 않는다는 것을 특히 주의해야 한다.

조세주체는 법률상의 납세의무자이고 담세자는 조세를 자기의 소득 내지 재산에서 지급하는 자를 말하는 것이다.

조세의 징수(租稅의 徵收)

조세는 그 부과가 완전하다고 해도 징수에서 완벽을 기하지 못하면 그 목적을 달성했다고 볼 수 없다.

조세의 징수에는 청부법(請負法), 배부법, 국가자신의 기관에 의한 직접징수방법이 있으며 조세징수에 관한 기본법으로 국세징수법이 있다.

조세의 환원(租稅의 還元)

조세환원은 미래의 재화소유자가 부담할 조세를 현재의 소득자가 부담하는 데에서 일어난다. 즉 증권 및 부동산에 대한 과세에 있어 그 자본가격은 특정자본의 수익을 시장이자율 또는 최저이윤율로 환원하여 얻어지므로 조세는 시장이자율 또는 최저이윤율로 환원한 액만큼 하락시킨다. 따라서 구입자는 조세환원만큼 하락한 가격으로 증권 또는 부동산을 구입하게 되며, 실질적으로 조세를 부담하지 않게 된다.

조세의 효과(租稅의 效果)

일반적으로 과세자체는 구매권을 수축시키는 효과가 있어 지출 또는 저축을 감소시키거나 노동투입량을 증가시킨다. 또 조세는 근로의욕, 저축·투자의욕을 억제하거나 자극하기도 하며 분배상태에 영향을 주고 자원배분을 수정한다. 뿐만 아니라, 신세(新稅) 및 세율변경의 공표만으로 경제의 행동을 변화시킨다. 이런 조세의 작용은 모두 총수요수준을 변화시키는 요인이 된다.

조세의 후전(租稅의 後轉)

후전은 전전과는 반대로 거래상의 전위자에게 조세부담이 이전하는 것을 말한다. 즉, 조세부담이 판매자로부터 제조업자에게, 또는 제조업자로부터 원료생산자에게 이전하는 현상이다. 제조품에 과세했을 경우 제조업자가 원료구입가격을 인하해서 조세부담을 원료생산자에게 전가시키는 것을 말한다.

조세절약(租稅節約)

세법에서 인정하는 방법에 따라 합리적이고 합법적인 수단으로 조세부담의 경감을 꾀하는 것이다. 조세절약은 적법한 조세부담의 경감방법을 말하는 것이므로 조세포탈 및 조세회피와는 구별해야 한다.

조세포탈이나 조세회피가 과세상 부인되는 것은 사실이지만 조세절약은 이들과는 달리 성실한 납세자의 합리적인 절세인 것이다.

조세주체(租稅主體)

조세가 부과되는 자연인 또는 법인을 말하며 납세의무자에 해당한다. 조세주체는 대부분 국가 또는 지방공공단체에 소속하는 자연인 및 법인이지만 외국인 또는 외국법인이 조세주체가 될 수도 있다. 좁은 의미에서는 조세를 부담하는 담세자까지도 포함시킨다.

조세징수의무자(租稅徵收義務者)

조세징수의무자는 각 세법의 규정에 따라서 원천징수의무자로 지정된 자를 말한다. 소득세법·법인세법·부가가치세법 등 각 세법의 규정에 의해 특정한 소득 또는 특정한 상거래에 있어서 그 소득금액을 지급할 때, 또는 그 대금을 지불하거나 영수할 때에 소정의 소득세·법인세·주민세·방위세를 원천징수하여 국고에 불입하게 하는 제도가 있는데 그 의무있는 자를 원천징수의무자라고 한다.

조세채권의 확정(租稅債權의 確定)

추상적 조세채권의 내용과 범위, 과세물건의 귀속 등이 구체적으로 확정되는 것을 말한다. 즉, 과세요건이 충족됨으로써 성립된 납세의무는 자기부과징수의무자의 원천징수 또는 원천징수의무자의 부과처분 등의 절차에 의해 현실적으로 얼마의 조세를 언제까지 납부해야 한다는 것을 의무로서 확정하고 그 실현의 과정에 들어가게 되는데 이와 같이 확정된 조세채권을 구체적 조세채권이라 한다.

조세체계(租稅體系)

조세는 각기 그 고유의 성질과 작용이 있어 조세의 어느 한 원칙에는 가장 부합하여 이상적인 반면, 다른 원칙에는 배반되는 모순을 갖게 된다. 따라서 각종의 조세를 그 성질과 작용에 따라 모든 조세원칙에 부합되도록 유기적으로 결합하여 편성한 통일적 조직이 필요하게 되는데, 이를 조세체계라고 한다.

조세특면(租稅特免)

조세특혜라고도 하는데 국가의 특별목적(정치적 · 경제적 · 사회적)을 위해 조세주체 및 객체에 대해 조세를 감면하는 것을 말한다. 조세주체에 대한 특면은 국가 · 지방자치단체 및 기타 공공단체 · 공익단체 그리고 국가원수 · 외국원수 및 외국사절에 대한 비과세를 의미하고, 조세객체에 대한 특면은 국영산업, 수출 및 외화소득, 관적농지, 병사의 급여, 상병자의 연금, 위적료, 학자금, 공공 또는 공익용지, 재해 및 자력상실에 대한 면세 및 감면을 말한다. 이것은 조세의 보편적 원칙이나 평등원칙의 적용을 제한 또는 중단하는 의미가 있다.

조세편의의 원칙(租稅便宜의 原則)

조세는 납세자에게 편리하게 징수되어야 한다는 것인데 이 원칙은 아담 스미스 이래 주장되어 온 것으로 납기 또는 납세방법이 납세자에게 편리하도록 정해지는 것을 요구한다. 납세를 할 때 불편이 적으면 그 납부하는 세액이 동일하다 해도 그 고통이 적은 것이므로 이에 따라 조세의 체납도 적어져서 국고의 수입이 증가한다는 것이다.

조세평등의 원칙(租稅平等의 原則)

　조세는 모든 국민에게 부담시키는 것이지만 그 조세부담이 국민 각자의 조세부담 능력에 따라서 평등하게 되어야 비로소 사회적 공평의 이념이 달성될 수 있다. 여기에서 국민 각자가 평등하게 조세를 부담해야 한다는 조세평등의 원칙이 등장한 것인데 이것은 각자가 부담하는 세액이 동일해야 한다는 의미는 아니다. 조세평등의 원칙은 각인의 담세력에 따라 과세해야 한다는 것을 의미한다.

조세포탈범(租稅逋脫犯)

　국가의 재정권을 침해하여 조세수입을 직접적으로 감손케 하는 조세범칙행위이며, 기타의 조세범도 궁극적으로는 이 포탈행위와 관련되어 처벌대상이 되고 있는 만큼 조세범 중 가장 중대시 되고 있는 실질범이다.

　조세포탈범의 구성요건의 해당성을 살펴보면, 일반납세의무자가 사기 기타 부정한 행위로 조세를 포탈하거나 조세의 환부를 받은 행위, 즉 각 세법에 규정한 조세징수의무자(증권거래세·부가가치세·소득세 등)가 정당한 사유없이 그 세금을 징수하지 않거나 징수한 세금을 납부하지 않는 행위를 의미한다(租犯§9 ①).

조세행정적 원칙(租稅行政的 原則)

　조세행정적 원칙은 세무행정을 할 때 준수해야 할 원칙으로 확실의 원칙, 편의의 원칙, 최소징세비의 원칙을 총괄한 것이다.

조세확실의 원칙(租稅確實의 原則)

조세가 명확히 정해져 있어야 한다는 원칙이다. 아담 스미스에 의하면 확실의 원칙은 정부당국자가 마음대로 조세를 정해 이를 부과징수하지 않을 것을 요구한 것이다.

조정계산서(調整計算書)

조정계산서란 소득세법 또는 법인세법상 납세의무자가 과세표준 확정신고(또는 수정신고)를 할 때 그 신고서에 공인회계사 또는 세무사가 그 기재내용이 정당하다고 확인한 신고서를 말한다.

이러한 조정계산서는 국세청장이 정하는 회계법인·공인회계사 또는 세무사가 과세표준조사서와 소득금액계산서에 의해 작성하고 기명날인해야 한다.

종가세 · 종량세(從價稅 · 從量稅)

과세표준에 의한 조세분류로서 종가세는 과세물건의 가격에 대해 부과하는 조세이며, 종량세는 과세물건의 분량에 대해 부과하는 조세이다. 종가세는 인플레이션하에서 재정수입을 증가하게 하거나 공평과세를 행한다는 장점이 있으며 종량세는 과세물건의 평가에 따르는 탈세의 기회를 적게 하고, 또 디플레이션 때에 재정수입을 확보하려는 경우에 합리적이다.

종합과세(綜合課稅)

종합과세란 법이 정하는 기간 내에 각자에게 귀속된 일체의 소득을 종합하여 그 소득금액을 하나의 과세표준으로하여 소득세를 과세하는 방법을 말한다.

종합소득(綜合所得)

종합소득이란 당해 연도에 발생하는 이자소득 · 배당소득(억제배당소득을 포함한다) · 부동산소득 · 사업소득 · 근로소득 기타 소득을 합산한 것을 말한다(소득§4).

종합소득금액 과세표준(綜合所得金額 課稅標準)

종합소득금액에 대한 과세표준은 이자소득 · 배당소득 · 부동산소득 · 사업소득 · 근로소득과 기타 소득에 대한 총수입금액에서 이에 대응하는 필요경비를 공제하고 산출한 이자소득금액 · 배당소득금액 · 부동산소득금액 · 사업소득금액 · 근로소득금액과 기타 소득금액의 합계액에서 소득공제를 한 금액을 말한다.

종합소득세액의 감면(綜合所得稅額의 減免)

종합소득금액에서 기초공제 · 배우자공제 · 부양가족공제 · 장애자공제 · 기부금특별공제 · 경로우대공제 · 부녀자세대주공제를 한 금액에 기본세율을 적용하여 계산한 금액에, 당해 근로소득금액 또는 사업소득금액이 종합소득금액에서 차지하는 비율을 곱해 계산한 금액에 상당하는 소득세를 면제한다(소득§6 ①).

주가수익률(株價收益率)

주가를 1주당의 연간 세공제전 이익으로 나눈 배율을 주가수익률이라고 한다.

주가결정기준의 하나로서 최근 이것이 많이 사용되고 있는데 주가수익률은 배당금의 원천을 이루는 이익에 중점을 두고 있다. 1주당 이익이 크면 그만큼 내부 유보가 많고, 장래의 증자, 증배, 무상교부 등을 받게 된 기대를 가지게 된다.

주된 소득자(主된 所得者)

주된 소득자라 함은 다음 각호에 해당되는 자를 말한다(소득령§131).

(1) 자산합산대상가족 중 자산소득금액 이외의 종합소득금액이 가장 많은 자

(2) 자산소득금액 이외의 종합소득금액이 없는 경우에는 그 자산소득금액이 가장 많은 자

(3) 자산소득금액 이외의 종합소득금액이 가장 많은 자가 2인 이상 있는 경우에는 그 중 자산소득금액이 가장 많은 자

(4) (2) 및 (3)의 경우에 자산소득금액이 가장 많은 자가 2인 이상 있는 경우에는 그 중 과세표준 확정신고서에 주된 소득자로 기재된 자.

주류(酒類)

주류라는 것은 주정(酒精 : 희석하여 음료로 할 수 있는 것, 불순물이 함유되어 직접 음료로 할 수는 없으나 정제하면 음료로 할 수 있는 조주정(粗酒精)을 포함한다)과 알콜분 1도 이상의 음료(용해하여 음료로 할 수 있는 분말상의 것을 포함하되, 약사법의 규정에 의한 의약품으로서 알콜분 6도 미만의 것을 제외한다)를 말한다(주세§2 ①).

주류제조자(酒類製造者)

주류의 제조면허를 받은 자를 말하는 것으로 주세법에 주류의 제조에 대해 면허제를 채택한 주목적은 주세의 확보를 도모하는 데 있다. 그러므로 주류제조자는 주세의 납부의무자가 되며 납세의무자는 주세를 완납하는 것만이 아니고 그밖에 기장의무·신고의무 등도 지도록 규정되어 있다(주세§39, 40).

주류제조장시설기준(酒類製造場施設基準)

주류를 제조하고자 하는 자는 주류제조장에 국세청장이 정하는 바에 따라 주류의 종류별로 원료처리·제조가공 등에 필요한 최소한의 시설을 설치해야 한다(酒稅§5 ②, 令§4 ①). 하나의 제조장에서 2종류 이상의 주류를 제조할 수 있도록 면허를 받은 자 또는 연접된 장소에서 각각 다른 종류의 주류를 제조하도록 면허를 받은 자가 하나의 시설을 공통으로 이용하고자 하는 경우로서 소관 세무서장이 공통으로 이용하는 것이 적합하다고 인정하는 경우에는 그 시설을 주류의 종류별로 따로 설치하지 않을 수 있다(令§4 ②, 則§2 ②).

주류판매업자(酒類販賣業者)

　주류의 판매업(판매의 중개업 또는 접객업을 포함한다)을 하는 자를 말하며 영리의 목적과 특정인이나 불특정인에 대한 판매여부는 상관없다. 주류의 판매업을 하고자 하는 자는 정부의 면허를 받아야 하며 이 면허는 판매장 1개소마다 받아야 한다(주세§8).

주류판매의 중개업(酒類販賣의 仲介業)

　타인간의 주류매매거래를 계속적으로 중개(거래 상대방의 소개, 의사전달 또는 거래내용의 절충 등 그 거래성립을 위한 보조행위를 말한다)하는 것을 말하며, 영리의 목적여부는 상관없다(주세§8).

주류판매질서위반범(酒類販賣秩序違反犯)

　주세에 있어서는 정확한 과세를 위해 주류제조에 대한 면허는 물론 그 유통과정의 단속을 위해 판매면허제도를 채택하고 있다. 주세유통질서의 명확한 확립을 위해 주류판매면허를 다시 도매업·소매업으로 구분하고 주류제조업자는 원칙적으로 도매업자에 한해 주류를 출고 또는 판매하도록 규정하고 있다.

주민세(住民稅)

　지방세법의 규정에 의하면 주민세는 균등할 및 소득할로 나뉘고 소득할은 다시 소득세할과 법인세할 및 농지세할로 구분하고 있다(지방§172).

주민세란 시·군 내에 주소 또는 사업장을 가진 개인과 법인 및 시·군 내에서 소득을 얻은 개인 또는 법인을 납세의무자로 하여 과세되는 인세를 말하며 그 의의는 지방자치단체의 존립과 활동에 필요한 경비의 일부를 널리 다수의 주민에게 부담시켜 부담분임의 정신을 구현하고자 하는데 있다.

주민세의 납세의무자(住民稅의 納稅義務者)

주민세 균등할의 납세의무자는 시·군 내에 주소를 둔 개인과 시·군 내에 사무소를 둔 법인, 법인세의 과세대상이 되는 법인격 없는 사단·재단 및 단체와 직전 연도의 부가가치세법에 의한 부가가치세 과세표준액(부가가치세 면세사업자의 경우에는 소득세법에 의한 총수입금액)이 일정금액 이상인 사업자로서 사무소 또는 사업소를 둔 개인을 포함한다. 다음 각호에 해당하는 자는 주민세 균등할의 납세의무자로 보지 않는다.

(1) 제조담배 소매인

(2) 우표·수입인지·수입증지 판매인

(3) 복권·시내버스표 판매인

(4) 연탄·양곡 소매인

(5) 노점상인

(6) 유아교육 진흥법 제2조의 규정에 의한 유아교육기관

한편 주민세 소득할의 납세의무자는 시·군 내에서 소득세·법인세·농지세의 납세의무가 있는 개인과 법인으로 한다(지방§173, 令§130의 2).

주민세의 가산세(住民稅의 加算稅)

주민세를 납부하지 않거나 부과된 세액보다 적게 납부하게 되면, 세법에 따라 납부하지 않은 세액 또는 적게 납부한 세액의 20%를 납부불성실 가산세로 추징하게 되는데 이것을 가산세라고 한다.

주민세의 균등할(住民稅의 均等割)

주민세의 균등할이란 모든 세대가 그 지역의 발전을 위해 똑같이 내야 하는 주민세를 말하는 것이다.

주민세의 납기(住民稅의 納期)

주민세 보통징수의 납기는 조례로 정하고 있는데 다만 소득할에 있어서는 수시부과할 수 있다(지방§179의 2). 또한 원천징수의무자가 원천징수세액을 징수했을 경우에는 그 징수일이 속하는 달의 다음달 10일까지 관할 시·군에 납입해야 한다(§179의 3 ② ④).

주민세의 납세지(住民稅의 納稅地)

개인에 대해 부과하는 균등할은 납기개시일 현재 그 개인의 주소지를 관할하는 시·군에서 부과하고, 법인에 대해 부과하는 균등할은 납기개시일 현재 그 법인의 사무소 또는 사업소 소재지를 관할하는 시·도에서 그 사무소와 사업소에 각각 부과한다(지방§175 ① ②).

주민세의 농지세할(住民稅의 農地稅割)

농지세할은 지방세법의 규정에 의해 부과된 농지세액을 과세표준으로 하여 부과하는 주민세이다(지방§2 Ⅴ). 주민세의 농지세할의 표준세율은 연간 농지세액의 100분의 7.5로 하되, 시장·군수는 표준세율의 100분의 50의 범위 안에서 가감조정하여 정할 수 있다.

주민세의 법인세할(住民稅의 法人稅割)

법인세할은 법인세법의 규정에 의해 부과하는 주민세를 말하는 것이다. 주민세의 법인세할의 표준세율은 연간 법인세액의 100분의 7.5로 하되, 시장·군수는 표준세율의 100분의 50의 범위 안에서 가감 조정하여 정할 수 있다.

주민세의 비과세(住民稅의 非課稅)

주민세 가운데 면세점 이외에 본원적으로 비과세되는 것은 균등할 뿐이다.

균등할의 비과세대상자는 다음과 같다(지방§174 ①).

(1) 균등할의 납세의무를 지는 세대주와 생계를 같이 하는 가족

(2) 생활보호법의 규정에 의한 보호대상자.

(3) 주한외국정부기관이나 내무부장관이 정하는 주한국제기관에 근무하는 외국인과 그와 생계를 같이 하고 있는 외국인. 다만, 그 외국정부가 우리나라 사람에게 주민세와

동일한 성격의 조세를 과세하는 경우는 예외로 한다.

주민세의 소득세할(住民稅의 所得稅割)

소득세할은 소득세법의 규정에 의해 부과한 소득세액을 과세표준으로 하여 부과하는 주민세를 말하는 것이다.

주민세의 소득세할의 표준세율은 연간 소득세액의 100분의 7.5로서, 시장·군수는 당해 연도분의 주민세의 세율을 주민세할의 표준세액의 100분의 50의 범위 안에서 가감조정해서 정할 수 있다.

주세(酒稅)

주세는 주류를 과세물품으로 하여 국내제조자로부터 출고되는 곡량과 가격에 따라 징수하는데 제조자가 당해 세액만큼을 주류의 가격에 포함시켜 소비자에게 세부담을 전가하도록 하는 간접국세이다.

주세검사(酒稅檢查)

과세의 공평과 확실을 기하고 탈세행위를 미연에 방지하여 주세보전을 기하기 위한 것이다.

주류의 제조과정에서 소비단계에 이르기까지의 유통과정을 충분히 파악하기 위해 때로는 주류의 이동과 처분 등을 금지할 수 있으며 어떤 부작위에 대해 승인을 받게 하는 등 조치를 강구할 수 있다.

이와 같은 견지에서 주세에 있어 주류제조자 또는 판매업자에게 일정한 수인의무(受忍義務)를 과하고, 세무에 종사하는 공무원에 대해 그 직무상의 일정한 권한을 부여하고 있다(주세§43, 44).

주택상속공제(住宅相續控除)

국내에 주소를 둔 자의 사망으로 인해 상속이 개시된 경우, 상속개시 당시의 피상속인의 상속재산가액에 피상속인의 배우자·직계존비속 및 형제자매가 상속받은 주택(2 이상인 경우에는 그 중 주택가격이 가장 높은 1주택으로 한다)의 가액이 포함되어 있는 경우에는 그 주택의 가액을 상속세 과세과액에서 공제한다.

준고정비(準固定費)

일정한 범위 내의 조업도 변화에서는 고정적(불변적)이고, 그것을 넘으면 급증하여 재차 고정화해 가는 원가요소를 말한다.

준고정비와 준변동비의 구별은 실제적으로는 상당히 모호한 것이며 구분하기 어렵다. 원가계산에서는 이들을 고정비 또는 변동비 중 어느 것에 귀속시키는가를 합리적 방법에 의해 결정하고 고정비의 부분과 변동비의 부분으로 분해하여 계상하는 것이 보편타당할 것이다.

준변동비(準變動費)

조업도가 0인 경우에도 일정액이 발생하고, 또한 조업도가 증가하면 거기에 비례하여 증가하는 원가요소이다.

예컨대 전기료·수도료 등은 사용하지 않는 경우에도 기본요금을 부담해야 하고 또한 사용량에 비례하여 종량요금은 증가한다. 기계수리비·공장사무원 급료 등도 같다.

중간예납(中間豫納)

소득세법이나 법인세법에서 과세기간 중간에 중간예납기간을 정해 세액의 일부를 납부하도록 하는 제도를 중간예납이라고 한다. 세법은 과세기간이 모두 지난 후에 확정된 소득금액에 의해 과세하는 것을 원칙으로 하고 있지만 조세수입의 조기확보, 부담의 분산 내지는 조세회피의 미연방지 등을 위해 이 제도를 두고 있는 것이다.

증가세(增價稅)

재산증가세라고도 하며, 단순히 재산을 소유한다는 사실로 특별한 증가이익에 과하는 세이다. 그 대표적인 것이 토지초과이득세이다. 재산세는 가옥세·대지세 등과 같이 재산을 소유하고 있다는 사실에 기인하여 과세하는 것과 상속세나 증여세와 같이 재산이 이전하는 사실에 기인하여 과세하는 것이 있는데, 증가세란 소유하고 있는 재산의 가치가 외부적 조건에 의해 증가되었을 때에 발생하는 불로소득에 대해 과세하는 것이다.

증권거래(證券去來)

우리나라는 증권의 판매를 공정·원활하게 하고, 투자가를 보호하려는 목적에 의해 증권거래법을 법률로 정하고 있다. 이와 같은 법적 근거에 의해 증권거래소에서 증권거래가 성립하며, 증권업자의 점두거래(店頭去來)도 허용되고 있다.

대체로 증권거래는 실물거래와 청산거래로 대별할 수 있다. 실물거래는 현물과 대금을 원수(援受)하는 거래이며, 청산거래는 대개가 차금결제거래를 하고 있다.

증권거래세(證券去來稅)

재화의 유통에 대해 과세하는 유통세의 일종으로서 유가증권의 전전매매(轉傳賣買)에 대해 받는 세금이다. 그러므로 매매자의 어느 쪽에서 받아도 상관은 없지만 우리 세법은 파는 자에게서 받도록 하고 있다. 따라서 납세의무자는 유가증권의 매도자이고 징수의무자는 한국증권 거래소가 된다.

증권발행세(證券發行稅)

증권발행세란 문서세에 들어가지 않는 유가증권의 발행행위에 과하는 세를 말한다. 대체로 문서세에 있어서의 문서는 그 작성 자체가 목적이 아니고 어떤 경제적 목적을 달성하는 수단에 불과하므로 문서를 작성한 경제적 목적에 과세하는 것이고 증권은 그 자체를 매도하는 것을 목적으로 하므로 증권발행에 과세하는 것은 증권거래 자체에 과세하는 것이다.

열환은행권 발행세도 일종의 증권발행세라고 할 수 있는데 이는 중앙은행이 할인대여로 할 때 발행하는 것을 보통으로 한다.

증분이익률(增分利益率)

기업의 자본투하 효율을 정확히 측정하기 위해 사용하는 비율로서, 기업의 신규설비투자 또는 설비증설·설비경신 등에 의해 얻어지는 이익증가 예상액을 새로 추가하여 투자한 자금총액(所要投下資本)의 비율로 나타낼 수 있다.

$$\text{이익증가율} = \frac{\text{증가예상이익}}{\text{추가투자소요총액}}$$

증빙물건(證憑物件)

조세범칙행위에 직접 또는 간접으로 사용된 물건·장소 등으로서 범칙행위를 입증할 수 있는 모든 것을 말한다.

이러한 증빙물건은 세무공무원이 몰취하거나 영치할 수 있으며, 그 종류, 출처, 소유자의 주거·성명, 그리고 증빙물건이 현존할 때에는 장소 또는 처분방법 등을 상세하게 기재해 두어야 한다.

이것은 증빙물건이 재판관의 범죄사실 인정상 꼭 필요할 뿐 아니라 몰수 또는 환부의 선고를 하는 데 필요하고, 세무공무원이 범칙혐의를 주장할 수 있는 객관적 요소가 된다.

증여(贈與)

당사자의 일방이 재산을 무상으로 상대방(친족 또는 타인)에게 수여하는 의사를 표시하고 상대방이 이를 승낙하여 성립하는 낙성·무상·편무(諾成·無償·片務)의 계약을 말한다. 또한 타인으로부터 채무의 면제·인수 또는 제3자에 대한 변제를 받은 자는 그 면제·인수 또는 변제로 인한 이익에 해당하는 금액을 증여받은 것으로 간주하며 현저히 저렴한 가액의 대가로 재산을 취득한 경우에도 시가와 대가와의 차액에 상당한 금액을 증여받은 것으로 간주하여 증여세부과대상이 된다.

증여세(贈與稅)

개인이 증여로 인해 재산을 취득한 경우, 그 취득재산가액을 표준하여 과세하는 조세이다.

증여를 받은 자, 즉 수증자가 납세의무자가 되며, 증여자는 이 증여세에 대해 연대납부의 책임을 진다. 이 경우 친족으로부터 증여를 받은 경우에는 금액을 과세가액에서 공제하기도 한다. 이 증여세는 세목별로 세법을 따로 두지 않고 상속세 및 증여세법에 규정하고 있다.

증자(增資)

자본액을 증가시키는 것을 증자라고 하는데 이는 일정한 자본증가의 절차를 밟아야 한다. 무상증자에 속하는 경우로 전환사채의 전환 및 준비금의 자본전입과 같이 명의상 증자가 생기는 것과 유상증자에 속하는 신주발행과 같이 실질상의 증자가 생기는 경우가 있다.

증지·증인 및 입장권의 재사용과 위조·변조범 (證紙·證印 및 入場券의 再使用과 僞造·變造犯)

본죄는 주로 형식범에 속하는 것으로서 대부분은 간접세(주세·특별소비세)에 관한 범죄라고 할 수 있다(租犯§12의 2). 납세증지의 첩부(貼付)나 납세증인의 압날(押捺), 또는 법에 의한 입장권의 사용은 그것이 직접적으로 그 세의 과세사실을 증명하는 역할을 하므로 이를 재사용·위조 또는 변조하는 행위는 곧 조세의 포탈을 의미하는 것이다.

지급조서(支給調書)

지급조서는 분기별로 그 지급일이 속하는 분기 종료일의 다음달 말일까지 원천징수관할세무서장, 관할지방국세청장 또는 국세청장에게 제출해야 한다. 다만 근로소득에 대해서는 다음해 2월 말일까지 제출해야 한다.

이러한 지급조서란 일정한 소득금액 또는 수입금액을 지급받는 자의 인적사항 소득금액 또는 수입금액의 종류와 지급시기, 귀속연도 등을 기재한 과세자료이다.

제출의무를 갖는 사람은 당해 소득금액 또는 수입금액을 지급하는 자이다. 그러나 이 규정은 이자소득·분리과세 배당소득과 대통령령이 정하는 기타 소득에 대해서는 적용하지 않는다.

지급조서 제출불성실가산세 (支給調書 提出不誠實加算稅)

내국법인이 규정에 의하여 제출해야 할 지급조서를 기한 내에 제출하지 않았거나 제출된 지급조서가 불분명한 것을 불명자료라고 하는데, 지급조서를 제출하여야할 자 또는 법인이 당해 지급조서를 제출기한 내에 제출하지 않았거나 제출된 지급조서가 불분명한 경우에 해당하는 때에는 미제출·불명분 지급금액의 2%에 상당하는 금액을 결정세액에 가산하며, 산출세액이 없는 경우에도 이 가산세는 적용한다.

지급조서나 각종 보고서 제출의무의 위반범
(支給調書나 各種 報告書 提出義務의 違反犯)

각 세법에 의하면 물품대금이나 각종 요금을 지급할 때 또는 판매할 때 판매금액·수입금액 등을 보고하게 되어 있다. 이는 근거과세를 위해 과세상 중요한 자료가 된다. 그런데 이러한 과세상의 협력의무를 위반하여 지급조서·계산서 또는 보고서를 제출하지 않거나 허위의 기재를 한 경우에는 조세범처벌법에 의해 처벌받게 된다(租犯§13 Ⅳ).

지급조서제출방법(支給調書提出方法)

지급을 받은 소득자별로 소정양식에 의한 지급보고 합계표와 지급조서를 원천징수 관할세무서장에게 제출하는 방법을 말한다.

국내에서 지급하는 근로소득에 대해서는 근로소득지급조서(소칙 별지 제66호 서식)·국내에서 지급하는 퇴직소득에 대해서는 퇴직소득지급조서(소칙 별지 제67호 서식)를 지급을 받는 자 개인별로 작성하여 원천징수관할세무서장에게 각각 제출해야 한다. 이 경우 그 지급조서의 제출을 받은 소관세무서장은 그 제출을 받은 날로부터 10일내에 그 지급을 받은 자의 주소지 관할세무서장에게 통보해야 한다.

지대별·구조별 임대실례조사 (地帶別·構造別 賃貸實例調査)

부동산소득세 조사를 철저히 하기 위해 시·읍면에 비치되어 있는 주민등록부·가옥대장·건축허가대장·시장·사무실 또는 번영회의 점포사용대장·등기소의 등기대장·부동산매매중개업자 등을 통해 부동산소득 조사분석표를 계층별·용도별로 작성하고 평당 임대수입금액을 검토분석하는 것을 말한다. 이는 부동산소득세과세에 공정을 기하고 상호근이지역을 서로 묶어 평당 임대수입금액에 따라 균형을 유지하고 과세의 불균형을 시정하기 위해 세무서와 지방국세청에서 실시하고 있는 조사이다.

지명서(指命書)

조세범처벌절차법에 규정한 조세범칙 혐의자에 대해 범칙사건을 조사처리할 때 업무의 특수성으로 인해 일반세무공무원과 구분하여 특수한 자를 지방검찰청 검사장이나 검찰청장이 조세범처벌절차법상 범칙사건 집행공무원으로 지명하는 것을 말한다.

지방교부세(地方交付稅)

지방자치단체의 행정운영에 필요한 재원을 교부하여 그 재정

을 조정할 때 지방행정의 건전한 발전을 기하기 위해 국가가
재정적 결함이 있는 자치단체에 교부하는 세를 지방교부세라고
한다.

지방세(地方稅)

지방자치단체가 그 수입을 조달하기 위해 해당 단체의 구성
원으로부터 특정한 보상없이 강제로 징수하는 화폐 또는 재화
로서, 헌법을 비롯 지방세법과 각급 지방자치단체의 조례 등에
근거하여 부과된다.

지분(持分)

회계학상 지분이란 기업에 자금, 재물, 노동, 서비스 등의 경
제가치를 제공한 자가 기업의 재산에 대해 갖고 있는 청구권을
말한다. 법률상의 지분은 출자자가 출자의무를 이행하는 것에
따라서 회사재산에 대해서 갖는 청구권이고, 이것은 회계학상의
자본주 지분 또는 투자가 지분에 해당한다.

지상권(地上權)

건물 기타 공작물이나 수목을 소유하기 위해 타인의 토지를
사용하는 물권이다(민§279 내지 §290). 채권인 임차권과 그 성
질상 유사점이 많은데, 임차권에서는 임차인의 이용청구권의 효
력이 물권보다 약하다. 그러나 건물을 세우기 위한 임차권은 차
지차가조편법(借地借家調偏法)에서 지상권과 같이 취급되고 있

으므로 양자의 차이는 현재에 와서는 크지 않다. 지상권의 존속기간은 당사자가 자유로이 정할 수 있으나, 건물의 소유를 목적으로 하는 지상권의 경우 견고한 건물에 대해서는 30년, 그밖의 건물에 대해서는 15년을 최단기로 한다.

지상배당소득제도(紙上配當所得制度)

법인이 당해 사업연도의 소득 중 일정수준 이상의 금액을 주주 등에게 배당하지 않고 사내에 유보하고 있는 경우에는 그 일정수준(적정유보소득)을 초과하여 유보하고 있는 소득을 배당한 것으로 간주하여 소득세를 부과하는 제도를 말한다.

지세(地稅)

토지의 수익에 과하는 세금으로, 지세의 세원은 토지로부터 발생하는 모든 수익이지만 주주가 얻은 순지대(純地代)인가 어떠한가는 비교적 명료하지 못하다.

토지세의 과세표준은 처음에 면적수확고였으나 보통 토지의 임대가격, 토지의 평균수익 또는 지가로 하고 있다. 지가에 관해서도 수익지가에 의하는 경우와 매매가격에 의하는 경우가 있다. 세율도 과거에는 배부세였으나 현재는 정률세이다.

지역개발세(地域開發稅)

지역개발세는 지역의 균형개발 등에 소요되는 재원의 확보를 꾀하는 목적세이다. 양수발전용수를 제외한 발전용수·지하수·

지하자원·컨테이너를 취급하는 부두를 이용하는 컨테이너를 과세대상으로 하며, 지역개발세의 납세의무자는 유수(流水)를 이용해서 직접 수력발전(양수발전 제외)을 하는 자, 음용수로 제조·판매하거나 목욕용수로 활용하려는 등의 목적으로 지하수를 채수하는 자, 채광한 지하자원을 원료로 직접 제품을 생산하는 채광자 및 컨테이너를 취급하는 부두를 이용하여 컨테이너를 입출항하는 자이다.

발전용수에 대한 지역개발세는 발전소의 소재지를 관할하는 도에서 부과하고, 지하수에 대한 지역개발세는 채수공의 소재지를 관할하는 도에서 부과하며, 지하자원에 대한 지역개발세는 광업권이 등록된 토지의 소재지를 관할하는 도에서 부과한다.

지점세(支店稅) Branch Tax

지점세란 외국법인의 국내사업장(지점)에 대하여 일반법인세에 추가하여 과세하는 일정한 부가세(sur tax)를 말한다.

이는 외국기업이 자국에 진출하는 형태에 따라 세부담에 불공평이 발생하게 되는데 이를 시정하기 위해 외국법인의 지점에 대하여는 일반법인세에 추가하여 지점세를 부과하는 것이다.

지점세 = 과세대상 소득금액 × 지정세율

지정상속인(指定相續人)

피상속인은 법정상속규정에 관계없이 유언으로 그 재산의 전부 또는 일부를 받을 포괄적 수유자를 정할 수 있다. 이 때 지정된 수유자를 지정상속인이라 한다. 이 포괄적 수유자는 재산상속인과 동일한 권리의무를 가지므로 엄밀히 말하면 상속인은 아니지만 법정상속인에 우선하게 된다.

지조(地租)

수익세의 일종으로서 과세표준은 토지면적·등급·수확고·지가 및 임대가격 등이 고려된다.

이것은 근대적 조세의 모체를 이루는 것으로서 가장 중요한 지방재원이 된다.

지출과세(支出課稅)

소득지출의 사실을 포착하여 과하는 조세를 지출세라고 한다.

소득과 같이 지출도 담세력을 나타낼 수 있으며 소득대신에 지출을 표준으로 하여 과세할 수도 있다. 또 지출세 체계에 거래세, 매상세 등과 같은 유통세를 포함시키는 경우도 있다.

지출세(支出稅)

소득의 소비지출면에 과하는 조세로서, 지출세는 넓은 의미로 소비세라고 할 수 있다. 지출세가 있는 것은 소비가 소득의 존재를 외부에 나타내기 때문이다. 따라서 소비세는 소비와 소득 사이에 깊은 관계가 있음을 추정하여 과세한다.

지출세는 직접소비세(사용세)와 간접소비세(소비세)의 두 가지로 나뉜다.

직접상각(直接償却)

감가상각의 기장정리 방법으로서 자산을 감가상각했을 때 감가상각액만큼을 당해 고정자산의 장부가액에서 직접 감액하는 경리방법이다. 따라서 비용계정은 증가되어야 하며(차변에 기입), 자산계정은 감소되어야 한다(대변에 기입).

예를 들어 건물 20,000원을 감가상각했다면

차) 감가상각비 20,000원 대) 건물 20,000원

이 된다.

위와 같이 회계처리를 하면 얼마 후에 자산의 취득가액과 지금까지의 감가상각총액을 알기는 매우 곤란하다. 그런데 직접상각과 대응되는 간접상각이 이러한 결함을 보완해 주기 때문에 세법에서는 직접상각방법과 아울러 간접상각방법도 용인하고 있다.

직접세(直接稅)

조세는 과세의 방법에 따라 직접세와 간접세로 분류되는데 이 둘은 기초대상과 국민경제적 영향에서 차이가 난다. 즉 직접세는 예정된 담세자에게 직접과세해서 납부시키는 것을 원칙으로 납세자와 담세자가 동일한 조세를 의미하는 반면에, 간접세는 조세법에서 예정된 담세자에게 직접과세하지 않고 과세의 기술상 조세가 전가될 것을 예상하고 이것을 전제로 하여 과세물의 생산자 또는 취급판매자에게 일괄과세하여 납부시키고 과세금액만큼은 상품가격의 인상을 통해 담세자에게 세부담을 전가시키는 조세를 의미한다.

징수(徵收)

좁은 의미로 징수는 국가가 세금으로서의 세입금을 수납하는 것을 말하며, 넓은 의미로 징수는 징수기관이 행하는 국세의 징수행위로서 부과의 과세표준액 조사결정, 세입징수관의 징수결정은 물론, 납세의 고지·독촉, 재산의 압류·압류재산의 환가·재산매각대금의 배분계산 등 국세채권을 확정하여 납세자에게 청구하는 절차로부터 수납에 이르는 일체의 절차를 의미한다.

징수결정(徵收決定)

조세나 기타 세입에 있어 법령이 정하는 대로 이를 징수할 자격을 가진 세입징수관이 그 세입의 징수권한으로써 징수해야 할 세입금에 대해 그 세입의 결정이 법령에 위반되지 않는가를 확인하고 그 세입의 소속년수와 세입과목·세입금액의 산정·납세자의 주소·성명·납부기한과 납부장소 등의 적정을 철저히 조사하여 국고에 납부해야 할 세입을 결정하는 것을 말한다.

징수유예(徵收猶豫)

징수유예는 소관세무서장이 납기개시전에 납세자의 일정한 사유로 국세를 납부할 수 없다고 인정하는 경우에 납세의 고지를 유예하거나 결정한 세액을 분할하여 고지하도록 하는 것을 말한다.

　납세자가 고지의 유예를 받거나 세액을 분할하여 고지받고자
할 때에는 납세자의 주소 또는 거소와 성명, 납부할 국세의 과
세연도 · 세목 · 세액과 납부기한, 징수유예를 받고자 하는 이유
와 기간, 분할납부의 방법에 의해 징수유예를 받고자 하는 경우
에는 그 분납금 및 회수 등을 기재한 문서로써 세무서장에게
신청할 수 있다(同§2, 令§23).

징수촉탁(徵收囑託)

　지방세법에 의해 지방자치단체의 징수금을 납부 또는 납입할
자에게, 그 자의 재산이 당해 지방자치단체 외에 있는 경우에는
본인 또는 재산의 소재지의 세무공무원에게 그 징수를 촉탁할
수 있는 것을 말한다(지방§56 ①).

ㅊ

차감징수세액(差減徵收稅額)

종합소득 산출액에서 당해 세액공제를 하고 또 기납부 원천징수세액을 차감하고도 부족액이 있을 때 징수해야 할 금액을 차감징수세액이라고 한다.

그러므로 차감징수세액이 있는 경우에는 12월분 또는 퇴직하는 달 분의 근로소득에서 원천징수하여 납부해야 한다.

차감환급세액(差減還給稅額)

원천징수의무자가 당해 연도에 이미 원천징수하여 납부한 원천징수세액과 세액공제의 합계액이 종합소득 산출세액을 초과하는 경우에는 그 초과액을 환급하게 되는데, 이 경우 환급해야 할 금액을 차감환급세액(편의상 연말정산환급세액이라고도 함)이라고 한다.

차별관세(差別關稅)

관세는 어느 나라의 생산품이라도 평등하게 부과하는 것을 원칙으로 한다. 그러나 어떤 경우에는 특정국의 물품과 특정국 적선박에 의해 입하되는 물품에 대해 일반국가에 대하는 것과는 다른 관세율을 적용하기도 하는데 이를 차별관세라 한다. 차별관세는 자주 사용되는 것은 아니고, 보통 특정지역과의 무역의 촉진수단, 통상조약을 유리하게 유도하는 교보수단, 그리고 상대국으로 하여금 부당한 압박·항쟁 등을 못하게 하는 예방수단으로서 설정되는 것이다.

차액세(差額稅)

일명 재산증가세라고도 하며, 이 세종(稅種)은 재산가격의 증가에 따라 과하는 조세로 재산가격의 증가라는 하나의 움직임이 있는 상태를 포착하여 과하는 세이기 때문에 상속세와 같이 동적 재산세라고 한다.

참가압류(參加押留)

세무서장은 압류하고자 하는 재산이 이미 다른 기관에서 압류하고 있는 재산인 때에는 참가압류통지서를 그 재산을 이미 압류한 기관에 송달함으로써 그 압류에 참가할 수 있다(國徵§ 57 ①). 참가압류통지서에는 다음의 사항을 기재해야 한다(令§ 63 ①).

(1) 체납자의 주소 또는 거소와 성명
(2) 참가압류에 관계되는 국세의 과세연도·세목·세액과 납부기한
(3) 참가압류재산의 종류·수량·품질과 소재지

위 규정에 의해 압류에 참가한 세무서장은 체납자와 그 재산에 대해 권리를 가진 제3자에게 그 뜻을 통지해야 한다.

창업비(創業費)

창업비란 회사를 설립할 때 회사가 부담해야 할 설립에 필요한 비용으로서, 발기인이 받아야 할 정당한 보수 또는 설립등기를 위한 제세공과금 등이다. 상법이나 법인세법에는 당해 지출액을 대차대조표상의 자산의 부에 계상하고 5년간의 매 결산기에 균등액 이상의 상각을 할 수 있도록 규정하고 있다.

채권(債權)

채권은 특정인(채무자)에 대해 특정한 행위(급부)를 할 것을 요구하는 권리이다. 급부의 내용은 재화 또는 노무를 제공한다는 적극적인 행위일 수도 있고 일정한 행위를 하지 않는다는 소극적인 것일수도 있다.

채권의 목적은 금전적 가치를 갖는 것이 많지만, 금전으로 가액을 산정할 수 없는 것이라도 채권의 목적으로 할 수 있다(민§373). 채권은 그 목적에 따라 ① 특정채권 ② 종류채권 ③ 금전채권 ④ 이자채권 ⑤ 선택채권으로 분류된다.

채권의 소멸(債權의 消滅)

채권은 여러 가지 원인으로 소멸되는데 민법이 규정하는 것으로는 다음의 것이 있다.

(1) 변제(辨濟) : 변제는 채권의 내용을 실현하는 채무자의 행위이다. 따라서 변제가 있으면 채권은 그 목적을 달성하는 것이므로 소멸한다.

(2) 대물변제(代物辨濟) : 채무자가 본래 부담하였던 채무이
행 대신에 다른 급부를 제공함으로써 채권을 소멸시키는
것이다.

(3) 공탁(供託) : 채무자 기타의 변제자가 변제의 목적물을
공탁소에 임치하고 채무를 면하는 것이다. 공탁은 채권자
가 변제의 수령을 거절하거나, 이를 수령하는 것이 불가
능하거나, 변제자의 과실없이 누가 채권자인지 알 수 없
는 경우에 행해지며, 그 효력은 변제와 동일하다.

(4) 상계(相計) : 동일 당사자간의 대립하는 채권채무를 서로
같은 액수에 있어서 소멸시키는 것이다.

(5) 경개(更改) : 구채무를 없애 버리고 신채무를 성립시키는
계약이다. 대물변제에 있어서는 변제를 대신하는 급부가
현실로 행해지는 데 반해, 경개에 있어서는 구채무에 대신
해 새로운 한 개의 채무가 성립하는 것에 불과하다.

(6) 면제(免除) : 채권을 무상으로 소멸시키는 채권자의 단독
행위이다.

(7) 혼동(混同) : 채권과 채무가 같은 사람에게 귀속하게 되
는 것이다. 예컨대 채무자가 채권자의 상속인이 된 경우
에 채권은 소멸한다.

채권의 양도(債權의 讓渡)

채권의 동일성이 변하지 않고 타인에게 넘어가는 것을 말한
다. 채권의 성질상 양도할 수 없는 경우와 당사자의 특약으로
양도를 금지한 경우를 제외하고는 양도할 수 있는 것이 원칙이
다(民法§449).

채권양도는 당사자(전채권자와 신채권자)간의 계약으로 할
수 있지만 양도방법은 채권의 종류에 따라서 다르다.
  (1) 지명채권(증권적 채권을 제외한 보통 채권)에 있어서의
      양도는 당사자간의 불요식행위로써 할 수 있다. 이 양도
      로 채무자, 기타의 제3자에 대항하기 위해서 채무자에게
      양도 사실을 통지하거나 채무자가 그 양도를 승낙해야
      한다.
  (2) 증권적 채권(채권의 유가증권으로 표현되어 그 채권의 성
      립·존속·양도·행사 등이 원칙적으로 증권에 의해 행해
      지는 채권)에 있어서는 단순한 합의만으로는 양도의 효력
      이 생기지 않고, 지시채권(특정인 또는 그가 지시한 자에
      게 지급하기로 되어 있는 증권적 채권)과 지명소지인출급
      채권(특정인 또는 그 증서의 정당한 소지인에게 지급하기
      로 되어 있는 증권적 채권)은 양수인에게 그 증서를 교부
      함으로써 비로소 양도의 효력이 생긴다.

채권자 대위권(債權者 代位權)

채권자 대위권은 민법의 규정에 의거, 채권자가 자기의 채권
(조세)을 보전하기 위해 채무자(납세자)의 권리를 대행하는 권
리이다. 대위권행사의 목적이 되는 권리는 납세자의 일신에 전
속하는 권리와 압류할 수 없는 권리를 제외한 모든 권리가 된
다. 따라서 청구권은 물론 취소권·해제권 등의 형성권도 대위
권행사의 목적이 된다.

국세체납처분의 경우에 있어서는 체납자 소유의 재산의 표시
또는 등록청구권·소유권 이외의 권리설정·변경, 부소등기 및

등록청구권 등의 대위행사, 체납자가 가지는 법률행위의 취소권·계약해제권 등의 대위행사를 할 수 있다.

채무공제(債務控除)

상속세의 과세가격을 산정할 때의 채무는 상속재산의 가액에서 공제하는데 이것은 세무서장이 확인한 것이어야 하며, 시효가 완성한 채무는 공제할 수 없다. 또한 공제되는 채무는 상속개시전 10년 이내에 피상속인이 상속인에게 진 증여채무와 상속개시전 5년 이내에 피상속인이 상속인 이외의 자에게 진 증여채무를 제외한다(상속§4 ① Ⅲ).

채무면제익(債務免除益)

채무자가 그 채권을 방기(放棄)한 경우의 채무자측의 이익을 말한다.

회사가 경영부진 등에 의해 결손상태에 있는 경우에 경영자나 채권자의 채무를 일부 또는 전부 면제할 때 발생하는 것이다. 채무면제익은 결손을 보전하는 것을 목적으로 하는 것이 일반적이다.

청구(請求)

청구란 공법·사법상 일정한 행위를 요구하는 것을 말한다. 청구는 사법상 특히 민법·상법·민사소송법에 있어서는 각별한 의미를 가지고 있어서, 손해배상의 청구 등을 할 수 있다.

　공법인 세법상의 예를 들면, 위법 또는 부당함을 정정할 것을 요구하는 불복심사제도에 있어서의 심사의 청구를 들 수 있다. 그러나 이러한 청구는 그 처분의 집행에는 효력을 미치지 않으며 다만, 필요하다고 인정할 때에는 그 처분의 집행을 중지할 수 있을 뿐이다.

청구권(請求權)

　타인의 행위·부작위 또는 인용을 요구할 권리이다. 채권은 모두 청구권이다. 그밖에도 물권·무체재산권·친족권·상속권 등으로부터도 청구권이 발생할 수 있다. 청구권에는 물권적 청구권과 채권적 청구권이 있는데, 전자는 누구에게나 주장할 수 있는 것이고, 후자는 특정인에게만 주장할 수 있는 것이다.

청산(淸算)

　회사가 합병·파산 이외의 원인에 의해 해산한 경우에 채무를 변제하고 주주에 대해 잔여재산을 분배하는 등의 법률관계를 처리하기 위해 행하는 절차를 말한다.

　청산의 방법에는 임의청산과 법정청산이 있는데, 법정청산은 다시 통상청산과 특별청산으로 나눌 수 있다.

　임의청산은 정관 또는 총사원의 동의로써 정해진 방법에 의해 행해지는 것으로 합명회사 또는 합자회사에만 인정된다. 법정청산은 청산인에 의해 행해지는 것으로, 모든 회사에 인정되는 것이지만, 주식회사·유한회사에 대해서는 이것이 강제된다.

　한편 합병되는 회사는 해산과 동시에 소멸하고, 파산은 파산절차에 의해 처리하게 되므로 어느 것도 청산절차를 필요로 하지 않는다.

청산거래(淸算去來)

매매쌍방은 매도증권 또는 매수증권을 보유하지 않고도 소정의 증거금만으로 매매를 할 수 있으며, 유가증권의 수도기일(受渡期日)에 도달하기 전에 매도측은 반환을, 매수측은 전매를 할 수 있다. 청산거래란 반대매매에 의해 매매성립시의 약정가격과 그 반대매매의 약정가격과의 차액을 계산하여 차금을 결제하는 매매방법으로 기일 내에 반대매매를 하지 않을 때에는 수도기일에 가서 실물거래와 동일하게 증권과 대금으로 수도결제하는 것을 말한다.

청산소득(淸算所得)

법인이 사업수행을 종결짓고, 그 시점에서 채권·채무를 청산하고 출자자에게 반제할 것을 반제하고도 남은 재산이 있을 때 이것을 청산소득이라 한다. 청산소득에 대한 과세표준의 계산은, 합병에 의해 소멸하는 때와 해산에 의한 때와 다르다.

청산인 등의 제2차 납세의무(淸算人 등의 第2次 納稅義務)

법인이 해산한 경우에 있어서 그 법인이 납부할 국세·가산금 또는 체납처분비를 납부하지 않고 잔여재산을 분배하거나 인도했을 때에는 그 법인에 대해 체납처분을 집행해 징수할 금

액에 부족이 있을 때에 한해 청산인과 잔여재산의 분배 또는
인도를 받은 자가 그 부족액에 대해 2차적으로 납세의무를 부
담하게 된다(國基§38 ①).

체납범(滯納犯)

조세를 체납한 경우에 있어서는 행정행위의 자력집행력에 의
해 강제징수할 수 있으나, 조세범처벌법은 또한 체납행위에 대
해 처벌할 것을 규정함으로써 국세채권의 확실한 확보를 도모
했다.

조세범처벌법 제10조는 「납세의무자가 정당한 사유없이 1회
계연도에 3회 이상 체납하는 경우」라고 규정하고 있다.

체납액(滯納額)

납세자가 결정된 조세액을 납부기한까지 납부하지 않아서 체
납된 국세와 그 가산금 및 체납처분비를 포함해 말하는 것이다
(國徵§3).

체납자(滯納者)

납세자로서 국세를 납부기한까지 납부하지 않은 자를 말한다
(國徵§3 ①).

체납재산장닉범(滯納財産藏匿犯)

채권의 최후의 보루인 체납자의 재산을 지키기 위해 일반사

법에서는 채권자대위권제도나 채권자취소권제도를 두고 있으며,
국세징수법 역시 제30조에서 체납자가 재산압류를 면하고자 고
의로 그 재산을 양도하고 양수인이 그 사정을 알면서도 양수했
을 경우에는 세무서장이 그 행위의 취소를 요구할 수 있게 하
여 사해행위취소권(詐害行爲取消權)을 규정하고 있다. 그리고
조세범처벌법은 제12조에 체납재산장닉범을 따로 규제하여 체
납자의 재산이 없어지는 것을 강력하게 방지하고 있다.

체납처분(滯納處分)

체납처분이란 조세 및 기타 공법상의 채권이 납부기한까지
이행되지 않은 경우에 행정상의 강제력으로 납세자의 재산을
압류하거나 교부청구를 하고, 교부받은 금전으로 국세채권이나
공법상의 채권 등에 충당하는 강제징수절차를 말한다.

체납처분의 유예(滯納處分의 遺裔)

'체납처분의 유예'란 납세자에게 특별한 사정이 있는 경우에
요건이 이미 충족되어 있음에도 불구하고 압류 또는 매각을 일
시 유예하는 제도이다. 그 취지는 납세자의 생활을 보호함과 동
시에 사업을 계속할 수 있게 함으로써 국세의 원활한 징수를
도모하기 위한데 있다.

체납처분의 인계(滯納處分의 引繼)

체납처분은 징수절차를 밟은 관할청에서 집행하는 것이 원칙
이지만 체납자가 관할구역 외에 거주하거나 압류해야 할 재산

이 관할구역 외에 있는 때에는 체납자의 거주지 또는 그 재산 소재지를 관할하는 세무서장에게 체납처분을 인계할 수 있다(國徵令§29 ①). 이 때 체납처분의 인계를 받을 세무서장은 관할구역 내에 압류할 재산이 없는 때에는 그 인수를 거절할 수 있으며, 체납처분의 인수를 거절하는 경우에 체납자가 관할구역 내에 거주하는 때에는 수색조서를 송부해야 한다(同§2 ③).

체비지(替費地)

체비지라 함은 토지구획정리사업법 기타 법률에 의해 사업시행자가 구획정리사업에 필요한 경비에 충당하거나 규약·정관·시행규정 등에 의해 환지계획에서 제외하는 일정한 보류지(保留地)를 말한다(土整§54 ①).

총괄주의·귀속주의(總括主義·歸屬主義)

국가간의 이중과세를 방지하기 위한 조세협정에서 과세방법의 기본이 되는 2가지 원칙을 말한다. 즉 본점을 외국에 두고 있는 국내 외국법인의 지점·출장소·대리점 등의 과세에 있어 주재국정부가 주재국에서 발생한 모든 소득을 종합과세하는 것을 총괄주의라 하고, 주재국에서 발생한 소득 중 주재국에 있는 지점 등의 영구시설의 활동에 귀속되는 부분만 과세할 수 있는 것을 귀속주의라 한다.

총괄주의에 의하면 외국인 상사가 우리나라에서 하는 상행위는 모두 우리나라에 설치된 지점의 상행위에 포함시키게 되며, 귀속주의에 의하면 외국인의 본사가 직접 계약을 체결한 부분은 본사의 상행위로 간주되어 과세대상에서 제외된다. 국제조세 협정의 관례에 있어서는 총괄주의가 보통이다.

총손금(總損金)

자본 또는 지분의 환급, 잉여금의 처분 이외에 법인의 순자산 감소의 원인이 될 모든 사실을 말한다(法人令§12 ②).

총수입금액(總收入金額)

각종 소득금액의 적극분을 말하며 따로 정하는 것을 제외하고는 당해 연도에 있어서 수입했거나 수입해야 할 금액으로 기업회계원칙에서의 수익에 상당하는 것을 말한다.

소득세법상의 총수입금액은 기업회계에서의 수익보다도 포괄적인 성질을 갖고 있는데 따라서 소득세법에서 사용되고 있는 용어는 일반적으로 총수입금액이라고 표현하고 있다.

총익금(總益金)

자본 또는 출자의 납입 이외에 일정 법인의 순자산 증가의 원인이 될 모든 사실을 말한다(법인령§12 ①).

총평균법(總平均法)

당해 사업연도 개시일 현재의 재고자산에 대한 취득가액 합계액과 당해 사업연도 중에 취득한 자산의 취득가액 합계액의 총액을 그 자산의 총수량으로 나눈 평균단가에 따라 취득가액을 산출한 후, 이것을 그 자산의 평가액으로 하는 방법이 총평균법이다.

이것은 법인이나 개인사업자가 각 사업연도의 사업소득금액을 계산할 때 적용하는 재고자산의 평가방법이다.

최고(催告)

최고란 일정한 행위를 할 것을 타인에게 요구하는 통지를 총칭하여 말하는 것으로, 조세채권에 대한 최고는 세무서장이 제2차 납세의무자가 납세액을 납부기한까지 완납하지 않을 때 임의납부를 촉구하는 체납처분의 전체절차를 말한다.

최소징세비의 원칙(最少徵稅費의 原則)

최소징세비의 원칙은 재정정책적 원칙과 국민경제적 원칙에 의한 것으로 국가는 재정정책적 원칙에서 경비를 지불하기 위해 충분한 조세수입을 획득해야 하되 그 획득에 따른 징세비는 최소한으로 줄여야 한다는 원칙이다.

최소총희생설의 원칙(最少總犧牲說의 原則)

조세를 부담할 수 있는 능력은 최저생활수준에 의해 제약된다. 그러므로 지급능력은 최저생활비를 공제한 그밖의 소득에 의해 측정되어야 하며, 조세는 저소득자보다 고소득자에게 더 많이 배분되어야 한다는 원칙이다.

최저한세(最低限稅)

아무리 조세지원이 불가피한 경우라 해도 과세형평·국민개
납 및 재정수입확보 측면에서 소득이 있는 자는 누구든지 최소
한의 세부담은 져야 한다는 것이다.

추가납부에 의한 가산세경감(追加納付에 의한 加算稅輕減)

과세표준신고서를 법정신고기한 경과후 6월 이내에 제출한
자에 대하여는 과소신고 가산세의 100분의 50에 상당하는 세액
을 경감하는 것이다(국기법 §49).

추계경정(推計更正)

과세표준을 계산할 때 필요한 세금계산서·장부 등의 증빙이
없거나 그 중요한 부분이 미비한 때, 세금계산서·장부 기타 증
빙의 내용이 시설규모·종업원수·원자재·상품·제품·각종
요금의 시가에 비추어 허위임이 명백한 때, 세금계산서·장부
기타 증빙의 내용이 원자재 사용량·동력사용량 기타의 조업상
황에 비추어 허위임이 명백한 때 등에는 추계경정 사유가 된다
(附價§21 ① ②).

정부는 경정한 과세표준과 납세세액 또는 환급세액에 오류
또는 탈루가 있는 것이 발견된 때에는 즉시 이를 재경정한다
(同§3).

추계과세(推計課稅)

추계과세는 영업자나 사업자에 대해 실액조사를 하려고 해도 거래사실을 개별적이고 구체적으로 확실하게 포착할 수 없는 경우에 이루어진다. 따라서 개별적인 거래사실의 파악만으로는 정확성을 기대할 수 없어 과세의 공평을 유지할 수 없다고 인정되는 경우에 추계과세(인정과세) 결정을 하게 된다(소득§80).

추계조사결정(推計調査決定)

추계조사결정이란 실지조사결정에 대한 용어로서, 정부가 그 조세의 과세표준액을 실지조사결정할 수 없는 자에 대해 독자적으로 징수액을 추계·결정하는 것을 말한다(소득§80).

추계조사결정을 하는 경우에 소득표준율이 있는 업종과 소득표준율이 없는 업종을 겸영하는 거주자에 있어서 소득표준율이 있는 업종에 대하여는 소득표준율에 의하고 소득표준율이 없는 업종에 대하여는 동업자권형에 의한다(同規則§82).

추정상속인에 대한 부과(推定相續人에 대한 賦課)

상속인이 확정되지 않았어도 즉 상속인의 취소에 관한 재판의 확정 전이거나 상속의 승인 또는 포기 전이라도 정부는 필요에 의해 그 추정상속인에 대해 상속세를 부과할 수 있다(상속§15).

추징세(追徵稅)

추징세란 조세 및 기타 공과금을 납부하지 않았거나 적게 납부한 경우에 그 부족액에 대해 추가로 징수하는 금액을 말한다.
또 형법 또는 행정형벌법규에 의해 몰수에 해당하는 물건을 몰
수할 수 없는 경우에, 그 물건의 가액에 상당하는 금액을 강제
로 징수하는 것을 의미하기도 한다.

출고과세(出庫課稅)

과세물품이 제조장에서 반출할 때 과세하는 것으로 반출과세
라고도 한다. 다만, 수입물품에 있어서는 수입신고과세라고 한
다. 따라서 외상으로 판매하든 월부로 판매하든간에 실제로 과
세물품이 제조장에서 반출할 때에는 과세하게 된다. 출고과세는
월세주의를 원칙으로 하며, 납기는 출고한 달의 다음달 말일로
하고 있다.

출자(出資)

출자란 사원 또는 조합원의 자격으로 법인 또는 조합에 대해
사업을 영위하기 위한 자본으로서 재산, 노무, 신용을 급부하는
것, 또는 그 급부의 목적물을 말한다.

출자자의 제2차납세의무(出資者의 第2次納稅義務)

법인의 재산이 그 법인에게 부과된 국세 등을 충당하기에 부
족한 경우에는 그 국세의 납세의무 성립일 현재 무한책임사원
또는 일정한 과점주주가 그 부족액에 대해 제2차납세의무를 진
다. 이것을 출자자의 제2차납세의무라 한다. 무한책임사원이 법

인의 조세채무에 대해 보충적 이행책임을 지는 것은 당연하겠지만, 물적회사의 과점주주(寡占株主)가 법인의 조세채무에 대해 보충적 이행책임을 지는 것은 상법상 유한책임의 원칙과 충돌하는 것으로서 중대한 예외가 될 것이다.

출자증권(出資證券)

협동조합·공업조합·수출조합 등 주식회사 이외의 법인 또는 단체가 출자자에 대해 그 권리를 증명하기 위해 작성 교부하는 증서를 말한다.

충당금(充當金)

기간적 손익을 계산할 때에는 경제활동이 귀속하는 기간을 결정할 필요가 있다. 이와 같은 기간을 결정했을 때, 경제활동 자체도 아직 시행되지 않고 또 이에 대한 방출도 되지 않았는데, 특정한 이유로 그 기간에 귀속시켜 지출을 정하는 경우가 있다. 이러한 금액은 추정하여 기간비용으로 계상하지 않으면 안되는데 충당금은 이 추정액을 말하는 것이다.

그러므로 충당금이라 함은 장래에 특정한 지출을 위해 설치한 준비금액으로 그 부담은 설정한 기간에 속하며 또 금액을 견적할 수 있는 것으로 그 결과는 어떤 형식으로든지 자산이 유보되는 것이다.

충분의 원칙(充分의 原則)

충분의 원칙이란 국가가 자신의 유지와 기능의 수행을 위한 재정적 수요를 충족하기 위해 재정상 조세를 충분히 받아들여야 한다는 원칙을 말한다.

취득가액(取得價額)

일반적으로 기초가격이라고도 하며, 이러한 취득원가는 감가상각액 또는 감가상각률의 산정상 그 기준이 될 금액이며, 또한 상각할 최고한도액이다.

상각할 자산에 대한 취득가액은 세법상 다음과 같이 규제하고 있다.

(1) 매입한 고정자산은 매입 당시의 대가, 등록세, 취득세 기타 부대비용을 포함

(2) 자기가 건설, 제작 등에 의해 취득한 고정자산은 원재료비, 노무비, 운임, 하역비, 보험료, 수수료, 공과금(등록세와 취득세 포함), 설치비 기타 부대비용의 합계금액

(3) 고정자산의 취득 당시의 정상가액

취득세(取得稅)

취득세는 지방세중의 하나로 재산의 취득사실에 소득을 추정하여 과세하는 유통세적 성격의 조세라고 할 수 있다.

재산의 유통과정을 포착하여 과세한다는 점에서 특별소비세와 유사하지만 취득세는 주로 토지, 건물과 같은 부동산이나 부동산에 준하는 동산, 예를 들면 선박이나 자동차 등에 과세하는 것이 일반적인 경향이다.

취득세액감면(取得稅額減免)

도지사는 천재 기타 특수한 사정이 있는 경우 취득세의 감면이 필요하다고 인정되는 납세자에 대해 당해 도의회의 의결을 얻어 취득세의 면제 또는 감액을 할 수 있다(지방§123).

특수한 사정이라는 것은 천재 기타 불가항력으로 인해 자력을 상실하여 납세가 곤란하다고 인정되는 경우를 말한다.

취득세의 감면을 받고자 하는 자는 사유 발생일로부터 30일 이내에 사유서를 구비하여 관할시장·군수를 거쳐 도지사에게 신청해야 한다. 다만, 시장·군수가 필요하다고 인정할 경우에는 직권으로 조사하여 감면조치를 할 수 있다(令§88).

취득세의 가산세(取得稅의 加算稅)

취득세 납세의무자가 자진신고 납부를 하지 않는 경우에는 산출세액의 100분의 20에 상당하는 금액을 가산세로서 그 산출세액에 가산하여 징수한다.

과세표준액에 미달하게 신고납부하는 경우에는 과세표준액과 신고납부차액의 100분의 20에 상당하는 금액을 가산세로서 미달액과 함께 징수한다.

취득세의 과세표준(取得稅의 課稅標準)

취득세의 과세표준은 취득 당시의 가액으로 하는데 다만 연부로 취득하는 경우에는 연부금액으로 한다(지방§111). 취득당시라는 것은 취득세의 과세물건을 완전히 취득한 때를 말하는 것이다.

취득세의 납세의무자(取得稅의 納稅義務者)

취득세는 부동산·차량·중기·입목·항공기·골프 회원권 또는 콘도미니엄 회원권의 취득에 대해 당해 취득물건 소재지의 道(골프 회원권 및 콘도미니엄 회원권은 골프장·콘도미니엄 소재지의 도를 말한다)에서 그 취득자에게 부과한다(지방§105 ①).

취득시효·소멸시효(取得時效·消滅時效)

시효라 함은 일정한 사실상태가 장기간에 계속되었을 때 그 상태가 정당한 권리관계에 맞는지의 여부를 불문하고 그 상태를 존중하여 그대로 권리관계를 인정해 주는 제도이다. 취득시효는 타인의 물건을 일정한 기간에 점유함으로써 그 물건에 대해 물권(보통은 소유권)을 취득하는 시효를 말하고 소멸시효는 자기의 권리를 일정기간 행사하지 않음으로써 권리를 상실하게 되는 시효를 말한다(民§162 내지 §84).

소멸시효에 걸리는 것은 채권 뿐만 아니라 물권도 걸리지만 취득시효로 취득되는 것은 물권에 한한다. 그러나 소멸시효에 걸리지 않는다.

ㅋ

카르텔 관세(關稅)

관세장벽은 후진 자본주의국이 선진자본주의국의 상품침입을 방지하기 위한 목적으로 사용하기 시작했으나, 그 목적이 달성된 후에도 지속되어 쉽게 철폐 또는 완화하려고 하지 않는 경우가 생겼다. 즉, 관세는 그의 소극적·방위적 기능에서 정반대로 적극적·공격적 기능을 갖게 되는 경우가 있다. 이 공격적 기능을 가진 관세를 카르텔 관세라 한다.

코미티드 코스트(Committed Cost)

기업의 경영분석에 있어서 이익패턴 분석을 위한 원가분류의 하나로 직역하면, 「의사결정고정비」가 된다. 코미티드 코스트는 고정비의 한 분류 형태로 기업이 경영상 이미 의사결정을 행한 것에 대해 발생하고 있는 원가 및 관리비·판매비에 속하고 단기적으로는 경영 내부의 관계자의 의사만으로 이것을 변경 또는 소멸시킬 수 없는 것을 말한다.

코스트 리포트(Cost Report)

제품 내지는 업무의 원가에 관한 자료·정보를 기업의 관계자에게 세목적·총합적으로 보고하는 원가보고서를 말한다.

코스트 리포트에는 주주·채권자·금융기관 등 기업 외부의 이해관계자에 대해 보고하는 제조원가보고서의 외부부고서와 기업 내부의 경영관리자에 대해 그 경영관리에 소요되게 하기 위해 보고하는 내부부고서가 있다.

코스트 센터(Cost Center)

원가관리의 필요에서 원가부문을 세분한 원가관리단위로 원가중심점이라고도 한다.

코스트 센터는 가장 단순화된 원가의 집계로 원가의 발생에 대해 책임을 부담시킬 수 있는 범위이며 제조부문에 한하지 않고 보조부문, 판매부문에도 설정할 수 있다. 원가관리를 유효하게 행하기 위해서는 코스트 센터별로 원가의 표준을 설정하고, 각각에 대해 실제원가와 차이분석을 해서 불능률의 발생장소 내지 원인을 정확하게 발견하는데, 이것은 특히 제조간접비의 책임관리에 적당하다.

콜론(Call Loan)

금융기관이나 단자업자와의 사이에서 행하는 단기의 자금거래로 대주가 처리하는 세목에 대한 것을 말한다.

콜론은 통산 단자업자를 중개로 하여 거래되고 국채, 금융채 등의 확실한 담보부가 요건으로 되고 있다.

크레디트 인터벌(Credit Interval)

기업이 기말 또는 월말시점에 있어서 소지하는 현금예금잔액으로 경상적 원가 및 경비의 지출에 견딜 수 있는 기간(월 또는 일)을 말하고, 기업의 소지금 유동성의 양부고찰의 지표로 사용한다.

$$\text{크레디트 인터벌} = \frac{\text{기말현금예금잔액}}{\text{매출원가} + \text{관리비} + \text{판매비} + \text{지급금리}}$$

타소장치(他所藏置)

관세법상 외국물품과 내국운송의 면허를 받고자 하는 내국물품은 보세구역이 아닌 장소에 장치할 수 없게 되어 있다. 그러나 그 물품의 성질·중량 또는 체적에 의해 보세구역 내에 장치하기 곤란한 때가 있다. 이 경우 세관장의 허가를 얻어 보세구역이 아닌 장소에 장치하는 것을 타소장치라 한다(관세§66 ①, 67 ①).

타인자본(他人資本)

기업의 경우 자본은 자산이 지니고 있는 가치액으로서 특히 그 원천을 표시하게 되어 있는데 그 원천의 표시라는 것은 기업자산의 총가치액 중 얼마만큼이 기업주에게서 유래했는가 또는 얼마만큼이 타인(기업주가 아닌 제3자)에게서 유래했는가를 표시하는 것이다. 전자를 자기자본이라 하고, 후자를 타인자본이라 한다. 그러므로 일반적인 자본개념에서 볼 때 부채를 타인자본이라 하는 것이다.

타인자본회전률(他人資本回轉率)

매출액에 대한 타인자본의 비율로써 나타내고, 일사업연도에 타인자본이 회전하는 회수를 가리키는 것이다.

$$타인자본회전률 = \frac{매출액}{타인자본}$$

타인자본이란 자기자본에 대한 용어로, 지급어음이나 외상매입금 등의 지불채무나 장·단기차입금·사채 또는 납세충당금 등의 부채성충당금도 포함된다. 회전이란 현재 있는 것이 새로운 물건과 교체된다는 의미이다.

탄력관세제도(彈力關稅制度)

급격히 변동하는 국내경제의 여러 여건과 유동하는 국제경제 추세에 대응하여 신축성있고 탄력성있는 관세상의 조치를 취할 수 있도록 한 관세제도를 탄력관세제도라고 한다.

이러한 탄력관세제도는 무역상의 직접통제에 의하지 않고 관세율을 통한 간접통제에 의해 산업구조의 불균형으로 일어나는 물질의 적기수급과 물질의 조절, 또는 국제간의 무역불균형을 시정하는 등 관세정책의 탄력적인 운영으로 그 효과를 얻을 수가 있다.

탄력성의 원칙(彈力性의 原則)

조세는 국가수요의 증감에 따라서 용이하게 신축할 수 있는 성질을 구비해야 한다는 것이다. 국가의 재정수요는 때로는 증가하고 때로는 감소하지만 일반적으로 공공경비 증가현상이 현대적 추세이므로, 조세가 탄력성을 가져야 한다는 것은 곧 조세가 증대하는 재정적 수요에 응해 충분히 증수되어야 한다는 의미로 이해할 수 있다. 조세수입의 증가는 자연적 증수와 인위적 증수로 구분할 수 있다.

탈세(脫稅)

조세객체의 은닉·허위신고·거소불명 등으로 조세부담을 회피하는 불법적 탈세 이외에, 조세법의 불비점을 악용한 사전의 합법적 회피를 포함하기도 하나, 대체로는 불법적 회피의 경우만을 의미한다.

탈세정보(脫稅情報)

타인의 탈세행위에 관해 조세기관 또는 기타 수사기관에 서면 또는 구두로 개진(開陳)한 내용이 탈세혐의가 있다고 인정할 수 있는 정도의 자료를 탈세정보라 할 수 있으며, 그렇지 못한 막연한 내용인 것은 정보로서의 가치가 없는 것이다.

탈세투쟁(포탈투쟁)＜脫稅鬪爭(逋脫鬪爭)＞

일정한 조세주체 또는 일정한 계급이 조세의 부담을 피하고 그 부담을 타계급에 전가하려고 노력하는 투쟁을 말한다. 탈세투쟁은 입법상의 투쟁과 행정상의 투쟁으로 구분되는데 세법제도에 있어서 행해지는 투쟁이 입법상의 탈세투쟁이고, 제정된 세법에 의해 조세의 부과징수가 행해질 경우에 납세의무자가 합법적 또는 비합법적 수단에 의해 조세부담을 회피하려고 투쟁하는 것이 행정상의 탈세투쟁이다. 입법상의 투쟁을 협의의 탈세투쟁이라고 하고 행정상의 그것을 광의의 탈세투쟁이라고 한다.

탈세투쟁은 입법상이건 행정상이건간에 부등의 원칙이나 보편의 원칙에 위배되는 것이므로, 정치도의 및 조세도의의 향상이나 세법의 정비를 통해서 제기되어야 한다.

통고불이행(通告不履行)

범칙자가 벌과금의 통고를 받은 날로부터 15일 이내에 이행하지 않은 때, 또는 범칙자의 거소가 분명하지 않거나 범칙자가 통고서류의 수령을 거부함으로써 통고할 수 없는 때에는 국세청장·지방국세청장 또는 세무서장은 고발절차를 밟아 조세범칙사실을 검찰기관에 고발한다. 다만 15일이 경과했어도 고발하기 전에 이행한 때에는 예외로 한다(租犯節§12). 고발시기에 대해 별다른 사유가 없는한 고발사유가 발생한 때에는 즉시 고발절차를 밟아야 하며, 별다른 사유가 없이 고발을 지연시키는 것은 범칙자에게 사실상의 이익을 부여하는 결과가 된다.

통고처분(通告處分)

조세범칙사건에 대한 처분의 일종으로, 일반형사범과 같이 복잡한 일반형사절차에 의한 재판의 판결에 의하지 않고 조세행정기관이 우선적으로 범칙자에게 경제적 제재를 가하는 것이다. 즉, 국세청장·지방국세청장이나 세무서장은 범칙사건의 조사에 의해 범칙의 심증을 얻은 때에는 그 이유를 명시하여 벌금 또는 과료에 상당하는 금액, 몰수 또는 몰취에 상당하는 물

품, 추징금에 상당하는 금액과 서류송달, 압수물건의 운반보관
에 요하는 비용을 지정한 장소에 납부할 것을 통고해야 한다.
　이러한 통고처분에 대한 이행여부는 오로지 범칙자 자신이
결정할 문제로서 통고권자인 행정기관, 즉 국세청장·지방국세
청장 또는 세무서장이 그 이행을 강제할 수는 없다.

통과세(通過稅)

　국내를 통과하여 타국에 수출하는 화물에 부과되는 관세를
통과세라 한다. 보통의 경우엔 화물은 보세운송으로 국내를 통
과하게 된다. 그러나 오늘날 자국을 통과하는 외국화물은 국내
에서 생산자와 경쟁이 되는 것도 아니고 국제수지상에서도 여
러 가지 이익을 가져오기 때문에 일반적으로 과세하지 않고
있다.

통관(通關)

　관세법규상 수출이란 내국화물을 외국에 운송하는 것을 말하
는데 구체적으로는 화물을 보세지역에 반입하여 세관에 대한
수출신고와 수출품의 세관검사를 마치고 수출면허를 받아 외국
무역선에 선적할 때까지의 제반행위를 말한다.
　이상과 같은 제반수출입절차를 마치고, 세관에서 화물의 수
출 또는 수입의 허가를 받는 것을 통관이라고 한다.

통정허위의 담보권설정계약에 대한 취소권 (通情虛僞의 擔保權設定契約에 대한 取消權)

세무서장은 납세자가 제3자와 통정하여 허위로 그 재산에 담보권을 설정함으로써 다해 재산의 매각대금으로 국세 또는 가산금을 징수하기 곤란하다고 인정하는 때에는 당해 행위의 취소를 법원에 청구할 수 있다(국기법 §25④).

통지처분(通知處分)

조세범칙사건처분의 일종으로 국세청장·지방국세청장 또는 세무서장이 범칙사건을 조사했지만 범칙의 심증을 얻지 못한 때에 그 뜻을 범칙혐의자에게 알리는 처분이다(租稅節§14). 통지처분은 범칙조사에 착수한 일이 있는 사건, 즉 심문·수색·압수 또는 영치를 한 적이 있는 사건에 대하여 범칙사실을 인정할 만한 충분한 증거를 발견하지 못했을 때 범칙혐의자가 받고 있을 심리적인 중압감을 해제하기 위해 행하도록 하고 있다. 통지처분의 법적효과는 없다. 그러므로 통지처분을 한 후라도 새로운 범칙혐의사실이 발견된 때에는 조사를 재개할 수 있다.

퇴직금전환금(退職金轉換金)

퇴직금전환금이란 퇴직금의 준비금에서 국민연금관리공단으로 전환하여 납부한 금액을 말한다. 퇴직금전환액은 표준소득월액의 30/1,000에 상당하는 금액이다. 퇴직금전환금은 근로기준법 제28조 제1항에 의해 지급할 퇴직금 중 그 해당금액을 미리 지급한 것, 즉 퇴직금의 선급액으로 인정된다.

퇴직금의 선급액이라고 할 수 있는 퇴직금전환금에 대해서 근로자가 현실적으로 퇴직할 때까지는 부당행위계산부인에 관한 규정(가지급금 등에 대한 인정이자의 계산에 관한 규정)을 적용하지 않는다.

이러한 퇴직금전환금은 퇴직소득을 구성하며, 그 수입시기는 실제로 납부한 날에 관계없이 현실적으로 퇴직한 날로 한다.

퇴직급여(退職給與)

일시퇴직금 또는 연금은급(年金恩給) 및 이러한 성질을 가진 급여로서, 이것은 일정 기간 계속된 고용관계의 존속사실을 기초로 하여 그 고용관계가 소멸한 경우에 지급하는 급여를 말한다.

퇴직급여충당금(退職給與充當金)

퇴직급여충당금이라는 것은 일종의 부채성충당금으로서, 회사가 그 사용인 또는 임원에 대해 퇴직할 경우에 지급할 퇴직충당의 충당금으로서 인정하는 것을 말한다.

소득계산을 할 때 그 사용인 또는 임원에 대한 퇴직급여는 현실적으로 퇴직한 사용인 또는 임원에게 지급한 때에 한해 손금으로 산입되지만 일반적으로 퇴직급여는 그 성질상 퇴직자의 전재직기간(全在職期間)에 걸친 근로의 대가로 생각된다.

퇴직소득(退職所得)

퇴직소득은 기업의 사용인이나 임원이 현실적으로 그 기업을 퇴직할 때 그 퇴직을 이유로 하여 지급되는 일종의 보노적(報

勞的)인 성격의 소득을 말한다. 여기에서 현실적인 퇴직이라는 것은 법률적으로 사실상의 이직을 말하는 것이며, 다만 법인의 사용인이 그 법인의 임원으로 취임한 경우에 있어서는 퇴직하는 것으로 보게 된다.

퇴직소득공제(退職所得控除)

퇴직소득이 있는 자에 대해 퇴직급여액에서 일정 금액을 차례로 공제하게 되는데, 이것을 퇴직소득공제라 한다. 그 금액은 다음과 같다.
  (1) 퇴직급여액의 50/100(명예퇴직수당 또는 경영상의 이유에 의한 해고에 의하여 퇴직하는 근로자가 받는 퇴직수당의 경우 75/100)에 상당하는 금액
  (2) 근속연수에 따른 일정한 금액

특별부가세(特別附加稅)

'특별부가세'란 법인이 소유하고 있는 토지등을 양도함으로 인하여 발생한 양도차익에 대하여 당해 법인에게 일반적인 법인세에 추가하여 과세하는 조세이다.

이는 법인세율이 개인의 양도세율보다 낮아 생기는 개인과 법인간의 과세 불공평을 해결하기 위하여 법인이 얻는 토지등 양도차익에 대하여는 법인세를 과세함과 아울러 특별부가세를 중복하여 과세하는 것이다.

특별세(特別稅)

특별세는 다음의 세 가지 방법으로 구분해 볼 수 있다.
(1) 일반세와 특별세는 조세과징의 목적에 의한 구별이다. 일 반경비를 지변(支辨)하는 조세는 목적세이다. 특별한 경비 지변에 충당하는 조세는 특별세로서 목적세라고 한다.
(2) 일반세와 부분세로 대립시키는 경우는 과세표준의 범위 가 일반적이냐 부분적이냐의 구별이다.
(3) 지방부가세에 대한 특별세(독립세라고 함)의 경우이다.

특별소비세(特別消費稅)

특별소비세는 특정한 과세물품을 판매장에서 판매하는 때, 제조장으로부터 반출하는 때, 수입신고를 한 때에 부과하는 간 접세이다. 특별소비세의 납세의무자는 특별소비세의 과세대상이 되는 물품을 판매하거나 제조하여 반출하는 자 또는 관세를 납 부할 의무가 있는 자가 된다.

특별수득세(特別收得稅)

사회경제 사정의 변화에 의해 발생한 소득 즉 전시와 같은 비정상적인 상태하에서나 경제호황기에는 비정상적인 소득이 발생한다. 이러한 소득이 모두 소득자 자신의 직접적인 노력의 결과가 아니라는 의미에서 정부는 분배율을 요구할 권리를 갖 게 된다.
따라서 전시에는 전시초과소득에 대한 특별수득세가 부과되 고, 토지 및 재산의 증가에 대해서는 토지증가세·재산증가세 등이 부과된다.

특별징수의무자(特別徵收義務者)

현행 지방세법상 지방세의 징수에 있어서, 그 징수의 편의가 있는 자에게 징수시키고 그 징수한 세금을 납입케 하는 것을 특별징수라 하며, 그 특별징수에 의해 지방세를 징수하고 이를 납입할 의무를 가진 자를 특별징수의무자라고 한다(지방§1 ⑨). 주민세와 농지세의 징수는 이 특별징수의 방법에 의하고 있다.

특별회계(特別會計)

국가의 일반행정에 관한 주요한 세출·세입을 종합하여 경리하는 일반회계와는 달리, 특별한 필요에 의해 일반회계에서 분리하여 별개로 설치한 회계를 특별회계라 한다. 재정의 민주화나 재정통제의 견지에서 본다면, 국가의 세출·세입은 하나의 회계에 통합하여 경리하는 것이 이상적이다. 이러한 예산통일성의 원칙은 근대예산제도에 있어 중요한 예산원칙으로 인정되었다.

특수조사(特殊調査)

일반적 조사에 의해 외형이나 소득을 결정하고자 하는 실사와는 달리, 당국이 선정한 지정업종을 대상으로 전국적인 동향 내지는 거래 및 유통과정, 시가 및 원가 등을 조사해서 적정한 기준을 결정하는 조사와 동일자본계열간의 출자관계, 대차관계, 경비부담관게 등을 중심으로 정밀하게 조사하여 각 법인 적정과세의 실현달성을 목적으로 하는 자본계열의 법인조사 등을 모두 특수조사라고 한다.

특약일결제거래(特約日決濟去來)

매매약정일로부터 기산하여 15일 이내에 특정한 일자를 정해 당해 유가증권 또는 대금을 결제하는 거래를 말한다.

특정유증(特定遺贈)

특정유증이란 상속재산 중 특정재산을 유증하는 것이다.

유증의 목적물이 특정물이거나 불특정물이거나 상관없이 구체적인 재산이면 된다. 따라서 특정수유자는 유증계약에 있어서의 수증자와 같은 지위에 있게 된다.

특정시설물 이용권(特定施設物 利用權)

특정시설물의 이용권·회원권 기타 명칭 여하를 불문하고 당해 시설물을 배타적으로 이용하거나 일반이용자에 비하여 유리한 조건으로 이용할 수 있도록 약정한 단체의 일원이 된 자에게 부여되는 시설물이용권을 말한다. 골프장회원권, 콘도미니엄회원권, 헬스클럽회원권 등이 그 대표적인 사례이다.

특허권(特許權)

특허법에 의해 특수한 신제품의 발명·발견을 일정기간에 한해 독점적·배타적으로 이용할 수 있게 하는 법적 권리이다.

이는 특허청에 등록하여 확인을 받음으로써 그 효력이 발생한다. 특허권의 가치는 타인으로부터 유상취득했을 때에 한하여 그 매입대가와 취득제비용을 포함한 것으로 하고, 자기의 창의발명에 의한 취득인 경우에는 그것을 얻기까지의 실제 지출액으로 한다.

특혜관세(特惠關稅)

특혜국 또는 지정지역으로부터의 수입에 대해 통상관계의 유지증진을 도모하기 위해 할인관세를 특별히 적용하는 것을 특혜관세라 한다.

이 제도엔 식민지특혜관세와 국제특혜관세가 있다.

ㅍ

파산(破産)

채무자가 그의 채무를 완전변제할 수 없다고 추측되는 경우, 모든 채권자에게 채무자의 전 재산을 공평하게 변제할 것을 목적으로 하는 재판상의 절차를 말한다.

다수의 채권자가 경합하여 변제에 제공할 재산이 부족할 경우에는 특별한 이권보호의 방법이 필요한데 파산절차는 이 요구에 응하는 것이다.

일반적으로 법인에서는 채무초과도 파산의 원인이 된다. 파산절차는 파산신청으로부터 선고까지와 선고 후 체결까지로 나누어진다. 전자는 파산신청 또는 직권에 의해 파산선고의 요건이 구비되었는가를 심리하고 요건이 구비되면 선고를 하는 절차이며 후자는 굴출(屆出)된 파산채권을 조사하여 그 확정을 꾀하는 절차이다. 즉, 파산관리인이 파산재단을 관리 환가하여 확정한 채권액에 따라서 배당하는 절차를 말한다.

파출검사(派出檢査)

물품의 수출·수입 또는 반송의 면허를 받기 위해 세관장에게 신고한 자는 그 신고한 물품에 대해 세관공무원이 필요하다고 인정하는 경우 외에는 반드시 세관공무원의 검사를 받아야 한다(관세§140). 이 경우 세관공무원의 물품검사가 적재물품을 적재한 그대로 선박 내에서 행해지는 것을 파출검사라 한다. 파출검사를 받고자 세관장에게 신고하는 때에는 상당한 검사수수료를 납부해야 한다(§141).

판례법(判例法)

판례법이란 일정한 법률 문제에 관해서 같은 취지의 판결이 반복됨으로써 사실상 법원을 구속하게 된 규범을 뜻한다.

영미법은 그 대부분이 판례가 쌓여서 이루어지고 있다. 영국이나 미국에서는 상급법원이 어떤 법률문제에 관해 판결을 내리면, 그 후에는 그 법원이나 하급법원이나 동일한 법률문제에 대해서는 전의 판례와 다르게 판결할 수 없다. 따라서 같은 법률 문제에 관해서는 같은 취지의 판결이 되풀이 되어 판례법이 이루어지는 것이다.

편의관세(便益關稅)

관세 또는 기타 협정을 선결하지 않은 국가의 상품에 대해 관세의 편익을 부여하는 제도이다. 즉 관세에 관한 조약에 의한 편익을 받지 않는 나라의 생산물로서 수입되는 것은, 대통령령으로 그 나라와 물품을 지정하여 이미 협정을 체결한 외국과의 조약에 의한 편익의 한도 내에서 관세에 관한 편익을 부여할 수 있다(관세§14).

평가(評價)

일정시점에 있어서 기업에 속하는 각종 재산의 가액을 평가하는 것을 말한다. 재산에는 자산 외에 부채·자본도 포함되는데 평가가 문제되는 경우는 자산을 대상으로 하는 수가 많다. 자산의 평가는 화폐적 자산보다도 재고자산, 유형자산 등 물적 자산에 대해 더 많은 문제가 된다.

평가부과세 · 부과징수조세(評價賦課稅 · 賦課徵收租稅)

조세의 부과에 있어서 과세표준·세액 등을 관청이 직접 결정하는 것은 부과징수조세(관액부과세)이고, 납세의무자의 신고로써 관청이 결정하는 것은 평가부과세(신고과세)이다.

과세표준의 결정은 경제가 충분히 발달을 하지 않았을 때는 재산상황의 파악이 용이하지만, 경제가 발달한 시대에는 재산의 내용이 복잡하고 변동이 많아서 관청의 힘만으로는 파악하기 곤란하므로, 조세부과상 필요 사항을 납세의무자에게 신고하도록 하여 관청의 조사와 아울러 과세표준을 결정, 부과한다.

폐업(휴업)신고 <廢業(休業)申告>

등록한 사업자가 휴업 또는 폐업하거나 기타 등록사항에 변동이 생긴 때에는 다음의 사항을 기재한 신고서에 사업자등록증을 첨부하여 소관세무서장에게 휴업 또는 폐업신고를 해야 한다.

① 사업자의 인적사항
② 휴업 또는 폐업 연월일
③ 기타 참고사항

포탈범(逋脫犯)

　조세포탈범은 사기 기타 부정행위로써 조세를 포탈하거나 세액을 환급 또는 공제받아 가벌적(可罰的)이 되는 행위를 한 조세범 중 대표적인 유형이다. 조세포탈범은 국가의 조세과징권을 직접 실질적으로 침해하여 조세수입을 감손케 하는 범죄이므로 실질범(實質犯 : 結果犯)에 속한다. 즉, 포탈범은 조세수입의 감손이라고 하는 결과의 발생을 필요로 하므로 실질적인 탈세범이 된다. 이 점에서 조세위해범(租稅危害犯 : 租稅秩序犯)과는 구별된다.

폭행범(暴行犯)

　폭행의 형법적 개념은 사람의 신체에 대한 직접·간접의 불법적 유형력의 행사를 말하지만, 조세범처벌법에 있어서는 국가의 재정수입을 방해하기 위하여 세금계산서를 교부하지 않게 하거나 허위신고를 하게 할 목적으로 납세의무자에 대하여 폭행을 가하는 것을 말한다.

표준공제(標準控除)

　근로소득이 있지만 공제신청을 하지 않은 경우나 근로소득 외의 종합소득만이 있는 거주자에 대해서는 특별공제를 하지 않고 획일적으로 연 60만원을 공제하여 종합소득과세표준을 계산한다. 이를 표준공제라고 한다.

　근로소득 외의 종합소득이 있는 사람에 대해 실액공제를 하지 않고 표준공제만 허용하는 것은 상대적으로 총수입금액의 노출도가 매우 낮다고 보기 때문이다.

표준세율(標準稅率)

지방자치단체가 지방세를 부과한 경우에 통상 적용해야 할 세율로서 재정상 기타 특별한 사유가 있다고 인정할 경우에는 이에 따르지 않을 수도 있는 세율을 말한다(지방§176).

표준소득률(標準所得率)

소득세의 과세표준과 세액을 결정하는 것은 고도의 전문성이 요구되며 대량성과 반복성을 지니고 있기 때문에 그 결정방법 (推計方法)을 전국적으로 통일할 필요가 있다. 이러한 필요에 의해 만들어진 것이 표준소득률이다.

표준소득률은 규모와 업황이 평균적인 기업에 대해 업종과 특성에 따라 조사한 표준적인 비율로서 국세청이 매해 사업종 목별로 고시하고 있다.

이것은 행정규칙의 형식을 가지고 있긴 하지만 그 규율내용 은 소득세의 부담액을 결정하는 '제2의 세율'로서 기능하고 있 다. 과세표준을 결정하거나 경정할 때 그 크기를 결정하는 기본 인자인 것이다.

표준신고율(標準申告率)

부가가치세의 과세특례자에 적용되는 표준신고율은 종전 영업세 때의 과세신장률과 같은 개념이다. 따라서 과세특례자는 부가세 고유의 과세방식인 전단계세액공제방식(매출세액·매입세액)이 아니라 외형 금액에 소정의 기준율을 곱해 과세하게 된다. 이 소정의 기준율이 표준신고율인데 지난 상반기 중 경제성장률·산업생산지수·물가상승률·업황 등을 감안해서 산출한 것이다.

필요경비(必要經費)

일반적으로 필요경비라고 하면 기업경영상 수익을 얻기 위해 지출된 제경비를 말한다. 그러나 소득세법상의 필요경비는 과세소득금액을 산출하기 위해 기업경영상 지출된 경비 중 소득세법상에 규정한 경비의 지출만을 말한다.

필요한 처분의 청구(必要한 處分의 請求)

국세기본법 또는 세법에 의한 처분으로서 위법 또는 부당한 처분을 받거나 필요한 처분을 받지 못하여 권리 또는 이익의 침해를 당한 자는 심사청구 또는 심판청구를 하여 그 처분의 취소 또는 변경이나 필요한 처분을 청구할 수 있다. 다만 그 처분이 국세청장이 조사·결정 또는 처리하거나 했어야 하는 경우를 제외하고는 심사청구 또는 심판청구에 앞서 이의신청을 할 수 있다(國基§55 ①).

ㅎ

하치장(荷置場)

현행 조세법상 하치장이라 함은 수산업자, 광산업자 또는 제조업자가 그의 생산물 및 제품을 고객이 일목요연하게 볼 수 있도록 진열적재하거나 기타의 방법으로 전시할 수 있는 판매용 진열장치를 특설하지 않고, 단순히 물품의 보관·관리시설만을 갖추어 본영업장에 물품을 인도 또는 판매하는 장소를 말한다.

학교법인(學校法人)

사립학교의 설치·경영을 목적으로 사립학교법에 의해 설립한 법인을 말한다(법§2 ②). 학교법인도 본질적으로 민법 제32조의 규정에 의한 비영리법인과 다를 바 없으므로 법인세법은 양자에 대한 과세방법을 동일하게 규제하고 있다(법인§12).

할당관세(割當關稅)

물자수급의 원활을 위해 특정물품의 수입을 촉진시킬 필요가 있는 경우와, 수입가격이 급등한 물품 또는 이를 원재료로 한 제품의 국내가격의 안정을 위해 필요한 경우, 유사물품간의 세율이 현저히 불균형해서 이를 시정할 필요가 있는 경우에는 기본세율에서 100분의 40을 감한 율의 범위 내에서 관세를 부과할 수 있다. 반면 특정물품의 수입을 억제할 필요가 있을 때에는 일정한 수량을 초과하여 수입되는 분에 대하여 기본세율에 100분의 40을 가산한 율의 범위 안에서 관세를 부과할 수 있는데 이를 해당관세라고 한다.

합계시산표(合計試算表)

시산표의 일종으로 일정 기간의 각계정의 차변, 대변의 거래기록의 합계액을 전부 집계하여 대차평등의 원칙이 유지되고 있는지를 검증하는 계산표를 말한다.

합명회사(合名會社)

무한책임사원만으로 구성되는 회사이다. 이 회사는 상호간의 인적 신뢰관계를 기초로 한 가족적인 소수인이 자본의 결합보다도 노력의 보충을 목적으로 결합한 것으로 사원의 개성이 강하게 회사사업에 반영되어 이른바 인적회사의 전형을 이루고 있다.

합병차손(合倂差損)

회사가 타회사를 흡수하여 합병할 때 또는 둘 이상의 회사가 합동하여 신설회사를 창설할 때, 합병회사 또는 신설회사가 받아들인 순재산액(자본에서 부채를 공제한 액)이 피합병회사에 교부한 주식의 액면보다 적을 때의 차액을 말한다.

합병차익(合倂差益)

　법인이 합병한 경우에 합병법인이 피합병인으로부터 승계한 순자산의 수입가액(승계한 자산에 대한 장부가액에서 승계한 채무에 대한 장부가액을 공제한 금액)이 수입자산의 대가로서 피합병법인의 주주(주식회사의 경우) 또는 출자자(주식회사 이외의 경우)에게 교부한 주식의 가액(주식회사의 경우) 또는 출자금액(주식회사 이외) 및 금전이나 기타 자산가액의 합계액을 초과하는 경우에 그 초과액을 말한다.

합자회사(合資會社)

　무한책임사원과 유한책임사원으로 조직된 회사이다. 무한책임사원이 경영하는 사업에 대하여 유한책임사원이 자본을 제공하고 그 사업으로부터 생기는 이익에 참여하는 방식으로 운영된다.

항목별공제(項目別控除)

　근로소득이 있는 거주자(일용근로자 제외)가 당해연도에 일정한 금액을 지출하고 공제신청을 한 경우에는 항목별공제액의 합계액을 당해연도의 근로소득금액에서 공제한다. 다만, 공제액의 합계액이 당해연도의 근로소득금액을 초과하는 경우에는 그 초과액은 이를 않는 것으로 한다(소법 §52①, ②).

항변권(抗辯權)

타인의 청구권 행사를 거절할 수 있는 권리이다. 항변권은 상대방에게 청구권이 있음을 부인하는 것이 아니라 그것을 전제하고, 다만 그 행사만을 배척하는 것이다.

항외하역(港外荷役)

항외하역이라는 것은 외국 무역선이 항외에서 물품을 적재·하선 또는 이적하는 것을 말한다. 항외에서 하역을 하고자 하는 자는 반드시 당해 세관장의 허가를 받아야 하며, 동시에 재무부령으로 정하는 일정한 허가수수료를 납부해야 한다(관세§50).

해외수지(海外收支)

해외수지란 어느 일정기간 동안의 국가전체의 대외수지이고, 국가규모의 손익계산이다. 특별히 국제수지라고도 부른다. 해외수지(IMF방식)의 내용은 경상거래에 의거한 경상수지와 자본거래에 의거한 자본수지로 대별된다. 경상수지는 다시 무역수지, 무역외수지, 이전수지로 구별된다. 또 자본수지는 장기자본수지, 단기자본수지로 구분된다.

해외투자손실준비금(海外投資損失準備金)

내국법인(또는 내국인인 거주자)으로서 정부의 허가를 받아 해외투자를 한 자가 그 해외투자로 인해 발생한 손실의 보전에 충당하기 위해 설정하는 준비금을 말한다.

해제처분(解除處分)

조세범칙사건에 대한 처분의 일종으로서, 범칙사건을 조사하기 위해 증거물로서 압수 또는 영치한 물건이 있을 때에 범칙의 심증을 얻지 못하고 통지처분을 하는 경우, 국세청장·지방국세청장 또는 세무서장이 그 압류를 해제할 것을 명하는 것이다(租犯節§14).

행위자벌(行爲者罰)

범죄행위자를 처벌하는 것을 말한다. 일반형법이론에 의하면 범죄는 반드시 행위자를 벌하게 되어 있다. 그러나 조세범처벌법 제3조에 의하면 행위자 외에 책임자도 벌하게 되어 있고, 다만 국세기본법에 의한 과점주주가 아닌 행위자에 대해서는 정상을 참작하여 그 형을 감면할 수 있게 되어 있다.

행정과목(行政科目)

세입 세출예산의 장·관·항 이외에 정한 세항·목·절을 말한다. 이 행정과목은 예산회계법의 용어가 아니고 학문상의 의정과목에 대한 명칭이다.

행정소송(行政訴訟)

행정법규의 적용에 관해서 다툼이 있는 경우에 소송의 제기에 기하여 법원이 심리 판단하기 위한 소송절차로서, 행정소송제도는 독립된 행정재판기관을 인정치 않고 법원이 통일적으로

일괄 관리하는 영미식 사법국가형태와, 독립된 행정재판기관을
법제도적으로 인정하고 있는 독불식 행정국가형태로 크게 나누
어 볼 수 있다.

허가(許可)

허가라 함은 법령에 의해 일반적으로 금지된 행위에 대해 특
정인에 한해 금지를 해제하여 적법·적당히 행위할 수 있는 자
유를 회복시켜 주는 처분이다.

현금과부족(現金過不足)

현금의 실제잔액과 현금계정 또는 현금출납장의 장부잔액이
일치하지 않는 것을 말한다.

현금예금비율(現金預金比率)

지불능력에 관한 지표의 하나로, 현금예금으로 유동부채를
어느 정도 지불할 수 있는가를 나타내는 것이다. 당좌비율의 보
조비율이라고도 한다.

$$\text{현금예금비율} = \frac{\text{기말현금} + \text{기말예금}}{\text{기말유동부채}} \times 100$$

현금예금회전률(現金預金回轉率)

유동자산 가운데 현금·예금의 회전상황을 가리키는 동태지
표로, 현금·예금의 적정량을 검토할 때 사용된다.

현금예금회전률

$$= \frac{\text{연간매출원가 또는 연간매입액}}{(\text{초기현금} \cdot \text{예금} + \text{기말현금} \cdot \text{예금} \div 2)}$$

현금전표(現金傳票)

현금의 수지거래에 대해 사용되는 전표로, 입금거래에 관한 수납전표와 입금거래에 관한 지급전표로 나눈다. 여기에 대해 현금의 수지를 수반하지 않고 단지 장부상의 계정대체에 그치는 거래, 즉 대체거래에 사용되는 전표는 대체전표라고 한다.

현물급여(現物給與)

역무의 대가는 대개 현금으로 지급하는 것이 원칙이지만 때로는 사정을 감안하여 현금이 아닌 물건으로 지급하는 경우가 있다. 이렇게 역무의 대가를 현물로 지급하는 것을 현물급여라고 하는데, 현물급여에 대한 평가는 대개 자가제품인 경우에는 자가제품판매가액을, 매입물품일 경우에는 그 매입가액을 결어액으로 간주하는 것을 통례로 하고 있다.

현행범(現行犯)

범죄가 실행 중이거나 실행 직후인 자를 말한다(형소§211 ①). 범죄의 실행 중이라 함은 범죄행위가 진행 중에 있음을 의미하고 실행의 직후라 함은 범칙의 실행행위가 종료된 순간은 물론, 실행을 완료했으나 많은 시간이 경과하지 않아 범죄의 혼적이 아직 확연하게 남아 있어 그 상태가 범죄 진행 중에 발각된 것과 동일한 경우를 가리킨다.

협정세율(協定稅率)

조약에 의해 특별히 협정된 관계의 세율로서, 한 나라가 자국의 법률에 정하는 관세율인 국정세율에 상대되는 용어이다. 협정세율이 있는 화물에 관해서는 국정세율은 배제되고 협정세율이 적용된다.

형벌(刑罰)

형벌은 범죄를 행한 자에 대해 국가가 과하는 법적효과이다. 즉 형벌은 범죄가 있을 때에 그 범죄를 범한 자에 대한 처분이며, 반드시 국가가 과하는 것이다.

형식주의·실질주의(形式主義·實質主義)

조세법규는 인간의 경제생활에 있어서의 온갖 사회현상, 특히 재산의 취득·보유·거래를 중시하며 개인의 경제력을 대상으로 한다. 어떠한 사실에 대해 얼마의 조세가 부과되느냐 하는 문제가 조세법규의 해석상 야기되는데, 조세법규의 해석이나 이해를 함에 있어 형식에 중점을 두느냐, 사실에 중점을 두느냐에 따른 구별이 있다.

호혜관세(互惠關稅)

통상협정에 의해 협정당사국 상호간에 관세를 인하하여 무역

증진을 도모하려는 관세를 말한다. 즉 최혜국약관에 의해 조약
국의 한 편이 다른 조약국에 주는 관세상의 특혜를 타 조약국
에 동일하게 적용하는 것이다.

혼합관세(混合關稅)

관세를 과세방법에 의해 분류하면 종가세와 종량세가 있다.
이와 같은 두 가지 과세방법 중 보호관세정책상 고가품과 저가
품·완제품과 반제품·원료품에 대해 차등관세를 부과하기 위
해서는 거의 특수한 품목을 제외하고는 종가세제(從價稅制)를
채용하게 된다. 그러나 종가세제는 덤핑공격을 방지할 수 없기
때문에 종량세제를 채용하여 덤핑을 방지하는데, 그러면 보호관
세정책에 적합할 수 없는 난점이 있게 된다. 이리하여 종가세와
종량세의 결점을 보완하기 위해 양자를 병용하는 것이 혼합관
세인 것이다.

혼합적 재산수익(混合的 財産收益)

수익의 근원을 재산과 인간의 활동 내지 노력으로 볼 때, 동
산이나 화폐의 대여수익과 같이 순수한 재산수익, 노동이나 지
식직업인의 수익(변호사·의사 등)같은 노동수익, 토지수익(농
업수익)과 건물수익이 있으며 사업수익과 같이 자본과 인력의
합치에서 생기는 혼합적 재산수익이 있다.

혼합적 조세(混合的 租稅)

유통세적인 성격과 소비세적인 성격을 혼합한 조세를 말한다. 예컨대 일본의 거래고세(去來高稅)와 이탈리아의 매출세같은 조세를 말한다.

혼화(混和)

각각 소유자를 달리하는 물건이 혼합(곡물과 같은 고형물의 경우) 또는 융화(주류와 같은 유동물의 경우)하여 원물(原物)을 식별할 수 없게 되는 것을 말한다.

화폐가치변동회계(貨幣價値變動會計)

취득원가로 계상된 회계수치를 어느 일정시점에 있어서의 화폐구매력을 척도로 하여 통일적으로 수정하는 회계를 말한다.
화폐가치가 급격히 변동하는 경제환경하에서는 취득원가주의 회계는 본래의 기능을 다할 수가 없게 되므로, 이 경우의 요청에 부응하는 것, 특히 인플레이션 회계의 하나로서 화폐가치변동회계를 생각하기에 이른 것이다.

화폐가치 일정의 공준(貨幣價値 一定의 公準)

회계공준의 하나로, 기업회계에서는 화폐가치를 일정한 것으로 전제하여 회계처리를 행한다고 정한 것을 말하는 것이다.
물가의 변동이나 화폐가치의 변동은 실제로는 다소 있는 것이 보통이지만, 기업회계에서는 이것들이 일단 안정되어 있는 것을 가정하여 각종의 처리를 하고 있다. 물론, 그렇다고 해도 화폐가치의 변동을 전혀 무시할 수는 없다.

화폐대여수익(貨幣貸與收益)

화폐를 대여하면서 얻는 재산수익이다. 이 수익은 동산대여수익과 더불어 수익자 자신의 노동이 수익의 요소가 되지 않는 순수한 재산수익이다.

확정신고(確定申告)

개인, 법인을 불문하고 조세채권·채무를 확정하는 법률행위를 말하는 것으로 신고납세제도에 있어서 대표적인 납세신고이다. 확정신고는 일정기간 내에 소정의 용지에 소정의 사항을 기재한 확정신고서를 제출함으로써 행해진다.

환급(還給)

정부가 당해 연도의 과세표준과 세액을 결정한 경우에 징수금액의 합계액이 종합소득 총결정세액·퇴직소득 총결정세액·양도소득 총결정세액과 산림소득 총결정세액의 합계액을 초과하는 경우에는 그 초과하는 세액은 이를 환급하거나 다른 국세·가산금과 체납처분비에 충당해야 한다는 것이다(소득§133).

환세(還稅)

수입세를 부과받은 원료나 반제품을 다시 가공하여 외국에 수출하는 경우, 이미 부과된 수입세의 일부 혹은 전부를 반환하는 것을 환세라고 한다.

환어음(換어음)

발행인이 기명날인을 하고 지급인에 대해 일정한 금액을 수취인에게 지급할 것을 의뢰하는 형식의 금액으로 지급인의 신용을 이용하려고 하는 경우에는 환어음을 사용한다.

환어음의 이용에 있어서 가장 중요한 것은 국제적인 송금거래이며 특히 하환거래(荷換去來)이다. 예컨대 런던의 A가 서울의 B에게 무역상의 대금 등을 송금하려면 런던의 C은행에 현금을 납입하고 C은행 서울지점 또는 거래은행 D를 지급인으로 하는 환어음을 발행받아 이것을 B에게 보내는데 이용하고 있다. 그러므로 환어음은 국제무역에서 없어서는 안될 중요한 결제방법인 것이다.

회계(會計)

일가의 주부·국가·공공단체·개인·상인 또는 회사기업 등 각종의 경제주체가 수행하는 것을 총체적으로 의미하는 것으로 그 범위가 넓다. 그러나 공통적으로 볼 수 있는 특징은 각 경제주체에 귀속되는 재산 또는 자본의 증감변동의 과정을 기록·계산·정리하여 그 결과를 명확히 하는 가치계산의 조직이라는 것이다.

회계연도(會計年度)

  예산이 효력을 가지는 기간으로 예산집행을 위해 필요한 기간을 말한다. 만약 기간의 구분이 없으면 예산 적산의 중대요소를 결하여 이 때문에 산정할 수 없게 될 것이다.

  회계연도는 통상 1년으로 하고 있으며, 역년(曆年) 또는 월을 시기로 해도 아무런 문제가 없다.

회계연도의 독립(會計年度의 獨立)

  회계연도의 독립이라는 것은 경비는 반드시 그 연도의 세입으로써 충당해야 한다는 것으로, 예산집행 중 세입에 부족이 생길 우려가 있을 때에는 세출의 절약에 의해 그 균형을 기하는 데 노력해야 한다. 그러나 불가피한 특수사정을 고려하여 회계독립의 제도에 대한 예외로서 과년도지출·과년도수입·세계잉여금의 이입 및 정액이월 등의 제도가 있다.

회계연도 후의 정리기간(會計年度 後의 整理期間)

  1회계연도 내에 생긴 세입 세출의 출납사무는 당해 연도 내에 정리완결할 것을 원칙으로 하지만, 실제로 그렇게 하는 것은 불가능하다. 즉 연도 말에 임박하여 생긴 채권 채무를 12월 31일까지 전부 수납하거나 지출하기는 어렵기 때문에 당해 연도를 경과해도 어느 일정 기일을 정해서 이를 정리할 유예기간을 둘 필요가 있다. 이러한 기간은 너무 길게 되면 사무 취급상 편리하기는 하나 결산의 작성이 지연되므로 최소한도로 제한해야 한다.

회수기간(回收期間)

상각 전 이익(이익＋감가상각)으로 설비투자액을 회수할 수 있는 기간을 말하며, 수익성을 평가하는 지표의 하나이다.

$$회수기간 = \frac{설비투자액}{이익＋감가상각}$$

회수기준(回收基準)

수익의 인식과 측정에 관한 기준 내지 원칙 가운데 판매기준에 대한 것으로, 할부기준이라고도 한다.

회수기준에 있어서 할부판매는 통상의 판매계약과 달리, 그 신용기간이 비교적 장기에 걸치고 대금회수상의 위험률도 높으며 소유권의 이전 또는 반환에 관한 조건도 복잡하기 때문에 수익실현의 회계상 확인은 신중히 해야 한다. 할부대금 가운데 결산기 말에 미회수된 부분은 미실현수익이라고 하고 있다.

회수불능채권(回收不能債權)

회수불능채권이란 채무자의 사업 폐지 혹은 채무자가 사망·실종 등으로 그 의무를 다할 수 없을 때, 기타 사유가 발생했을 때 등을 이유로 채권의 회수가 불가능하게 된 채권을 말한다.

회전기간(回轉期間)

경영분석의 기초를 이루는 분석방법의 하나로, 예컨대 제품의 회전기간, 외상매출금, 외상매입금의 회전기간을 말하며 제품, 외상매출금 등이 신규로 바뀌는데 며칠 걸리는가를 나타낸다.

후입선출법(後入先出法)

재고자산의 평가방법의 하나로 선입선출법과 반대 방법이 되는 재고자산의 원가배분방법이다. 즉 먼저 입고된 것부터 출고되고, 그 재고자산은 사업연도 종료일로부터 가장 가까운 날에 취득한 것이 재고되어 있는 것으로 하여 산출한 취득가액을 그 자산의 평가액으로 하는 방법을 말한다(法人令88 나목).

훈령(訓令)

훈령은 상급관청이 하급관청의 권한 행사를 지휘하기 위해 발하는 명령이다. 예방적 감독의 중추적 수단이며, 특별한 법적 근거를 요하지 않고 감독권의 당연한 작용으로서 행할 수 있다.

훈령은 원칙적으로 관보를 통해 공시하는 것이지만, 공시하지 않는 것을 내훈(내규)이라고 하며 상급관청이 하급관청에 대한 명령인 점에서 널리 상관의 부하공무원에 대한 직무상의 명령인 직무명령과 구별된다.

부록.

영한회계용어

A statement of Basic Accounting Theory (ASOBAT)	기초적 회계이론 보고서
A Statement of BAsic Auditing Concepts (ASOBAC)	기초적 감사개념 보고서
abandonment	제각(除却)·폐기
abandonment method	폐기법
abatement	감액
ability-to-pay	지불능력
abnormal (stock)returns	비정상수익률
above par	할증·액면이상
absolute acceptance	단순인수
absolute fixed capital	절대적 고정자본
absolute fixed cost	절대적 고정원가
absolute profit	절대이익
absorbed cost	배부원가
absorption account	배부계정
absorption full cost	전부원가(全部原價)
absorption costing	전부원가계산
abstract of financial statements	요약재무제표
accelerated amortization	가속상각
accelerated depreciation	가속감가상각
acceptance	인수필 환어음
acceptance bill	인수어음
acceptance payable	지급어음
acceptance receivable	받을어음
acceptor	어음인수인
accessary(accssory) product	부속설비
accidental cost	우발경비
accommodation	융통어음의 발행
accommodation bill	융통어음
accommodation draft	융통 환어음
accommodation note	융통 약속어음

accompanying document	첨부서류
account (a/c)	계정
account analysis method	계정분석법
account balance	계정잔고·계정잔액
account books	회계장부
account bought	매입위탁계정결산
account chart	계정과목 일람표
account closing procedures	결산절차
account code	계정과목코드
account current	당좌계정
account form balance sheet	계정식 대차대조표
account form financial statement	계정식 재무제표
account form income statement	계정식 손익계산서
account headings	계정과목
account in transit	본지점 미달계정
account method	계속기록계산법
account of business	영업보고서
account of credit sales	외상매출계정
account of purchase	매입계정
account payable(-trade)	외상매입금
account payable ledger	외상매입금원장
account payable not trade	미지급금
account receivable(-trade)	외상매출금
account receivable ledger	매출처원장
account referencing	계정대조
account sales	매출계정
account statement	계산서
account title	계정과목
account transfers	대체계정
accountability	회계책임

accountancy	회계학
accountant	회계사·회계담당자
acountant bureau	회계국
account's business	경리업무
account's certificate(report)	감사보고서
account's opinion	감사의견서
Accounting and Auditing Enforcement Release	회계감사시행통첩
accounting axioms	회계준칙
accounting books	회계장부
accounting by month	월차계산
accounting capital	순자산
accounting control	회계관리
accounting cycle	결산절차
accounting equation	회계등식
accounting estimate	회계추정
accounting exposure	회계적 노출
accounting evidence	회계증거
accounting firm	회계감사법인·회계법인
accounting for branch office	지점회계
accounting for business enterprises	기업회계
accounting for change in specific prices	개별가격변동회계
accounting for change in the purchasing power of money	화폐구매력 변동회계
accounting for change in the value of money	화폐가치 변동회계
accounting for control	관리회계
accounting for home office and branch	본지점회계
accounting for internal reporting	내부보고회계
accounting inventories	재고자산회계
accounting for leases	리스회계
accounting for management(−control)	관리회계
accounting for (management) planning	경영계획회계

accounting for pollution	환경회계
accounting function	회계기능
accounting identity	회계등식
accounting income	회계상 이익
accounting information	회계정보
accounting information standard	회계정보기준
Accounting information system (AIS)	회계정보시스템
accounting internal control	내부회계통제
accounting manual	회계편람·회계규정집
accounting measurement	회계측정
accounting objectives	회계목적
accounting operation	회계처리
accounting organization	회계조직
accounting period	회계기간·사업년도
accounting policy	회계정책
accounting postulates	회계공준
accounting practice	회계실무
accounting principles	회계원칙
accounting principles for business enterprise	기업회계원칙
accounting procedure	회계절차
accounting profession	직업회계사
accounting profit element	회계적 이익개념
accounting rate of return	회계이익률
accounting ratios	회계비율
accounting records	회계기록
accounting regulation	회계규정
accounting report	회계보고서·감사보고서
Accounting Research Bulletin (ARB)	회계연구공보
Accounting Research Studies (ARS)	회계연구보고서
accounting responsibility	회계적 책임

accounting return on investment	회계투자이익률
accounting rule	회계규정
accounting standards	회계기준
accounting statement(s)	재무제표·회계보고서
accounting subject	회계과목
accounting system	회계제도
accounting technique	회계기법
accounting terminology	회계용어
accounting theory	회계이론
accounting transaction	회계상거래
accounting unit	회계단위
accounting usage	회계관행
accounting valuation	회계적 평가
accounting year	회계년도·사업년도
accounts	계정(計定)
accounts' chart	계정과목일람표
accounts coding system	회계부호체계
accounts due	미수금
accounts due on consignment-out	적송매출금미수액
accounts due on sales on approval	사용매출금미수액
accounts of indent	수탁판매금미수액
accounts paid	지불완료계정
accounts payable	미지급금·외상매입금
accounts payable ledger	외상매입금원장
accounts payable resister	매입처원장
accounts payable to affiliated companies	관계회사 미지급금
accounts payable to subsidiary companies	종속회사 미지급금
accounts receivable	미수금·외상매출금
accounts receivable from affiliated companies	관계회사 미수금
accounts recievable from subsidiary companies	종속회사 미수금

accounts receivable turnover	외상매출금 회전율
accounts receivable ledger	외상매출금 원장
accounts symbol system	계정기호체계
accounts system	계정과목체계
accounts to receive	수취계정
accrual	미지급금
accrual account	예정계정
accrual (basis) accounting	발생주의 회계
accrual expense	발생비용·예정비용
accrual item	예상항목
accrued account	예정계정
accrued and deferred account	예정 및 이월계정
accrued asset	예정자산
accrued basis	발생주의
accrued bonuses	미지급상여금·상여충당금
accrued charges	예정손비
accrued commision	미지급수수료
accrued commision receivable	미수 수수료
accrued corporation tax	미지급법인세
accrued debit account	미수금계정
accrued depreciation	감가상각비 누계
accrued dividend	미지급 배당
accrued enterprise tax	미지급 영업세
accrued expenses (−payable)	미지급 비용
accrued income (−receivable)	미수 수익
accrued income tax	미지급 법인세
accrued income to other affiliates	기타관계회사 미수수익
accrued income to subsidiaries	종속회사 미수수익
accrued interest	미지급 이자
accrued interest on loan	미수대출이자

accrued interest payable	미지급이자
accrued interest receivable	미수이자
accrued items	예상항목
accrued liability	예정부채
accrued payroll(salaries)	미지급급료
accrued rent (−payable)	미지급 임차료
accrued rent receivable	미수임대료
accrued rental	미지급 임대료
accrued revenues	미수수익
accrued royalty	미지급기술료
accrued tax	미지급세금
accrued taxes on income	미지급법인세 등
accrued wages	미지급임금
accrued warranty cost	미지급제품보증비
acct (account)	계정·계산서
accumulated amortization	상각누적액
accumulated amount	누계
accumulated earnings	적립이익
accumulated depreciation	감가상각 누적액
accumulated depreciation of buildings	건물감가상각 누계액
accumulated depreciation of cars and other land delivery equipment	차량운반구 감가상각누계액
accumulated depreciation of machinery and equipment	기계장치 감가상각누계액
accumulated depreciation of ship and aircrafts	선박항공기 감가상각누계액
accumulated depreciation of structures	구축물 감가상각누계액
accumulated depreciation of tools, funitures and fixtures	공구기구비품 감가상각누계액
accumulated dividend	누적배당
accumulated expenditures	지출누계액
accumulated fund	적립금
accumulated income	누적이익
accumulated interest	누적이자

accumulated profit	이익잉여금
accumulated surplus	잉여금 누계액
accuracy	정확성
achieved audit risk	달성감사위험
acid-test ratio	당좌비율
acknowledgement	증명서
acquired surplus	취득잉여금
acquisition adjustment	취득원가조정
acquisition and payment cycle	구매와 지급활동
acquisition by gift	증여에 의한 취득
acquisition cost(price)	취득원가
acquisition cost method	취득원가법
acquisition of businesses	기업인수
acquisition value	취득가액
Act	법령·조례
active assets	적극재산
active reserve	적극적립금
activity based accounting	활동기준회계
activity based costing	활동기준원가
activity ratios	활동성비율
activity variance	조업도차이
actual absorption cost	실제전부원가계산
actual acquisition cost basis	실제취득원가주의
actual assets	실제자산
actual basis accounting	실제주의 회계
actual burden rate	실제배부율
actual cash value	실제 현금가치
actual costing	실제원가계산
actual cost accounting system	실제원가회계제도
actual cost basis	실제원가주의

actual cost method	실제원가법
actual cost system	실제원가계산
actual depreciation	실제감가상각
actual expected standard cost	실제예정표준원가
actual inventory	실지재고
actual life	실제내용년수
actual manufacturing cost	실제제조원가
actual normal cost accounting	실제정상원가계산
actual price	실제가격
actual purchase price	실제구입가격
actual value	실가
actual value method	실가법
actual wage rate	실제임률
actually expected standard cost	실제예측표준원가
actuarial calculations	보험수리계산방법
actuarlial cost method	보험수리원가법
actuarial gains and losses	보험수리상의 손익
added value	부가가치
added value per employee	종업원 1인당 부가가치
added value tax (V.A.T.)	부가가치세
additional capital	증자
additional charge	추가비용
additional cost of materials	재료의 추가비용
additional depreciation	할증상각
additional expenses	추가비용
additional paid-in capital	추가납입자본
additions and betterments reserve	증개축적립금
adequate disclosure	적정공시
adjunct account	가산계정
adjusted cost basis	수정원가주의

adjusted gross income	수정된 총이익
adjusted historical cost	수정된 역사적 원가
adjusted income method of preparing cash budget	현금수지예산작성의 순익수정법
adjusted items	정리사항
adjusted net profit	수정된 순이익
adjusted selling price method	수정매가법
adjusted trial balance	수정된 시산표
adjusted entry	수정분개
adjusting journal entry	수정분개기법
adjustment account	대조계정
adjustment at term-end	기말정산
adjustment data	수정자료
adjustment entry	정리기입
adjustment income approach	수정이익법
adjustment of accounts	계정조정
adjustment to surplus	잉여금 수정
administrative accounting	관리회계
administrative and maintenance expenses	유지관리비
administrative and selling expenses	일반관리비 및 판매비
administrative balance sheet	경영대차대조표
administrative controls	관리통계
administrative cost	관리원가
administrative department	관리부문
administrative expenses	일반관리비
administrative expenses budget	관리비 예산
administrative overhead expenses	관리간접비
ADR (American Dipositary Receipts)	미국예탁증서
advance for purchase	매입선급금
advance payment	선급금
advance received	선수금

advanced money	선수금
advanced redemption	조기상환
advances	선급금
advances by customers	거래처 선수금
advances from controlled companies	종속회사 선수금
advances from customers	거래처 선수금
advances made on contracts	계약선급금
advances made to salesmen	판매원 가지급금
advances on consignment-in	판매수탁선수금
advances on construction	건설공사 선급금
advances on indents	주문 선급금
advances on subscription	예약 선급금
advances received on consignment -out	적송품 선수금
advances received on contract	계약선수금
advances received on indents	주문선수금
advances sale	예약판매
advances to employees	종업원가지급금
advances to subcontractors	하청업자 선급금
advances to subsidiary and affiliated company	종속회사 및 관계회사 선급금
advances to vendor	판매대리점 선급금
advances wages	선금입금
adventure account	위탁상품계정
advertisement expense	광고선전비
advertosing and general publicity expense	광고선전비
advertising cost	광고비
advertising expense	광고선전비
advertising expense budget	광고선전비 예산
affiliated business(company)	관계회사
affiliated concerned	자회사
affiliated corporation	관계회사

after cost	사후경비
after sight bill	일람후 정기지급어음
after tax income	과세후이익
agency	대리점·대리권
agency account	대리점 계정
agency accounting	대리점 회계
agency bookkeeping	대리점 부기
agency funds	대리인자금
agency commission	대리수수료
agent	대리인
aggregate basis	통계기준
aggregate amount of proceeds	총매출고
aggregate income	총이익
aging	연수조사
aging of accounts receivable	외상매출금 년수조사
agreement	계약·협정
agricultural bookkeeping	농업부기
AIA (American Institute of Accountants)	미국회계사회
AICPA (American Institute of Certified Public Accountants)	미국공인회계사회
AIS (Accounting Information System)	회계정보시스템
AISG (Accountants International Study Group)	국제회계사연구회
Algebraic Method	상호배부법
all-in cost	총원가
all-inclusive income concept	포괄주의적 이익개념
all-inclusive income statement	포괄주의 손익계산서
allocation	배부·할당
allocation base	배부기준
allocation of burden	간접비 배분
allocation of cost	원가배부
allocation of revenue	수익배분

allotment	할당
allowable cost	허용원가
allowance	할인·충당금·수당
allowance account	대손충당금
allowance audit	충당금 감사
allowance for bad dept (−loan)	대손충당금
allowance for collection cost	모집수당
allowance for depreciation	감가상각충당금
allowance for discount	현금할인 충당금
allowance for discount available	매출할인 충당금
allowance for doubtful accounts(recivable·bad debt reserve)	대손충당금
allowance for losses	손실보전금
allowance for price declines	가격할인충당금
allowance for profit	이익준비금
allowance for repairs	수선충당금
allowance for returns	대손충당금
allowance for uncollectable accounts	대손충당금
allowed cost	허용원가
allowed depreciation limit	허용된 상각한도액
all−purpose balance sheet	다목적 대차대조표
all−purpose financial statements	다목적 재무제표
all−purpose income statements	다목적 손익계산서
alpha risk	알파(α)위험
alternative accounting rules	수정취득원가주의
alternative cost	대체원가
amalgamated company	합병회사
amalgamation	합병
amalgamation procedures(process)	합병절차
amalgamation surplus	합병잉여금
(AAA) American Accounting Association	미국회계학회

American Depositary receipts(ADR)	미국예탁증권
American Stock Exchange(ASE)	미국증권거래소
amortization	상각·상환
amortization fund	부채상각준비금
amortization of bond discounts	사채할인 발행차금상각
amortization of bond issue expenses	사채발행비 상각
amortization of bond premium	사채발행차금상각
amortization of(on) goodwill	영업권상각
amortization of initial expenses	개업비상각
amortization of organization expenses	창업비상각
amortization of stock issue expenses	신주발행비 상각
amortization schedule	상각표
amount advanced	대부금액
amount appraised(assessed)	평가액
amount available for dividends	배당가능한도액
amount brought forward	전기이월액
amount carried forward	차기이월액
amount in arrear	미지급금
amount in hand	보유액
amount of goods laid in stock	재고상품매매액
amount of goods purchased	매입상품액
amount of investment	투자액
amount of proceeds(sales·takings)	매출액
amount of purchase	매입액
amount of stock	재고액
amount of trade receivable	미수액
amount outstanding	미지급액
amount paid	지급액
amount paid to subcontractor	외주가공비
amount payable	미지급금

amount receivable	미수금
amount received	수입액
analysis for credit purpose	신용분석
analysis of account	계정분석
analysis of balance sheet	대차대조표 분석
analysis of budget variance	예산차이 분석
analysis of changes by elements of working capital	운전자본 변동의 요소별 분석
analysis of cost variance	원가차이분석
analysis of financial statements	재무제표분석
analysis of income staements	손익계산서분석
analysis of profitability	수익성분석
analysis of retained surplus	유보이익분석
analysis of the affairs of a business	경영분석
analysis of the rate of firm growth	성장율분석
analysis of time series	시계열분석
analysis sheet	분석표
analytical accounting	분석적회계
analytical reviews	분석적검토
ancillary charge	부대비용
annual accounting	연차결산
annual audit	연차감사
annual budget	연도예산
annual closing	연말마감
annual closing of accounts	연말결산
annual cost	연간원가
annual cost accounting	연간제조원가회계
annual cost sheet	연가제조원가보고서
annual financial statements	연차재무제표
annual general meeting	연차주주총회
annual meeting stockholders	연차주주총회

annual report(return)	연차보고서
annual sales	연간매출액
annual securities report	유가증권보고서
annual statement	년차보고서
annual summary	년차요약서
annuities due	선불연금
annuities in arrears	후불연금
annuity	연금
annuity cost	연금비용
annuity method of depreciation	연금상각법
ante-dated check	소급발행 수표
anticipated cost	예정원가
anticipated profit	기대이익
application	예정배부
application account	주식청약증거금계정
application audit software	응용감사소프트웨어
application money for stock	주식청약증거금
application of fund	자금운영
application of funds statement	자금운영표
application of manufacturing expenses	제조비 예정배부
application rate of overhead cost	제조간접비 배부율
applied accounting	응용회계
applied burden rate	간접비 예정배부율
applied cost	배부된 원가
applied factory overhead expense	공장제조간접비 배부액
applied manufacturing expense account	제조간접비 배부계정
apportioning depreciation	감가상각비의 기별배부
apportionment of depreciation	감가상각비의 기별배부
apposal of sheriffs	집행관회계감사
appraisal	감정·평가

appraisal cost	평가비용
appraisal method of depreciation	평가상각법
appraisal of asset	자산평가
appraisal of dissenter's shares	반대주주의 주식평가
appraisal profit	평가익
appraisal standard	평가기준
appraisal surplus	재평가 적립금
appraisal value	평가가치
appraised price	평가액
appraisement of securities	유가증권의 평가
appraiser	감정평가사
appreciation	평가절상
appreciation account	증가계정
appreciation surplus	재평가 적립금
appreciated earned surplus	처분된 이익잉여금
appreciated for general reserve	처분된 별도적립금
appreciated surplus	처분된 잉여금
appropriation acoount	이익처분계정
appropriation budget	예산배정
appropriation of earned surplus	이익잉여금의 처분
appropriation of profit	이익의 처분
appropriation of retained eranings	이익잉여금 처분
appropriation of surplus	이익처분
appropriation of statement	이익처분계산서
appropriation surplus	목적적립금
approval sales	시용판매
approved budget	승인예산
approximate market	시가동등액
approxinate value	개산가격
arbitrage broker	외국환 거래중매인

arbitragist	외국환거래업자
arithmetical average cost method	산술평균원가법
arms length transaction	정상거래
arrear(arrearage)	체납액
arrival contract	선물계약
arrival sales	선물매매
articles consigned	위탁품
articles of association(incorporation)	정관(定款)
articles of consumption	소비용품
artoficial statement	다행식계산서
ASOBAC(A Statement of Basic Auduting Concepts)	기초적 감사개념보고서
ASOBAT(A Statement of Basic Accounting Theory)	기초적 회계이론보고서
assembly cost	조립비
assembly cost system	조별원가계산
assembly department	조립부문
assembly order	조립지시서
assembly production orders	조립생산지시서
assessable stock	추가불입청구가능주식
assessed value	과세가치
assesssment	추징금
assessment insurance	부과식보험
assessor	평가인·사정인
asset(s)	자산
assets accounting	자산회계
assets cover	자산담보
assets coverage	자산담보율
assets in general	자산일반
assets lent to others	대여자산
assets out of books	부외자산
assets pledged as collateral	담보제공자산

assets reserves	자산적립금
assets revaluation	자산재평가
assets subject to lien	담보제공자산
assets turnover	자산회전율
assign in black	백지위임
assigning cost	비용배분
assignment	할당양도배분
assignment of accounts receivable	외상매출금의 배분
association bookkeeping	조합부기
association dues	조합회비
assortmentcharge	분류비
assumed bonds	인수사채
assumed liability	인수부채
assurance of bill	어음보증
attached structures	부속설비
attainable standard cost	달성가능표준원가
attributes sampling	속성표본감사
audit	감사(監査)
audit adjustment	감사수정분개
audit by computer	컴퓨터에 의한 감사
audit check lists	감사점검표
audit corporation	감사법인
audit engagement(contract)	감사계약
audit instructions	감사지시서
audit of financial statements	재무제표감사
audit report	감사보고서
audit sampling	표본감사
audit working papers	감사조서
auditing principles	감사원칙
auditing procedures	감사절차

auditing rules	감사규칙
auditor	감사인
auditor's report	감사보고서
authorization of transactions	거래승인
authorized capital	수권자본
authorized capital stock	수권자본금
auxiliary department expenses	보조부문비
auxiliary ledger	보조원장
available assets	이용가능자산
available balance	이용가능잔액
available cash	가용현금
available earned suplus	이용가능 이익잉여금
available profit	처분가능 이익
available surplus	처분가능 잉여금
average cost	평균원가
average earnings	평균수익
average for the year index	연평균지수
average monthly balance	월말평균잔액
average of daily fiures	일일평잔
average paid-up capital	평균불입자본
average total cos:	총평균원가
average unit cost	단위당 평균원가
average wage rate	평균임율
avoidable cost	회피가능원가
axiomatic system	공리체계

B

back account	미지급계정
back bill	미지급금청구서
back salary	미지급급료
backing	배서
backflush costing	역산원가계산
backlog depreciation	비축물상각
bad account	대손처리계정
bad check(cheque)	부도수표
bad debt charge	대손상각
bad debt loss	대손
bad debt provision(reserve)	대손충당금
bad debt recovered	상각채권 추심이익
bad debts	불량채권
bad debts written off	대손상각
bad loan	불량대출금
bad stock	불량품·불량재고품
bailer	수탁자
balance	대차평균
balance account	잔액계정
balance at the bank	은행예금잔액
balance at the biginning of the period	기초잔액
balance at the term-end	기말잔액
balance book	잔액장부
balance brought forward	전기이월액
balance carried forward	차기이월액
balance carried over	차기이월
balance certificate	잔고증명·잔액증명서
balance in hand	보유잔액
balance of accounts	계정잔액
balance of debt	부채잔액

balance of stores	재고품잔액
balance of stores sheet	재고품수불부
balance of ledger	원장잔액
balance sheet (B/S)	대차대조표
balance sheet account	대차대조표 계정
balabce sheet analysis	대차대조표 분석
balance sheet audit	대차대조표 감사
balance summary account	잔액집합계정
balance the profit and loss	손익계정잔액
bank acceptance	은행인수어음
bank account	은행계정
bank account sheet	은행잔액대조표
bank accounting	은행회계
bank advance	은행대출
bank bill	은행도(銀行渡)어음
bank bookkeeping	은행부기
bank cost accounting	은행원가회계
bank clearing	어음교환
bank deposit	은행예금
bank discoount	은행할인
bank draft (BD)	은행환어음
bank interest	은행이자
bank letter	은행거래내역보고서
bank loans	은행대출금
bank loans payable	은행차입금
bank note	은행권
bank overdrafts	당좌차월
bank premises and real estate account	부동산계정
bank reconciliation	은행계정조정
bank remittance bill	은행송금환어음

bank statement	예금거래명세서
bank transfer	은행간 대체
banker's acceptances	은행인수어음
banker's ratio	유동비율
banking account	은행계정
banking capital	은행영업자금
banking facilities	금융기관
bankrupt	파산자
bankruptcy	파산
bankruptcy law	파산법
bargain deposit	계약보증금
barter	현물교환거래
base for overhead distribution	간접비 배부기준
base standard cost	기준표준원가
basic books	주요장부
basic budget	기본예산
basic financial statements	기본재무제표
basic standard cost	기준표준원가
basket purchase	일괄구입
batch costing	묶음원가계산
bearer bond	무기명사채
bearer check	무기명수표
Bearer Depositary Receipts (BDR)	무기명에탁금증서)
bearer stock	무기명증권
before due indorsement	만기전 배서
beginning balance	기초잔액
beginning capital	기초자본
beginning inventory	기초재고
beginning of the year	기초(期初)
behavioral accounting	행동회계

belongings	재산
below cost	원가이하
below par	액면이하
beneficiary	수익자·보험금수령인
benefit bonds	수익증권
best-efforts selling	위탁판매
betterment expense	개량비
bidding	경쟁입찰
bid price	입찰가격
bilateral transaction	쌍방거래
bill	어음·청구서
bill account	어음계정
bill advice	어음만기 통지서
bill book	어음계정장부
bill discount	어음할인
bill for acceptance	인수어음
bill of credit	신용장
bill of exchange	환어음
bill of lading (B/L)	선하증권
bill of parcel	화물증권
bill of warehousing	창고증권
bill payable book(journal)	지급어음 기입장
bill payable maturity book(journal)	지급어음 기일장
bill receivable book	받을어음 기입장
bill to order	지시자 지급어음
bills bought	매입외국환
bills discounted	할인어음
bills payable (B/P)	지급어음
bills receivable (B/R)	받을어음
bills rediscounted	재할인어음

bills sold	매도 외국환
black figure	흑자
black indorsement	백지배서
black book	미기입장부
black check	백지수표
blanket mortgage	공동담보
blacket orders	일괄제조지시서
blocked account	폐쇄계정
blocked check	폐쇄수표
blocked currency	사용제한 통화
blue return	청색신고
board of directors	이사회(理事會)
bogus dividends	배당의제
bogus currency	위조통화
bond	사채(社債)
bond certificate	사채권증명서
bond dividend	사채배당
bond expenses	사채발행비
bond held in the treasury	자기사채
bond holder	사채권자
bond indenture	사채증서
bond interest	사채이자
bond interest paid	지급사채이자
bond interest received	수입사채이자
bond issue expenses	사채발행비
bond issued at a discount	할인발행사채
bond issued at a premium	할증발행사채
bond payable	사채
bond ratings	사채등급
bond refunding	사채상환

bond valuation	사채평가
bond yield	사채수익률
bonded debt	사채발행에 의한 차입금
bonded goods	보세화물
bonded warehouse	보세창고
bonds and debentures	공사채
bonds and mortgage	사채
bonds of affiliated company	관계회사 사채
bonds of other affiliates	기타 관계회사 사채
bonds of subsidiaries	종속회사 사채
bonds with stock warrants	신주인수권부 사채
bonna fide cost	진정원가
bonus payment reserve	상여금 적립금
bonus share or stock	특별배당주
bonus stock	무상주
bonus to director	임원 상여금
bonus to employees	종업원 상여금
book account	장부상 대차
book audit	장부감사
book credit(Cr.)	대변계정
book debt(Dr.)	차변계정
book inventory—taking	장부재고
book of account	회계장부
book of final entry	최종기입부
book of original entry	원시기입부
book profit	장부상 이익
book surplus	장부상 잉여금
book value per share (BPS)	1주당 순자산액
booking	기장(記帳)
bookkeeping by double entry	복식부기

bookkeeping by single entry	단식부기
borrowed capital	차입자본
borrowed money	차입금
borrowed security	차입유가증권
borrower's liabilities on account of guaranty	보증용채무
borrowing from affiliate	관계회사 차입금
borrowings	차입금
borrowings associated with qualifying assets	조건부 차입금
boston ledger	보스턴식 원장
bought for account	외상매입
bought for cash	현금매입
bounty	보조금
break-even chart	손익분기도표
break-even (B-E) point	손익분기점
broker	중개인
brokerage commission	중개수수료
brought forward	전기에서 이월
brought over	차기로 이월
budget accounting information system	예산회계정보시스템
budget chart	예산도표
budget cost	예산원가
budgeted volume	예산조업량
budgeting	예산편성
budget manual	예산서
budget sheet	예산표
budetary and accounting law	예산회계법
budgeted cost	예정원가
budgeting	예산편성
building maintenance expenses	건물유지비
building repair cost	건물수리비

buildings and accessories	건물 및 부속시설비
buildings and improvements	건물 및 개량비
bunched cost	일괄원가
burden	제조간접비
burden rate	간접비 배부율
business accounting	기업회계
business accounting principles	기업회계원칙
business administration	기업경영
business analysis	경영분석
business audit	기업감사
business budget	기업예산
business combination	기업결합
business commencement expenses	개업비
business comprison	경영비교
business condition	기업현황
business corporation	법인기업
business enterprise	기업
business ethics	기업윤리
business expenses	영업비
business finance	기업재무
business forms management	장표관리
business income	기업이익
business law	기업법
business management	경영관리
business manner	기업규율
business papers	업무서류
business policy	경영정책
Business Process Redesign (BPR)	기업혁신
business report (−of condition)	영업보고서
business results	영업실적

business standing	영업현황
business statistics	경영통계·기업통계
business tax	영업세
business transaction	기업거래
but-for income	가정이익
buy for future delivery	선불구입
buy for ready money	현금구입
buying commission	매입수수료
buying cost	매입원가
buying in	매입
buying off	매수
buying on commission	위탁매입
buying on credit	외상매입금
buying over	매수
buying price	매입가격
buying up	매수
by-laws	정관
by-product proceeds	부산물매출액

CA (Chartered Accountant)	공인회계사
call	지불청구
call account	미지급계정
call loan	콜 대부금
call market	콜시장
call money	콜차입금
callable bond	수시상환사채
callable preferred stock	상환우선주
call rate	콜금리
cancelable lease	취소가능리스
canceled check	무효수표
cancellation of shares	주식의 취소
cancellation of indebtedness	부채의 면제
capacity	조업능력
capacity costs	생산시설기초원가
capital account	자본계정
capital adjustment	자본조정
capital and interest	자본이자
capital appropriations account	자본할당계정
capital assets	고정자산
capital authorized	수권자본
capital budget	자본예산·투자예산
capital consumption	자본소비
capital contribution	자본갹출
capital disposition	자본지출
capital dividend	주식배당
capital employed	사용자본액
capital expansion	증자
capital expenditures budget	자본지출예산
capital expenditure	자본지출

capital finance account	자본조달계정
capital fund	설비자금
capital gain	자본이득
capital in excess of par(stated) value	주식발행초과금
capital incorporation	자본편입
capital increase	증자
capital investment	자본투자
capital investment ratio	자본투자율
capital lease	자본리스
capital liability	자본부채
capital outlay budget	자본지출예산
capital paid in	불입자본
capital redemption reserve fund	자본상환적립금
capital reserve	감자
capital reduction due to merger	합병에 의한 감자
capital reserve	자본준비금
capital share(stock)	자본금
capital stock assessment	추가출자
capital stock authorized	수권자본금
capital stock of subsidiary and affiliated companies	종속회사 및 관계회사 출자금
capital stock outstanding	사외자본금
capital stock paid-up	납입자본금
capital stock premium	주식할증금
capital stock registered	공칭(公稱)자본금
capital stock subscribed	인수된 자본금
capital stock unissued	미발행자본금
capital structure	자본구조
capital subscriptions	신주식납입금
capital sum	자본총액
capital surplus	자본잉여금

capital turnover ratio	자본회전율
capitalization of interest cost	이자비용의 자본화
capitalization rate	자본화율
capitalization ratio	자본화비율
capitalized expense	자본화비용
capitalized value	자본환원가치
capital reconciliation statement	자본조정표
card of accounts	계정과목표
card system of accounting	카드식 회계
card system of bookkeeping	카드식 부기
cargo policy	화물보험증서
carried interest	이월지분
carrier's note	화물인환증
carry-forward working papers	이월감사조사서
carrying costs	재고유지원가
carrying value	장부가액·이월가액
carry-over	이월(移越)
cash and carry	현금판매주의
cash asset	현금자산
cash audit	현금감사
cash basis accounting	현금기준회계
cash before delivery	선급금
cash benefits	현금이익
cash deposited for bond interest	사채이자 지급예금
cash deposits in sinking funds	감채기금 충당예금
cash disbursement journal	현금지불분개장
cash dividends	현금배당
cash equivalent	현금등가물
cash equivalent amount	현금등가액
cash flow statement (C/F)	현금흐름표

cash forecasts	현금수지예측
cash in transit	미달현금
cash journal	현금출납분개장
cash on hand and demand deposits	현금 및 요구불예금
cash over or short account	현금과부족계정
cash payment budget	현금지불예산
cash payment journal	현금지불분개장
cash provided internally	내부유보자금
cash purchase	현금지불매입
cash ratio	현금비율
cash receipt budget	현금수납예산
cash receipt journal	현금수납장
cash report	현금수지 보고서
cash sales book	현금매출장
cash sales slip	현금매출전표
cash slip	출납전표
cash statement	현금수지계산표
cash surrender value	현금해약가치
cashbook	현금출납부
cashier's check	자기앞수표
casual loss	우발손실
casual profit	우발이익
casual revenue	임시수입
casualㅿ loss	재해손실
caution money	보증금
CB(convertible bond)	전환사채
CD(certificate of deposit)	양도성예금
central and administrative expenses	관리비
centralized accounting	집중식회계방식
CEO(chief executive officer)	최고경영자

certificate of bank balances	은행예금잔고증명
certificate of incorporation	회사설립허가서
certificate of posted money order	우편환증서
certificate of stock	주권
certificate of subscription	신청확인증서
certificate of the auditor	감사보고서
certificate with preemptive right	선매권
certified check	보증수표
certified financial analyst (CFA)	공인재무분석사
certified financial statement	감사받은 재무제표
certified internal auditor (CIA)	공인내부감사사
certified management accountant (CMA)	공인관리회계사
Certified Public Appraiser	감정평가사
Certified Public Broker	공인중계사
Certified Public Tax Accountant	세무사
CFA (certified financial analyst)	공인재무분석사
Chamber of Commerce	상공회의소
change in the basis accounting	회계기준의 변경
change in financial position	재무상태변동표
charge extra(expense)	부대비용
charge for remittance	송금수수료
charge off	손비처리
charge on securities borrowed	유가증권 차입료
charge on securities loaned	유가증권 대부료
chart of accounting books system	장부조직표
chart of accounts	계정과목일람표
charter party	용선계약서
check drawee	수표수취인
check drawer	수표발행인
check for collection	대금회수수표

check off method	병기법
check payable to order	기명수표
check payable to the bearer	무기명수표
check received	당좌수표
check stubs	수표의 보관용 부본
checking account(deposits)	당좌예금
checking audit	대리감사
checking inventory	재고대조
checking posting	전기대조
chest	자금
Chief Information Officer (CIO)	정보총괄임원
chit	계산서
CIF (cost,insurance and freight)	보험료와 운임 포함된 항도화물가격
circulating asset	운전자산·유동자산
circulating capital	운전자본·유동자본
claim for correction	정정의 청구
claim for damages	손해배상청구
claim for fire loss insurance	화재보험금 청구
claim for guarantee	미수보증금·보증금청구
claim for reimbursement	상환청구
claim in provable bankruptcy	파산채권
claim tag	예탁증서
classical variables sampling	전통적 변량표본감사
classified balance sheet	구분식 대차대조표
classified financial statement	구분식 재무제표
classified statement of profit and loss	구분식 손익계산서
classified trial balance	구분식 시산표
clause	조항·약관
clean bill	환어음
clean bill of lading	무고장 선하증권

cleaning expense	청소비
clear acceptance	단순인수
clear profit	순익
clearance	수익·어음교환액
clearance good	재고품
clearing	청산·어음의 교환
clearing accout	집합용 계정
clearing balance	청산잔액
clearing house	어음교환소
clerical cost of marketing	판매사무비
clerical error	기장의 오류
client	의뢰인
close	장부의 마감
close off	계정의 마감
closed account	마감한 계정
closed mortgage	폐쇄식 저당
closed mortgage bond	폐쇄식 저당부사채
closing	마감·결산
closing adjustment	결산정리
closing balance account	결산잔고계정
closing entry	마감분개
closing procedures	결산절차
closing ledger	원장마감
CMA (certified management accountant)	공인관리회계사
code of account	계정과목 코드
code of ethics	윤리규정
code of professional ethics	직업윤리규정
collateral	담보
collateral bond	담보부사채
collateral loan	담보부 대부금

collateral security	담보물·근저당권
collateral trust bond	증권담보부 사채
collecting agent	수금대리기관
collection	대금회수
collection basis	회수기준
collection cost	회수비용
collection fee	수금수수료
collection of bill	어음회수
collection of invested capital	투하자본의 회수
collection rate	회수율
column	란(欄)
columnar book	다행식 장부
columnar cash book	다행식 현금출납장
columnar journal	다행식 분개장
columnar ledger	다행식 원장
columnar purchase book	다행식 매입장
columnar sales book	다행식 매출장
combination	합병
combined balance sheet	합병(결합)대차대조표
combined balance sheet of home office and branch	본지점합병대차대조표
combined depreciation and upkeep method	감가 및 유지비 결합 상각법
combined financial statements	결합재무제표
combined financial statements of home office and branch	본지점 결합재무제표
combined profit and loss statement	결합손익계산서
combined work sheet	결합정산표
commercial accounting	상업회계
commercial bank	보통은행·상업은행
commercial bills	상업어음
commercial bookkeeping	상업부기
commercial code	상법전

commercial efficiency	영업능율
commercial loan	은행대부
commercial paper (CP)	기업어음
commission account	수수료계정
commission earned	수입수수료
commission on consignment	위탁수수료
commission on installment plan	할부판매 수수료
commission paid on foreign exchange	외국환수수료
commission receivable	미수수수료
commission to consignees	판매위탁수수료
commitment	계약의무
committed(capacity) cost	확정원가
commodity	재화·상품
commodity dividend	현물배당
common cost(s)	공통원가
common fixed costs	공통고정비
common stock dividend	보통주식배당금
common-size balance sheet	보통형 대차대조표
communication charges	통신비
common expense	통신연락비
company act(law)	회사법
company with reduced capital	감자회사
comparative analysis of balance sheet	대차대조표 비교분석
comparative cost	비교원가
comparative financial statements	비교재무제표
comparative fund statement	비교자금계산서
comparative income statement	비교손익계산서
comparative international statement	비교국제회계
comparative profit and loss accounting	비교손익계산서
comparative statement	비교계산서

compensating balance	보상예금
compensating control	보완통제
compensation for damage	손해배상
compensating for removal	해고에 대한 보상
compilation	기장대리
complete audit	전부감사
complete equity method	완전지분법
completed contract basis	공사계약기준
completed job method of accounting for long-term contract	장기공사완전기준
completed part	완성부품
completed production order	완성제조지시서
completed sent to storeroom	완제품입고
completed-contract method	공사완성기준
completed basis	공사완성기준
complex capital structure	복합자본구조
compliance audits	이행감사
component part	구성부품
components of cost	원가의 구성요소
composite depreciation	종합상각
composite depreciation assets	종합상각자산
composite life method	종합내용년수법
composition	(채권자와 채무자의)타협
composition ratio of marketing costs	영업비구성비율
compound entry	복합분개
compound expense	혼합경비
compound interest	복리
compound interest method	복리상각법
compound journal entry	복합분개기입
compound trial balance	합병시산표
comprehensive allocation	포괄적 배분

comprehensive income	포괄적 수익
compromise method	절충법
compulsory audit	강제감사
computation of depreciation	감가상각비 계산
computer accounting	컴퓨터회계
Computer Assisted Audit Technique (CAAT)	컴퓨터이용 감사기법
concept of historial cost	원가주의 개념
concern	사업체·이해관계
condensed balance sheet	요약대차대조표
condensed financial statements	요약재무제표
condensed income statement	요약손익계산서
condition payment	조건부지불
conditional legal debt	조건부채무
confirmation letter	조회확인서
conglomerate	복합기업
conglomerate financial statement	복합기업재무제표
conglomerate merger	복합적합병
consigned goods	위탁품
consignee	수탁자
consignment	위탁판매
consignment goods	적송품
consignment sheets	화물인환증
consolidated balance sheet	연결대차대조표
consolidated bond	정리공채
consolidated cash flow statement	연결현금흐름표
consolidated earning per share	연결주당순이익
consolidated financial statements	연결재무제표
consolidated income statement	연결손익계산서
consolidated retained earning	연결이익잉여금
consolidated returns	연결납세신고서

consolidated statement of changes in financial position	연결재무상태변동표
consolidated statement of income	연결손익계산서
consolidated surplus	연결잉여금
consolidation(−of corporation)	신설합병
consolidation excess	연결초과액
consolidation stocks (shares)	주식병합
constant capital	고정자본
constant cost	고정비
constant dollar	불변가격
constant expense	고정비용
constant gross margin percentage NRV	균등이익률법
construction account	건설계정
contracts revenue	도급공사수익
construction cost	건설비
construction expense	공사비
construction of cost	원가구성
construction work account receivable	건설공사 미수금
consumable supplies	소모품
consumed cost	소비원가
consumer excise tax	소비세
consumer's price index(CPI)	소비자 물가지수
consumption account	소비계정
contango	지불유예금
contingency reserve	우발손실 준비금
contingent fund	우발위험준비자금
contingent liability	불확정부채
contingent receivable	우발채무보증
contingent rentals	불확정임차료
continuous budget	연속갱신예산
continuous physical inventory method	계속실사재고조사법

continuous process cost system	공정별 종합원가계산
contra account	차감계정
contract	계약
contract construction	청부공사
contract deposit paid	계약선급금
contract deposit received	계약선수금
contract for work	청부계약
contract note	계약서
contractual cost	계약상원가
contrast account	대조계정
contributed capital	납입자본
contributed surplus	주식발행초과금
contribution in aid of construction	공사부담금
contribution to affiliated company (concern)	관계회사 출자금
contribution to welfare facilities	복리시설 부담금
control assessment and record of test (CART)	통제평가표
control flowchart	품질관리도표
control matrices	통제점검표
controllable burden	통제가능간접비
controllable costs	통제가능원가
controllable expense	관리가능경비
controller	경리부장
controller's department	경리부
controlling account	통제계정
controlling company accounting	지배회사 회계
convention expense	집회비
conversion cost	가공비
conversion of stock	주식전환
convertible bond (CB)	전환사채
convertible debentures	무담보 전환사채

convertible preferred stock	전환우선주식
convertible stock	전환주식
co-operative bank(association)	신용조합
co-product	연산품
copyright	저작권·지적재산권
copyright on registered designs	의장권
corporate accounting	회사회계
corporate accounting principles	기업회계원칙
corporate fund(debenture)	사채
corporate charter	회사설립허가서
corporate entity	기업실체
corporate financial statements	회사 재무제표
corporate joint venture accounting	합병회사회계
corporate reorganization	회사갱생
corporate social accounting	기업사회회계
corporate stock	주식
corporation	주식회사
corporation bods	회사채
corporation tax	법인세
correctin entry	수정기입
cost absorption	원가배부
cost accounting	원가회계
cost accounting by departments	부문별 원가계산
cost accounting by elements	요소별 원가계산
cost accounting by products	제품별 원가계산
cost accounting standard	원가계산 기준
cost accounting system	원가회계제도
cost accounts	원가계정
cost allocation	원가배분
cost analysis	원가분석

cost basis	원가기준
cost basis financial statement	취득원가기준 재무제표
cost-benefit analysis	비용-효익분석
cost calculation	원가산정
cost classification(s)	원가분류
cost depletion	감모상각비
cost effectiveness analysis	비용효과분석
cost efficiency	원가능률
cost finding	원가산정
cost in exess of fair value	초과공정가치원가
cost ledger	원가원장
cost method	원가법
cost of acquisition	투자원가
cost of capital	자본비용
cost of defective work	공손품원가
cost of goods manufactured	완성품원가
cost of goods purchased	매입원가
cost of goods sold	매출원가
cost of manufacture	재조원가
cost of marerials	원재료비
cost of processing	가공비
cost of production	제품원가
cost of purchase	매입원가
cost of removing equipment	시설이동비
cost of repairing the defect	보수비
cost of repairs	수선비
cost of replacement	대체원가
cost of reproduction	재생산원가
cost of sales	매출원가
cost of working (up)	가공비

cost of market, whichever is lower basis	저가주의
cost reduction	원가인하
cost reimbursement contract	원가보상계약
cost saving	원가절약
cost spoilage	공손품
cost statement	원가계산표
cost summary schedule	원가집계표
cost value	원가가치
costing	원가계산
counter-market	점두시장
counter stock	점두주식
counting of assets	자산실사
coupon bond	이자증권부 사채
covering entry	분개기입
credit account	대변계정
credit analysis	신용분석
credit balance	대변잔액
credit limit (line)	신용한도액
credit period	여신기간
credit ratings	신용평가
credit ratio	신용비율
credit slip	대변전표
cross entry	대체기입
cross slip	대체전표
corssed(crossing) check	횡선수표
cum dividend	배당부
cum rights	신주인수권부
cumulative dividend	누적배당
cumulative preferred stock	누적적 우선주
currency	유통화폐

currency translation	외화자산
current account	당좌계정
current asset	유동자산
current balance	당좌잔액
current bank loan	단기차입금
current cost(price)	시가
current cost operating profit	현재원가기준 영업이익
current deposits	당좌예금
current expenditure	당기지출
current expenses	경상비
current income	당기이익
current investment	단기투자
current liabilities	유동부채
current loan receivable	단기대부금
current net income	당기순이익
current operating profit	당기영업이익
current ratio	유동비율
current reserve	지불준비금
current revenue	당기수익
current term net loss	당기순손실
current transaction	경상거래
current value	현재원가
custody expenses(fee)	보관료
customer	고객
customer's account	매출처계정
customer's contribution to the cost of constructing facilities	공사부담금
customer's ledger	매출처원장
custom's duty	관세
cutoff rate	절사율
cutoff tests	기간구분조사

D

daily balance	일일결산
daily jobtime report	작업일보
daily trial balance	일일시산표
damages	손해배상
date of acquisition	취득일
date of auditor report	감사보고일
date of maturity	만기일
day's program	결산일정
D/D (documentary draft)	하환(荷煥)어음
dead loan	대손처리된 대출금
dead stock	기초재고
death taxes	상속세
debebture bonds	무담보사채
debentures intrest	사채이자
debit (Dr.)	차변
debit overdue account	기한경과채권계정
debt account	차입금계정
debt capital	고정부채
debt loan	차입금
debt securities	부채증권
debtor (Dr.)	차변·채무자
debtor and creditor accounts	대차계정
debt and credits	채무채권
decision of a general meeting of stockholders	주주총회의 의결
declaration date	배당선언일
declared capital	공시자본
declared profit	계상이익
declining balance method	체감잔액법
decrease of capital	감자(減資)
deductible expense accounting	손금회계

deduction	공제
deduction of by-products	부산물공제
deductive method	연역법
deed	증서
defalcation	위탁금 유용
default interest	연체이자
defaulted note	부도어음
defective goods(work)	공손품
deferred advertising expense	이연광고비
deferred and accrued account	경과계정
deferred annuity	거치연금
deferred assets	이연자산
deferred compensation	미지급급료
deferred dividend	이연상각
deferred interest	선수이자
deferred premium	미수보험료
deferred tax debit	선급세금
deficit	결손금·부족액
deficit for the current terms	당기결손금
degressive costs	체감비
delivery expense	배달비
demand bill	요구불어음
demand draft	일람불어음
demand loan	당좌대부
denomination	액면금액
department audit	부분감사
departmental cost	부문원가
depletable assets	감모성자산
depletion	감모상각
depletion asset	감모자산

deposit account	예금계정
deposit at bank	은행예금
deposit at call(notice)	통지예금
deposit certificate	예금증서
deposit for tax payment	납세준비금
deposit in current account	당좌예금
deposit in trust	신탁예금
deposit loan	예금대부
deposit on long-term leases	장기임대예치금
deposit received	예치금·보증금
deposit ticket	예금입금표
depositary receipt (DR)	예탁증권
depreciable assets	감가상각 대상자산
depreciable property	상각자산
depreciated cost	감가상각후 원가
depreciated original cost	감가상각전 원시원가
depreciated value	감가상각후 가액
depreciation	감가상각(減價償却)
depreciation account	상각계정
depreciation accounting	감가상각회계
depreciation assets	상각자산
depreciation expense(ratio)	감가상각비
detailed audit	정밀감사
detailed budget	세목예산
detailed statement	내역서
deterioration of quality	품질저하
determinable liabilities	확정부채
development expense	개발비
deventure bond	무담보사채
difference	차액

differential costing	차액원가계산
differential piece rate plan	차별성과급제도
differential rate method	개별배부율법
diminishing balance method	체감법
direct allocation method	직접배부법
direct charge—off method	직접공제법
direct cost method	직접원가법
direct department expense	직접부문비
direct expense	직접경비
direct financing lease	직접금융리스
direct liabilities	직접부채
direct overhead	직접경비
direct product cost	직접제품원가
direct selling cost	직접판매비
direct standard costing	직접표준원가계산
direct wage	직접임금
direct write—off method	직접차감법
director	이사
disbursement	지출금
disclosure	공시(公示)
discount earned	매입할인
discount on bonds	사채할인
discounted bill	할인어음
discovery value method	발견가치법
discretionary costs	재량원가
dishonored bill(note)	부도어음
dishonored check	부도수표
dissimiliar assets	이종(異種)자산
distribution	배부·할당
distribution cost	물류비·유통비

distribution cost accounting	유통원가계산
distribution of manufacturing expenses	제조원가배부
distribution of net profit	순이익처분
distribution ratio	구성비율·배부율
diversified company	다각적기업
divided column journal	다행식분개장
dividend	이익배당
dividend declared	배당의결
dividend earned	수입배당금
dividend income	배당소득
dividend of earnings	이익배당
dividend of interest	이자배당
dividend on common stock	보통주배당
dividend on preferred stock	우선주배당
dividend on stock	주식배당금
dividend paid	지급배당금
dividend per share	주당배당금
dividend preferred stock	배당우선주
dividend reserve	배당준비금
dividend to policy-holders	계약자배당금
dividend to shareholders	주주배당금
dividend unclaimed	미지급배당금
dividend yield retio	배당수익율
document	증거서류
documentary bill or draft	환어음
documentary export bill	수출화환어음
documentary import bill	수입화환어음
documentary letter of credit(L/C)	신용장
domestic corporation	내국법인
domestic operation	국내사업

domiciled bill	지불장소 지정어음
donated property	증여재산
donated stock	증여증권
donated surplus	증여잉여금
dormant account	휴면계정
double account system	복식회계제도
double entry	복식기장
double taxation	이중과세
double account from balance sheet	복식대차대조표
double entry accounting	복식회계
double entry bookkeeping	복식부기
doubtful account(debt)	불량채권
DR(depositary receipts)	예탁증권
draft	환어음
drawee	어음수취인
drwer	어음발행인
dual plan	병기법
due and deferred premiums	미수보험료
due date	만기일
duplicate cash-sales slip	복사식 현금매출전표
duplicate receipt	복사식 영수증
duration of note	어음의 지급기일
duty	관세
dynamic analysis	동태분석
dynamic ratio	동태비율

E

early extinguishment of debt	부채의 조기상환
earned capital	가득자본
earned income	가득이익
earned surplus	이익잉여금
earnest money	보증금
earnest money received	수입보증금
earning	소득
earning statement	손익계산서
earnings per share(EPS)	주당순이익
earnings price share	이익주가비율
earnings reinvested	유보이익
earnings yield	수익율
easy dollars	저리자금
easy money	부당이득
easy payment	할부납입
ecological accounting	생태회계
economic accounting	경제회계
economic cost	경제원가
economic income	경제적이익
economies of scale	규모의 경제
EDR (European Depositary Receipts)	주주예탁증권
effective date	효력발효일
effective interest	실효이자
effective rate of interest	유효이자율
effciency audit	능률감사
eight column work sheet	8행식 정산표
electric power expense	전력비
elementary cost accounting	요소별원가계산
elimination ledger	상쇄원장
embezzlement	횡령

emergency amortization	긴급상각
emergency funds	임시비·예비자금
employee	종업원·고용원
employee welfare fund	종업원 복리후생기금
employee's account receivable	종업원 외상매출금
employee's benefit fund	종업원 복리 후생기금
employee's bonus and allowance	종업원 상여수당
employee's death benefits	종업원 사망급여금
employee's union	노동조합
employer	사용자·고용주
employment	고용
encashment	현금화
encumbrance	지출부담
ending balance	기말잔액
ending inventory	기말재액
endorse	배서하다
endorsed note	배서어음
endorsee	피배서인
endorsement	배서
endorsement fund	담보설정
enforced insurance	강제보험
enforced liquidation	강제청산
enforced vacation	강제사직
engagement letter	감사계약서
English Bookkeeping	영국식부기
enrollment	등기
ensuing account	차기계정
enter wrongly	오기(誤記)하다
enterprise accounting	기업회계
entertainment expenses	교제비·접대비

entity equity	기업지분
entry	기장·기입
entry steps of closing	결산본절차
environmental accounting	환경회계
environmental audit	환경감사
EOM(end of the month)	월말
EPS(earnings per share)	주당이익
equal anual payment method	년간 정액지불법
equal installment method	정액법
equal time of payment	평균지불기일
equalization of profit	이익의 평균화
equation	등식
equipment fund	설비자금
equipment held for rental or leases	임대자산
equipment investment	설비투자
equity	지분
equity adjustments	지분조정
equity capital	자기자본·주주지분
equity method (basis)	지분법
equity method of consolidation	연결지분법
equity ownership	소유주지분
equity per share	주당자본액
equity revaluation account	지분평가계정
equivalent	등가액
equivalent coefficient	등가계수(等價係數)
error of omission	탈루
escalation price	상승가격
established rate	예정배부율
establishment	설립제정
establishment of corporation	법인설립

estate	재산·부동산
estate accounting	유산(遺産)회계
estate planning	자산운영계획
estimate	견적
estimate cost card	예정원가표
estimate of production	생산견적
estimate of purchase	구입가격
estimated balance sheet	추정대차대조표
estimated burden rate	예정배부율
estimated charges	추정비용
estimated cost	예정원가
estimated expired value	감가예상액
estimated financial statements	추정재무제표
estimated loss from bad debts	대손추정액
estimated mining quantity	채굴예정량
estimated overhead distribution rate	간접비 예정배부율
estimated profit and loss statement	추정손익계산서
estimated tax	조세추정액
estimation	추정·견적
ethical principles	윤리기준
evading tax	탈세
evaluation reserve	재평가적립금
exposure draft	공개시안
examine the books	장부감사
excess and deficiency	과부족
excess capacity	초과설비
excess depreciation	감가상각초과액
excess inventory	재고자산초과액
excess of debt	부채초과
excess over estimate	추정액초과

excessive depreciation	초과상각
excessive profit(s)	부당이득
exchange	환어음
exchange gain(profit)	환차익
exchange loss	환차손
exchange rate	환율
excise tax	소비세·물품세
ex-dividend	배당락
exhibit	명세표·전시
expected cost	기대원가
expenditure	비용·지출
expense	비용
expense analysis book	경비내역원장
expense arising from outside manufacture	외주가공비
expense budget	경비예산
expense on bonds	사채발행비
expenses for continued projects	계속사업비
expenses for education and culture	교육문화비
expenses for leveling land	토지정리비
expired cost	소멸원가
explanatory notes to the financial statements	재무제표각주
export bill	수출어음
ex-post analysis	사후최적분석
ex-post program	사후최적계획
external account	대외계정
external auditor	외부감사인·CPA
external bond	외국사채
external financial statement	공시재무제표
external liabilities	외부부채
extinction	부채의 소멸

extinguishment of stock	주식의 소각
extra changes	임시비
extra cost	추가비용
extra depreciation	할증상각
extra dividend	특별배당
extraordinary amorzation	임시강각
extraordinary depreciation	특별상각
extraordinary gain and loss	특별손익
extraordinary items	특별항목
extraordinary loss	특별손실
extraordinary profit	특별이익
extraordinary profit and loss	특별손익
extraordinary repairs	특별수선비
extraordinary reports	임시보고서
extraordinary stock dividends	임시주식배당

f

FA(factory automation)	공장자동화
fabricating cost	제조원가
face value	액면가
facility	설비·시설
factor	채권매수업자
factorage	수수료
factoring	채권매수
factory accounting	공장회계
factory administrative department	공장관리부문
factory cost	제조원가
factory cost report	제조원가보고서
factory expense	제조경비
factory fitting	공장내부시설물
factory ledger	제조원장
factory overhead	제조간접비
factory payroll	제조임금명세표
factory supplies	공장용소모품
fair disclosure	공시
fair presentation	적정표시
Fair Trade Act	공정거래법
fall	기한도래
false representation	허위표시
falsify	위조하다
family allowance	가족수당
family patnership	가족조합
farm accounting	농업회계
farm-price method	농업가격법
fast depreciation	가속상각
feature audit	특정사항감사
Federal Fund	연방기금(美)

Federal Insurance Contributions Act	연방보험료법(美)
Federal Reserve Bank	연방준비은행(美)
Federal Reserve Board(FRB)	연방준비제도이사회(美)
Federal Reserve System	연방준비제도(美)
Federal Securities Laws	연방증권법(美)
Federal Trade Commission(FTC)	연방통상위원회(美)
Federal Unemployment Tax Act	연방실업보험세법(美)
fees and permits	면허료
fellowship grant	연구보조금
fiction	의제(擬制)
factious asset	의제자산
fictitious capital	의제자본
fictitious dividend	의제배당
fictitious profit	가공이익
fictitious transaction	공거래
fiduciary	수탁자
fiduciary accounting	신탁회계
fiduciary funds	신탁기금
fiduciary institutions	신용기관
fiduciary issue	(무담보) 신용발행
fiduciary loan	신용대부
field audit	실지감사
field work	현장조사
FIFO(fast-in First-out method)	선입선출법(先入先出法)
filing date	신고서의 SEC제출일
filing up of a deficit	적자보전
final allowed depreciation limit	상각가능 한도액
final balance	기말잔액
final return	확정신고
final value	종가(終價)

finance	금융·재무
finance bond	금융채
finance charge	재무비용
finance department of ministry	재무부
finance ministry ordinance	재무부령
financial accounting	재무회계
financial accounts	재무제표
financial analysis	재무분석
financial assets	금융자산
financial audit	재무감사
financial budget	재무예산
financial condition	재무상태
financial expense	금융비용
financial highlights	경리개요
financial income	재무수익
financial information	재무정보
financial management accounting	재무관리회계
financial operation	재무활동
financial position	재무상태
financial position statement	대차대조표
financial ratio	재무비율
financial resources credit	자금
financial retrenchment	경비절감
financial revenue	재무수익
financial standing	재무상태
financial statements (F/S)	재무제표
financial status	재무상태
financial transaction	금융거래
financier	자본가
financing for deficit-covering	적자보전 융자

financing method	융자방식
finished goods ledger	제품원장
finished product(stock)	제품
fire insurance	화재보험
firm	기업·법인
firm offer	확정주문
firm price	확정가격
first half year	상반기
first in on hand	선입보존법
first quarter	일사분기(1/4分期)
fishery rights	어업권
fittings and appliances	비품비
fixed amount method	정액법
fixed asset	고정자산(固定資産)
fixed asset for investments	투자고정자산
fixed assets ratio	고정자산비율
fixed budget	고정예산
fixed capital investment	설비투자
fixed date	지정기일
fixed debt	고정차입금
fixed holdings	고정자산
fixed installment method	정액법
fixed interest	확정이자
fixed loan	장기대여금
fixed manufacturing cost	고정제조원가
fixed price	정가
fixed property tax	고정자산세
flexible budget	변동예산
floating asset	유동자산
floating liability	유동부채

floating money	여유자금
floating policy	부동보험증권
floor plan merchandise policy	질권선정 상품보험
Florentine system of bookkeeping	플로렌스식 부기
flow chart	생산공정도
flow through method	당기인식법
fluctuations in value	가치변동
FOB (free on board)	본선인도
FOB destination	도착항 본선인도
FOB shippng point	출발지 본선인도
forced auction	강제경매
forced liquidation	강제청산
forced sale	경매
forced sale value	강제처분가치
forecast of sales	추정매출액
forecasted financial statements	추정대차대조표
foregift	권리금·보증금
foreign bills bought account	외국대리점계정
foreign bills payable	미지급외국환
foreign bills purchased	매입외국환
foreign bills receivable	미수외국환
foreign bills sold	매도외국환
foreign capital	외자
foreign corporate bonds	외국사채
foreign corporation	외국법인
forein currency translation gain and loss	환차손익
foreign debt	외화부채
foreign exchange account	외환계정
foreign juridical person	외국법인
forfeited stock	실권주

forged bill	위조어음
forged check	위조수표
formal book transactions	대체거래
formal capitalization of reserve	자본전입
forms of financial statements	재무제표양식
forward barain	선물거래
forward exchange transaction	선물환거래
fraud	사기·부정
fraudulent financial reporting	허위재무제표
FRB(Federal Reserve Board)	연방준비제도이사회(美)
free reserve	임의적립금
free share distribution	신주의 무상교부
free surplus	미처분잉여금
freight(and cartage)	운임
frozen assets	동결자산
F/S (financial statements)	재무제표
full absorption costing	전부원가계산
full disclosure	완전공시
full-faith-and-credit debt	신용채무
full-paid capital stock	납입완료주식
functional audit	직능감사
fund accounting	기금회계
funded debt	고정부채
funds accounting	기금회계
funds of capital	자본자금
furnishing	비품
future sale	선물거래
future tax benefit	조세선급금
future transaction	선물거래

G

gain	이익·이득
gain of sale	매출증가
gain on foreign exchange	외환차익
gain on insurance claim	보험차익
gain or loss	손익
gains from capital reduction	감자차익
gains fro redemption of bonds	사채상환이익
gain sharing plan	이익배분계획
GASB(Goverment ccounting Standards Board)	정부회계기준심의회
GDP (gross domestic product)	국내총생산
general accounting	일반회계
General Accounting Office(GAO)	미국회계감사원(감사원)
general accounting principles	회계일반원칙
general audit	일반감사
general balance sheet	일반대차대조표
general bonded-debt fund	일반공채기금
general closing	정상결산
general contingency reserve	일반우발손실준비금
general crossed check	일반횡선수표
general inventory	재산목록
general journal	보통분개장
general meeting	주주총회
general obligation bonds	일반공채
general profit and loss account	손익계정
general reserve	별도적립금
Genoese system of bookkeeping	제노아식 부기
gifts tickets	상품권
GNP(gross national product)	국민총생산
goals	목표
good debt	우량채권

goods account	상품계정
goods and services	재화와 용역
goods carried over	이월상품
goods in process	재공품
goods in transit	미착상품
goods left unsold	재고품
goods not yet delivered	미착상품
goods on approval	시송품
goods on consignment	위탁상품
goods on consignmnet-in	수탁품
goods on consignment-out	위탁품
goods on hand	재고품
goods penny	계약보증금
goods returned to vendor	반송품
goods sold by installment plan	할부상품
goodwill	영업권
government and municipal accounting	정부회계
government securities	국채
governmental funds	정부기금
governmental subsidy	국고보조금
governmental subsidy for capital expenditure	건설보조금
grant in aid	보조금
graphic statements	도표식 재무제표
gratis retirement of stocks	주식의 무상소각
gross change method	총액법
gross cost of merchandise sold	총매출원가
gross domestic product (GDP)	국내총생산
gross earnings	총수입
gorss expenditure	총지출
gross gain	총수익

gross investment	총투자
gross merchandise margin	매출총이익
gross negligence	중과실
gross price method	총액법
gross profit on sales	매출총이익
gross sales	총매출
gross working capital	총운전자본
ground price	공장원가
ground rent	지대
group accounts	연결재무제표
group method	일괄법
grouping financial statements	결합재무제표
guarantee fee received	수입보증료
guarantee money	지급보증금
guarantee of securities of other issuers	보증채무
guaranteed bond	보증부 사채
guarantees dividend	확정배당
guaranty money deposited	지급보증금
guidelines	지침

handling charge	취급수수료
haphazard selection	취급비
hasy control	해쉬통제
haulage	운반비
head book	주요장부
head office account	본점계정
head office ledger	본사원장
heading notes	두주(頭註)
health insurance expense(primium)	건강보험료
heat, light and power	동력광열비
heating expenses	난방비
heavy additional tax	중가산세
hedge	위험분산기법
hidden reserve	비밀적립금
HIFO(highest-in first-out method)	최고가격선출법
high cost	고(高)원가
high-low points method	고저점법
high price purchase	고가매입
hire plan	할부
historical cost	취득원가
holding	지분
holding company	지배회사
holding gain	보유이득
holding gains and losses	보유손익
home made materials	자가제조원료
home made parts	자가제조부품
home office cost	본사비·일반관리비
home office current account	본점계정
horizontal analysis	수평적 분석
horizontal audit	수평적 감사

hourly rate plan	시간급제도
house rent	주택임차료
household bookkeeping	가계부기
housekeeping account-book	가계부
housekeeping book	가계부기
housekeeping expenses	가계비
house-rent received	수입주택임대료
housing allowance	주거수당
housing expense	주거비
human relations asset	인적자산
hypothecated asset	담보자산

I

IAS(International Accounting Standards)	국제회계기준
ID(IDentification)	신분증명
ideal audit	이상감사
identifiable asset	인식가능자산
identified cost	개별원가
idle asset	유휴자산
idle facilities	유휴시설
idle properties	유휴자산
idle-time	유휴시간
IDR(Integrated Disclosure Rules)	통합공시제도
IE((Industrial engineering)	산업공학
if -converted method	전환가정법
illegal act	위법행위
illicit gain	부정이익
IMF(International Monetary Fund)	국제통화기금
immaterial capital	무형자본
immovable fixture	고정설비
immovables	부동산
impairment	자본의 결손
implicit transactions	준거래
implicit interest rate	내재이자율
import duty	수입세
imprest	선급금
improvement	개량비
inputed income	귀속소득
inputed interest	귀속이자
inputed transaction	귀속거래
inputed value	귀속가치
inactive account	비활동계정
inadequate disclosure	부적절한 공시

inadmitted asset	승인되지않은 자산
inaugural meeting	창립총회
in-charge accountant	책임회계사
incidental	잡비
incidental income	잡수입
INC(incorporated)	주식회사
income	이익·소득
income account	손익계정
income and expenditure	수지(收支)
income and expenses	손익
income arising as a result of exemption debt	채무면제이익
income bond	수익사채
income budget	손익예산
income determination	손익결정
income from consolidated operations	연결회사이익
income from judgement	수입감정료
income from money in trust	금전신탁수익
income from operations	영업이익
income from trust deposits	금전신탁이익
income lprinciples	손익원칙
income reporting	손익보고
income sheet	손익표
income statement (I/S)	손익계산서
income tax	소득세·법인세
income tax expenses	세금공제액
income tax returns	소득세환급액
incorporation	회사·법인
increase and decrease method	증감법
increase in capital stock	증자
increase in working capital	운전자본의 증가

increased depreciation	증가상각
increasing charge method	체증상각법
incremental rate-of-return	내부이익율
incurred expenses	발생비용
idemnity	손해배상
indent	수탁매입
independent audit	독립적감사
index method	지수법
indirect costs	간접원가
indirect tax	간접세
individual depreciation	개별감가상각
indorsed bill	배서어음
indorsement	배서
indorser	배서인
industrial capital	산업자본
industrial revenue bond	수익사채
in excess of par value	액면초과액
information economics	정보경제학
information processing	정보처리
infra(infrastructure)	산업경제·정보분야의 기반시설
inhabitant tax	주민세
inheritance tax	상속세
initial audit	초도감사
initial balance sheet	개업대차대조표
initial capital	기초자본
initial expenditure	창업비
initial inventory	기초재고
insolvency	지불불능·파산
inspector	검사인
installment accounting	할부회계

installment credit	할부신용
installment note	할부지급어음
installment payment	할부지급금
installment receiveable	할부미수금
instruction to warehouse	출고지시서
insurable value	보험가액
insurance claims	미수보험금
intangible asset	무형자산
intangible capital	무형자본
intellectual property	지적재산권
intercompany sales	내부매출
interdepartmental distribution method	상호배분법
interest	이자
interest bearing note	이자부어음
interest group	이해관계자
interest in arrear	체납이자
interest on bond	사채이자
interest on current deposits	당좌예금이자
interest on government securities	국채이자
interest on refund	상환가산금
interim account	중간계정
interim balance sheet	중간대차대조표
interim dividend	중간배당금
internal audit	내부감사
internal transaction	내부거래
internal transfer profit	내부대체이익
international double taxation	국제이중과세
inter-office account	본지점미달계정
inventory	재고·재고자산
inventory equation	재고자산등식

inventory loss	재고손실
inventory on consignment account	위탁품계정
inventory turnover ratio	재고자산회전율
inventory valuation	재고자산평가
investing	자금투하
investment	투자·출자
investment analysis	투자분석
investment in capital	출자금
investment securities	유가증권투자
investment income	투자수익
invisible assets	무형자산
invoice	송장(送狀)
involuntary bankruptcy	강제파산
involuntary liquidation	강제청산
IRC(Internal Revenue Code)	내국세법(美)
irrecoverable cost	회수불능원가
irredeemable bond	영구사채
issue at par	액면발행
Italian system of bookkeeping	이태리식 부기
item depreciation	개별상각
itemized bill	명세서
items of payment	지불항목

J

JIT(JUst-in-time) system	무재고시스템
job card	작업시간표
job cost	개별원가
job cost sheet	작업원가표
job evaluation	직무평가
job hunting	구직
job lot costing	작업로트별 원가계산
job order	작업지시서
job order cost accounting	개별원가계산
job order costing	작업별원가계산
job production order	제조지시서
job slip	작업전표
joint activity reports	복합업무보고서
joint and several liability	연대책임
joint audit	공동감사
joint capital	공동자본
joint concerm	합병회사
joint cost	결합원가
joint enterprise	합병사업
joint finance	협조융자
joint investment	합자
joint liability on guarantee	연대채무보증
joint product(s)	연산품
joint stock company	공동주식회사
joint undertaking	합작투자사업
joint venture	조합상품계정
joint venture statement	공동출자사업계산서
journal	분개장
journal from ledger	분개장식원장
journal ledger	분개원장

journal transfer method	간접마감법
journal vousher	분개전표
journalization	분개
judgmental sampling	판단적 표본추출
junior accountant	초급회계사
juridical person	법인
justifiable act	정당행위

K

keep accounts	계정에 기입하다
keep the book	장부에 기입하다
key currency	주축통화
key ledger	총계정원장
keymoney	보증금·권리금
KICPA(Korea Institute of Certified Public Accountants)	한국공인회계사회
kite	융통어음
kite bill	융통어음
knock down	낙찰되다
Korea Securities and Exchange Commission(SEC)	증권관리위원회 (韓)
Korea Securities supervisory Bard (SSB)	증권감독원 (韓)
Korea Security and Exchange Law	증권거래법 (韓)

ㄴ

labeled price	판매가
labor account	노무비계정
labor cost	노무비
labor dispute	노동쟁의
labor slowdown	태업
labor union	노동조합
laboratory fee	검사료·감정료
land cost	용지비
land ledger	토지대장
land ownership	토지소유권
lapsing schedule	공정자산증감명세서
last cost method	최종매입원가
last-in, first-out method	후입선출법
law cost	소송비용
law of exception	예외원칙
laying in stock	매입
lease deposits	보증금
leaseback	매각차용
leasehold	차지권(借地權)
ledger	원장(原狀)
ledger transfer method	직접마감법
legancy	유산·수증자산
legal capital	법정자본
legal liability	법적책임
legal surplus	법적잉여금
legal welfare expense	법정복리비
lending rate	대출금리
less allowance for doubtful items	대손충당금공제
lessee	임차인
lessor	임대인

letter for underwriters	확인서
letter of advice	어음발행통지서
letter of attorney	변호사선임위임장
letter of credit	신용장(은행발행)
letter of representation	재무확인서
liabilities exceeding assets	채무초과자산
liabilities on guaranties	보증채무
liability	부채
liability for damages	손해배상책임
liability for endorsement	어음배서의무
liability for guarantee	보증채무
licensed tax accountants	세무사
life employment	종신공용
limited company	유한회사
limited liability	유한책임
limited review	한정감사
line to business	영업과목
linear programming	선형계획법
liquid assets	유동자산
liquid capital	유동자본
liquidating dividend	청산배당
liquidation balance sheet	청산대차대조표
liquidation income	청산소득
liquidity	유동성
listed company	상장회사
listed securities	상장유가증권
listed share	상장주
loading and unloading expense	하역비
loan	대부금·차입금
loan on bills	어음대부금

loan payable	차입금
loan stock	전환사채
loan trust	대부신탁
loans due to foreign banks	해외차관
local bond	지방채
local transport expenses	교통비
long lived assets	고정자산
long-dated bill	장기어음
long-term assets	고정자산
long-term bond	장기사채
long-term contract	장기계약
long-term deposit received	장기예수금
long-term liability	고정부채
long-term obligations	장기차입금
loss arising from reduction of legal capital	감자차손
loss carried forward	이월결손금
loss from allowance for bad debt	대손충당금
loss from bad debt	대손
loss from contingency	우발손실
loss from difference of price	가격차손
loss from merger	합병차손
loss from spoilage	공손
loss on foreign exchange	환차손
loss on insurance claim	보험금차손
loss on sale	매각손
loss on sale of real estate	부동산매각손
loss on sale of securities	유가증권매각손
loss resulting from casualty	재해손실
lot cost system	조별원가계산
lot-money	경매수수료

lower cost or market value basis	저가주의
low-general capital	탄력적자본
lucrative capital	영리자본
lumbering expenses	벌채비
lump sum	일시금
lump sum payment	일시불
lump sum pension	일시불연금
lump sum purchase	일괄구입

machine accounting	기계회계
machinery	기계
macro accounting	거시회계
mail-order business	통신판매업
main material cost	주재료비
main product	주제품
maintenance and repairs	수선유지비
maintenance funds	유지자금
major product	주요제품
make up account	결산하다
making up day	이월일
making up loss	손실의 보전
making up of a deficit	적자의 보전
management audit	경영감사
management by objectives (MBO)	목표관리
management consulting service(MCS)	경영자문서비스
management information system(MIS)	경영정보시스템
management of affairs	사무관리
management prerogative	경영권
management stock	임원소유주
manipulation	분식(粉飾)
manner of depletion	감모상각방법
manner of depreciation	강가상각방법
manual approach	수작업법
manual of accounting	회계규정집
manufacture order	제조지시서
manufacturing budget	제조예산
manufacturing cost(s)	제조원가
manufacturing expenses	제조간접비
manufacturing process	제조공정

marchandise inventory	재고상품
marchandise procurement cost	상품조달원가
marchandise to arrive	미착품
marchandise turnover	상품회전률
margin	매매차익
marginal cost	한계원가
marginal cost of production	한계생산비
marginal income	한계이익
marginal returns	한계수익
mark down	가격인하
mark up	가격인상
market analysis	시장분석
market price	시가
market research	시장조사
market value	시가
marketability	시장성
marketing cost	판매비
markoff	가격인하
markup	가격인상
master's account	총괄계정
mate account	상대계정
material cost	재료비
material instrument	유형자산
materials	원재료
materials ledger	재료원장
materials on hand	재고재료
materials purchased	재료매입
mature	만기도래
matured liability	기일도래채무
maturity	만기

maturity date	만기일
maximum inventory	최대재고량
mdse(merchandise)	상품
measurement	측정
medical expense	의료위생비
memorandum account	비망계정
mercantile bookkeeping	상업부기
mercantile papers	상업어음
merchandise certificate	상품권
merchandise inventory	이월상품
merger	합병
merger and aquisition(M&A)	인수·합병
method of comparative analysis	비교분석법
mileage allowance	여비
minimum capitalization amount	최소투자액
minimum cost rule	최소원가법
minimum stock	최조재고
mining accounting	광업회계
mining property	광업자산
mining rent	채굴료
mining rights	광업권
minority equity(interest)	소수주주지분
minority shareholders	소액주주
minus quantity	적자
misappropriation	횡령
miscellaneous assets	기타자산
miscellaneous income	잡수입
miscellaneous loss	잡손실
mixed account	혼합계정
modified cash basis	수정현금주의

money appropriated	충당금
money at call	콜머니
money borrowed for long term	장기차입금
money borrowed for short term	단기차입금
money earnmarked	충당금
money in trust	금전신탁
monthly installment	월부
monthly profit and loss statement	월차손익계산서
mortality	폐기·소비
mortgage	저당
movable property	동산(動産)
moving capital	운전자본
multiple budget	복수예산제도
multiple valuation	다원식평가

national heath insurance	국민건강보험
national income	국민소득
negative debt	자본
negative capital	부채
negotiable instruments	유가증권
negotiated prices	협의가격
net debt	순부채
net deficit	순적자
net disbursement	순지불
net earnings	순이익
net income for year	당기순이익
net income per share	주당순이익
net investment	순투자액
net operating earning	경상순이익
net profit	순이익
net surplus	순잉여금
new invetory	기말재고
new issue of stock	신주발행
new share (stock)	신주
no paid allotment	무상교부
nominal account	명목계정
nominative security	명목임금
not-cost items	비원가항목
non-current assets	고정자산
non-current liabilities	고정부채
non- current loans accounts receivables	장기채권
non-liquid assets	고정자산
non-operating profits	영업외이익
non-per stock	무액면주식
non-recurring charge	비경상비용

nor-registered bond	무기명사채
non-value bill	융통어음
normal cost	정상원가
normal stock	정상재고
note	어음
notes payable	지급어음
notice of dishonor	어음부도통지
notice of protest	지불거절통지
NYSE(New York Stock Exchange)	뉴욕증권거래소

O

object cost	요소별원가
obligee	채권자
obligor	채무자
obtain in advance	선수금
ocean B/L	선하증권
off the book property	부외자산
office manual	사무규정
offset account	상쇄계정
open	미결산
opening balance	기초잔액
operating book	영업장부
operating fund	운영자금
operating inferiority	영업부진
operating reserve	영업준비금
opinion	의견·감사의견서
opposite accounts	반대계정
optional security payable to bearer	선택적무기명증권
order security	주문식증권
ordinary charge	경상비용
ordinary profit	경상이익
original cost	취득원가
other current assets	기타유동자산
other current liabilities	기타유동부채
other trade receivables	미수금
outgo	지출
out of stock	상품재고품절
output cost	제조원가
outstanding checks	미결제수표
outstanding debt	미상환부채
over due interest	연체이자

over the counter sale	점두판매
over-absorbed costs	배부초과원가
overdrafts	당좌차월
overhead cost	제조간접비
overhead expense	간접비
overlap of entry	중복기장
overstatement	과대표시
owned capital	자기자본
owership	소유권

packing slip	포장전표
paid-in capital	납입자본
par	액면
par issue	액면발행
par price(value)	액면가
par value share (stock)	액면주식
parenthetical comments	부기
participating dividend	배당참여
partnership	조합원
pass book	원장
passage of title	소유권이전
passve debt	무이자채무
patent	특허
partent rights	특허권
payable to bearer	무기명채권
payee	수취인
payer	지급인
paying-in date	지급일
paying-in slip	당좌예금입금표
payment by installment	분할지급
payment in substitution	대물변제
payout ratio	배당률
payroll taxes	근로소득세
penalty	벌금
pension	연금
pension fund	연금기금
PER(price earnings ratio)	주가수익률
per annum rate	연리
per contra account	대조계정
perennial tax	영구세

period	회계기간
permanent assets	고정자산
per share earning ratio	주당수익률
petty cash fund	소액자금
physical count	실사
pilferrage	도난품
planning budget	계획예산
plant	공장설비
pledge	담보
plural budget	복수예산
P/N (promissory notes)	약속어음
policy holder	보험계약자
portfolio	주식공모
post audit	사후감사
postage	송료
postulate	공준(公準)
pre—emptive right	신주인수권
preference share(stock)	우선주
preferred stock dividends	우선배당주
premium in arrears	미수보험료
premium in renting a building	권리금
prepaid assets	이연자산
prepayment	선급금
present price	시가
price concession	에누리
prime cost	기본원가
principle statement	주요재무제표
private company	유한회사
procedure of accounting	회계절차
proceeds	수입·매출액

process control	공정관리
processing expenses	가공비
product cost	제품원가
production budget	제조예산
production curtailment	생산삭감
productive wages	직접노무비
productivity of capital	자본생산성
productivity of labor	노동생산성
profit account	이익계정
profit and loss	손익
profit corporation	영리법인
profit per share	주당이익
profit sharing	이익배분
proforma balance sheet	추정대차대조표
proforma financial statement	추정재무제표
progressive tax	누진세
proper journal	보통분개장
property dividend	재산배당
property tax	재산세
proprietary right	소유권
proration	비례배부법
provision	규정·준비금
provision for tax	납세충당금
public accountant	공인회계사
public limited company	주식회사
pup company	자회사
purchase contract	매입계약
purchase of business	영업의 양수
purchase for the period	당기매입액

Q

qualified acceptance	조건부인수
qualified audit certificate	한정감사보고서
quality assurance(QA)	품질보증
quantity standard	수량표준
quarterly reports	사분기보고서
quick assets	당좌자산
quick ratio	당좌비율
quittance	채무변제
quotation	시세

R

railway acknowledgement	철도화물영수증
raising of fund	자금조달
rate of dividend	배당률
rate of operation	조업률
rate of returns	수익률
ratio of cost of sales	매출원가율
ratio of value added	부가가치율
real estate loans	부동산담보대부
realization of gains	수익의 실현
realized profit	실현이익
receipt	수입·수령
recipient	수취인
recomputation	계산검증
recording principle	기장원칙
recourse	상환청구
recovery cost	회수가능원가
recurring profit	경상이익
rediscount	재할인
reduction entry	압축기장
reduction of capital stock	감자
refunding of bonds	사채차환
register	원장
regressive analysis	회귀분석
regular dividend	정기배당
regulations of financial statements	재무제표규칙
reinvested earnings	이익잉여금
remittance advice	송금통지서
rent expense	임차료
reparation	손해배상액
repeating audit	반복감사

replacement method	대체법
report form financial statements	보고식 재무제표
reproduction cost	재생산원가
research expenditure	연구비
reserve	적립금·충당금
reserve for dead loan	대손충당금
reserve for price fluctuation	가격변동준비금
reserved profit	유보이익
reponsibility accounting	책임회계
revaluation	재평가
revenue stamps	수입인지
reversal method	폐기법
revolving fund	회전자금
ROI(return on investment)	투자수익률
royalty	특허사용료
running inventory method	계속재고법

S

sale	매출
sale on account	외상매출
sale on commission	위탁판매
sale value	매각가치
sales basis	판매기준
sales for current term	당기매출
sales returns	매출환입
sample survey	표본조사법
scrap value	잔존가치
SEC(Securities and Exchange Commission)	증권거래위원회
sectional journal	분할분개장
securities	유가증권
self−support accounting	독립채산
selling commission	매출수수료
selling on credit	외상매출
sequence check	순차검증
settlement	결산·청산
settlement of debt	정산
share	주식·지분
shareholders	주주
shipping bill	선하증권
simple accounting	단식부기
single proprietorship	개인기업
slip	전표
solvency	지불능력
special account	특별회계
special examination	특별감사
specific loss	특정손실
speculative market	투기시장
split down	주식합병

stamp duty(tax)	인지세
standard cost	표준원가
standard deviation	표준편차
stand-by cost	고정비
standing cost	고정원가
stated liabilities	표시부채
stated ratio	고정비율
statement affairs	자산부채표
statement of condition	대차대조표
statement of fund	자금운용표
statement of resources and liabilities	대차대조표
static analysis	재무제표분석
stock	주식
stock at par	액면주
stock right	신주인수권
stock watering	주식물타기
stock with par value	액면주
straight bond	보통사채
subsidiary	종속회사
substituted fixed assets	대체고정자산
surface right	지상권
surplus	잉여금
suspense payments	가지급금
suspense receipts	가수금
swap transaction	스왑거래

T

tangible asset	유형자산
tax audit	세무감사
tax burden	과세
tax dodging	탈세
tax rate	세율
taxation	과세
temporary investment	단기투자
temporary payment	가지급금
theory of asset valuation	자산평가이론
tick	외상거래
time sale	할부판매
total assets	자산총계
traceable costs	관리가능비
trade creditors	매입처
trade debtors	매출처
trade discount	할인
trade note	상업어음
trade notes payables	지급어음
trade receivables	매출채권
transfer entry	대체기입
transfer tax	양도세
transit account	미달계정
treasury bill	국채
treasury bond	자기사채
treasury stock	자기주식
trust account	신탁계정
two way account	상호계정

U

unabsorbed loss	미처리손실
unamortized	미상각
unbalanced	미결산
uncollectable accounts	불량채권
unconditional reserve	별도적립금
undervaluation	과소평가
undivided profit	미처분이익
unearned income	불로소득
unfunded debt	단기차입금
unit method	개별법
unit product cost	단위생산원가
unlimited liability	무한책임
unpaid account	미불계정
unsecured account	무담보계정
UPI(urban price index)	도시물가지수
UR(Uruguay Round)	우르과이라운드
useful life	내용년수
utilized cost	이용원가

VA(value analysis)	가치분석
valuable papers	유가증권
valuation method	평가방법
valuation profit	평가익
value-added	부가가치
value variance	가액차이
variable costs	변동비
venture capital	모험자본
vicious inflation	악성인플레이션
volume of sales	매출액
voluntary disclosure	임의공시
voucher audit	증빙감사
voucher payable	지불전표

W

wage	임금
waiver of obligation	채무변제
warehouse charge	창고료
warehouse expenses	보관비
warranty	보증
waste	감손
wasting assets	감모자산
wear and tear	마모·소모
wholesale industry	도매업
wuthdrawals	인출
working	경상
working assets	운전자산
working funds	운전자금
working sheet(W/S)	정산표
worthless account	불량채권
worthless debt	대손채권
writing off stocks	주식소각
writing down	감가상각
WTO(World Trade Organization)	세계무역기구

Y

year-end adjusting	연도말수정
year-end settlement	연말정산
yearly earnings	연간이익
yield of tax	조세수입
yield rate	이율
yield to maturity	만기이율

Z

zero-balance check	대차일치검증
zero-base budgeting	영기준예산·원점예산
zero-base planning and budgeting	영기준계획예산

저자 약력

중앙대학교 경영대학교 경영학과 졸업
서울대학교 대학원 수료

미 일리노이주립대학교, 죠지 와싱톤대학교 교환교수
청운회계법인 구성사원(공인회계사)
공인회계사시험 출제위원
한국생산성본부 원가관리사 시험위원
국세청 부기검정시험위원
재무부 증권관리위원회회계제도 자문위원
중앙세무회계문제연구소 소장

(사)한국회계정보학회장 역임
현, 중앙대학교 경영대학 교수(경영학 박사)

주요 논지

물가변동과 재무제표 수정에 관한 연구
외화환산회계에 관한 연구
사립대학의 재무합리화방안에 관한 연구
한국공인회계사제도 개선에 관한 연구 외 다수
현대부기회계, 최신회계학원론, 회계감사론
회계감사연습, 회계용어사전
모의 공인회계사 제1차 시험문제집

세무회계용어라이브러리   정가 20,000원

2011年 4月 10日 2판 인쇄
2011年 4月 20日 2판 발행
　　편　저 : 고 성 삼
　　발행인 : 김 현 호
　　발행처 : 법문북스

서울 구로구 구로동 636-62
TEL : 2636-2911~3, FAX : 2636~3012
등록 : 제 5-22 호
HOME : www.bubmun.co.kr

■ 파본은 교환해 드립니다.
■ ISBN　978-89-7535-142-6　11320
■ 본서의 무단 전재·복제행위는 저작권법에 의거, 3년 이하의 징역
　 또는 3,000만원 이하의 벌금에 처해집니다.